住房城乡建设部土建类学科专业"十三五"规划教材
高等学校城乡规划专业系列教材

城市公共交通优先发展规划

卓健　主编
滕靖　马强　石飞　施澄　副主编

中国建筑工业出版社

审图号：GS 京（2022）1423 号

图书在版编目（CIP）数据

城市公共交通优先发展规划 / 卓健主编；滕靖等副主编 . — 北京：中国建筑工业出版社，2022.6

住房城乡建设部土建类学科专业"十三五"规划教材

高等学校城乡规划专业系列教材

ISBN 978-7-112-27523-6

Ⅰ.①城… Ⅱ.①卓…②滕… Ⅲ.①城市交通系统—公共交通系统—交通规划—高等学校—教材 Ⅳ.① U491.1

中国版本图书馆 CIP 数据核字（2022）第 102838 号

本教材为住房城乡建设部土建类学科专业"十三五"规划教材，根据高等学校城乡规划专业的教学实际编写，包括绪论、城市公共交通的历史发展与未来趋势、公共交通工具与城市公共交通系统、公交优先与公交都市、城市公共交通客流特征与发展模式、城市公共汽电车线网规划、城市轨道交通线网规划、公交优先与交通整合、公交优先与土地利用、公交优先与交通公平、公交优先的建设运营。本书可作为高等学校城乡规划及相关专业的教材，也可供相关行业从业人员学习参考。

为更好地支持本课程的教学，我们向采用本书作为教材的教师提供教学课件，有需要者请与出版社联系，邮箱：jgcabpbeijing@163.com。

责任编辑：杨　虹　尤凯曦
责任校对：芦欣甜

住房城乡建设部土建类学科专业"十三五"规划教材
高等学校城乡规划专业系列教材
城市公共交通优先发展规划
卓健　主编
滕靖　马强　石飞　施澄　副主编

*

中国建筑工业出版社出版、发行（北京海淀三里河路 9 号）
各地新华书店、建筑书店经销
北京雅盈中佳图文设计公司制版
北京中科印刷有限公司印刷

*

开本：787 毫米 ×1092 毫米　1/16　印张：29　字数：580 千字
2023 年 1 月第一版　2023 年 1 月第一次印刷
定价：**69.00** 元（赠教师课件）
ISBN 978-7-112-27523-6
（39657）

版权所有　翻印必究

如有印装质量问题，可寄本社图书出版中心退换
（邮政编码 100037）

前言

党的十九大明确提出：中国特色社会主义进入新时代，我国社会主要矛盾已经转化为人民日益增长的美好生活需要和不平衡不充分的发展之间的矛盾。建设生态文明是中华民族永续发展的千年大计，要坚定走生产发展、生活富裕、生态良好的文明发展道路，形成绿色发展方式和生活方式，加快生态文明体制改革，建设美丽中国。作为《巴黎协定》的重要缔约国，中国已将积极应对气候变化作为推进生态文明建设的重要抓手和推动构建人类命运共同体的重大历史担当，并向世界郑重承诺，力争于2030年前实现碳达峰目标，努力于2060年前实现碳中和。

进入21世纪以来，在城镇化和机动化的双重作用下，我国城市规模迅速扩大，交通需求增长迅猛。城市交通既与日常生活、社会民生息息相关，又与国家能源安全、环境保护紧密关联。推动城市交通结构的绿色转型，引导城市用地空间的集约高效使用，是我国城市实现可持续高质量发展的重要策略路径。

公交优先是我国城市和交通可持续发展的战略核心。早在20世纪90年代初，优先发展公共交通就已经成为我国城市交通专家学者的共识。1995年发布的首版国家标准《城市道路交通规划设计规范》就已经明确提出："城市客运交通应按照市场经济的规律，结合城市社会经济发展水平，优先发展公共交通，组成公共交通、个体交通优势互补的多种方式客运网络，减少市民出行时耗。"近三十年过去，尽管我国城市的公共交通设施建设突飞猛进，服务水平显著提高，但与人民群众日益增长的美好生活需要仍然存在一定差距。近年来，城市交通中的个体机动化方式增长极快，一些城市中公共交通的方式分担率不升反降，优先发展公共交通的实际效果并不明显。

虽然优先发展公共交通的必要性已经成为目标共识，但对如何实施公交优先在理念认识上还存在不少偏差。通常认为公共交通只是城市交通体系中独立的一个组成部分，公交优先就是从设施供给的角度加大对该部分的建设力度。这样的普遍认识导致实施阶段的一些不足：首先，没有认识到在可持续目标下公共交通对城市空间发展和城市交通结构转型的战略作用和地位；其次，没有认识到公共交通可以通过和其他多种出行方式组合衔接，成为城市交通体系中的主干体系；再次，没有认识到工程建设后公共交通服务运营管理的重要性；最后，没有认识到结合城市用地布局调整、交通环境整治，可以调节人们的交通出行需求，鼓励人们选择公交出行。

本书不只针对公共交通系统的规划建设，更希望成为一本面向城市交通绿色转型发展的规划教材。城市公共交通优先发展不仅与公共交通系统有关，实际上是城市交通的综合规划；不仅涉及工程设施建设的技术性问题，更重要的是融合整个城市组织运行的治理问题。因此，本书结合公共交通优先发展规划的实施，特别注意说明三方面的关系。一是多种不同公交出行方式间的关系。城市公共交通是由多种不同交通工具组成的复杂系统，究竟应该优先发展哪一（些）种？如何发挥出多种方式之间的协同效应？二是公共交通和城市其他交通方式的关系。如何鼓励"公交+"的组合出行？如何在不同时段、不同区域制定差异化的交通政策？三是公共交通和城市用地布局与功能组织的关系。如何通过土地利用规划促进公共交通方式选择？如何发挥公共交通引导城市空间发展的作用？

本书的编写团队具有城乡规划和交通运输工程两个学科的交叉背景。同济大学建筑与城市规划学院卓健教授负责制订全书内容框架和所有章节统稿。其中，第5、6、7章邀请同济大学交通运输工程学院滕靖教授参与编写；第9章邀请上海同济城市规划设计研究院有限公司高级工程师马强博士参与编写；第10章邀请南京大学城市规划系石飞副教授参与编写；第8章邀请同济大学建筑与城市规划学院施澄博士参与编写，其余章节由卓健教授编写。姚嘉琦、翟端强、尉闻、金帅等参与资料收集整理工作。重庆大学建筑城规学院李泽新教授对全书进行了审定。本书编写过程中得到国内规划同行和朋友们的大力支持，在此一并致谢！

由于作者水平所限，书中难免存在疏漏不足和值得商榷之处，万望读者不吝批评指正，提出宝贵意见，以便后续版本不断修正完善。

编者

目录

001 第1章 绪论
005 1.1 交通和城市发展的关系
007 1.2 城市交通的重要性
008 1.3 城市交通的特殊性
009 1.4 从城市交通到城市机动性
012 1.5 可持续城市机动性与公交优先

021 第2章 城市公共交通的历史发展与未来趋势
023 2.1 城市公共交通的概念界定
030 2.2 城市公共交通的产生和发展
042 2.3 我国城市公共交通发展历程
042 2.4 城市公共交通的未来发展趋势

051 第3章 公共交通工具与城市公共交通系统
053 3.1 主要公共交通工具的发展历程
069 3.2 当代城市公共交通系统的分类
080 3.3 当代城市公共交通系统的构成

091 第4章 公交优先与公交都市
092 4.1 公交优先理念及其现实意义
106 4.2 我国公交优先的政策演进及存在问题
115 4.3 公交优先的内涵、目标体系与实施路径

127 4.4 公交优先的评估与测度

137 第5章 城市公共交通客流特征与发展模式
138 5.1 城市公共交通客流的时空变化特征
143 5.2 城市公共交通客流预测方法
153 5.3 城市公共交通需求变化及发展模式

163 第6章 城市公共汽电车线网规划
164 6.1 常规地面公交系统组成与技术特征
167 6.2 常规地面公交的线网规划
174 6.3 常规地面公交的场站规划
182 6.4 公交专用车道的规划设计
193 6.5 快速公交系统的线网规划

207 第7章 城市轨道交通线网规划
208 7.1 轨道交通线网规划的内容、原则与目标
218 7.2 轨道交通线网规模测算与组织布局
226 7.3 轨道交通线网规划设计方案评价
231 7.4 轨道交通线网的运能配置与调整
240 7.5 轨道交通的站点设计
246 7.6 国际大都市轨道交通线网建设案例

247 第8章 公交优先与交通整合
248 8.1 公共交通线网的整合优化
261 8.2 公交优先和城市路网规划

268 8.3 公交优先与客运枢纽建设
279 8.4 公共交通的接驳换乘体系构建

297 **第9章 公交优先与土地利用**
299 9.1 城市交通和土地利用的相互作用机制
308 9.2 "交通—土地利用"模式的转变
320 9.3 对小汽车交通主导土地利用模式的反思
331 9.4 公交导向型土地利用模式
342 9.5 公交导向型城市开发案例解析

343 **第10章 公交优先与交通公平**
344 10.1 交通公平与公正城市
350 10.2 可达性及其测度方法
361 10.3 公平性及其测度方法

367 **第11章 公交优先的建设运营**
369 11.1 我国城市公交运营机制概况
380 11.2 国外城市公交建设运营模式借鉴
403 11.3 城市公共交通的投资建设
415 11.4 城市公共交通的运营模式

433 附录1 公交优先发展相关的重要政策性文件
435 附录2 图表名录
443 参考文献
451 后记

第1章

绪论

交通是当前人类社会技术更新发展最为活跃的领域之一。从马车时代，到蒸汽机时代的火车、地铁，到电气化时代的有轨电车，再到汽车时代，工业革命的革新成果快速转化为人类交通出行的机动化，帮助人们克服了物理空间上的距离阻碍，得以在更大的地域范围内组织生产和生活等社会经济活动。今天，推陈出新的交通工具仍在不断刷新着交通速度的纪录。法国宇航和英国飞机公司联合研制的协和式飞机（Concorde）实现了超音速飞行；我国制造的 CIT500 型高铁的实验速度高达 605km/h，打破了法国高速列车 574.8km/h 的世界纪录；上海磁悬浮列车是世界上第一条投入商业化运营的磁浮示范线，也是目前速度最快的城市交通工具，最高时速可达 430km/h……随着互联网和信息技术的发展，以"互联网+"为特点的新型交通服务正在改变人们的出行方式和生活习惯，共享单车、网约车、无人机配送以至于呼之欲出的无人驾驶汽车、飞行汽车，都在不断更新着人们对交通出行的认识。可以预见的是，交通技术的进步与革新将继续深刻影响我们的通勤、就业、购物、休闲等日常生活的方方面面，未来，人类的交通出行将更加安全、舒适、便捷，并将拥有更多的选择。

　　城市化是当前全球范围人类社会都在经历的又一个重大变化。长期以来，世界人口一直都是农村人口多于城市人口，而农村人口向城市集聚的城市化进程也一直没有停止过。据北卡罗来纳州立大学和佐治亚大学的专家统计，2007 年 5 月 23 日世界城市人口有史以来首次超过农村人口。按照联合国的统计和预测，截至 2011 年，全球总人口 69.74 亿人中，生活在城市的人口为 36.32 亿人，城市化率达到了 52.1%。2050 年，全球总人口将增长到 93.06 亿人，其中城市人口将增长到 62.52 亿人，城市化率将达到 67.2%。从 2011 年到 2050 年，全球将新增人口 23.32 亿人，而城市人口则将增长 26.2 亿人。全球农村地区人口数量及其占总人口的比例都将在 2020 年前后开始绝对降低。人类的社会经济活动空间分布结构进入了以城市为主的新阶段。对于已经步入后城市化阶段的发达国家而言，尽管总体上的人口城市化率已接近饱和水平，不会有大的起伏，但出现了城市人口向竞争力更强的经济中心城市迁移的现象，大都市地区成为人口增长最快的地区。而大多数发展中国家当前还处于城市化从起步到快速发展的过渡期，城市人口的绝对规模将稳定增长，并形成一批新的大都市群。大都市化将成为下一阶段全球城市化的重要特征。

交通技术革新和全球城市化是人类社会正在经历的两大变革，构成了城市交通规划研究的两大基本背景。值得注意的是，这两种演变并不是相互独立的，而是有着相辅相成的内在关联。首先，现代交通技术的发展，尤其是互联网和信息技术的大规模采用，是全球城市增长浪潮的重要推动力。曾有社会学家预测，快速便捷的交通联系和信息交换将使人们能够在任何地方生活和工作，因此一部分人将重新回到乡村。但实际结果却恰恰相反：随着交通和信息网络的高速发展，资本和劳动力的全球流动性增加，先进高效的交通为大规模的城市化进程在全球范围内展开提供了技术驱动和支撑，加剧了人口和各类资源要素在城市化地区的快速聚集。而人口和经济活动的进一步集聚，又直接带来城市化地区交通需求的快速增长，促进了交通基础设施建设，并激励着交通领域的新一轮技术革新。

两种社会演变的关联性在我国的城镇发展过程中表现尤为明显。改革开放 40 年来，我国经历了人类历史上最为波澜壮阔的城镇化进程。2011 年我国城镇化率首次突破 50%，城镇人口比重达到 51.27%，城镇常住人口首次超过农村，我国开始由"乡村中国"向"城市中国"转变。1978—2017 年近四十年间，中国的城镇化水平从 17.9% 提高到了 58.5%，平均每年提高逾 1.0 个百分点。同期，中国的城镇常住人口从 1.7 亿人增加到 8.1 亿人，人口增量达到 6.4 亿人，平均每年增加 1600 万人；40 年内新增的城镇人口相当于美国总人口的 2 倍、日本总人口的 5 倍、英国总人口的 10 倍。与此同时，中国的城市数量从 193 个增加到 661 个，其中，城区人口 100 万人以上的城市数量从 29 个增加到 89 个，全球人口超过 1000 万人的 25 个城市中，中国占到了 13 个。城镇化的快速推进吸纳了大量农村剩余劳动力的转移就业，提高了城乡生产要素配置的效率，促进了国民经济持续快速发展，推动了社会结构和经济制度的深刻转型。

伴随城镇化带来的人口集聚，我国城市的空间规模也有了显著增长。2018 年底我国城镇建设用地面积超过 5.6 万 km^2，与 1981 年相比，我国城市建成区面积扩大了 7.3 倍。设市城市平均城区面积为 298.51km^2，是 2008 年的 1.1 倍，年均增长率 1.2%；平均建成区面积 86.86km^2，是 2008 年的 1.6 倍，年均增长率 4.9%（表 1-1）。

全国历年城市数量及城区、城市建设用地面积情况　　表 1-1

年份	城市个数（个）				城市面积（km²）		城市建设用地面积（km²）
	总数	直辖市	地级市	县级市	城区面积	建成区面积	
2008	655	4	283	368	178110.3	36295.3	39140.5
2009	654	4	283	367	175463.6	38107.3	*38726.9
2010	657	4	283	370	178691.7	40058.0	39758.4
2011	657	4	284	369	183618.0	43603.2	*41805.3
2012	657	4	285	368	183039.4	45565.8	45750.7
2013	658	4	286	368	183416.1	47855.3	47108.5
2014	653	4	288	361	184098.6	49772.6	49982.7
2015	656	4	291	361	191775.5	52102.3	51584.1
2016	657	4	293	360	198178.6	54331.5	52761.3
2017	661	4	294	363	198357.2	56225.4	55155.5
2018	673	4	298	371	200896.5	58455.7	56075.9

注：1. 2009、2011 年统计年鉴的城市建设用地面积不含上海市（表中标 * 数字）。
　　2. 2018 年统计年鉴中将直辖市归入地级市，上表为保持口径统一，将之划出。
　　3. 城市人口含城区人口和城区暂住人口两部分。
资料来源：根据住房和城乡建设部历年《城乡建设统计年鉴》整理．

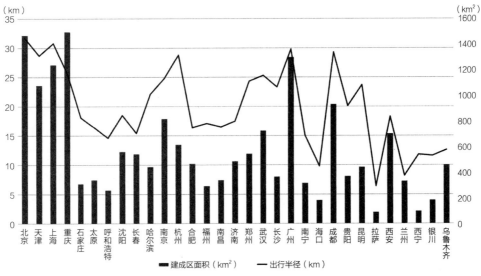

图 1-1　2018 年直辖市与省会城市的出行半径和建成区规模比较
资料来源：财新网、《2018 年城市建设统计年鉴》．

城市的空间尺度越来越大，造成人均日出行次数和出行距离都显著增加，尤其是早晚高峰通勤距离和时间。根据财新网基于滴滴出行等的数据统计，2018 年直辖市及省会城市建成区平均面积为 573.61km²（平均城市当量半径 13.5km），而平均出行半径为 19.8km；其中，最大值为北京，出行半径 31.7km；最小值为拉萨，出行半径 6.4km。从直辖市和省会城市数据反映出来的特点看，出行半径与建成区规模之间存在一定程度的正相关性。全国主要城市的通勤距离在 18km 以内，中位数约为 11.5km，北京、天津、上海、武汉、广州、南京、重庆、西安、成都等 9 个城市通勤距离在 15km 以上；全国主要城市的通勤时间在 1h 以内，中位数约为 34min，北京、重庆、武汉、成都、广州、上海、兰州等 11 个城市通勤距离在 40 分钟以上（图 1-1）。城市人口增长、出行距离扩大、经济活动增多、生活方式改变等发展变化直接推动了城市交通需求的快速增长，我国城市交通基础设施建设也有了显著变化。我国城市道路总长度从 1978 年的 26966km，提高至 2018 年的 432231.12km，增长了约 15 倍，同期人均道路面积也从 2.93m^2 增至 16.7m^2，增加了约 5 倍。城市交通领域的变化成为我国城镇发展所取得的标志性建设成就，彻底改变了社会经济的组织运行方式。

交通技术的进步与革新不会停止，而人类社会的城市化进程也仍将持续。这两种社会演变之间的相互作用关系，为我们重新审视城市的发展机制以及城市交通在其中的作用提供了新的视角。

1.1 交通和城市发展的关系

回顾早期的人类历史，城市是人类社会大分工的产物。原始社会后期，人类社会发生了第一次社会大分工，即畜牧业同农业的分离。原始人类征服自然的能力有所提高，促进了劳动生产率的增长。从事农业的社会人群开始定居下来，产生了固定居民点，也就是乡村的雏形。从事农业和畜牧业的部落间产生了最初的产品交换，为私有制的形成创造了物质前提。到了原始社会末期，因金属工具的使用和改良，引起手工业同农业的分离，即第二次社会大分工。商品生产得到迅速发展。手工业者必须通过商品交换，才能获得粮食等生活必需品，社会交换的迅速发展推动了以手工业中心为特征的城市开始出现。

城市和乡村作为人类社会的两种空间聚落形态，除了在人口构成、聚居密度、经济属性、生活方式上的差异外，另一个非常重要的差别就在于：城市是实现商品交换等"社会交互（Social Interactions）"的中心。从世界上较为常用的产业结构分类来看，乡村地区通常以第一产业为主，条件允许的情况下也存在以第二产业为辅的情况，而城市地区除了作为第二产业的中心，更重要的是集中了乡村地区所不具备的第三产业，即各类服务或商品。根据我国国务院办公厅转发国家统计局对中国三次产业划分的意见，我国的第三产业包括流通和服务两大部门，具体分为四个层次：①流通部门：交通运输业、邮电通信业、商业饮食业、物资供销和仓储业；②为生产和生活服务的部门：金融业、保险业、地质普查业、房地产管理业、公用事业、居民服务业、旅游业、信息咨询服务业和各类技术服务业；③为提高科学文化水平和居民素质服务的部门：教育、文化、广播、电视、科学研究、卫生、体育和社会福利事业；④国家机关、政党机关、社会团体、警察、军队等。这些产业部门都集中分布在城市。

为此，法国著名地理学家克拉瓦尔（P. Claval）将城市定义为"优化社会交互的地理空间系统"，并从这一空间系统对社会交互的优化机制来重新认识城市的发展。"社会交互"的概念是广义的，泛指各类社会经济活动之间的联系，既包括具体的商品贸易，也包括服务的提供与获取、信息的交换与传播、文化与教育活动的开展等。而从经济学角度上理解，城市对社会交互的优化作用，就是在尽可能减少各类交互成本的基础上，使得社会交互的机会和效果实现最大化。

在现代交通工具出现之前，城市这一空间形态就已经开始发挥出优化社会交互的作用。首先，从选址上看，城市都是率先在交通相对便利的地方逐步发展起来的。由于早期人类社会的交通工具非常落后，交通成本和时间成本构成了社会交互的主要障碍，而城市的出现和发展则尽可能减少了社会交互对交通运输的需求。城市把人群和差异化的生产活动集聚在一个有限的空间范围内，通过空间近邻性来提高社会交互的机会和成果。城市的人口规模和密度直接反映了城市的重要度。城市通常呈现单中心发展的空间结构，靠近城市中心的地段交通成本最低，因此成为城市中地价最高的地段。社会交互中可承受的交通时间成本是决定城市空间规模的重要因素。

随着交通技术的不断进步，城市对社会交互的优化作用机制也发生了转变。一方面，交通运输本身成为城市经济部门的组成部分，而另一方面，现代化的交通工具大幅度降低了交通成本和时间成本，以至于明显削弱了传统城市中空间成本（地价等）的主导作用。空间近邻关系不再是降低社会交互综合成本的唯一手段，人群和生产活动可以自由分布在更加广阔的地区，通过便捷低成本的交通联系实现更多机会的社会交互。时空距离逐渐替代了物理空间距离，成为评估交互成本的主要参照。改善提升交通运输条件，成为一些用地空间资源较差的城市克服自然条件不足、谋求发展的有效策略。

交通对社会交互的推动在信息社会更为显著。从20世纪70年代开始，信息与通信技术的迅猛发展深刻影响了人类社会经济活动，传统的地理空间组织方式开始向地理空间与网络空间共构的"地理网络空间"（Geocyberspace）转变。著名社会学家曼纽尔·卡斯泰尔（E. Castells）提出了"流空间"理论，指出在网络信息时代，传统的"场所空间"（又称"位空间"）外，"流空间"作为一种新的空间逻辑在人类社会空间组织上的作用越来越重要，表现为高级一体化的网络结构，全球经济的空间结构将逐渐向网络化格局转变。这种网络结构可能存有等级，但没有中心，节点之间的关系是非对称的，与工业时代中心化的组织支配模式不同，信息时代的空间逻辑是建立一个全球化的网络空间，这种模式能更容易适应在流空间中发生的变化。城市是网络的节点，城市的功能就是网络的服务中心，管理和控制中心。

从交通与城市发展的关系中可以得到三点重要启示。首先，要从城市发展的目的和机制来认识城市交通的作用。城市交通的建设不是为了交通系统本身的发展，其根本目的是促进社会交互，服务于城市发展的需要，城市交通是城市发展的重要手段之一。其次，城市发展不是孤立的，是更大的区域尺度范围内的空间演化的结果，城市交通也不能局限于城市范围进行认识，而应当作为区域交通联系的一个组成部分。最后，交通的技术革新改变了社会经济活动的组织方式，也改变了城市的发展方式。城市的发展条件、发展阶段不同，在城市交通发展策略上也应当有差异化选择。

1.2 城市交通的重要性

城市交通是城市内部及城市与外部之间的人员、物资和信息实现空间位移的载体。广义的城市交通包括城市对外交通和城市内部交通。根据交通的地理区位，通常分成城际交通、市域交通和市内交通三个层次：①城际交通，是城市与其他城市之间的交通联系，城市是城际交通的交会点或终端；②市域交通，是市域空间范围内的城区与郊区新城或乡镇之间的交通联系，起着承上启下的作用；③市内交通，则指的是城区范围以内的交通。其中，城际交通和市域交通属于城市对外交通的范畴，其主要交通方式有航空、铁路、公路、水运等，一般常用"大交通"来统称这些城市对外交通方式。而城市内部交通只包括市内交通，狭义的城市交通概念也仅指市内交通。为了避免概念混淆，除特别说明外，本书中的"城市交通"一词为狭义概念，主要指OD点都在城区范围以内的市内交通。城区范围以外的交通则采用"城市对外交通"一词来表述。

从城市交通的定义和分类，可以看出交通与城市之间的密切关系。首先，城市在大的交通网络组织中发挥着交通节点的重要作用。城市作为社会经济活动的主要载体，城市和城市之间联系的加强促进了城际交通运输的发展。全国的综合交通运输网络都是以城市为节点进行搭建的，绝大多数的交通运输都以城市为起点或终点，或者通过城市节点进行转运，因此，绝大多数的交通运输都与城市交通密切关联。曾有一段时期，我国城市的对外交通（即所谓的"大交通"）被认为是生产性的，因而倍受重视并被列入国民经济计划，而城市内部交通则被视为是非生产性的，城市交通基础设施的建设维护得不到重视，资金方面也没有保证，以至于城市交通条件每况愈下。然而，城市内部交通是大交通运输全过程中的重要环节，各种客运交通方式的换乘，货物运输的换装、中转和集散,都要通过城市这个节点平台来实现,城市内部交通状况的好坏直接关系着大交通整体运输效率的发挥。因此,城市内部交通必须和对外交通同步协调发展,才能增强城市活力,并提升综合交通运输网络的整体效率。

城市交通的重要性还体现在交通量占比上。虽然受城区空间范围限制,城市内部交通的距离明显短于对外交通,但对外交通对大多数人来讲都只是偶发的,而以通勤交通、通学交通、购物出行等目的为主的城市交通却是高频率、几乎每天都要重复发生的。从交通出行总量(以人次计算)上看,城市交通占据了交通活动的绝对多数。在我国,每年城市所完成的客运人次约为航空、铁路、公路、水运等大交通完成运输的5倍多;如果以考虑到出行距离的客运周转量测算,城市交通量也仍然达到大交通的约1/3。法国全国的交通调查结果显示,超过90%的交通出行都属于距离较短的城市交通出行。随着城市化进程的进一步推进,城市人口的持续增加还将推进城市交通的增长。可以预见的是,未来社会人类的主要交通活动仍然是集中发生在城区内部的城市交通。为了减轻人类交通活动对自然生态环境所产生的负面影响,加强城市绿色交通发展研究的重要性和必要性并不亚于大交通。

1.3 城市交通的特殊性

在我国,由于交通规划及研究长期以来均以大交通为重点,受此影响,在处理城市交通问题时,往往只是简单地把大交通的做法移植沿用到城市交通上,而没有充分认识到城市交通区别于大交通的特殊性。

首先,城市交通和对外交通因所处的空间环境差异,需要解决的关键问题有很大不同。城市交通所处的城区是人群和各类活动高度集中的高密度建成区,也是居民常年居住生活的场所,可用于交通运输用途的空间非常有限,却要服务于大量人群和货物的移动,而且城市的功能组织要求这些移动集中在一定的时段内完成。在早晚通勤高峰时段,城市交通的客流压力是平峰时段的数倍。高度集中的交通活动使得由交通产生的尾气排放等环境污染也集中在城市地区,交通活动对周边空间及其使用也会产生重要干扰。如何在满足居民出行需求的基础上,尽可能减少交通对周边环境的不利影响,是城市交通所面临的主要挑战。而对外交通所处的环境以非建设地区为主,自然环境对交通污染的净化能力强,主要考虑的问题是如何通过技术手段克服自然地形的限制、减少工程造价、提高城际交通的快捷性和安全性。

其次,城市交通和对外交通的出行需求和行为特征也存在很大差别。城市对外交通是偶发的出行行为,通常都有明确的出行动机、时间要求和目的地,且较难调整。由于出行距离长，对缩短出行时耗的要求比较高。而大量的城市交通是周期性重复的通勤通学交通，人们在选择居住地或工作地时会根据个人情况，尽可能把通勤通学距离控制在一个可接受的范围内。由于是长期的固定支出，人们对城市交通价格的敏感度也要高于偶发的城际交通。

最后，在交通供给方面，城市交通和对外交通的差异也很明显。城区中集中了步行、自行车等非机动交通和公共交通、小汽车等机动化交通的多种出行方式，居民可以根据自身需要和偏好来选择，通常一次出行可能还会用到多种交通方式，因此城市交通是通过多层次、多样化的供给来满足出行者的差异化需求。而在对外交通上，除了部分中等距离出行可以选择个人机动化方式外，大部分交通都需要依靠为数不多的几种公共交通方式。由于客流量关系，城际公共交通的班次有限，对出行时间有较多限制。与城市交通相比，对外交通的可选择度和灵活度都明显偏低。

总的来讲，对外交通主要考虑的是交通系统内部的技术性问题。而城市交通是在高密度、高活动强度的城区环境里的交通活动，其组织方式及其与空间的关系都要比对外交通复杂得多。城市空间既是生产性空间，更是城市居民的社会生活空间；城市交通是为城市发展服务的，更是为居民工作生活服务的。因此，城市交通规划不仅要考虑交通系统本身的技术问题，更需要结合城市的发展需求、结合交通对城市空间的影响、结合城市居民的生活方式和需求差异，进行统筹安排和考虑。

1.4 从城市交通到城市机动性

中文"交通"一词原本有着非常丰富的概念内涵，但受到偏重大交通的思想影响，在日常使用中常被简化为仅与机动化交通相关联的"运输"的概念。而根据《新华字典》的定义，"交通"实际上具有"往来通达"的意思，是"各种运输与邮电通信的总称"。由此可见，广义的交通概念不仅包括实体空间中人与物品的移动，还应当包括当前虚拟空间中的信息传递。中文"交通"一词可以与英语的多个单词对应，如"Traffic""Transport（美式英语为 Transportation）""Communication"等，三个英文单词分别强调了交通的流动性、运输特征和通达情况，这也从侧面印证中文"交通"一词应有的丰富概念内涵。

汉语"交通"一词是联合式的复合词，由"交"和"通"两个意义相反的词根并列组成，两者是平等并列的关系。其中"交"是"相连、结合"的意思，而"通"则包含"没有阻碍、可以穿过、能够达到"的意思，两者的组合说明了交通活动中目的和手段的关系，其中"通"是为了实现"交"这个目的的手段，亦即如前所述，通过创造联系来促进社会交互。

交通的字面含义也反映出交通活动两个内在特征的矛盾性。从"通"的角度，交通的改善可以通过提高通过性（如通行速度）来实现，但是，通过性的提升必然会削弱交通的联结性，即影响"交"的效果。而反过来看，"交"的增加也不利于"通"，即交通联结性的加强则会削弱通过性。"交"和"通"之间的矛盾关系在城市道路网规划中表现得很明显：路网密度增加可以改善联结性，但道路交叉口的增加将影响整个网络的通过性。因此，合理的交通布局应当是"交"和"通"的总体平衡。城市不同街区，交通对两个方面的需求存在差异，交通组织因此可能侧重于"交"与"通"的某一面。如居住街区，道路网应方便居民的日常生活与活动，联结性的要求高于通过性；而在城市工业园区，存在大量的货运交通需求，通过性的要求就高于联结性。总的来讲，城市道路网中的交通性主干路更偏重通过性，而生活性次干路和支路则更多考虑到联结性。城市交通需要兼顾"交"与"通"两个方面，而城市对外交通基本只需要考虑"通"的问题。

随着交通技术的不断进步，交通对城市空间发展以及人类社会经济生活的影响也越来越显著，人们对城市交通的理论认识也随之提升。城市交通不再仅仅被认为是点到点的移动或关于运输的技术性问题，而是发生在城镇化空间这一特殊环境下的、与人们的日常生活息息相关的一种社会活动。《雅典宪章》作为现代城市规划思想的代表性宣言，首次明确将交通与工作、居住和游憩三者并列，共同构成现代城市最基本的"四大功能"。由于"交通"一词在日常使用中，往往被狭义地理解并带有明显的工程技术色彩，难以表征交通活动在当代社会经济生活中的重要性和复杂性，欧洲的城市研究学者和规划师率先引入源自社会学的"机动性"（Mobility）一词，用于替代传统的"交通"概念，在短期内得到了全社会的普遍接受和认可，目前在主要欧洲国家的规划文本中，"城市机动性"（Urban Mobility）已经成为一个广泛使用的关键词，并有基本取代"城市交通"一词的趋势。

在社会学领域，"机动性"是指社会个体自主地完成空间上、身份上或职业上的变动的能力。被引入城乡规划领域后，"城市机动性"主要指城市中人们独立自主完成交通出行的能力。在人类社会转入城市型社会的今天，城市的发展已经越来越离不开有序高效的交通组织，交通出行也已经成为城市居民日常生活中必不可少的前置活动，它是人们参与工作学习、获得各项公共服务、完成购物休闲活动等的必要条件。个人在城市环境中的交通出行能力对个人发展机会和社会融入程度具有决定性的影响，保障社会个体具备一定的机动性水平，也就是保障居民的基本交通出行条件，是保障公民其他基本权利（如工作的权利、接受教育和医疗救治的权利等）和社会和谐的基础。1982年法国颁布的《城市内部交通组织引导方针法》（*Loi d'Orientatoin des Transports Interieurs*，简称LOTI）率先以立法的方式，明确提出将交通出行作为人人应当享有的基本权利，而地方政府则对保障社会个体这一基本权利负有不可推卸的责任。

当前，城市机动性已经成为欧洲城市规划和交通政策领域的常用概念。这一认识上的转换明确了城市交通规划与建设的根本目的，是在于保障社会个体的交通出行能力和权利，而并不在于满足车辆通行的技术上的需要，从而使得公共政策制定、城市空间规划和交通项目建设回归到"以人为本"，即以满足人的真实需求为导向的基本原则。特别需要注意的是，机动性（Mobility）和机动化（Motorization）是两个完全不同的概念。机动化是指人们选择以私人小汽车为代表的个体机动化交通工具进行交通出行的发展趋势，而在机动性概念里，小汽车只不过是帮助社会个体提高交通出行能力的一种方式而已。在城市环境里，人们完全可以在不依靠小汽车的条件下，提高个人的机动性能力。因此，机动性和机动化是两个完全不同的概念，两者之间并不存在必然的联系。

社会个体机动性的影响要素是多方面的。首先，它与人的身体状况有关，例如健全人的机动性通常高于残障人士、壮年人的机动性要高于老人和儿童；其次，它还取决于个人使用交通工具的能力，例如有驾照、会开车的人的机动性要高于不会开车的人，能够支付较高出行成本的人的机动性要高于对交通出行成本敏感的人群；再次，城市环境也对个人机动性有影响，比如空间复杂、障碍物较多、缺乏空间导引标识的城市空间会降低人的机动性。此外，同一社会个体的机动性能力也不是一成不变的，当他携带较为笨重的行李货物，或短期受伤行动不便，或当他来到一个陌生的环境时，他的机动性都会有所降低。

广义的城市机动性除了社会个体的出行能力外，还包括一座城市为满足人们社会生活需要，运输调动各类物品、传输相关信息的总体能力。人、物和信息在城市空间中的运动和组织构成了完整的城市机动性系统。广义的机动性概念也被称为"空间机动性"，以区别于传统社会学领域中的概念。其中的空间概念不仅包括三维的物理空间，而且随着信息通信技术的发展，扩展到了数字化的虚拟空间。在完整的城市机动性系统中，各类机动性之间存在重要的相互影响。例如，当前城市中基于电子商务迅速发展起来的物流配送服务，大幅度减少了居民因购物而产生的交通出行；在古代，信息的传递需要借助其物理载体（如信件）的实体移动（如邮差的传送），随着现代通信技术的出现，电报、电话、互联网、移动通信等信息通信技术的发展，实现了实时的信息传递并构成了无边无际的虚拟空间。虚拟空间中的信息传递也称为虚拟机动性，它具有无与伦比的传输速度优势，并对物理空间的机动性产生重要的影响。例如，交通信息系统和导航软件帮助人们规划调整出行计划和线路；远程办公可以减少一部分通勤交通；线上购物减少了消费者的购物出行和对实体商业空间的需求等。有效利用实体机动性和虚拟机动性之间的相互作用，已成为当代城市交通的重要创新点。

1.5 可持续城市机动性与公交优先

城市机动性概念及其理论建立了城市交通的人本主义视角,明确了城市交通服务于城市发展、服务于社会交互、服务于人的根本属性,摒弃了以技术先进性为主要标准、"就交通论交通"的惯性思维,为正确拟定城市交通的建设方向和发展策略打开了思路。那么,城市机动性是不是越高越好?城市交通的规划建设又应当以怎样的机动性为导向?

1.5.1 城市机动性的供需匹配

有一种观点认为,交通技术的进步为提高城市机动性提供了持续的推动力,未来的城市社会必然是一个高机动性社会,因此,城市交通建设应当积极提升社会个体的机动性能力,城市机动性越高就越有利于城市的发展。持这一观点的人并非少数。虽然他们认识到城市交通建设是为了改善个人的机动性能力,也预见到未来城市是高机动性特征,但是他们仍然混淆了城市交通建设中目的和手段的关系。在城市中,个人机动性能力的提升只是手段,最终的目的还是为了更多地获取社会交互的机会,产生更好的社会交互成果。片面追求高机动性,实际上仍然是把交通建设本身当作了发展目标,容易再次陷入"就交通论交通"的藩篱。前一阶段,城市交通中小汽车过度增长引发的个人机动化泛滥,就是一个值得吸取的教训。小汽车作为现代交通技术的代表性成就和产品,在提高个人机动性方面具有其他交通工具不可比拟的优势。在片面追求高机动性的政策导向下,城市交通建设几乎均以小汽车交通所需的基础设施为投资重点,推动了个人机动化交通成为城市交通主导方式,的确提升了一部分人群的城市机动性,但是,这一提升却并没有在整体层面上改善城市的社会交互,反而增加了城市交通和社会交互的成本,破坏了传统城市有利于社会交互的空间格局特征。小汽车城市后期发展导致的"小汽车依赖",也说明单纯追求机动性提升是没有止境的,如果忽视了人们真实的需求和目的,技术手段的过度发展很可能收到适得其反的效果。

城市机动性作为人人应当享有的基本权利需要得到保障,但并不是说个人的机动性能力就越高越好,更应当关注的是机动性能力的公平性分配。由于每个人社会交互与社会发展的需求和目的是有所差异的,因此作为发展手段的个人机动性能力也不应当是完全均等的。脱离人们的真实需求和目的讨论机动性的高低,容易陷入技术决定论的陷阱。

城市交通建设保障了城市机动性的供给,而社会交互活动则关联着机动性的需求。城市机动性的高低应当是相对于目标需求而言的,应当从供给与需求之间的匹配关系合理确定。

前面谈到，城市的出现和发展原本就是为了减少社会交互过程中的交通需求，小汽车城市暴露出的交通问题也启发我们换一个角度思考城市交通的优化方案。城市作为优化社会交互的空间系统，本身就具备调节机动性需求的空间机制。在交通不发达的年代，城市空间通过人口、社会经济活动的集聚，构建了基于低机动性的社会交互机制。那么，在交通技术发达的今天，为了提升社会交互的机会和效果，城市空间的优化机制仍旧应当继续发挥积极的作用。通常认为，城市交通是一种派生的需求，人们进行交通出行几乎都有明确的动机，是以完成某一项活动（如工作、就学、购物等）为最终目的。因此，交通需求本身是与出行者的社会交互意愿或所要实现的活动密切相关。如果城市的功能组织和空间布局能够在低机动性的条件下，充分满足社会个体的社会交互需求，就可以有效地减少交通出行总量或避免高强度的出行需求。这就是城市"交通需求管理"（Transport Demand Management，简称TDM）的基本原理。香港知名交通专家黄良会提出："最好的城市交通是没有交通的交通"，是该原理的一种略带夸张的表述。技术进步在方便人们交通出行的同时，也诱发了新的出行需求，一部分新的需求增长并非必要的，而且，交通活动强度的增加往往会导致更多的能源消耗和环境影响。因此，城市交通建设发展一定要针对居民的实际需求，以优化社会交互为根本目标，充分利用城市空间布局和用地组织的基础性作用，有效管理城市交通需求的合理增长。在此基础上，再借助于城市交通新技术，将城市机动性供给从量的保障逐步导向品质的提升。发展与需求相匹配的高品质机动性应该成为交通技术进步和设施建设的努力方向。

1.5.2 可持续的城市机动性

高品质机动性不仅指城市交通服务本身的高质量，还要努力减少因城市交通引发的负外部效应。交通的机动化明显提升了人们的机动性能力，但是，目前的机动化交通工具大都需要消耗化石能源，并产生噪声、尾气等环境污染。以小汽车为代表的个人机动化交通所产生的负外部效应尤为突出，一方面要消耗不可再生的化石能源，产生温室气体排放，另一方面还占用了大量宝贵的城市空间资源，并降低了城市的道路交通安全。自20世纪80年代起，可持续发展观逐渐成为全社会共识，在城市交通领域，"可持续机动性"建设也被提上议事日程。代际公平作为可持续发展理念的基础，强调当代人的发展需求不应当对后代人满足其需要的能力构成危害。地球作为未来几代人共同的唯一家园，其可利用的空间资源、能源资源和环境承载力都是有限的。当代的城市机动性供给不仅要以高品质服务于当代人，还必须尽可能减少城市交通对生态环境造成的不可逆危害，为后代人的高品质生活保护好地球。

可持续发展应当作为城市交通建设新发展观的核心理念。但是，我们的城市是经过多年建设发展而逐步形成的，不可能全部推倒重来。在贯彻新发展观的过程中，务实的做法应当是比照可持续城市机动性的各项要求，诊断发现当前城市交通建设中的主要问题，针对性地通过政策制定和规划引导，把城市交通发展逐步引导到可持续的发展道路上。国内外城市在借鉴以往经验教训的基础上，总结出可持续城市机动性发展的两个主要策略路径：一是构建多方式均衡发展的城市交通系统，二是加强城市交通与用地规划的协调整合。

首先，高品质城市机动性有赖于多方式均衡发展的城市交通系统的支撑。城市交通通过性与联结性之间的内在固有矛盾，说明每种交通方式的先进性都是相对的。以小汽车为代表的个人机动化交通方式虽然在通过性上占优，但在联结性方面却不如传统的慢行交通。例如，日常使用中常常遇到因为找不到合适的停车位，而不得不把车停在距离目的地较远的地点。机动化交通方式的确可以提高社会个体的机动性能力，但经过百余年的交通技术发展，即便是在最发达的国际化大都市中，步行等非机动交通方式仍然在城市交通出行方式中占有非常高的比例，这既说明了传统交通方式在联结性方面的比较优势，也说明了社会个体的交通出行需求是多样化的。只有多样化的交通供给，才能更好地满足城市居民差异化的出行需求。

从社会个体的角度看，个人机动性的高低不仅取决于某一种交通方式赋予他的能力，而且还体现在他可选择出行方式的多少，可选择度的高低也是衡量个人机动性能力的重要指标。每个社会个体的一生中，未成年和老年两大时期都属于机动性的弱势群体，即便在壮年时期，也可能因为受伤、携带行李等原因，临时丧失一部分机动性能力。而在不同的出行动机（通勤、购物、休闲等）下，一个人很可能希望能选择不同的交通出行方式；甚至在同一种出行动机（如通勤交通）下，同一个人平时搭乘公共交通，天气好的时候会选择骑行，当需要携带重物的时候才会选择用小汽车通勤。

而从社会整体来看，单一方式主导的城市交通系统存在明显弊端。在功能组织上，这样的城市交通系统是脆弱的，一旦主导交通方式出现故障，难以通过其他交通方式进行有效分流和疏解，城市功能运转将受到严重影响。从社公平的角度看，交通方式的不均衡极易引发社会分化，主导交通方式的使用者占有更多的公共资源，处于强势地位，排斥非主导方式的使用者，甚至影响后者的机动性保障。在个人机动化过度发展的城市，城市空间蔓延导致通勤距离增加，人们因出行强度高而被迫采用小汽车方式出行，交通出行的可选择度大幅度降低，甚至出现"小汽车依赖"的状况。小汽车交通一家独大使得城市交通十分脆弱，道路交通拥堵频发，小汽车交通导致的个人主义和社会分化，并不利于全社会的社会交互。

当前，我国城市已经面临小汽车交通过快增长带来的挑战，为构建多方式均衡发展的城市交通系统，有两个重要抓手值得关注。一是扶持可替代小汽车的交通方式，进一步丰富城市交通方式供给（英文称为 Multi-Modality 策略）。由于小汽车在速度、舒适度等方面符合居民改善交通出行条件的现实需求，相对于其他交通方式已经具有比较优势，因此，公共政策必须对其他交通方式的发展给予一定的扶持和引导，才能提高这些交通方式相对于小汽车交通的竞争力，避免小汽车交通一家独大，引起城市交通结构失衡。二是加强多种交通方式之间的衔接整合（英文称为 Inter-Modality 策略）。有效的衔接整合可以使不同交通方式之间相辅相成、优势互补，发挥出"1+1>2"的最佳效能。多方式均衡发展的城市交通系统并不完全排斥小汽车，而是通过有效的整合衔接，将小汽车作为交通系统的一个组成部分，通过与其他交通方式的组合，减少小汽车的过度使用。

可持续城市机动性发展的第二条策略路径是加强城市交通与用地规划的协调整合。城市对社会交互的优化作用是多方面的，高品质城市机动性需要整合更多的非交通因素进行统筹考虑。例如，生活方式是影响社会交互方式和需求的关键因素之一，城市规划可以通过引导生活方式的改变，来培育构建更加和谐、更加健康的社会交互方式。城市区别于乡村的一个主要特征就是存在大量共享的公共空间、设施和服务。近年来兴起的共享经济也证实了共享是一种节约高效的社会交互方式。具体来说，城市的用地空间管控既是公共政策干预城市发展的有力抓手，同时也是影响社会交互并进而影响城市交通需求的因素，因此，加强城市交通与用地布局之间的协调整合，有助于可持续机动性的建设和发展。

在社会交互的优化过程中，城市交通和土地利用是两个共同作用的重要变量，同时，两者之间也存在着明显的耦合关系。在交通不发达的情况下，城市通过提高土地利用的强度和混合度来提升社会交互的机会；而在低密度、离散的城市空间格局下，快速交通则可以减少社会交互的时间成本，缩短空间的时空距离，提升社会交互的机会水平。通过交通和土地利用之间的相互作用关系，可以认识到土地利用对交通需求具有一定的约束作用，紧凑的土地利用方式可以锁定甚至抑制交通需求的增长。当前，我国城市在面临城镇化和机动化的双重压力下，大多数城市的土地利用规划选择了顺应机动交通增长需求的发展导向，以满足机动交通需求为主要目标，"以路主导""以车为本"的交通供给特征明显，这也是我国城市交通建设长期受大交通思维逻辑影响的结果，一定程度上助长了小汽车交通的过快增长。在后续的城市交通建设中，应当重视将交通组织和土地利用综合起来进行考虑，充分发挥城市用地空间布局在调节交通需求和优化社会交互上的积极作用，将我国城市的机动性供给引向可持续发展的轨道。

从可持续城市机动性的视角，可以概括出好的城市交通规划应当具备三大特征。首先，应当保证城市交通方式的丰富性，只有多种交通方式相辅相成的均衡发展，才能最好地满足城市居民多样化、差异化、多选择的出行需求；其次，应当切实反映城市居民的实际需求，在保障社会交互服务的前提下，通过合理的需求管理措施，尽可能减少必要出行的出行强度，避免高强度的被动出行，有限需求的视角有助于把交通发展的重点聚焦在机动性供给的品质提升；最后，应当是融合于城市综合发展战略中的一个重要组成部分，并与城市用地空间规划相互反馈，共同构成指导城市未来建设发展的统一行动指南。

1.5.3 公交优先发展的重要意义

1995年11月，由建设部、财政部、中国人民银行、世界银行和亚洲开发银行联合主办的"中国城市交通发展战略国际研讨会"发布了《北京宣言：中国城市交通发展战略》，明确指出："交通的目的是实现人和物的移动，而不是车辆的移动"。这一宣言直指我国城市交通问题的根源，就在于从认识上将技术手段当作发展目标，将机动车交通（机动车辆的通行）当作城市交通的全部。可持续城市机动性理念提醒我们，城市中的各类交通工具只是服务于人的技术手段，城市交通的效率提升也并非最终目的。

对照可持续城市机动性的各方面要求，目前我国城市交通存在的主要问题体现在：交通出行结构不均衡，小汽车交通增长过快；空间发展不平衡，交通拥堵反映的供给不足和超前建设造成的供给过剩并存；社会公平性弱，交通资源过多向个人机动交通使用者倾斜，导致一定程度的社会分异；城市交通造成的环境后果持续增加，不利于代际公平和绿色发展……为了应对上述问题，大力扶持公共交通优先发展已被证实是一种行之有效的方法。许多早期工业化国家在同样经历了小汽车交通过度发展及其造成的城市问题后，已经通过推行公交优先策略成功取得了根本性的转变。

以法国巴黎为例，第二次世界大战后到20世纪70年代，巴黎大区的城市经济发展和人口增长经历了"辉煌的三十年"，受这一时期西方社会追求美式生活方式影响，巴黎也经历了小汽车快速增长、公共交通不断萎缩的发展阶段。从20世纪80年代起，地方政府明确了公交优先的交通发展策略，又经过三十多年坚持不懈的努力，彻底扭转了城市发展的轨迹，成为全球可持续交通建设的典范。尽管以巴黎为中心的大都市地区不断吸引着人口导入，人口增加连带的交通需求上升，郊区人口增长也带来了出行强度的提高，但是，巴黎大区成功地通过综合的规划手段实现了有效的机动性管理。2010年交通调查数据显示：全巴黎大区的平均出行距离被有效控制在4.4km；而位于大区中心的巴黎城区（面积105km^2），45%的交通出行距离小于1km，步行出行比例高达39%。2001—2010年间，巴黎大区公共交通出行比例上升了21%，步行和自行车出行比例分别提高了33%和115%；同期小汽车交通出行比例基本不变，仅微增0.6%。巴黎城区及其近郊的无车家庭比例持续上升，2010年两者占比分别达到55%和29%。为了进一步提升巴黎城区的交通环境品质，降低交通噪声，改善道路交通安全，从 2021 年 8 月 31 日起，巴黎城区全域将实行小汽车 30km/h 限速通行政策。

结合上述可持续城市机动性发展的两条策略路径来看，公交优先对彻底解决我国城市交通问题、转变城市交通发展方向具有重要意义。

首先，大力推动公共交通建设有利于形成多种交通方式均衡发展的良性格局。当代城市的社会经济活动需要在较大的空间范围内进行组织，仅靠传统的步行和非机动交通工具难以保障社会交互所需要的机动性水平。因此，当代城市发展离不开机动化的交通工具。而其中的公共交通是唯一可以与小汽车交通竞争的交通方式。为了抑制个人机动化交通的过度增长，保持城市交通出行结构的均衡，优先扶持公共交通建设发展是必然的选择。此外，公共交通本身包含了地面公交、轨道交通、出租车等多样化的机动交通工具，而且公共交通的发展对步行、自行车等慢行交通方式可以产生明显的带动作用，因此，公交优先对丰富城市的交通供给，满足居民多样化的出行需求具有十分积极的贡献。

其次，从城市交通与用地布局整合协调的角度，推动公共交通的优先建设对城市空间结构优化具有重要意义。长期以来，受交通运输技术思维的影响，城市的整体布局结构以道路交通为骨架，主要公共服务设施和商业设施均布置在道路交通便利的地方，而忽略了与公共交通网络的空间关联。以道路交通为主的规划导向实际上是小汽车交通优先，这样的城市开发模式助长了小汽车交通成为城市中最便捷的交通系统，造成公共交通吸引力减退。事实上，在城市发展的历史进程中，在小汽车出现以前很长的一段时间里，城市空间发展与公共交通建设是紧密结合的，公共交通系统曾发挥着引导城市开发的作用。在可持续城市机动性的发展导向下，应当借助用地空间布局手段，通过与公共交通线网建设布局的匹配，提升使用公共交通的便捷程度，形成对小汽车交通的有力竞争。当前，"公共交通导向的城市开发"（Transit-Oriented Development，简称 TOD）"站城一体"等新开发理念，为公共交通建设与整合衔接用地规划提供了重要的理论指导。在我国城市规划强干预的制度优势下，公共交通的公有属性也更便于与用地规划统筹考虑，而临近公共交通站点的城市开发收益，又可以成为公共交通基础设施建设的重要资金来源。公共交通与城市开发的一体化发展在我国城市中具有非常广阔的前景。

再次，加快城市公共交通建设也有利于推动社会生活方式的转变。欧美城市的发展过程显示，个人机动化交通的快速增长与战后西方社会自由主义思潮、追求个人解放紧密相关，中产阶级向往郊区化的生活方式，纷纷搬离中心城区，助长了小汽车交通的发展。近年来，随着社会观念转变，欧美的一些大企业和中产阶层开始向城市回流，郊区化的生活方式被年轻人摒弃，使用公共交通、共享交通成为新的时尚。同样，我国城市在经历了前一阶段小汽车交通的迅猛增长之后，小汽车已成为平常的消费品，逐渐回归其作为普通交通出行工具的属性，不再成为新一代年轻人追求的目标。随着轨道交通、快速公交等品质高效公共交通系统的建设，公共交通的吸引力有了明显提升。新能源汽车、电动汽车等新技术应用，"无车日""少开一天车"等社会公益活动，也使得城市居民对城市交通的环境意识有了明显加强。而对个人健康的重视也促使一部分"有车族"主动放弃小汽车，改用步行、自行车等体力型出行方式。随着城市交通智能化、信息化的推广普及，公共交通和共享交通的使用更加方便，对减少机动车使用也起到了积极的作用。在此发展趋势下，公共交通既是城市绿色交通的主干系统，也是未来城市社会生活组织的重要公共空间，其建设发展若能进一步结合社会经济要素，将可以有力推动社会生活方式向着更加健康、绿色、和谐的方向发展。

作为中国特色社会主义进入新时代的历史起点，中国共产党第十八次全国代表大会于 2012 年 11 月在北京召开。中央提出了"创新、协调、绿色、开放、共享"的新发展理念，坚持走新型城镇化道路，大力推进生态文明建设，成为新时代城乡空间发展的主题词。2017 年 10 月召开的党的十九大进一步阐述了新时代中国特色社会主义思想。指出新时代我国社会主要矛盾已经转化为人民日益增长的美好生活需要和不平衡不充分的发展之间的矛盾。明确坚持和发展中国特色社会主义，总任务是实现社会主义现代化和中华民族伟大复兴，在全面建成小康社会的基础上，分两步走在本世纪中叶建成富强民主文明和谐美丽的社会主义现代化强国。必须坚持以人民为中心的发展思想，不断促进人的全面发展、全体人民共同富裕；明确全面深化改革总目标是完善和发展中国特色社会主义制度、推进国家治理体系和治理能力现代化。

以习近平新时代中国特色社会主义思想为指导，深入贯彻党的十九大精神，中共中央、国务院于 2019 年 9 月印发实施《交通强国建设纲要》，明确提出"加强城市交通拥堵综合治理，优先发展城市公共交通，鼓励引导绿色公交出行，合理引导个体机动化出行。推进城乡客运服务一体化，提升公共服务均等化水平，保障城乡居民行有所乘。"赋予了公交优先新的时代内涵。在生态文明建设、全面建成小康社会等目标引领下，实施公共交通优先发展战略，引导构建完善的公交优先体系，形成集聚节约的城市土地利用模式与结构和绿色高效的城市交通模式与结构，引导城市交通从设施建设向服务品质提升的转型发展，对于促进我国新型城镇化和交通强国建设均有极为重要的战略意义。

1.5.4 本书的内容与结构

改革开放以来，我国城市开始重视城市公共交通的建设，近四十年的发展取得了举世瞩目的成就，公交优先已逐步成为广泛的社会共识。但城市公共交通体系相比于人民群众对公交服务的需求还有很大距离，我国目前的公交优先在政策、投资、建设、使用、管理、实效等方面，还不能完全适应城市交通发展的需要。根据交通运输部"城市公共交通'十三五'发展纲要"提供的数据，全国多数城市公共交通分担率未能达到40%，相比于国外发达城市仍有明显差距。公共交通建设仍然存在投资成本大、投资主体单一、建设周期长、见效较慢等问题，以至于在与小汽车交通的竞争中往往处于被动的状态。总的来看，我国城市公共交通建设受技术水平、经济水平的限制有所缓解，但在理念认识、公共政策、规划统筹等方面的制约因素仍然普遍存在。

在中国特色社会主义新时代背景下，在新发展理念指导下，针对时代发展的新目标和新要求，有必要对城市公共交通的建设发展展开系统性的思考。需要注意的是，本书并非就城市公共交通专项规划的阐述，而是以公交优先发展为抓手，整体讨论城市交通系统与城市发展之间的关系，从城市社会经济发展需求与发展目标，综合审视城市公共交通规划建设的策略与措施。本书主要讨论的问题有以下三个方面：

①什么是公共交通？厘清城市公共交通的概念内涵，明确公交优先发展的现实意义；

②如何评价公交优先？明确公交优先的目的，构建全面系统的公交优先发展观；

③如何实现公交优先？从可持续城市机动性发展的角度，从公共交通设施规划建设、城市交通方式整合衔接、城市交通与用地布局的协同规划等方面，全面阐述落实公交优先战略的规划策略与具体措施。

全书内容的总体结构分成四大板块。第一板块由第2~4章组成，对公交优先相关的基本问题进行界定和澄清。在明确城市公共交通基本特征及其概念界定的基础上，简要回顾了国内外城市公共交通的发展历程；说明主要公共交通工具的技术特性，以及当代城市公共交通系统的构成；进而阐述公交优先发展理念与政策演进、公交优先的评价指标体系与方法。

第二板块由第5~7章组成，重点从供需匹配的角度，阐述城市公共交通系统的规划建设如何响应城市公交出行需求。第5章说明城市公共交通客流的基本特征以及客流预测的基本方法，同时阐述了客流需求变化的复杂性及其对公交发展模式的影响；第6章和第7章从供给侧，分别说明常规地面公交系统（含BRT系统）与轨道交通系统的线网规划基本方法，侧重阐述了公共交通基础设施建设与用地空间规划相关联的内容。

第三板块包含第8、9两章，重点说明在公交系统完成自身建设之后，如何与外部系统进行整合衔接以进一步发挥效能。其中第8章聚焦城市交通体系的一体化问题，具体阐述了各公共交通方式相互之间的整合以及公共交通与非公交方式之间的衔接；第9章阐述了城市公共交通与用地空间布局规划之间的协调与统一。

第四板块由第 10、11 两章组成,重点说明与公交优先紧密相关的两大问题。第 10 章探讨了城市交通公平性问题,并重点说明公交优先对提升城市交通公平的积极意义;第 11 章结合国外先进城市的经验,重点阐述了城市公交建设与运营管理的模式与机制,从公交建设运营的政策机制软件系统角度,提出有助于公交优先发展的措施建议。

本书面向城乡规划、建筑学、风景园林、交通工程专业的本科生和研究生,可作为"城乡规划原理""城市道路与交通""城市交通规划"等课程的教材或教学参考书。本书旨在帮助未来的城市规划师、建筑师、风景园林师交通工程师,从一开始就树立公交优先的规划理念,培养优先从公交发展考虑城市问题的习惯,切实贯彻城市公交优先发展的政策导向,澄清有关公共交通的认识误区,扭转城市交通规划中的一些惯性思维。本书尝试将对城市交通问题的阐述和讨论置于"交通—用地"的一体化框架中。在完善对公共交通自身发展规律认识的基础上,进一步从城市公交和用地开发的相互作用关系,考察公交优先发展的规划条件,从交通出行需求管理角度,引导创造公交优先发展的有利环境,切实贯彻"以人为本"的规划基本原则。最后,结合我国城市规划建设的重大需求和现实问题,本书广泛学习借鉴国外城市的先进经验,及时引入最新的科研成果和实践经验,力求为学生了解国际前沿动态、拓宽专业视野、提高实践技能提供全面的、世界领先的知识。

第 2 章

城市公共交通的历史发展与未来趋势

"公共交通"作为人们日常生活中的常用词，在不同语境下的概念内涵存在着明显差异。人们使用该词通常指的是"城市公共交通"，而没有包括航空、铁路、长途汽车等城际交通。为了语言表达的简洁，"公共交通"在日常使用时又经常被缩略为"公交"（如公交公司、公交优先、公交车站等）。但在某些特定语境下，"公交"一词却仅指代常规地面公共交通方式，即公共汽电车这类传统的路面公共交通工具，而不包括地铁、轻轨等轨道交通工具。因此，使用"公共交通"及其缩略语"公交"的时候，必须特别注意其所处的上下文关系及其概念内涵的差异。

本教材的论述对象"城市公共交通"，顾名思义，是指"城市交通"中的"公共交通"。"城市交通"的概念界定已经比较明确了，但是，对城市交通中有哪些可以划入"公共交通"的范畴，却仍存在着不少争议。例如：出租车算不算公共交通？由私营企业投资运营的公交线路算不算"公共"交通？对这些涉及公共交通范畴划定的问题，不同城市有不同的做法，而在不同国家之间，还受到政治经济体制差异的影响。事实上，"城市公共交通"概念的内涵边界存在着一定的变化区间，对"什么是城市公共交通？"这个看似简单的基本问题，并没有一个标准的统一答案。

本章将对城市公共交通的概念及范畴划定展开系统论述。只有明确了"什么是城市公共交通"，才能保证我们对公交优先发展的政策制定不会出现偏差。尽管不同城市对城市公共交通的界定存在差异，但是其中的共性要大于差异性。不同城市公共交通的划定范畴或有差异，但城市公共交通仍然具有基本的共性特征。对公共交通范畴的界定，很大程度上取决于我们对城市交通方式进行划分归类的目的。为了更好地理解和把握城市公共交通的概念内涵，本章随后将简要回顾国内外城市公共交通的建设发展历程，了解公共交通与其他城市交通方式的区别，以及在不同历史时期的发展状况和影响因素，并展望未来城市公共交通的发展趋势。这一历史回顾与发展展望也有助于我们认识理解当前背景下公交优先发展的重要意义。

2.1 城市公共交通的概念界定

2.1.1 公共交通的概念与内涵

城市公共交通是城市中供公众乘用的经济方便的各种交通方式的总称。广义上，所有向大众开放、并提供运输服务的交通方式，都可以被纳入"公共交通"的范畴。与此对应的英文概念是"Mass Transit"（中文译作"大众运输"）。由此可见，公共交通首要的基本特征就是它的开放性，即面向社会大众提供大家共同使用的交通运输服务。公共交通的使用者对交通工具和设施只有使用权而没有所有权，并且通常需要付费使用。而公共交通的所有者和经营者则不能对使用者加以选择，但可以通过收取费用获得收益，回收补偿在交通设施建设、运营和维护上投入的成本。从经济学视角看，城市公共交通属于一种典型的准公共产品，它的经营不是一种完全的市场行为，它的经营必须受到严格的公共监管。

严格意义上讲，大众运输应当包含人员和货物的运输。在交通不发达的年代，早期的城市公共交通线路常常同时服务于客运交通和货运交通，或是从货运交通线通过升级改造而形成客运服务线；现代城市中，也有一些城市尝试利用地铁等公共交通线路在夜间承担城市货物配送运输的案例，但除了特殊约定的情况外，公共交通一词在一般语境下仅指人员的运输。例如，北美城市通常将地铁等轨道交通称为"大众快速交通系统"（Mass Rapid Transit，简称MRT），这一大众运输系统显然只服务于客运交通。一些国际机构对公共交通的定义也与上述的概念界定一致。国际公共运输联合会（UITP）认为："任意运输大众的交通系统都是公共交通。"并进一步对公共交通界定为："通常包括轨道交通和公共汽车服务，广义上的定义还包括轮渡、出租车服务等。"而欧盟管制机构对公共交通的定义是"以大众的经济利益为目的、以非歧视性和持续性为原则、为公众提供的客运交通服务，更加强调服务机会的均等。"

在英语中，对应于"公共交通"的表述还有"Public Transport"（美式英语为"Public Transportation"）。从字面上看，中外概念表述似乎都没有空间范围的限制。理论上讲，公共交通既包含城市范围内的公共汽（电）车（或"公共汽电车"）、轨道交通、轮渡等交通方式，也包括城市之间的民航、铁路、公路、水运等运输服务。但在约定俗成的日常使用中，中外概念都更多地指向城市空间范围内定线运营的"城市公共交通"，而不包括长途客运，即狭义的"公共交通"等同于"城市公共交通"，是后者的一种简化表述。

公共交通的概念内涵缩小为客运公共交通，进而又缩小为城市客运公共交通，或与人类社会的城市化进程有关。随着世界范围城市化水平提升，人口向城市地区不断集聚，城市不仅成为人类主要的居住生活场所，也成为社会经济生活的中心。城市交通需求随之不断增长，而城市客运交通量在整个客运交通中的占比非常高。城市交通中可供选择的交通方式非常多，公共交通作为其中某一类交通方式的集合，具备与其他类别交通方式相区别的共同特征。相比之下，城市间的长途出行可选择的交通方式较为有限，且基本都是公共交通方式，人们更倾向于直接用飞机、火车等交通工具来具体表述。另一方面，城市空间持续扩展造成城市空间边界日趋模糊也是一个重要原因。国外单个城市的空间规模较小，通常是多个市镇共同组成的一个城市化地区，紧凑的中心城区和郊区之间的交通联系非常紧密，而且跨区通勤的情况较为常见，城市交通和城际交通的边界本身就比较模糊。随着我国城镇化发展持续推进，城际轨道交通建设陆续提上议事日程，一些城镇集聚区已经开始出现同城化的现象，这些以通勤或通学为目的的短途城际交通与偶发的长途出行在行为特征上有很大不同，却具有与城市交通非常类似的特征，虽然超出了严格意义的城市空间范围，但在交通规划上仍应当将其纳入城市交通的考虑范畴。

2.1.2 公共交通和交通方式

从公共交通的定义可以看出，这一概念并非单指某一个具体的交通工具，而是一类具有某些共同特征的交通工具的统称。这就涉及城市交通学中的另一个基本概念——交通方式。

城市交通是一个复杂的庞大系统，包含了各类车辆、轮渡、缆车等辅助居民出行和运输货物的交通工具，以及使用这些工具所需的道路、轨道、桥梁、隧道、车站等基础设施。由于城市中集中了多种多样的交通工具，为了便于观察分析城市客运交通问题，通常按照一定的划分标准，把各种交通工具归纳成若干种"交通方式"。交通方式指的是居民出行所采用的方法或某一类交通手段。通常首先区分为公共交通方式和个体交通方式，再把后者进一步区分为个体非机动化交通方式和个体机动化交通方式。这样，纷繁复杂的城市交通系统就可以大致归纳成三大交通方式：以步行、自行车为代表的个体非机动化交通方式；以公共汽（电）车和轨道交通为代表的公共交通方式；以及以私人小汽车、摩托车为代表的个体机动化交通方式（表2-1）。

由此可见，城市公共交通是一个和交通方式划分相关的概念。它包括所有面向公众开放、提供客运服务的交通工具、交通工具运行所需要的基础设施以及为服务所需的站点、标识等配套设施。作为城市三种基本的交通方式之一，公共交通既在整个城市交通体系中发挥着重要作用，也是城市空间和城市基础设施的重要组成

城市客运交通的方式划分　　　　　表 2-1

交通方式大类	城市客运交通				
	公共交通			个体交通	
交通方式子类	常规地面公交	轨道交通	准公共交通	个体机动化交通	个体非机动化交通
代表性交通工具	公共汽车、电车	地铁、轻轨	出租车、网约车	私人小汽车、摩托车	步行、自行车

资料来源：作者整理.

部分。公共交通系统在很大程度上影响着城市整体功能的发挥，对城市产业发展、人口分布、土地利用规划以及居民生活质量的提高起着促进作用。

需要注意的是，交通方式的划分是为了便于认识和分析城市交通问题而作的一种简化，根据划分标准的不同，交通方式可以有不同的划分方法，因此，交通方式和交通工具的关系并不是绝对固化的。例如，使用私人小汽车出行属于个人机动化出行方式，但是如果它提供了拼车服务或者变身网约车，就有了准公共交通的属性。电动自行车在我国虽归入了非机动交通范畴，但它的使用与传统的非机动交通工具——脚踏式自行车还是有很大的差别。另外，由于城市中存在多种可供选择的交通工具，因此城市居民在完成从甲地到乙地的一次交通出行过程中，可能只使用一种出行方式，或虽然使用了多种方式但以其中的一种方式为主，此类出行我们称之为单一方式出行。但也可能使用了多种不同的交通出行方式，此类出行我们称之为组合方式出行。其中，最常见的一种组合方式就是"自行车 + 轨道交通"的组合出行。步行作为最基本的一种出行方式，通常不单独列出，人们步行到公交车站搭乘公共汽车完成出行，仍视为单一方式出行。

2.1.3 城市公共交通的基本特征

从上述讨论可知，城市公共交通的概念界定与城市交通的方式划分有关，具有一定的相对性。不同国家之间，甚至同一国家不同城市之间，对城市公共交通的范畴界定标准可能存在差异。随着城市经济发展水平的变化、交通技术条件的变化、所面临的城市交通问题的变化等，公共交通在城市交通中的角色和作用也随之发生着变化。因此，对于公共交通的概念认识，也存在一个发展变化的过程。

美国公共交通协会（American Public Transportation Association，简称 APTA）在其 1966 年的文件中，将公共交通行业定义为"由所有私有和公有的当地客运交通企业组成，具体包括地方公共汽车线路、街道有轨电车、地铁线路、城市公共电车以及长途汽车，不包括出租车、郊区铁路观光巴士以及校车"。随着公共交通的自身发展，ATPA 在认识上也有了新变化，2004 年的官方文件表述调整为"公共交通包括所有为乘客提供共乘车辆服务的地方或区域线路，这些服务包括：私有或公有公共汽车、轨道交通、轮渡、国有铁路、长途公共汽车、与公共交通机构签订合约的出租车与汽车合用服务以及其他为老年人或残疾人提供的交通服务"。2006年ATPA再次对公共交通概念进行更新，界定为"为公众提供定时的、持续的一般性或专门性交通服务"。

相比之下，我国对于公共交通的定义则更侧重强调公共交通的公共服务属性，强调公共交通是重要的城市公用事业和基础设施。如，我国交通运输部2016年印发的《城市公共交通"十三五"发展纲要》中指出："城市公共交通是满足人民群众基本出行需求的社会公益性事业，与人民群众生产生活息息相关，是政府应当提供的基本公共服务和重大民生工程。"

由于不同国家和城市对公共交通的内涵界定各有侧重，因此在交通方式划分上对公共交通的范畴就有不同的划定标准。尽管如此，我们从公共交通的历史发展以及世界各国及城市对公共交通的界定，可以看出划入公共交通范畴的各类交通工具仍然具备一些共同的基本特征。这些基本特征并不会随着时间或城市的变化而变化。通过认识这些基本特征，可以帮助我们更好地把握城市公共交通的本质内涵。

（1）公共性特征

城市交通可以根据交通工具是否自带动力装置驱动或牵引，划分为机动交通方式和非机动交通方式两大类。后者通常指步行和自行车交通，前者则分成个人使用的小汽车、摩托车以及众人共同使用的各类公共交通工具。作为面向社会大众的一种开放式的交通服务，众人共乘这一使用方式，赋予了公共交通的首个基本特征——公共性。从城市公共交通的历史发展过程也可以看出，公共性特征在公共交通的不同发展阶段都没有改变，面向公众的共同使用一直是公共交通服务得以产生和发展的基础，也成为公共交通的特色优势。

最早的公共交通工具"为大家服务的公共马车"，虽然尚不属于机动交通，而且是由私营企业提供，但已经具备了面向大众、多人共同使用的特征。基本动机是通过众人的共同使用，来降低每个人的使用成本。为了方便尽可能多的人使用，公共马车采用了固定线路、固定时间和固定收费的运营方式，具备了现代公共交通的特征。同时，还制定了需要大家共同遵守的行为规范，来保障大家共同乘用公共马车时的良好秩序。

当以有轨电车、地铁为代表的机动化交通工具替代公共马车，成为城市公共交通的主要交通工具时，公共交通的公共性仍然得到了延续。早期的机动化交通工具不仅自身造价昂贵，而且需要大量资金用于轨道等基础设施建设，因此必须通过大量乘客的使用来降低人均的使用成本，并尽快回收建设成本获得投资回报。工业化带来的城市人口增长为公共交通提供了充足的客源和交通需求，也使得早期的城市公共交通成为私营投资者追捧的热点领域。在当时的条件下，公共交通具有经济、快捷的优势，满足了工业化生产组织对城市交通出行的需求。尽管这一时期的城市公共交通建设和运营主要由私人运营商主导，但公共交通的公共性并没有因此受到影响。公共交通仍然是面向所有人开放的，而且这种开放性与私人投资者的利益是一致的，越是开放的系统越可以带来更多的客流和运营收入，带来更高的规模效益。而且，公共交通的建设运营从一开始就被置于严格的政府管控之下，运营资格、线路布局、票价、服务水平和安全等方面，均有严密的公共监管。

早期的机动化交通工具基本都是公共交通，并不适合个人使用。这一状况因私人小汽车的发展被彻底改变了。20世纪初以"福特制"为代表的技术和生产工艺革新，大幅度降低了机动化交通工具的生产成本，机动车辆逐渐成为普通家庭可负担的工业产品，城市机动化交通进入了个人化时代，追求个性和自由的社会潮流加速推进了私人小汽车的发展，并造成了城市公共交通的衰退。私人小汽车改变了机动化交通工具必须大家共同使用这一状况。机动车价格降低后，不再需要通过多人使用来分摊成本。私人小汽车可以实现"门到门"的城市机动化交通服务，个人化使用无需到站候车和按既定线路行驶，具有比公共交通更高的舒适性和灵活性。随着人们生活水平的提高，私人小汽车相对公共交通的比较优势越发明显，公共交通的公共性带来的低成本优势不再显得重要。随着客流流失，公共交通运营风险增大，私营企业对投资公共交通市场的热情也明显减退。

但随后，从可持续发展角度，城市公共交通的公共性价值重新得到了社会的认可和关注。作为大众共同使用的交通出行方式，公共交通相对于私人小汽车，具有显著的空间集约和节能减排的优势。在私人小汽车快速增长造成城市道路交通拥堵的背景下，以法国斯特拉斯堡为代表的一些城市，为了宣传公共交通的重要性，直观地通过照片展示了公共交通在空间集约上的优势：130余人如果均采用私人小汽车出行，将使得整个道路空间被小汽车充斥，而如果改乘公共汽车，则只需要3辆巴士，可以为城市节省出大量公共空间（图2-1）。

（2）公益性特征

在对早期城市公共交通运营实施监管的时候，政府就已经注意到公共交通社会效应的重要性。除了车辆数量、运营路线以外，价格也是公共监管的一项重要内容。为了使大部分人都能够享用公共交通，不会因为过高的价格而被排斥在外，公共交通的票价被限定在一个大多数人都有能力支付的范围内。在开放公共交通市场的同时，就明确了公共交通不能单纯追求经济效益，要求运营商兼顾社会效益，保障社会大众的交通出行便利。

现代城市公共交通的公益性特征更为明显。随着私人小汽车的快速发展，公共交通在城市机动化交通中逐渐失去了竞争优势，公交运营收入减少、亏损增大，公

图 2-1 公共交通空间集约优势的展示
资料来源：法国斯特拉斯堡市 CTS 公司历史图片.

共交通不再是一个盈利性行业，私人投资逐步退出了公共交通市场。在这种情况下政府面临着两种选择：一是放松对公共交通的价格管制，通过市场方式保障公共交通的供给，即通过提高票务收入的方式保持公共交通的盈利水平，但价格上涨必然会损害公共交通的公益性，导致一部分低收入人群交通负担加重，甚至因此不再使用公共交通；二是坚持保障公共交通的公益性，通过给运营企业发放财政补贴的方式，保持公交运营一定水平的运营收益，或者接替市场的作用，直接为社会大众提供公共交通服务。在社会公平和环境意识不断提升的社会背景下，大多数国家和城市都选择了后者，政府为城市公共交通的建设发展起到了托底保障的作用。

公共交通逐渐成为政府有责任保障供给的公共服务的重要组成部分，其公益性的一个外部特征就是公共交通的"低票价"。这里的"低票价"不是指票价的绝对高低，而是指使用者实际支付的使用成本（票价）低于为提供该服务所发生的实际成本。换句话说，使用者并没有完全承担实际成本。因此，作为公共服务的城市公交不能完全通过市场运营实现收入—支出的平衡，其中的差额就是运营亏损，是为了保障其公益性而产生，需要通过公共财政的补贴来实现运营企业的收支平衡，保证公共服务的持续运转。

城市公共交通的公益性通常需要公共资金的支持，其合理性具体体现在保障公民基本权利和支持城市绿色发展两方面。首先，公共交通的直接社会效益体现在：保障社会全体（尤其是低收入人群）基本的交通出行权利，保障不同社会群体享有公平机会获得公共交通服务，并通过提供多层次、多类别、无缝衔接的交通服务体系，满足广泛的、差异性的公共服务需求。其次，公共交通对城市绿色发展的推动最终受益的也是社会大众，体现了公共交通间接的社会效益。发展公共交通可以有效缓解城市交通拥堵，减少由此产生的时间和经济损失，提升居民生活满意度；可以减少温室气体排放和能源消耗，改善空气质量，节约城市空间，改善城市居民的生活环境品质；结合城市交通系统建设可以推动城市用地空间开发建设，提升城市及社区的经济活力。

（3）公共性和公益性的关系

公共性和公益性是城市公共交通的两个最基本的特征。前者是由公共交通的使用方式决定的，后者则与公共交通的社会效益密切相关。两者之间存在一定的关联性。一方面，城市公共交通的公益性特征是从公共性衍生而来的。由于公共交通是向社会开放的共同使用，因此带来了公共监管的需要。而另一方面，通过公共干预对公共交通的公益性实施保障，反过来也可以促进更多的人使用公共交通，进一步强化其公共性特征。

公共交通的两个基本特征分别对应了英文语境下 Mass Transit 和 Public Transport 这两个概念，体现出不同国家和城市在公共交通建设发展过程中的不同侧重点。

Mass Transit（大众运输）的概念侧重于公共交通的公共性，从交通工具的使用方式角度，突出公共交通向社会大众开放、由公众共同使用的特点。如 UITP 就认为"任意运输大众的交通系统都是公共交通。"公共交通的这一基本特征使之相比于私人小汽车具有空间集约和节能减排的优势，因此，从可持续发展的角度，一些国家和城市有意突出强调公共交通的这一使用特征，以鼓励城市居民减少私人小汽车的使用。

在这一政策目标引导下，公共交通范畴的界定会相对比较宽泛，因为公共交通方式的交通工具使用得越多，就越有利于减少个人机动化交通，空间集约和节能减排的环境绩效就越显著。由于私营或国营的公共交通在使用方式上是基本相同的，都具有空间集约和节能减排上的优点，因此从这个角度的概念界定弱化了公共交通的权属问题以及公共交通的运营主体的属性问题，鼓励全社会参与，通过发展各种形式的共享型交通出行，推动城市的绿色发展。除了发展传统意义上的规模化公共交通之外，许多城市还积极鼓励多种形式的共享型"准公共交通"（Para-Transit）。为了促进私人小汽车从单人使用向多人使用转化，为多乘员小汽车（HOV）提供专门的车道，鼓励"拼车"出行（Ride Sharing），倡导小汽车共享（Car Sharing）。通过私人小汽车使用方式的转变，使之也具备一定的公共性特征。网约车作为其中的典型代表，已经被许多城市纳入公共交通的范畴并实施统一监管。此外，近年来在我国城市兴起的政府主导的"公共自行车"和私营企业运营的"共享单车"，尽管不属于机动化交通，但都面向大众服务，具有公共交通的属性，可以纳入准公共交通的范畴。我国住房和城乡建设部于 2019 年 3 月发布的《城市综合交通体系规划标准》GB/T 51328—2018 中，明确将城市公共交通分成"集约型公共交通"和"辅助型公共交通"，后者作为满足特定人群个性化出行需求的城市公共交通方式，具体包括出租车、班车、校车、分时租赁自行车等。

英文 "Public Transport" 概念中的 Public 具有"公有的、公用的"的双重含义，侧重体现了公共交通的公益性特征，也突出强调了政府在公共交通建设发展中的重要作用。为了保障社会全体基本的交通出行权利，政府不仅要对公共交通市场实施监管，还需要通过公共资金的支持保证公共交通服务的供给。包括对学生、老人等特殊社会群体提供福利性票价，对公交票价实行补贴限价，保证低客流地区的基本公共交通服务等。从公益性的角度，公共交通的范畴划定与政府的财政补贴范围直接相关，理论上讲，划归公共交通的各种交通工具都应当获得政府补贴。为了控制政府财政负担，明确政府和市场在公共交通发展中的不同作用，从公益性角度界定的公共交通范畴相对较小，主要指那些与居民必要出行密切相关的、纳入政府公共财政补贴范围的公共交通方式。

从公共性和公益性这两个基本特征，也反映出城市公共交通发展的两种不同的理念。公益性特征主要体现的是社会公平和服务保障，强调公共交通的低票价和可获取性，并突出政府在保障基本交通服务上应尽的责任。但如果片面强调公共交通的公益性和基本保障功能，则可能影响公共交通运营企业提升效率和服务水平的积极性，也不利于多种形式的辅助型公共交通的发展，弱化了公共交通对个体机动化出行的抑制作用。因此，在可持续发展的目标框架下，城市公共交通的建设可以适当侧重，但必须平衡公平和效率的关系，在保障公共交通公益性的同时，积极提升公共交通的综合服务品质和竞争力。

2.2 城市公共交通的产生和发展

城市是为了方便和促进人们的社会交互而产生的，而绝大部分城市都是在交通便捷的地点发展起来的。早期的城市由于当时交通技术条件落后，城市内部的交通方式比较单一，步行是最主要的交通出行方式。要完成远距离的出行或运送货物时，人们会借助于畜力（如骑马）和简单的交通机械（如马车等畜力车）。但当时这些马匹和车辆主要用于劳动生产，是比较稀缺的生产资料，主要为私有和私用，几乎不存在面向大众服务的公共交通工具。

城市的发展历程同时也是交通技术发展的历程。为了克服空间距离带来的障碍，提升社会交互的机会，人们不断地创新发明新的交通工具。在一些大城市，大量集中的交通出行需求催生了潜在的公共交通市场，而城市里多样化的交通工具增多，也为部分交通工具用于公共交通创造了条件。纵观全球城市公共交通的发展历程，大致可以分成下述四个阶段。

2.2.1 城市公共交通的萌芽（17世纪中叶至19世纪初期）

车轮的发明实现了从移动到滚动的飞跃，世界各地的人们很早就使用马车来运送货物和人员。罗马帝国鼎盛时期，欧洲建设了8万km的平坦大道，运行平稳的四轮马车被广泛使用。直至17世纪，四轮公共驿车承担了大部分的长途客运任务，并带来了陆上旅行的繁荣。但在城市里，精致的私有马车仍只是少数贵族特有的身份象征，普通人的交通出行主要依靠步行。

17世纪路易十四王朝时期，法国巴黎聚居了50多万人口，从中世纪延续下来的狭窄街道并不适合太多马车通行。为了解决住在城里的贵族出行时没有马车的问题，法国哲学家兼数学家帕斯卡（B. Pascal）提出设置公共马车的建议，并在国王的支持下获得了特许经营证，于1662年3月开通服务。首条红色公共马车线路连接了巴黎城内的卢森堡宫和圣安托万门，由装备精良的四轮马车提供运输服务，运营间隔为7分半钟。随后又增开了不同颜色的另外4条线路，覆盖了城区大部分地区，成为世界上第一个公共交通网络系统（图2-2）。每辆公共马车由4匹马牵引，最多可以搭乘8名乘客，配备一个马车夫和一个牵马人，他们身穿蓝色绘有国王徽记和巴黎市徽的外套，衣服上的饰物根据服务的路线不同而使用不同的颜色，他们根据乘客要求停车，沿途随时可以上下（图2-3）。马车的基础价格为当时的法国铜币5苏（sols），并随着乘距增加而增加，因此，这一公共马车也被称为"5苏公共马车"（法语为Les Carrosses à Cinq Sols）。公共马车速度约9km/h，夏季运营时间从早上6点到晚上9点，冬季营运时间从早上7点到晚上7点30分。这一服务很快就受到巴黎人的欢迎。

巴黎的"5苏公共马车"是世界上第一个有组织的城市公共运输系统。帕斯卡制定的马车服务基本规则包括：固定的线路、规律的发车频率、固定的费率等，具有现代城市公共交通的基本特点。但是，这一服务为了确保贵族等特殊阶层的便利，对乘客身份进行限制，引发被拒之门外的巴黎人抗议，在运营了近十五年后终止了服务。

1823年，法国南特市郊区温泉浴经营者鲍德雷（S. Baudry）为了方便城中顾客抵达浴场，采用一辆可载运16人的马车，每天定期从市中心出发往返浴场，为城中顾客提供交通服务。鲍德雷的马车沿固定的路线运行，可随时上下车，车费比一般马车便宜，即使乘客没有坐满也按时发车，很受市民欢迎。鲍德雷从中发现了商机，放弃了其他生意开始专注公共马车的经营。三年后他在南特创立了公共马车公司，为南特市民提供2条线路的公共马车服务，并将自己的马车命名为"Omnibus"，其

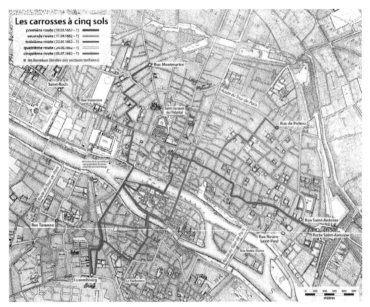

图 2-2　巴黎的"5 苏公共马车"是最早的城市公共交通网
资料来源：王健. 公共马车：为了大家 [J]. 人民交通，2020（5）：50-53.

图 2-3　巴黎于 1662 年开通的"5 苏公共马车"
资料来源：王健. 公共马车：为了大家 [J]. 人民交通，2020（5）：50-53.

中拉丁词根"Omni-"是"为大家的"意思，取意"为大家服务的公共马车"，这一单词也成为现在英文公共汽车"Bus"一词的来源。1828 年，鲍德雷又到巴黎创建了公共马车公司（l'Entreprise Générale des Omnibus），采用由 3 匹马牵引的封闭车厢式马车，最多可运载 16 名乘客，按照固定的路线、时间表和价格在巴黎主要林荫大道上运营。乘客在街道上的任何地方向车夫挥手，就可以上下乘坐马车。这一公共马车服务再次获得巨大的成功。

鲍德雷首创的公共交通商业模式在巴黎发展迅速。到1829年底,巴黎已经有10家公共马车公司,264辆公共马车,政府对各公司的运营实行严格的管制,划分各公司的服务地区和路线,并对停车、票价和通信进行征税。1855年,巴黎合并了各运营公司组成统一的公共马车公司(Compagnie Générale des Omnibus),6580匹马和503辆马车运营的25条公共马车线路覆盖了巴黎150km的街道,新公司还推出了载客量更大的双层公共马车。至19世纪60年代,巴黎公共马车公司的马匹数量不断增加,马车线路发展到了31条,服务时间从上午8点至夜间零点。公共马车和挂红色车牌的出租马车,以及在塞纳河上开行的水上巴士(Mouches)共同组成了当时的城市公共交通系统(图2-4、图2-5)。

图2-4　莫里斯·德隆德的油画《在公共马车上》(1885年绘制)

图2-5　卡米耶·毕沙罗的名画《蒙马特大街》(1897年绘制)
(公共马车与出租马车、私人马车在巴黎街道上混行)

公共马车这种方便的交通出行方式迅速从巴黎传播到英、美等其他国家。1829年，英国马车设计师希利比尔（G. Shillibeer）把他受聘在巴黎制造了的公共马车推介到英国，伦敦开始出现主要面向为中产阶级提供服务的公共马车业务，风格和车身名字都与巴黎的一样（图2-6）；1854年，伦敦郊区的通勤者也开始使用公共马车；1856年，伦敦公共马车服务公司（London General Omnibus Company）成立，拥有580辆公共马车和6400匹马，成为当时全球最大的公共马车公司，公共马车的客运量一度超过轮渡和铁路的总和。

1827年，布罗尔（A. Brower）用一辆驿站马车在纽约百老汇大街上开通运营了美国第一条公共交通，马车由两匹马拉动，车厢为顶部遮盖两侧敞开的半封闭式结构，一辆车可搭载12名乘客；1931年又增加了两辆马车，其中一辆也命名为"Omnibus"。随后，公共马车开始在美国城市内部及城市之间扩散，费城（1831年）、波士顿（1835年）和巴尔的摩（1844年）等美国大城市也相继出现了公共马车。随着马车数量的增加，行业竞争压力变大，公共马车乘坐价格逐渐下降，普及程度越来越高。19世纪中后期，公共马车已经成为美国城市的主要交通方式之一。

由于美国早期城市的道路建设比较简陋，缺少欧洲城市街道那种较完善的路面铺装，公共马车经常因为天气原因造成的路面泥泞而停驶。为了提高公共马车的稳定性，19世纪30年代开始，纽约、新奥尔良等城市开始将公共马车进行改装后，转移到铺设好的铁轨上运行。这种仍由马匹牵引的轨道交通被称为"有轨马车"（英文为Horsecar或Streetcar）。沿着固定的轨道行驶的马车更加节省马力、速度快、颠簸小、稳定性好，载客量可突破传统马车20~30人的限制，行驶速度也由原先的5mile/h提高到8mile/h左右。马车行驶不仅更加安全，而且对车辆的磨损也大大减轻。有轨马车的优点很快受到人们的欢迎，这一新型交通方式迅速扩展到美国的其他城市（图2-7）。

图2-6　引入伦敦的公共马车（Omnibus）
资料来源：王健.公共马车：为了大家[J].
人民交通，2020（5）：50-53.

图2-7　美国水牛城Pearl and Swan
大街上的有轨马车（1877年）
资料来源：网络图片.

19世纪50年代之后，有轨马车成为美国主要的公共交通工具，并在19世纪80年代中期发展到鼎盛时期。全美共有415个有轨马车公司，运营里程达到9700km，年均运载旅客1.88亿人次。1890年，纽约的人年均搭乘次数高达297次，轨道从原先的市中心街道扩展到城市周边地区乃至较偏远的郊区。与此同时，有轨马车建设热潮也反向从美国向欧洲大城市传播。巴黎、柏林、布达佩斯、伯明翰、里斯本、伦敦、曼彻斯特等欧洲大城市，在19世纪中期以后都陆续建设了有轨马车线路。

公共马车和有轨马车作为城市公共交通的雏形，已经具备现代城市公共交通的一些特征。首先，它们都是面向所有人开放的大众运输系统，具有为公众服务的公共性；其次，在运营上有固定线路、频次和收费，保证了交通出行服务的连续性和稳定性。这一阶段的城市公共交通发展还有一个特点，都是应大量的出行需求，由市场发起并自发发展起来的。开始的时候，公共交通的所有者和运营商都是私营企业主而不是政府，公共交通被作为一种商业化的营利性行业在经营，经营者为了获取更大利润和规模效应，愿意控制票价以吸引更多客流。由于当时的城市交通方式非常有限，对普通市民来说，公共马车和有轨马车是为数不多可选择的，而且相对经济便捷的出行方式。由于行业需求稳定，经营风险较低，因此吸引了大量的投资者，城市公共交通得以快速发展起来。值得注意的是，从一开始公共马车的经营就受到了严格的公共监管，早期的公共交通服务都是在政府许可下开办起来的，经营过程也受到了道路交通法规、经营区域划分、票价等多方面的管控。

2.2.2 工业革命助推公共交通迅速发展（19世纪初期至20世纪初期）

始于18世纪60年代的"工业革命"是以机器取代人力，以大规模工厂化生产取代个体工场手工生产的一场生产与科技革命，使得资本主义生产完成了从工场手工业向机器大工业的过渡。机器的发明及运用成为这个时代的标志，历史学家称之为"机器时代"(the Age of Machines)。

18世纪末19世纪初，英国人瓦特（J. Watt）改良蒸汽机是工业革命的重要标志。它提供了利用热能来为机械供给推动力的手段，从而结束了人类由来已久的对畜力、风力和水力的依赖。人类的生产活动获得了全新的能源和动力，使得工厂不再需要在依河或溪流而建，生产得以逐渐向集中了各类资源的城市集聚，城市成为工业化大生产的中心。发源于英格兰中部地区的工业革命，随后传播至整个欧洲大陆，19世纪传至北美，推动了早期资本主义工业化国家的城市化，大量农村人口向城市转移，成为城市中新兴的工人阶级。城市空间规模扩张，人口急剧增加，工业化大生产带来的大量潮汐化通勤，都对城市交通产生了庞大而集中的出行需求，进而促进了城市公共交通的繁荣发展。

城市交通是早期工业化城市发展面临的最重要挑战之一。在货运方面，工业化大生产需要大量的煤炭、钢铁等重型物资，除了原材料运输供给问题外，还要完成规模化生产后大量工业产品的外运问题；在客运方面，工业化生产不仅需要大量的产业工人，而且对他们的上下班时间有严格的要求，早晚高峰时段几乎同时上下班的人流产生了大量而且集中的通勤交通，这些都不是传统公共马车系统能够承担的。城市道路交通拥堵成为困扰早期工业化城市发展的瓶颈，只有面向大众的、价格低廉的大运量运输系统才能适应当时的城市交通需求。需求压力之下，机动化公共交通在欧美工业化城市中率先发展起来。

工业革命中的新技术新动力被优先应用于交通运输，发明创造出了新型机械化交通工具，以替代原来依赖畜力的公共马车和有轨马车，人类的交通运输开始进入机动化时代。1814年，英国人斯蒂芬森（G. Stephenson）动手制作了世界上第一台蒸汽机车，并在新铺设的铁路上试车获得成功。1825年9月，世界上第一条行驶蒸汽机车的永久性公用运输设施，英国斯托克顿—达灵顿的铁路正式通车。在盛况空前的通车典礼上，由机车、煤水车、32辆货车和1辆客车组成的载重量约90t的"旅行"号列车，由设计者斯蒂芬森亲自驾驶，共运行了31.8km，标志着近代铁路运输业的开端。蒸汽机在交通运输业中的广泛应用推动了新型城市公共交通方式的发展。蒸汽机作为替代马匹的动力装置，被用于改造既有的有轨马车线路。一些城市还建设了缆车系统（Cable Car），通过固定机房内的蒸汽机装置连接可移动钢缆，作为轨道车辆的动力牵引，1840年，伦敦东城最早使用这样的系统来运送乘客。1863年1月，伦敦开通了世界上第一条使用蒸汽机车牵引的城市地下铁路——"伦敦大都会铁路"（Metropolitan Railway），开启了欧美大城市的地铁建设风潮；1896年，欧洲大陆的第一条地铁在当时奥匈帝国首都的布达佩斯开通；1900年，法国巴黎在万国博览会期间开通了首条地铁线；1904年10月，美国纽约市开通了当时世界最大的地铁系统。

19世纪下半叶，以电力、内燃机、飞机等为代表的第二次工业革命，标志着人类进入"电气时代"。由于利用了电并发明了主要使用石油和汽油的内燃机，动力工业被彻底改革。电力驱动的有轨电车成为这一时期标志性的公共交通工具。1881年，世界上首条正式投入商业运营的有轨电车在柏林附近的Lichterfelde建成通车；1883年，奥地利维也纳开通了2条采用架空线输电技术的有轨电车线路；布达佩斯从1887年开始建设有轨电车网，其中的环线成为欧洲最繁忙的有轨电车线路，高峰时段的发车间隔被缩短到1min。此后不久，欧洲其他大城市如布拉格、基辅、德累斯顿、里昂、米兰、罗马等，都先后开通了有轨电车线，逐步替代了以前的有轨马车或蒸汽机车和缆车线路。1888年，美洲大陆上的首条有轨电车线在弗吉尼亚州的里士满市开通运行。从19世纪90年代到20世纪20年代，全美总共铺设了超过43500mile（约70000km）

的轨道交通线路，这 30 年间，有轨电车在美国城市交通系统中占据着绝对的主导地位，因此被称为城市交通的"电车时代"。

有轨电车建设和普及对当时的城市空间发展产生了结构性的影响。有轨电车具有快捷、舒适、可靠等优点，以运输能力来看，它的电力消耗比其他方式更为经济，很快就成为城市交通中最主要的交通方式。人们的日常通勤、购物、参加活动都会乘坐有轨电车，从而带来沿线土地价值的提升。城市开发商注意到这个变化，加大了对电车沿线的土地开发的力度，新有轨电车线路的开通，进一步推动了城市边界向外拓展。这一时期，随着有轨电车的发展，欧美的大城市普遍出现了城市沿着有轨电车线路向郊区指状蔓延的现象，城市形态开始由传统的紧凑型团状形态向郊区化大都市区发展，而反过来，城市空间的这种变化又提高了有轨电车系统在城市交通中的地位和作用。

工业革命的技术革新把城市交通带入机动化阶段，城市交通方式呈现多样化发展。与传统的马车并驾齐驱的，除了蒸汽火车、有轨电车、地铁等机动化公共交通工具外，还有以蒸汽车为代表的个人机动化交通工具。但是，由于后者制造成本高昂、技术复杂、操作困难，还远未达到大规模生产和可供个人化使用的程度。这一时期的机动化交通工具基本都由专门人员驾驶，并作为公共交通服务供大家使用，因此也成为城市公共交通发展的黄金时期。机动化公共交通网络也成为工业化城市现代性的重要标志。

这一时期的另一个重要特征是政府开始关注到城市公共交通的重要性，加强了针对公共交通的政府监管，甚至有目的地整合收编私营企业，启动城市公共交通的国有化进程。英国政府于 1832 年颁布了《公共马车法》，对从业者实行许可制度；又于 1861 年颁布了首版《机动车法案》（*Locomotive Act 1861*），对各类交通工具的行驶速度作出限速规定：市区内不超过 5mile/h，郊区不超过 10mile/h。当时一个管制的敏感问题就是新兴的机动化车辆——蒸汽车对传统马车系统的影响。由于蒸汽车技术不成熟、系统稳定性差，很长一段时间并未获得主流社会的认可，因此在道路法规制定中，出现了限制机动化车辆使用的倾向。为了保护城市道路上的行人与马车，减少交通事故，英国于 1865 年颁布了新的《机动车法案》，对机动车使用制定了更为严格的限制。这一法规在英国本土沿用了 34 年且被欧洲各国争相效仿，一定程度上稳定了城市交通状况，但也阻碍了当时的汽车发明与制造，推迟了淘汰马车系统的进程。

这一时期对城市公共交通的研究工作也得到重视。1885 年，"国际轨道运输联合会"在比利时布鲁塞尔成立，1939 年改组为"国际公共运输联合会"（法语名称为 Union Internationale des Transports Publics，简称 UITP），专门从事公共交通事业中的技术、经济、管理等方面的研究和国际经验交流。到 20 世纪 80 年代初，它已拥有近 60 个会员国。迄今为止仍是公共交通领域最重要的国际行业机构，为推动绿色交通出行发挥了十分重要的积极作用。

2.2.3 小汽车时代城市公共交通的衰退（20 世纪初期至 20 世纪 80 年代）

进入 20 世纪，私人小汽车的飞速发展使城市交通发生了根本性的变化。1886 年 1 月 29 日是汽车诞生日，德国工程师本茨（K. Benz）制造的以内燃机为动力的三轮机动车在这一天获得了专利，这是世界上公认的第一辆真正意义的汽车。随后，德国、法国、美国、英国等都涌现出一批汽车制造商，陆续对内燃机技术和车辆设计进行改进，并发明了柴油发动机。但是，由于高昂的生产成本和有限的产量，小汽车在很长一段时间内只是少数有钱人才买得起的代步工具。

彻底改变这一状况的是美国的汽车制造商福特（H. Ford）。1913 年，福特受到现代工业生产中的两大创新启发，一是通过零件制造的标准化，提高零件的可互换性，从而获得规模效益；二是利用装配流水线来组织大型机械生产。福特将两者有效地结合起来并应用于他的汽车工厂，创造了著名的"福特制"（Fordism）生产方式，从而大大提高了汽车生产效率，每隔 15min 就有一辆福特汽车下线。这一极富效率的生产方式极大提升了福特汽车的竞争力，开始在法国、英国、丹麦、德国等欧洲开设分厂，迫使其他汽车制造商也采用相同的生产方式。小汽车进入了大规模量产阶段，价格开始明显降低。除了用流水装配线大规模作业代替传统个体手工制作，福特还通过支付员工较高薪酬、推出分期付款计划辅以销售等革新做法来拉动市场需求。1908 年面世的福特 T 型车以其低廉的价格，使得汽车作为一种实用工具走入了寻常百姓之家，在 1914 年，流水线上的装配工人只要花 4 个月的薪水就可以购买一辆福特 T 型车，美国自此成为"车轮上的国度"。从第一辆 T 型车面世到它的停产，共计有 1500 多万辆被销售。福特 T 型车的生产成为先进工业生产技术与管理的典范（图 2-8）。

20 世纪 20 年代，美国小汽车的销量达到了百万辆以上。从 1900 年到 1920 年，纽约市小汽车由 1396 辆激增到 25 万辆。为了更好地适应小汽车的运行，州和地方政府开始拓宽城市街道，铺设沥青以改善道路条件，还引入了交通控制设施。这些

图 2-8 经典的福特 T 型车
资料来源：网络图片

配套措施的完善促使更多的美国家庭购买并选择驾驶小汽车出行。小汽车数量的上升导致城市内产生的交通拥堵，与当时城市公共交通主要方式有轨电车之间的矛盾越来越大。美国通用汽车公司和石油公司联合成立的企业逐步收购了美国各地的有轨电车公司，随后逐步拆除了这些城市里的有轨电车线路和设施，用公共汽车取而代之。自1923年起，美国有轨电车的乘客数量开始大幅下降，到了20世纪30年代，有轨电车在美国城市中已基本消失，美国大部分城市的公共交通系统就此式微。

伴随着国内经济增长和全球影响力的提升，美国的汽车工业发展迅速，一度处于世界绝对领先的地位。1965年，全球三大汽车生产国美、德、日的汽车年产量分别为1112万辆、298万辆、187万辆。在个人机动化交通迅猛发展的推动下，美国城市的空间发展走上了一条与欧洲城市完全不同的道路。小汽车主导的郊区化带来了城市蔓延，造成了中心城区衰退和人口外迁，但低密度的郊区社区并不适合发展公共交通；而通勤距离的延长，进一步加重了人们对小汽车交通的依赖。美国城市成为小汽车交通一家独大的"汽车城市"。

欧洲受到两次世界大战的影响，城市交通的小汽车化明显晚于美国。在两次世界大战的空袭中，欧洲许多大城市的有轨电车系统遭受了严重的破坏。战后重建时，公共汽车技术已经比较成熟，采用公共汽车替代有轨电车可以节省大量的重建成本，而且公共汽车的灵活性也更适合城市道路的多方式共享。第二次世界大战后，欧洲大部分城市都逐步拆除了有轨电车系统。与此同时，个人自由和社会平等成为战后欧洲社会的主流思潮，私人小汽车作为代表性的时代产品，迅速赢得了社会公众的青睐。荷兰当时的左派执政党把"让每个工人家庭都拥有小汽车"作为执政目标，法国总统也倡导改造巴黎以适应小汽车交通。欧洲各国的小汽车保有量迅速攀升。英国从20世纪30年代开始起步的汽车增长，虽然因为战争和战后短缺而短暂中止，但从1950年到1980年，它的汽车拥有量每隔10年就增长一倍。法国的汽车数量从1920年的23万辆增加到1938年的近200万辆，1960年迅速攀升到650万辆，1967年法国已经有超过一半的家庭拥有私人小汽车。意大利私人拥有汽车量1965年是550万辆，1970年超过1000万辆，1975年则达到1500万辆。

这一时期欧洲城市受到小汽车交通增长的冲击，公共交通系统出现了明显的衰退。战后重建过程中，尽管地铁、轻轨等现代化公共交通系统得到一定的建设发展，公共交通的供给有所恢复和提高，但当时的政策导向和社会需求都更倾向于发展小汽车交通。相比于公共交通，门到门的小汽车交通在舒适性、自由度等方面更胜一筹，公共交通在和小汽车交通的竞争中处于劣势。政府在公路等小汽车交通基础设施上的投入远高于公共交通，城市空间也出现了类似美国城市的郊区化空间扩张。与前阶段由于有轨电车等带来的指状发展不同，小汽车带来的郊区化更为分散，难以组织有效的公共交通。到20世纪70年代，许多欧洲城市的公共交通客流都降低到历史低点，城市公共交通运营陷入恶性循环：由于客流减少，公交运营企业收入降低、亏损增加，不得不减少投入以降低亏损，导致公交服务质量下降，进而造成公交吸引力的进一步减弱。

2.2.4 优先发展公共交通成为共识（20世纪80年代至今）

20世纪70年代连续爆发的两次石油危机，终结了工业化国家战后近三十年的经济繁荣增长，70年代末西方经济全面衰退。人们开始对前阶段的所谓进步产生了种种疑虑，对西方近代工业文明的发展模式和发展路径进行反思，并逐步认识到人类社会所面对的不仅是经济问题，而需要在价值观、文化和文明的方式等方面进行更广泛、更深刻地变革，寻求一种可持续发展的道路。1980年，国际自然保护同盟发布《世界自然资源保护大纲》，提出："必须研究自然的、社会的、生态的、经济的以及利用自然资源过程中的基本关系，以确保全球的可持续发展。"1981年，美国专家布朗（L. R. Brown）出版《建设一个可持续发展的社会》一书，提出以控制人口增长、保护资源基础和开发再生能源来实现可持续发展。1987年，世界环境与发展委员会发布了题为《我们共同的未来》的报告，明确提出了可持续发展的战略，并把可持续发展定义为"持续发展是在满足当代人需要的同时，不损害人类后代满足其自身需要的能力"，并指出保护环境的根本目的在于确保人类的持续存在和持续发展。这份文件1987年在联合国第42届大会通过，标志着可持续发展理念已成为国际社会的广泛共识。1992年6月，联合国在巴西里约热内卢召开"环境与发展大会"，183个国家和70多个国际组织的代表出席了大会，其中有102位国家元首或政府首脑。大会通过的《21世纪议程》阐述了可持续发展的40个领域和问题，提出了120个实施项目。这是可持续发展从理论走向实践的一个历史转折点。

交通运输行业与能源、环境和空间使用紧密相关，对社会发展具有深刻的影响，是可持续发展行动的重点领域。自20世纪60年代开始，就有人对城市交通的个人机动化发展趋势表示疑虑和担忧。小汽车代表的工业文明依赖的主要是金属矿、石油等非再生资源，它的高速发展所造成的资源危机在两次石油危机中得到了充分体现。小汽车交通产生的尾气排放和噪声污染，对环境和公共健康均造成不利影响，二氧化碳等温室气体排放，导致全球气候变化，影响工农业生产和人类生活。而小汽车交通引发的城市空间蔓延，不仅消耗侵占了大量的土地资源，造成城市中心区衰退、空间风貌特色丧失，还带来了社会空间隔离、经济脆弱性加大等消极影响。随着社会环境意识的觉醒，人们认识到以小汽车为代表的西方工业文明的发展道路，是一种以摧毁人类的基本生存条件为代价获得经济增长的道路，是不可持续的。小汽车满足了人们对交通出行自由、舒适、快捷的需要，但这一不加节制的当代人的需要却威胁甚至损害了后代的发展能力。为此，欧洲城市率先提出了公交优先理念，并通过扶持公共交通发展来限制小汽车的过度使用，以此作为实现城市交通可持续发展的根本举措。

作为城市公交优先发展理念的倡导者和先行者，法国这一阶段城市公共交通的建设发展历程具有一定的代表性。1970年5月，法国公共交通运输企业联盟在图尔市召开大会，大会发布的白皮书对城市公共交通面临的发展问题进行了反思。自此，城市公共交通建设被当作维护城市中心地区经济发展的重要手段，得到了从国家到地方各级政府的重视。从1976年起，法国中央政府开始对地方的城市公交基础设施建设设立专项资金，采用与地方政府订立协议的方式，对积极响应国家政策的城市提供财政补贴。第一阶段的鼓励性政策主要面向基础设施建设，第二阶段则侧重公共交通服务质量和运营效率的提升。

1982年法国颁布的《国家内部交通组织方针法》（LOTI）对城市公交发展产生深远影响。该法律明确提出：交通出行是人人享有的基本权利。城市公共交通作为社会公益服务，在保障个人出行权方面具有重要作用。其次，该法律提出编制新型的城市交通规划——《城市交通出行规划》（*Plan de Déplacements Urbains*，简称PDU）。与传统交通规划侧重道路和机动车交通的组织不同，新型的PDU以个人交通出行为出发点，以公交优先为原则，需要考虑公共交通、步行、非机动车交通、机动交通的协调发展，并对停车、交通换乘等问题进行统筹考虑。南特、蒙彼利耶、哥诺布尔等6个法国城市被选为编制实施PDU的试点城市，它们也成为这一时期法国城市公共交通建设的先行城市。

1994年，法国中央政府增设一项专项资金，用于支持鼓励地方政府建设城市轨道交通。中央财政的补贴力度对地铁项目最高可达20%，而对地面的现代有轨电车则高达40%。在国家政策的激励下，法国掀起了有轨电车建设热潮，先后有近三十座城市开通了新型有轨电车线路。与20世纪50年代拆除的老式有轨电车不同，现代有轨电车多采用低地板设计和共享路权，乘坐更加舒适安全，成为城市高品质公共交通的代表性系统。不仅明显提升了公共交通的吸引力，同时也推动了老城区的城市更新，为城市注入新的活力。

如今，可持续发展已成为全球共识。在城市中优先发展公共交通，也已成为诸多国家践行可持续理念的共同行动纲领。公共交通作为城市交通的重要组成部分，对增强经济活力、保护人居环境和促进社会公平等发挥着不可替代的积极作用，对维持城市多种交通方式均衡发展、确保城市交通的多元化供给意义重大。前阶段世界各国城市的发展经验也说明，小汽车在城市机动化交通中具有天然的竞争优势，公共交通的优先使用仅靠公众的意识觉悟是不够的，需要政府承担起公益性服务保障的责任，通过政策工具和财政补贴等手段，提高城市公共交通的竞争力和吸引力，构建公共交通和其他交通均衡发展的良性格局。

2.3 我国城市公共交通发展历程

具体内容扫描二维码 2-1 阅读。

二维码 2-1

2.4 城市公共交通的未来发展趋势

2.4.1 城市交通的一体化

根据当前城市公共交通的发展趋势,展望未来公共交通的特点,有助于我们深化对公共交通内涵的认识。而这一展望首先必须放在未来城市整体发展的框架下进行讨论。公共交通并非一个绝对独立的系统,只是城市交通方式一种相对的划分。在居民的交通出行过程中,经常会选择多种交通工具、采用组合方式完成交通出行,其中"步行+公共交通""自行车+公共交通"就是最常见的组合方式。因此,改善公共交通与其他交通方式之间的衔接转换就显得尤为重要。灵活便捷的连接可以有效提升城市公共交通的服务效率和服务半径,使更多的人享受到公共交通的便利。城市交通的一体化发展将是未来城市交通建设的重要方向。

城市交通的一体化包括硬件和软件两方面的整合。在硬件方面,不仅涉及各种交通方式之间的衔接,还包括交通系统建设与城市用地功能布局之间的协调。其中,换乘枢纽的规划建设是关键一环。通过系统性、多层级的枢纽建设,可以改善交通换乘的合理组织、提高换乘效率,进而有效增强城市公共交通的系统运能。目前,不少城市都把发展"无缝衔接"和"零换乘"的交通服务作为公共交通的未来建设目标,通过公共交通系统将居住、工作、购物等各种城市活动紧密联系起来,将不同交通工具间的换乘距离控制在合理范围之内,切实提高公共交通的便捷性。新加坡在公交枢纽建设方面具有一定的示范性。新加坡已建设了 22 个公交换乘枢纽,这些枢纽由政府建设并转给公交公司进行日常管理。这些换乘枢纽都具有很好的可达性,以便服务于更多市民,地铁等大运量公共交通枢纽会布置在大型购物中心的地下,使整个换乘场所集购物、休闲、娱乐为一体,发挥了鼓励公交出行的作用,也有效提升了城市活力和枢纽的使用效率。

软件方面的城市交通整合是交通硬件系统一体化的润滑剂,包括建设交通实时信息平台、实施公共交通一票制等具体措施。可以帮助出行者更好地组织时间、有效利用多种交通工具,避免使用不同公交系统时,因重新购票而损失时间。

近年来,"出行即服务"(Mobility as a Service,简称 MaaS)成为城市交通一体化发展上颇具有影响力的新理念。MaaS 是基于共享交通模式和智能信息技术应用,将各种交通方式的出行服务进行整合而建构形成的新系统。这一系统将交通出行视为一种服务,出行者不必购买交通工具,而只需要依据出行需求购买由不同运营商提供的出行服务。MaaS 代表了一种交通理念的根本转变：从个人拥有出行工具到将出行作为一种服务来进行消费，城市交通发展的根本宗旨也因此转变为基于使用者的出行需求提供相应的解决方案。

2014 年，芬兰智能交通协会主席希塔宁（S. Hietanen）为《欧洲运输》杂志撰写文章《出行即服务——新型交通方式？》，首次提出了 MaaS 的概念。芬兰赫尔辛基的城市出行服务商 Whim 随后将这一理念率先付诸实践。通过手机应用程序构建了集成赫尔辛基公共交通和共享出行的一站式平台，陆续开放接口接入出租车公司、公共交通公司、共享单车服务商、共享汽车服务商。尝试用月租套餐的方式打包所有的公共和共享出行服务，以取代私家车出行。Whim 所获得的成功激励了更多欧盟城市投入到 MaaS 的建设发展中。2016 年，欧盟智能交通协会联合 18 个公私部门组建了全球首个区域 MaaS 联盟，推动了 MaaS 在欧盟乃至全球的推广，2018 年参与该联盟的公私部门数量已发展到近 60 个。

出行即服务通过为乘客提供便捷的交通出行服务，提高整个社会的出行效率，也为出行服务商提供更为便捷的营运模式。由于涉及多种出行服务商的衔接和运营，因此出行即服务需要地方政府的大力支持，也需要相关公私部门具有很好的统筹协调和整合能力，代表了城市交通一体化的未来发展方向。

2.4.2 公共交通的多元化

公共交通方式是一类城市交通工具的集合。在城市三大交通方式中，公共交通的工具种类最为丰富，包括了传统的地面公交汽电车、快速大运量的各类轨道交通以及轮渡、缆车等特殊类型的公共交通工具。公共交通工具的多样化是对居民交通出行需求差异化的积极响应。城市客运交通需求增长不仅体现在总量上，还体现在需求越来越多样化的发展趋势，不同社会群体的交通行为和出行偏好的差异扩大，对公共交通服务的可选择性和灵活性提出更高要求。在这样的需求引导下，单纯增加公交运营线路、扩张公交线网等，不足以满足居民出行的要求。提供更加多样化的公交出行工具，结合不同交通工具在服务范围与服务能力上的差异充分发挥各自优势，从而完善城市公交的多样性供给，是未来发展的重要方向之一。

交通技术的不断革新为提供多样化的城市公交工具起到了推动作用。法德边境城市开发建设的"电车—列车系统"（Tram-Train）就是一个典型案例。西欧法德边境散布着大量人口小于 100 万人的城市，这些城市的中心区集中了大量的就业岗位但面积不大，大部分居民都居住在城市外围郊区，通过发达的通勤铁路完成日常交通出行。由于多数火车站都位于城市边缘，大量的交通换乘影响了通勤交通的效率。为了减少交通换乘的时间损失，构建更加整体的区域性轨道交通网络，德国率先提出有轨电车和铁路列车混合运营的解决方案，即充分利用电车和列车轨距相同的有

图 2-9　停靠在火车站台上的有轨电车（左）和德国高速列车 ICE（右）
资料来源：网络图片.

利条件，通过对供电系统、车轮外形、净空限界的技术改造，使得有轨电车在市区范围内仍在有轨电车轨道上运行，但在郊区及卫星城市可以直接驶入铁路轨道，乘客无需换乘即实现了郊区和市区之间的通行，这就是"电车—列车系统"（图2-9）。1992年秋，第一条现代化混合运营的"电车—列车系统"在德国开通，实现了卡尔斯鲁厄城区的有轨电车线路与通往布莱藤的铁路轨道的无缝衔接。很快，这一创新系统被多个城市的有轨电车新建计划采纳。还有一些城市则采用了反向的技术革新，将传统的铁路列车经技术改装后，使其可以直接驶入市区的路面电车轨道，后一系统则被称为"列车—电车系统"（Train-Tram）。

在运营模式和机制方面，城市公共交通也呈现出多元化的发展趋势。其中一个突出现象就是"交通运输网络公司"（Transportation Network Company，简称TNC）的涌现。TNC并非传统意义上的交通运输公司或公交运营企业，它们是在新一代信息与电子通信技术（NTIC）迅速发展的背景下，伴随着智能手机的普及而兴起，以共享经济为基本商业模式的新型交通出行服务公司。一类是以"优步"（Uber）和"滴滴出行"为代表的网约车平台公司，此类企业并不拥有任何交通工具，它们更接近于数据信息提供商，并通过数字信息技术对实际提供服务的车辆和司机进行安全、资格、服务水平等方面的监管。另一类公司是以"摩拜""哈啰出行"为代表的"共享单车"运营商，它们面向社会大众提供以共享自行车（部分城市还有共享电动车）为主的交通工具，并借助智能手机和定位技术，优化供需信息对接，实现系统运营和管理。这些创新色彩浓重的交通运输网络公司都不是国营企业，也没有得到公共财政对交通运营的补贴，但由于他们提供的交通出行服务是面向社会大众的，具有一定的公共交通的属性，结合新技术应用的"共享交通"给居民出行带来了很大的便利，虽然出现时间不长，但很快受到使用者的欢迎，成为城市公共交通颇具吸引力的有益补充。

2.4.3 公共交通的清洁化

城市公共交通系统由于众人共同使用，在人均能耗和污染排放上相比个体机动化出行具有明显优势。这是在可持续发展目标下，世界各国城市积极倡导公共交通出行的重要原因。但是，公共交通的机动化车辆本身仍然会造成能耗和污染问题。由于公交车辆运营具有持续性、高强度的特点，累积下来的能源消耗和污染排放也不容忽视。我国的出租车运营主要以巡游方式为主，在城市路面行驶机动车中占比较高，运营车辆因高强度使用易造成节能减排性能下降。地面公交车辆中，有相当比例装配了柴油发动机，滤网设备一旦老化没有及时更新，易产生大量的颗粒物排放。因此，推广使用以清洁能源为动力的公共交通工具，以达到改善城市环境、保障居民身心健康的目的，是未来城市公共交通发展的必然要求。

近年来，公共交通系统自身的清洁化得到了我国各级政府的重视。2012 年 12 月在长沙举行的城市公交学会年会的主题就是"城市公交的信息化、智能化、清洁化"，会议探讨了未来公共交通的信息化、智能化发展方向及绿色新能源的开发和利用。2013 年 9 月，国务院发布的《大气污染防治行动计划》明确要求公共交通应率先使用新能源汽车。北京市随后发布的《北京市 2013—2017 年清洁空气行动计划》，将调整公交车和出租车结构作为行动计划的关键举措，提出"加快老旧公交车淘汰，缩短使用年限。积极发展新能源和清洁能源公交车辆，每年新增公交车中新能源与清洁能源车比例力争达到 70% 左右。到 2017 年，实现新能源和清洁能源公交车辆比例达到 65% 左右；公交行业车辆油耗比 2012 年减少 40%"。深圳市早在 2017 年底就已基本实现公交车全部电动化。截至 2017 年 12 月底，深圳已累计推广应用纯电动公交车 16359 辆，除保留 634 辆非纯电动车作为应急运力外，全市专营公交车辆已全部实现纯电动化。广州市截至 2018 年 11 月已累计投入运营纯电动公交车 10336 辆，建成公交车专用充电桩 4348 个。2019 年 1 月，上海市决定全面推进新一轮清洁空气行动计划，新投入使用的公交车将全部采用新能源汽车，推动空气质量持续改善。2020 年 6 月，国家交通运输部发布通知，指导督促各地进一步做好新能源公交车、出租汽车推广应用，逐步推动城市公共交通工具和城市物流配送车辆实现电动化和清洁化。

在公共交通清洁化的进程中，利用电能等可再生能源替代化石燃料是当前最主要的技术路径。但需要注意的是，不能简单地将清洁型车辆等同于电动车。电动车中最重要的部件是锂离子充电电池，它依赖于钴、石墨、锂、锰等关键矿产商品。这些原材料的全球储量非常有限，且高度集中在少数国家，短时间大量的开采对资源保护和社会稳定均有不利影响。尽管表面上看电动车有利于减少与汽油和柴油燃料内燃机相关的二氧化碳直接排放，但是电动汽车制造和使用过程中仍会产生碳排放。从汽车制造的全过程比较，电动汽车在制造过程中约有 50% 的二氧化碳排放来自于生产汽车所使用的能源,特别是在电池所需原材料的开采和加工过程;而制造一辆燃油汽车的二氧化碳排放量仅占汽车寿命期排放量的17%。一辆新的电动车制造完成就已经造成13620kg的二氧化碳排放,而制造一辆传统汽车所产生的二氧化碳排放量仅相当于6350kg。使用过程中,电动汽车的碳排放量取决于用于给电池充电的发电燃料。如果它主要来自燃煤发电厂,那么每行驶1mile(约1.61km)就会产生约425g的二氧化碳,高于同等的燃油汽车。即使不考虑电池充电所使用的电力来源,如果一辆电动车在其生命周期内行驶16万km,由于其制造过程中产生的大量初始排放,与同等尺寸、相同里程数的燃油汽车相比,碳排放总量仍高于后者。因此,城市交通的零排放目标还需要寻找更为清洁的技术路线,但总体上清洁化的发展趋势不会改变。

2.4.4 公共交通的智能化

全智能化发展是21世纪的重要标志。随着互联网、物联网、云计算、大数据、人工智能等新一代信息技术的开发应用和普及深化,人类社会进入了以多元参与、融合共享和开放互动为特征的智慧经济时代。城市公共交通已经为智能技术提供了广阔的应用场景,未来的城市公共交通的深度智慧化也将成为必然趋势之一。

首先,公共交通的信息化显著提升了使用者和管理者的决策能力和组织效率,使得人在使用和管理公共交通系统时更加智慧。过去由于信息获取渠道不便,乘客难以推算公共交通的到站时间,常会因等待时间过长或者刚好错过公交车而烦恼。现在,智能公共交通系统利用全球定位、地理信息技术、无线通信技术等,可以准确地提供城市公共交通运行的实时状况和到站时间,并提供公交车站停车动态,明显改善乘客的公交出行体验。而集成了各种交通信息的智能手机应用,可以为出行者提供多种出行路线方案建议,供用户根据自身需要选择,大大方便了市民出行前的准备。另一方面,对交通规划师和管理者来说,数字技术的发展使得数据的获取和处理都更为便利,结果也更为精确,这大大减轻了以往交通调查所耗费的人力物力,利用电子感应装置可以获取实时的车流量数据,利用公共交通卡可以获取城市客流与出行OD数据,这些数据分析结果可以为公共交通线网的调整优化提供科学支撑,也有助于公共交通的运营企业有效进行车辆调度,针对不同人群的需求提供个性化的公交服务。因此,信息技术通过识别研判公共交通出行需求,优化公共交通服务的资源配置,实现公共交通需求与供给的精准对位和动态平衡,可以有效提升公共交通服务供给的品质和体验。

公共交通智能化的另一个方面则体现在公共交通系统本身。城市公共交通是借助各类交通工具完成搭载旅客的运输任务的,这些交通工具都需要专门的司机来驾驶,并需要配备大量的人员完成辅助服务(如检票、售票)、安全保障和维修保养。

因此，公共交通运营属于劳动密集型行业。实现公共交通工具的自主无人全自动驾驶，不仅可以节省人力成本，避免因人为操作失误导致的运营故障和事故，而且还可以让车辆按照最优化的运行曲线在程序控制下进行运营，达到节能环保的目的。公共交通的全自动化运营首先在地铁等轨道交通的封闭系统上得到了实现。无人驾驶的地铁系统无需司机和乘务人员介入，可实现列车自动唤醒、自动发车离站、上下坡行驶、到站精准停车、自动开闭车门等操作。法国的里尔市在1983年建成通车了世界上第一条无人驾驶的全自动地铁线路，法国也成为当前全球拥有无人驾驶地铁数量最多的国家。根据2018年UITP发布的报告，截至2016年7月，全球共有36个城市建成开通了56条无人驾驶地铁线，线路总长789km，比2014年增长了17%，预计到2025年将迅速增加到2200km。近年来，随着无线数据传输技术的发展，在城市开放路面上实现汽车的无人驾驶已经成为可能。一些国家和城市已经率先在地面公交线路中尝试使用微型无人驾驶公共汽车。自动驾驶公交车是采用5G信号覆盖、车路协同、人工智能等先进技术，结合智慧站台、智慧场站等一体化管控系统，实现驾驶车辆智能监控、安全预警和与其他社会车辆的同域协同运营的城市载客机动车辆。根据我国《汽车驾驶自动化分级》，L3级为有条件的自动驾驶，车辆可以完成大部分驾驶操作，但保留方向盘、操作台，需配备安全员；L4级为高度自动驾驶，车辆在限定道路可以完成所有驾驶操作，没有方向盘和驾驶员。2020年6月，我国郑州率先开通了L3级自动驾驶公交线。随后，深圳、苏州等城市启动了"无人驾驶公交早鸟计划"。2021年4月，我国首个自动驾驶公交车示范运营项目落地重庆市永川区，它是国内首个L4级自动驾驶开放测试基地，具有集"实验室、封闭道路、开放道路、虚拟仿真"为一体的全链条测试服务体系，也是国内首个自动驾驶公交车示范运营基地。

2.4.5 公共交通的人性化

为社会大众提供安全、快捷、环保的城市交通出行服务是城市公交建设的基本任务。未来的城市公共交通除了在技术上更加先进智能，在服务上也应当更加体现"以人为本"的基本原则。在交通环境塑造、服务运营组织等方面更加贴近使用者的多样化需求，实现更加"人性化"的公共交通。人性化的核心理念是技术和人的关系协调，即让技术的发展围绕人的需求来展开。在充分了解了人生理和心理的自然属性以及思想意识等社会属性的基础上，根据使用者的生活习惯、操作习惯，方便使用者，既能满足他们的功能诉求，又能满足他们的心理需求。人性化管理是一种充分关注人性要素的管理方式，既充分体现对人的尊重，又充分发掘人的潜能。人性化管理本身也是一个动态发展的过程，是对人的自然属性和社会属性的表现形态进行有序组织和改造的过程。

公共交通的人性化首先体现在包容性的提升。公共交通是面向社会大众的公共服务，承担着保障基本交通出行权利的功能。不仅要为残障人士构建无障碍的交通出行环境，而且要为社会低收入人群提供可支付的交通服务。在此基础上，公共交通还需要充分考虑老年人、儿童等特殊群体的出行要求，促进不同社会群体在使用公共交通过程中的友好和融合，促进社会的稳定和谐。管理学上的"木桶定律"在提升包容性方面已经被广泛地应用。一只木桶能盛多少水，并不取决于最长的那块木板，而是取决于最短的那块木板，这一规律也可称为"短板效应"。在城市公共交通建设上，目前已有许多城市着眼于最弱势群体的使用需求，并将其作为设施设计建设的基准，从而实现满足所有使用者需求的通用设计，同时通过改善最弱势群体的使用，来提升系统整体的运营效率。

加强公共交通服务的个性化也是公共交通人性化发展的重要方面。由于公共交通的使用方式是集体使用，很难兼顾到所有使用者的差异化需求。运营管理者往往只关心整体上客流量的增长，而忽视了这个总量是由多样化的个体组成的。公共交通在灵活性、自由度、个性化上的先天不足，造成了它与小汽车交通在竞争中处于不利的地位。为了进一步提升公共交通的吸引力，国内外一些城市开始尝试在公交运营中增加个性化的服务，定制公交就是一个代表性的案例。定制公交的主要服务对象是商务通勤人群。使用者可以通过专门的网站提出自己的出行需求，公交运营企业根据需求和客流情况设计出专门的公交线路和服务时间，通过为他们提供从居住地到工作地的一站直达式班车，以及"一人一座"等更加舒适的公交出行体验，鼓励他们减少使用出租车或私人小汽车。定制公交旨在倡导绿色出行，节能减排，具有社会公共服务的性质。我国目前已有北京、沈阳、天津、成都、济南、哈尔滨、福州、厦门、徐州等多个城市开通了定制公交服务。近年来，比定制公交更具普适性的"需求响应型公共交通"（Demand Responsive Transport，简称DRT）在一些城市中得到了发展。如果说传统的公共交通是典型的"人找车"模式，那么需求响应型公交就是"车找人"模式，类似"拼车版"的公交，相比出租车更为便宜，相比传统公交、定制公交更加灵活。使用者通过手机、电话或手机应用程序完成行程预订，运营商根据预订需求和优化合并，通过非固定线路的公共交通方式完成服务运送。我国的南通、青岛、西安等多座城市已开通试运行。从广义上讲，传统的出租车、电话预约租车服务（北美简称为"电召车"）以及近年来兴起的网约车均属于需求响应型公共交通，此类服务特别适合公共交通出行需求不高的中小城市，而在大中城市中因其服务颇具个性化而广受公众欢迎，成为公共交通系统的重要补充。纽约、伦敦、巴黎等城市在出租车之外，把电召车、网约车等统一纳入"个人出租车辆"（For-Hire Vehicle，简称FHVs）进行管理，经营者不仅需要接受政府严格的安全监管，还需要申领专门的运营许可。需求响应型公共交通具备个人机动化出行自由、灵活、方便的优点，同时通过共享出行，减少私人小汽车的使用，降低交通出行成本，是未来高品质公交的发展方向之一。

最后，公共交通的人性化还体现在交通环境与设施的特色塑造上。城市公共交通每天都有大量城市居民使用，站点、车厢等空间不再只是简单的交通设施，而具有了公共空间的属性，这些空间设计的文化内涵、特色塑造，影响着乘客个体的出行体验和群体的社会交往。为了提升公共交通的吸引力和人性化，国内外城市更加关注公共交通设施与城市空间的协调与融合，通过创新性的设计，将公交车站、地铁出入口等公交设施打造成城市空间的特色元素，注重车辆外形和车内空间设计，从生理和心理需求两方面改善使用者的出行体验，公共交通也将因此成为促进社会交往和和谐发展的重要载体。

第 3 章

公共交通工具与
城市公共交通系统

交通出行是社会公众最基本、最重要的活动之一。从一个地方到另一个地方的空间位置移动，是人们参与工作学习、开展社会交往、进行休闲购物等各类社会经济活动所必须先完成的前置活动。城市是社会经济活动最集中最活跃的地区。但在早期城市中，技术限制导致城市交通不发达，机械化、机动化交通出行工具价格昂贵，借助这些交通工具的出行都是以集体方式进行的，公共交通的发展水平一定程度上成为社会经济活动发展的制约因素。人们不断提高的出行需求和克服空间距离的渴望，推动着更高交通技术的进步与革新，成为城市发展史中最突出篇章之一。

　　纵观城市公共交通的发展历程，本身就是一部交通工具的技术发展史（表3-1）。每一项交通工具的发明创造，都率先引起城市交通的大变革。在技术推动下，城市交通的出行速度、空间范围、安全和舒适性得到明显提升，进而推动了城镇化进程，推动了社会经济发展和人民生活质量的改善。为了加深对城市公共交通内涵的认识，了解公共交通建设对城市发展的重大影响，本章首先就几种最主要的城市公共交通工具，回顾它们的发展历程及其对城市空间发展的作用；随后，针对当代城市的公共交通建设发展状况，全面阐述城市公共交通的系统构成，以及各个公共交通工具的技术特性及其在城市交通中的作用。

城市公共交通发展的主要里程碑事件　　　　　表3-1

年份	国家	城市	事件
1662	法国	巴黎	第一条公共马车线路
1823	法国	南特	Omnibus诞生

续表

年份	国家	城市	事件
1831	英国	伦敦	蒸汽公共汽车运营
1832	美国	纽约	第一条马拉有轨街车线
1863	英国	伦敦	第一条地铁线
1885	比利时	布鲁塞尔	国际轨道运输联合会成立
1888	美国	里士满	第一条有轨电车线路
1890	英国	伦敦	第一条电气化地铁
1895	德国	莱茵兰	汽油机公共汽车运营
1901	德国	—	第一条无轨电车系统
1939	比利时	布鲁塞尔	国际公共运输联合会（UITP）
1955	德国	杜塞尔多夫	第一辆现代铰接式有轨电车（轻轨）
1955	美国	克利夫兰	第一个大规模停车换乘快速公交系统
1956	法国	巴黎	第一条胶胎快速公交线
1962	美国	纽约	第一条全自动快速公交线
1969	美国	华盛顿	第一条通勤车专用道
1972	美国	旧金山	第一条由计算机控制的快速轨道交通系统（BART）
1975	美国	（西）弗吉尼亚	第一个全自动无人公交系统
1978	德国	—	双能源无轨电车问世
1983	法国	里尔	第一条无人驾驶的全自动地下铁道

资料来源：作者补充整理.

部分数据来源：陆锡明，陈小雁. 客运规划与城市发展 [M]. 上海：华东理工大学出版社，1996：16.

3.1 主要公共交通工具的发展历程

3.1.1 公共马车：最古老的公共交通工具

马车作为最古老的交通工具之一，是在机动化交通工具出现以前，使用最广泛、使用时间最长的、利用畜力牵引的机械化交通工具。马车的类型很多，根据使用马匹的数量和马车车轮的数量通常可分为：1 匹马拉的两轮轻装马车（Buggy）、2~4 匹马拉的四轮马车（Carriage）、4 匹马拉的四轮大型马车（Coach）、1 匹马拉的两轮带篷马车（Cabriolet），以及 2 匹以上马拉的大型的带篷马车（Caravan）和四轮运货马车（Wagon）。17 世纪初，伦敦、巴黎曾出现过可搭乘 2~4 人的出租马车（Hackney Carriage），但由于出租马车速度很慢、价格昂贵，马车没有任何减震措施，乘坐相当不舒适，整个 18 世纪，绝大部分的城市交通仍以步行为主。

19世纪初发展起来的公共马车是在四轮马车的基础上，经过特别的设计改造而来的。为了降低运营成本，公共马车一般由两匹马拉动；为了搭乘更多乘客，采用了长箱型的车厢设计，并采用顶部遮盖、两侧敞开的半封闭式结构；乘客从马车尾部进出车厢，木制的长条形座椅平行于车身分两侧对向布置，最多可搭乘约20名乘客。一些城市的公共马车还将座位分成2~3个不同等级，采用不同收费服务不同社会阶层。

马车的行驶速度受到较多因素的制约和影响。承担长途客运的四轮公共驿车速度较快，一般可以达到20km/h，一天能走200多公里。但在城市里通行的公共马车速度则要慢得多，行驶速度一般仅为4~5km/h。在某些重要线路上，车主为了增加收益对马车运营进行了改善，通过增加马匹数量等方式，可以把运行速度提高到10km/h左右。

1855年，巴黎公共马车公司为了提高客运能力，设计出新型的双层公共马车"L'Impériale"，最初的型号乘客需要通过爬梯登上没有遮盖的上层座位，非常不方便，开始的时候只允许男性乘客使用。1878年的改进车型增加了尾部站立空间和旋转楼梯，载客量提高到40人，需要3匹马牵引（图3-1）。1889年推出的30座双层公共马车在设计上更为合理，只需要2匹马牵引即可。双层公共马车很快风靡欧洲各大城市，随后演化为今天的双层公共汽车。

作为最早的城市公共交通工具，公共马车为当时城市居民带来了全新的交通出行方式与体验。随着有轨电车、汽车等新型机动化交通工具的出现，世界各地的公共马车在19世纪末20世纪初逐渐退出了历史舞台。巴黎公共马车公司也在1913年终止运营。尽管公共马车在效率和舒适度方面不如现代的公共汽车，但仍有不少人喜欢马车的优雅和诗意，喜欢乘着马车从容地穿过林荫大道去探访那些古旧的城

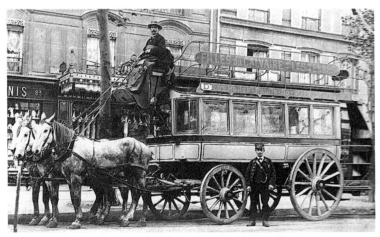

图3-1 19世纪晚期巴黎街头的双层公共马车
资料来源：巴黎公交公司（RATP）的历史图片.

区街巷。今天，公共马车已经不再作为正式的城市公共交通工具，但仍有一些城市（如纽约、维也纳等）保留了供游客使用的马车和游览线路。

3.1.2 有轨马车：最早的城市轨道交通工具

有轨马车（英文为 Horse-tram）是在公共马车的基础上发展起来的。公共马车的发展促进了城市公共交通需求量的大幅度增加。但是，当时城市中的街道大多为土路或石子路，马车行驶起来颠簸且缓慢，若遇到阴雨天气道路容易出现坑陷和积水，马车经常故障或被迫改变行驶线路。人们想到可以通过铺设轨道的方式来改善通行条件，让马车在固定轨道上行驶，一方面可以减轻颠簸，提高乘坐的舒适感，同时也可以减少摩擦力，提升马车的行驶速度，这就是有轨马车。1807年，在英国威尔士从 Mumbles 到 Swansea 一段轨道上开行了由马牵引的公共马车，成为世界上最早供公众乘坐的轨道交通。

有轨马车虽然最早出现在欧洲，但它在城市公共交通中的快速发展却是从美国开始的。有轨马车在美国被称为"Horsecar"或"Streetcar"，与欧洲城市街道均有较好的路面铺装相比，美国早期城市的道路建设状况要简陋得多，因此，在美国城市中有轨马车对改善公共马车服务质量的作用更为明显，发展更快。1832年，纽约市从哈莱姆到奥尔巴尼的铁路，增加了一段连接哈莱姆与下曼哈顿的备用铁路，为了避免这条铁路设施长期处于空闲状态，便将公共马车进行简单改装后运行在这条线路上，这成为美国城市中开行的第一条有轨马车（图3-2）。运行状况显示，在轨道上行驶的马车更加节省马力、速度快、稳定性好，载客量可突破传统马车 20~30 人的限制，行驶速度也由原先的 5mile/h 提高到 8mile/h 左右，沿固定轨道行驶的马车更加安全、颠簸小，对车辆的磨损也大大减轻。这些优点使得这一新式交通工具迅速扩展到美国各个城市。1852年，为美国有轨马车公司工作的法国工程师鲁芭

图 3-2 美国当代邮票：纽约第一辆美国有轨马车
资料来源：网络图片．

（A. Loubat）设计出槽型铁轨，对有轨马车的轨道进行改造。槽型铁轨的轨道埋于地表，增加了地表空间使用率，且减少垃圾堆积，利于清洁和维护，马车行驶的安全性也得到提高。槽型铁轨的使用进一步推广了有轨马车系统的建设。

19世纪中期之后，有轨马车从美国传回欧洲并在各大城市流行开来。1854年，鲁芭将有轨马车引进到巴黎的协和广场，巴黎市民将这种来自美国的新交通方式称为"美国铁路"。随后的20年间，巴黎建设开通了22条有轨马车线路。有轨马车同样使用2匹马进行牵引，车厢可容纳24个座位，舒适度和速度均有提升，票价比传统马车贵一倍，但允许免费换乘。柏林、布达佩斯、伯明翰、里斯本、伦敦、曼彻斯特等欧洲大城市，也陆续建设了各自的有轨马车系统。这些城市铺设的轨道网络从市中心区向郊区延伸，以满足居住在城市郊区的工人乘坐有轨马车往返于市中心的工作地，受此影响，欧洲大城市开始出现了沿交通路线的指状空间扩张现象。

有轨马车相比于公共马车虽有不少优点，但其固有的缺陷仍难以满足不断增长的交通出行需求。首先，有轨马车需要铺设轨道，建设成本较高而且会对城市道路的其他使用者带来影响。随着有轨马车线路的增加，城市中心地区常常出现道路交通拥堵（图3-3）。而大量的马匹在城市街道上活动，产生大量的排泄物需要运营公司收集处理，对城市街道环境品质和公共卫生造成了严重影响。马匹的饲养也需要消耗大量成本。每匹马扣除必要的休息和喂养时间，每天的实际工作时间非常有限，按每天工作4~5个小时、拉行20km左右测算，每辆有轨马车需要配置10匹马甚至更多。随着交通距离的延长，有轨马车8mile/h左右的速度已不能满足运输需求，而长途运输还要考虑马匹的体力因素，有轨马车已经逐渐不能满足19世纪末期的经济发展对运输的需要。19世纪末，随着电力的发明和广泛应用，有轨马车线路逐渐被电力驱动的有轨电车或无轨电车所取代（图3-4）。

图3-3 马车数量激增造成城市道路拥堵
资料来源：网络图片.

图3-4 20世纪初纽约曼哈顿的有轨马车逐渐被有轨电车取代
资料来源：网络图片.

3.1.3 地下铁路：现代化大都市的标志

19世纪中叶，在火车的发源地英国，铁路建设步入高速发展时期。铁路以其迅速、便利、经济等优点，迅速扩大了社会经济活动的空间范围，修筑铁路成为当时最热门、最时髦的事情，吸引了大量的私人投资。1880年英国的主要铁路线基本建成，1890年形成全国性的铁路网，铁路网总长达到32000km。引人瞩目的铁路建设成就，使得英国的交通运输业走在世界前列。

作为英国铁路网中的最大枢纽，伦敦在19世纪前30年内人口几乎翻了一倍。城市中心布满了密集的房屋，原本就弯弯曲曲的街道变得更加狭小拥挤，城内的居民为了改善居住环境纷纷迁往城市郊区。但当时伦敦并没有直接连通郊区和市中心的便捷交通，公共马车运载力小，高峰期出行时容易造成拥堵。为了解决伦敦当时的交通困境并尽可能避免拆迁，人们就想到建设一条在城市地下通行的火车，将伦敦的内外交通系统连接在一起。

1863年1月，伦敦大都会铁路公司开通了世界上第一条城市地下铁路，连接帕丁顿和法林顿，全长约4.8km，共设7个停靠站，发车频率为15min一班，高峰期为10min一班。地铁开放当天乘客数量达到了38000人次，获得了巨大成功（图3-5）。随着大量私人投资的涌入，英国掀起了一场地下铁路的建设热潮。1884年，大都会铁路公司和伦敦地区铁路公司将各自的铁路终点连接起来，形成了一个环线，这也是今天伦敦地铁环线的前身。早期伦敦的地下铁路建设采用的是开挖回填的办法，埋深并不大，在不影响城市其他功能的地方，则尽可能建设地面线路。地铁车辆采用蒸汽机车牵引，地铁车厢主要是木制的。在地下铁路中使用蒸汽机车，热度和空气污染会对乘客的健康造成一定伤害，乘客晕倒的事件时有发生。为此，地铁隧道每隔一段距离便需要设置和地面打通的通风槽，并借助植物种植来净化空气，运营公司甚至要求雇员通过留胡须的方式来增加空气过滤以加强个人防护。

1883年，英国海滨城市布莱顿建成开通了大众滨海电铁（Volk's Electric Railway），连接布莱顿码头区和布莱顿船坞区，这条2km长的窄轨铁路首次采用了电力驱动的机车牵引，至今仍在运营，是现存世界上最早的电气化铁路。20世纪初，随着柴油机车和电力机车技术的快速发展，逐步取代了以前的蒸汽机车。尽管前两者的制造成本高、技术复杂，但可以大幅度降低火车司机的劳动强度，也更加清洁。铁路机车的技术进步，也促

图3-5 1863年伦敦开通第一条地下铁路
资料来源：网络图片.

使伦敦对早期建设的蒸汽机车地铁线路进行升级改造。20世纪初开始，伦敦地铁线路逐步实现了电气化。

与此同时，伦敦也开始采用新的隧道盾钻技术来建设埋深更大的地铁。先前所采用的开挖回填建设技术，需要预先获得沿线相关土地业主的许可，费时费力。为了加快推进地铁建设，伦敦开始采用盾钻技术，在地表以下较深的地方挖凿圆形截面的隧道，以避免与建筑物基础或市政管道冲突和影响街道交通，伦敦人因此将地铁昵称为"管道"（Tube）。1890年，首条深埋的地下铁路开通运行，隧道圆形直径为3.1m，连接威廉国王街至斯托克韦尔大约4.8km的距离，最初计划使用类似缆车的推动方法，但最后采用了电力机车进行牵引。但这条地铁线路由于隧道过于狭窄、电压太弱小，以至于无法完成原定的载客量。随后，伦敦又建设了多条深埋地下的隧道式铁路，并把圆形截面的直径逐步扩大到了4.9m。这些深埋地铁线路都使用电气化机车，密闭的车厢上开有椭圆形小窗，列车快捷、平稳无烟、光线良好，车站宽敞舒适，还配备了电梯服务。

在电气化改造的过程中，伦敦多家私营地铁公司完成合并，并与尚未兼并的运营公司之间达成了合作协议，统一售票系统、合并地铁线路图、联合进行广告促销，并以"Underground"作为伦敦城内地铁站的统一站外标识。直到1948年1月伦敦全面实施铁路国有化之前，伦敦的地下铁路一直仍有多家私营企业参与共同运营。

伦敦的地下铁路建设给城市交通改善带来了良好的效果。而且两次世界大战期间，地铁车站都发挥了防空掩蔽所的作用。世界各地的大城市纷纷效仿，开始建设地铁系统。1896年，当时奥匈帝国首都布达佩斯开通了欧洲大陆的第一条地铁，总长5km，共设11站，现今仍在使用。该线路采用钢梁平板顶技术建设，因而位置较浅，节省了大量资金。1895—1897年，波士顿建成开通美国第一条地铁，长2.4km，起初用有轨电车及无轨电车，后改为电气火车。1898年，法国巴黎为迎接万国博览会，开始建造一条长10km的地铁，采用改进后的开挖回填法，加快了建设速度，并于1900年的万国博览会期间顺利开通。1904年10月，美国纽约市开通第一条地铁线路；1913年，位于南美洲的布宜诺斯艾利斯地铁建成通车；1930年代，莫斯科建立了地铁系统；1954年，加拿大多伦多市地铁通车；亚洲的日本东京、京都、大阪、名古屋等城市先后于1927、1931、1933和1957年陆续建成地铁。

由于地铁建设投资大、工期长，直到第二次世界大战结束时，全世界只有18个百万以上人口的大城市建成开通地铁线路。近年来，由于城市人口增加、地面交通饱和、技术进步、经济实力增强等因素，地铁系统建设在世界各地迅速增长。地铁虽然造价高，但其具有运量大、速度快、污染少、安全可靠、不占用或少占用城市用地等优点。地铁建设在一个国家和地区的城市进程中占据重要地位。它可以满足经济、社会及城市发展的需要，突出城市的特点与功能，加速现代化的实现，会对城市布局、城市面貌、环境保护、住宅建设、市民居住模式和生活方式等方面产生积极影响。经过150多年的发展，目前世界上已经有100多座城市开通了地铁线路，计算机控制和安全系统的建立使地铁的运行自动化程度不断提高，无人驾驶地铁也逐渐出现在人们的视野中

图3-6　无人驾驶的巴黎地铁 14 号线
资料来源：网络图片．

（图 3-6）。地铁系统已经成为现代化大都市的标志性交通设施，成为大城市公共交通出行的骨干，给大规模的乘客出行带来快速、可靠、便捷的解决方案。

3.1.4　有轨电车：形式多变的公共交通工具

"电车"（英文为 Tram）是从有轨马车改造升级而来的一类机动化交通工具，在公共汽车出现之前，曾经是最普及的城市公共交通工具。

蒸汽机出现后，工程师就开始尝试用它来替代马匹作为有轨马车的牵引工具，以减少饲养马匹耗费的巨大成本。因此，早期的有轨电车是以蒸汽机为动力的，并非严格意义上的"电车"。蒸汽机牵引的有轨电车有两种制式。第一种制式的牵引机车（英文为 Tram Engine）是独立的，类似于一列小火车，由一个牵引机车拉动一列数量不等的车厢在轨道上运行，英国和英联邦国家的城市多采用这种制式。另一种制式则以法国巴黎为代表，作为动力的蒸汽机部分被整合在第一节列车上，这种形式使得列车的整体性更好，但蒸汽机受到空间限制，动力有所减弱。两种系统都采用金属轮轨以减少摩擦力，并且改进了车辆设计以适合在城市空间环境中使用。车轮和移动部件都尽可能封闭以保障安全、降低噪声；蒸汽机使用焦炭而不是普通的煤以减少排烟；并安装冷凝器以避免大量排放水雾。

缆车（英文为 Cable Car）则是蒸汽机时代一种特殊驱动方式的"电车"。蒸汽机安装在固定机房里，通过牵引移动钢缆，拖动车辆在固定的轨道上移动。1840 年，伦敦东城最早使用这样的系统来运送乘客。1873 年，旧金山建成的缆车线路在技术上更加完善。随后，芝加哥、纽约、洛杉矶等美国大城市，以及澳大利亚的墨尔本和悉尼、德国的德累斯顿等城市，也都陆续开通了多条缆车线路。但是，缆车的缺点也很明显。轨道的下部结构复杂，钢缆和滑轮需要定期更换，缆车线路不仅建造成本高而且维护难度也大。在交叉线路运营中，需要准确的时间控制避免两车碰撞，车辆需要及时与钢缆脱钩然后再挂接，对司机的体力和技

巧都有很高的要求。随着电力的普及，缆车很快被电力机车所取代。只有在某些特殊条件下（如某些山地城市的陡坡线路），缆车才显示出一定的优势，得以保留下来。

名副其实的有轨电车应当是由电力机车牵引的。1875 年，乌克兰工程师皮罗茨基（F. Pirotsky）完成了首条有轨电车线路试验，并于 1880 年 9 月在圣彼得堡进行了短期试运行。德国发明家维尔纳·冯·西门子（W. von Siemens）则在 1879 年的柏林工业博览会上展出了有轨电车演示线。1881 年，世界首条面向公众并持续服务的有轨电车线在柏林附近的 Lichterfelde 建成通车，成为世界上首条正式投入商业运营的有轨电车线。最初该线路利用一条可移动铁轨来传输电流，后来才改用架空线输电（图 3-7）。1883 年，在奥地利维也纳开通运行的两条有轨电车线路采用了改进后的架空线输电技术。这些采用电力驱动的、在轨道上运行的车辆，更接近于现代意义的"有轨电车"概念所指的交通工具。

有轨电车在美国又被称为"电力街车"（Electric Streetcar）。有"电力牵引之父"之称的美国发明家兼海军军官斯普拉格（F. J. Sprague）对美国乃至全球有轨电车的发展起到了重要作用。由他设计建造的首条电力驱动的有轨电车于 1888 年在美国弗吉尼亚州的里士满市开通运行。随后，他对架空线输电技术进行了改进，并发明了多单元控制系统，使得多节车厢可以连接在一起并只需一位司机就可以控制。新技术的应用使得有轨电车作为城市公共交通的优点很快就突显出来。有轨电车相对于地铁和火车较灵活便利，载客量大，造价低，而且运行时间更长、速度更快，最高时速可达 20mile/h，平均时速也在 10~15mile/h 之间，这些优点使有轨电车在全美迅速普及。

图 3-7　1881 年建于德国 Lichterfelde 的世界首条有轨电车
资料来源：网络图片．

电动机和输电技术的不断改进,推动了有轨电车在全球各地的迅速发展。19世纪90年代开始,城市公共交通进入了"电车时代"。有轨电车全面取代了以往占主导地位的有轨马车,成为城市公共交通系统的主力。法国巴黎曾拥有全球最发达的有轨电车网络,它的有轨电车线路总长度在1925年达到顶峰,长达1111km;南美洲的布宜诺斯艾利斯市的有轨电车线路长达857km,位列第二;排在第三位的美国芝加哥也曾拥有超过850km的有轨电车线路。

20世纪50年代,随着私人小汽车、公共汽车等地面交通工具的兴起,有轨电车因基础设施造价高、运营灵活性低等原因,在竞争中处于劣势,在北美、法国、英国、西班牙等地几乎完全被淘汰,但在瑞士、德国、奥地利、意大利、比利时、荷兰及东欧等国,仍保留了有轨电车线路。

20世纪70年代末开始,小汽车主导的城市交通模式暴露出越来越严重的问题,能源危机、环境污染、土地紧缺、交通拥堵等迫使欧洲发达国家重新将高品质、大运量的轨道交通建设作为优先发展公共交通的重要手段。由于中小城市无法负担地铁的巨额投资,现代有轨电车在欧洲中小城市应运而生。与老式有轨电车相比,现代有轨电车具有富有时代感和地方特色的新颖外观,采用100%低地台设计以方便乘客上下,大部分线路都有独立路权,其技术特性已与轻轨基本无异。它的运行可靠性和舒适度均较好,而且以较少的建设投资即可获得较高的运送能力,后期维护费用较少,并以其节能、环保等优点,成为城市新兴的一种高品质的先进公交方式(图3-8)。根据欧洲交通行业协会的统计,2010年,欧洲有137个城市开通了现代有轨电车,并且车辆需求以每年5%的速度增长。

图3-8 法国里昂市的现代有轨电车
资料来源:作者自摄.

3.1.5 公共汽车：曾被限用的公共交通工具

公共汽车（英文为 Bus，中文有时也采用英文音译，称为"巴士"）是目前世界各国使用最普遍、最广泛的公共交通工具。虽然公共汽车早在 19 世纪初就被发明出来，但它作为公共交通工具的普及使用却是 100 多年以后的事情。相比于其他城市交通工具，公共汽车的发展经历了一个比较坎坷的过程，甚至一度被严格限制在城市中使用。

蒸汽机出现不久，人们就开始尝试把蒸汽机安装在马车上，替代马匹作为驱动装置。采用外燃机"存储动力"做功模式的这类自动车，被称为"蒸汽车"（Steam Car），这是汽车发明的最早路径。虽然以外燃机为动力的蒸汽车一度在市场上与以内燃机为动力的汽车平分秋色，但通常只把后者的发明作为现代汽车的起源。

1769 年，法国军械师居纽（N.J. Cugnot）发明制作了世界上第一辆蒸汽驱动三轮自动车。1800 年，英格兰工程师特里维希克（R. Trevithick）制造了首台可载人的蒸汽自动车并进行了试车，1801 年底又制造了一台可载 7~8 人的全尺寸版，并命名为"吐烟的怪物"（Puffing Devil）。19 世纪初，各类蒸汽驱动的自动车陆续被发明制造出来，包括小型自动车、蒸汽公共汽车、蒸汽压路机等。这些自动车比马车速度快，使用起来比马车便宜，较宽的轮胎对城市路面破坏较小，也不容易倾覆翻车，但它们并不受公众的欢迎。除了外貌怪异并排出浓烟外，工作不稳定的外燃机存在一定的危险性，而加装在马车上的锅炉增加了整体车重并导致其操控与制动能力差，经常容易出事故并造成交通混乱。与经过长期使用、驾轻就熟、外形华丽的马车相比，鲜有人愿意使用这种危险、不好控制、需要消耗燃料、舒适性差的怪异交通工具。

早期的蒸汽车带着浓重的前卫叛逆色彩，被认为是混乱的制造者。为了保护城市道路上的行人与马车，减少交通事故，1865 年，英国在 1861 年首版《机动车法案》的基础上颁布了新的《机动车法案》，又称《红旗法案》（Red Flag Act），进一步严格限制蒸汽自动车的使用。法案规定：自动车在郊区的行驶速度不得超过 4mile/h，在市区的行驶速度不得超过 2mile/h。蒸汽车在街道不可鸣汽笛也不得随意排放蒸汽，且每辆车须由 3 人共同驾驶，其中一人在车前约 55m 的位置举红旗警示人群避让，并协助过往马车先行。这一法规前后在英国共实施了 34 年，并且有欧洲多国效仿，虽然一定程度上稳定了城市交通状况，却阻碍了汽车这一新型交通工具的革新与制造。

由于蒸汽车被限制在城市道路上使用，发明者开始转向研制用于城市间长途交通使用的蒸汽公共汽车（图 3-9）。1825 年，英国工程师汉考克（W. Hancock）已经发明了装有蒸汽机的公共汽车，但 6 年后才将这辆公共汽车投入使用，用于伦敦至斯特拉特福德之间的客运。从 1855 年至 1870 年，蒸汽动力汽车公路运输业务在英国、法国等欧洲国家逐渐铺开，期间还涌现出一批专门从事蒸汽车制造的企业。

1873年，法国勒芒汽车制造商Amédée Bollée在公共道路上测试了其制造的使用方向盘转向的四轮蒸汽机公共汽车"顺从号"（法语为L'Obéissante）。该车可载15人，由两个V2蒸汽引擎发动，每个引擎带动一侧后轮，输出功率可达15马力，最高时速可达40km/h，从法国勒芒到巴黎仅需要18h，代表了当时最先进的蒸汽车制造技术（图3-10）。

1807年，瓦莱共和国（今瑞士瓦莱州）发明家里瓦兹（F. I. de Rivaz）注册了以电火花引燃可燃气体的内燃引擎驱动车辆的专利，首创内燃机汽车的发明路径。1886年，德国发明家本茨（K. Benz）制造了内燃机驱动的自行助力三轮车并命名为"奔驰一号"（Benz Patent-Motorwagen）。奔驰一号被公认为世界上第一辆真正意义的汽车，开启了汽车纪元。由本茨创办的汽车制造厂也成为19世纪末产能最大的汽车制造企业。

图3-9 早期用于城际交通的蒸汽公共汽车
资料来源：网络图片．

图3-10 法国汽车制造商Amédée Bollée研制的蒸汽机公共汽车"顺从号"
资料来源：巴黎艺术与交通博物馆．

1895年，在德国北部西格兰地区出现了第一条内燃机公共汽车线路，连接北威州的锡根（Siegen）和内特芬（Netphen）。基于奔驰公司生产的朗德型汽车改装而成的公共汽车可搭乘8人，行驶速度为14km/h，跑完整个运营里程15km大约需要80min（图3-11）。1898年，使用同一车型，英国威尔士北部的兰迪德诺郊区以及克拉克顿至伦敦之间开通了公共汽车。同年，在法国的南特至贝尔伊尤开通了定期运行的公共汽车，所用车辆可搭乘18名乘客。从1898年4月起，德国的另一家重要汽车厂商戴姆勒开始为伦敦生产双层公共汽车，最初的车型下部是围合的车厢，上部是开敞露天的平台，最多可搭乘20名乘客，行驶速度达到18km/h。这一车型获得的巨大成功也使得戴姆勒成为当时最重要的公共汽车生产厂商之一，它所生产的双层巴士一度成为市场的标准。

进入20世纪，汽车技术的飞速发展使汽车的优势逐渐显露出来。1905年，美国纽约开始采用公共汽车代替原有的公共马车。公共汽车机动灵活的优势很快体现出来，只要有相宜的道路就可以通行，组织运行不需要复杂的附属设施。公共汽车数量逐渐超过公共马车，将公共马车挤出大部分市场。至20世纪30年代，在欧洲大多数城市里公共马车已经销声匿迹，大巴、小巴和长途客车等各种车型的公共汽车基本满足了旅客出行的需求，公共汽车开始朝着舒适、美观、安全的方向发展。1936年，柴油机汽车的出现使后置式柴油机公共汽车得到快速发展，成为公共汽车中的重要力量。为了提高公共汽车的运输效率，人们还通过各种尝试研发出铰接式公共汽车、双层公共汽车等。

20世纪80年代起，国外一些城市陆续尝试建设"导向巴士"系统，这是一种除由司机控制以外，还接受外来媒介导向行驶的巴士系统。导向媒介可采用光学或无线电遥控，但更常见的是使用导轮进行物理上的引导。后者简称KGB（Kerb-Guided Bus），需要在专用路段上行驶。1987年全线通车的澳大利亚阿德莱德导向巴士系统

图3-11　奔驰朗德型汽车改装而成的公共汽车（1895年）

资料来源：网络图片．

O-Bahn 采用的就是路边石导向方式，是目前全球最长及行车速度最快的导向巴士系统（图 3-12）。路轨全长 12km，走完整条路轨路段约需 13min。其他应用地区还有英国东南部的克劳利和德国曼海姆等。非物理性导向巴士的研究开发也在世界各国进行中。2004 年，运输企业 Stagecoach 集团与德国西门子公司签下了协议，开发一个专为英国设计的光学导向巴士系统。西门子还与隶属依维柯公司的 Irisbus 合作在巴黎测试光学导向巴士"Civis"。同样采用西门子技术，法国鲁昂市在 2001 年建成运营 TEOR 光学导向巴士，可以帮助公交车在开放路权的情况下，快速通过狭窄的城市街道（图 3-13）。

图 3-12　澳大利亚阿德莱德导向巴士系统 O-Bahn
资料来源：网络图片.

图 3-13　法国鲁昂市建成运营的 TEOR 光学导向巴士
资料来源：网络图片.

3.1.6 无轨电车：经济环保的公共交通工具

无轨电车（英文为 Trolleybus）是一种通常由架空接触网供电、直流电动机驱动、不依赖固定轨道行驶的道路公共交通工具。在有些国家或地区（如日本），无轨电车属于轨道交通的范畴。我国通常将无轨电车与公共汽车合称为"公共汽（电）车"。

1882 年 4 月，德国发明家西门子在柏林市郊公开展示了他发明的世界首辆无轨电动车"Electromote"。其后，有关无轨电车的实验研究在欧洲和美国都有进行。1990 年，一条环湖运行的无轨电车试验线在巴黎万国博览会上展出。1901 年 7 月，德国德累斯顿附近的比埃拉河谷开通运行了正式商业运营的载客无轨电车系统。虽然该系统仅运营到 1904 年，但其使用的由两条架空平行接触线和一对靠弹簧支撑的集电杆组成的装置，成为现代无轨电车电流授受系统的标准模式。这一时期，同样的技术也被尝试用于运河里的电动船。而地面无轨电车除了用于客运外，还被用于货物运输。

1911 年，利兹和布拉德福德成为英国最早开通无轨电车线路的城市，后者的无轨电车一直运营到 1972 年。伯明翰市则率先用无轨电车替代有轨电车系统，其北部的工业小城伍尔弗汉普顿因其特别的无轨电车设计而世界知名。英国曾有 50 多座城市建设了无轨电车系统，其中伦敦的无轨电车系统规模最大。

我国是世界上较早使用无轨电车作为城市公共交通工具的国家。1914 年 11 月，由英商电车公司在上海租界内开通运营的 14 路，是中国第一条无轨电车线路。

在美国，无轨电车的发展规模相对较小。早在 1904 年美国就出现短期使用的无轨电车。由于以电动机驱动的无轨电车比内燃机驱动的公共汽车爬坡能力更强，洛杉矶从 1910 年开始在郊区建设全年运营的有轨电车线路以推动山地地区的开发。开始的时候，无轨电车只是被当作一种过渡性的解决方案，为后期建设轨道交通培育客流。1918 年后情况发生了变化，无轨电车与公共汽车、有轨电车和地铁并列，被视为四种不同运力的公共交通方式之一，甚至有些客流不足的有轨电车线路反过来被改造成为无轨电车。

20 世纪 20 年代开始，无轨电车系统在世界各地进入快速发展阶段，在苏联城市中的建设发展尤为突出。20 世纪 30 年代，英国制造了双层的无轨电车；40 年代，意大利生产了铰接式无轨电车；到了 50 年代中期，世界上约有 500 个城市拥有无轨电车。随后，由于汽车的普及和燃油公共汽车进入竞争，无轨电车与有轨电车在西欧及北美国家逐渐减少。70 年代初，由于能源短缺和汽车公害造成的严重社会问题，无轨电车重新受到一些国家和地区的重视，改进后的新型无轨电车重新成为城市公共交通的一员（图 3-14）。

目前，世界上约有 40 多个国家 300 多个城市开通使用无轨电车系统。其中，乌克兰首都基辅拥有全球最长的无轨电车线路，白俄罗斯首都明斯克则是世界上无轨

图 3-14　法国里昂市以新型无轨电车作为地面公交干线
资料来源：作者自摄.

电车线路数量最多的城市。西欧则以瑞士拥有的无轨电车最多。中国拥有无轨电车的城市有 10 个。

2010 年，中欧多国联合签署了"无轨电车发展计划（TROLLEY Project）"，旨在推动可持续的无轨电车系统建设、推广无轨电车作为绿色交通工具的创新方式、重塑无轨电车形象。我国的北京、厄瓜多尔的基多、美国的波士顿、委内瑞拉的梅里达、土耳其的马拉蒂等城市将无轨电车应用于快速公交系统（BRT）的运营。上海于 2017 年 2 月开通运营的中运量公交线路 71 路，也采用了新型的无轨电车，线路全长 17.5km，配备 40 辆 18 米级和 28 辆 12 米级双源无轨电车（图 3-15）。这是上海自 1988 年以来，时隔 28 年新建的第一条无轨电车线路，也是时隔 14 年后，再次运营铰接式无轨电车。

图 3-15　上海于 2017 年开通运营的 71 路中运量公交线路
资料来源：网络图片.

3.1.7 快速公交：跨界创新的公共交通工具

快速公交系统（Bus Rapid Transit，简称 BRT）是一种介于轨道交通（Rapid Rail Transit，简称 RRT）与常规公共汽车（Normal Bus Transit，简称 NBT）之间、融合了两者优点的新型公共客运系统。一方面，它基于城市道路开辟公交专用道（即"公交专用车道"）、建造新式公交车站、引进特制公交车辆，保留了常规公交地面运营的特征；另一方面，它模仿轨道交通，综合运用现代化公交技术、智能交通技术和运营管理技术，采用公交车辆多节编组、车站办理售检票、提供交叉口优先信号等方式，实现线路运营速度、运输能力、到站准点率的有效提升，运营服务可达到或接近轻轨交通的服务水准，而工程造价仅有轨道交通的 1/10~1/5，被誉为价廉物美的"地面上的轨道交通"。

BRT 的研究始于 20 世纪 60 年代。在近十年间，美国对 BRT 与城市高速公路的结合进行了大量研究，形成了一些自己的理论，如建设快速公交、修建公交专用路或专用道，以及高峰时段"公交优先"车辆应具有的客流容量范围等。

1974 年，巴西库里蒂巴市建成了世界上第一条 BRT 线路。在该市的城市中心区，封闭的公交专用道靠近道路中央布置，双向行驶，专用道与其他车道之间实施物理隔离；在城市外围，一些公交专用道设于道路一侧，另一侧一般为机动车双向行驶车道。BRT 的购票在站台内完成，通过站台也可以实现不同 BRT 线路之间的换乘。

随后，BRT 迅速风靡全球。经过三十多年的发展，北美洲的洛杉矶、西雅图、波士顿、渥太华、温哥华、墨西哥城等城市，南美洲的圣保罗、波哥大、基多等城市，欧洲的巴黎、里昂、利兹、仑坎等城市，大洋洲的布里斯班、悉尼和亚洲的名古屋、首尔、班加罗尔等城市，都建设了快速公交系统。

我国于 20 世纪末引入 BRT 理念。自 1999 年昆明建成我国第一条 BRT 线路，到 2015 年 6 月，不完全统计，国内已有北京、杭州、济南、常州、厦门、宜昌、广州等 21 个城市开通运营快速公交线路 197 条，线路长度达 2753km（图 3-16）。特别是广州及宜昌的 BRT 系统建设，先后获得了"世界交通可持续发展奖"。建设部 2004 年发布的《建设部关于优先发展城市公共交通的意见》提出"具备条件的城市应结合城市道路网络改造，积极发展快速公交系统"。

世界各国城市在效仿库里蒂巴市经验的同时，也开发、改良和建设了多种不同类型的 BRT 系统。BRT 系统在类型、容量和表现形式上的多样性，反映出它在运营方面广阔的发展空间，以及大运量公交系统与生俱来的灵活性。在大城市中，BRT 作为轨道交通的过渡、补充、延伸和替代，与轨道交通系统一起作为城市公共交通系统的骨干；在中型城市中，BRT 系统往往被作为城市公共交通系统的骨干，承担着主要公交客流的运送；在一些小型城市或大城市的卫星城，BRT 系统在城区内部作为城市公交系统的主体，而城区间又是连接母城的快速客运通道。

图 3-16 我国常州市的 BRT 系统
资料来源：网络图片.

3.2 当代城市公共交通系统的分类

公共交通运输工具是城市公交客运最基本的载体。各类城市公共交通工具在经过长期发展和技术升级后，整体性能得到了明显提升，更加适合城市环境下的高强度使用。当代城市中的公共交通客运也不再单独依靠某一种交通工具，而是由多种交通工具相辅相成、共同组成，以满足多样化的公交出行需求。

各种公共交通工具仅仅有相应的车辆还不够，还需要建设配置适宜于车辆行驶要求的基础设施，才能正常使用并发挥出最佳效能。城市公共交通的设施系统与车辆同等重要，也是城市基础设施的重要组成部分，对城市用地布局和空间使用具有重要影响。

为了便于认识纷繁复杂的城市公共交通系统，安排各类公共交通工具所需基础设施的建设，组织公共交通的服务运营，通常根据各种交通工具的技术性能、运输能力、运营模式等，对特征相近的交通工具进行归类，从而将城市公共交通分成若干个子系统。

我国建设部于 2007 年专门发布了国家行业标准《城市公共交通分类标准》CJJ/T 114—2007。该分类标准较为全面地涵盖了目前我国的各类城市公共交通工具，遵循现代城市公共交通系统的共同特点，在城市公共交通总类之下，根据系统形式、载客工具类型、客运能力三个主要方面，采用大类、中类、小类三个层次进行系统分类。首先，将城市公共交通分为"城市道路公共交通""城市轨道交通""城市水上公共交通"和"城市其他公共交通"四大基本类型，其次按照载客工具技术特征，分成若干相应的中类；最后按照客运能力条件分成小类（表 3-2）。

城市公共交通分类中的大类和中类　　　　　　表 3-2

	大类	中类
1	城市道路公共交通	常规公共汽车、快速公共汽车系统、无轨电车、出租汽车
2	城市轨道交通	地铁系统、轻轨系统、单轨系统、有轨电车、磁浮系统、自动导向轨道系统、市域快速轨道系统
3	城市水上公共交通	城市客渡、城市车渡
4	城市其他公共交通	客运索道、客运缆车、客运扶梯以及客运电梯等

资料来源：《城市公共交通分类标准》CJJ/T 114—2007.

根据各类公共交通工具的运输能力也是划分城市公共交通类别的一种方法，通常分成大运量、中运量和低运量公交系统三类。其中，大运量公交系统包括城市地铁、通勤铁路、磁悬浮等运输系统；中运量公交系统主要指轻轨、有轨电车、BRT、城市缆车等运输系统；低运量公交系统主要指城市公共汽电车。

为了便于认识和说明，本节对城市公共交通的分类进行了一定的简化和综合，沿用了传统的分类方法，将城市公共交通系统分成常规地面公交系统、城市轨道交通系统、快速公交系统和辅助公交系统四类。重点说明各类别所包含交通工具的技术特征和性能优势，以及在整个公交系统中所发挥的主要作用。

3.2.1 常规地面公交系统及其技术特征

城市常规地面公共交通主要指在城市地面行驶并占用城市道路空间的公共汽车、无轨电车和老式有轨电车，后两者在我国合称为"电车"，官方文本中常将常规地面公交合称为"公共汽（电）车"。而现代有轨电车由于其技术特性更接近于轻轨，则通常被纳入轨道交通范畴。常规地面公交系统线路设置较为灵活，建设成本相对低廉，可适用于不同规模等级的城市，并可以充分利用城市道路资源，对使用者来说经济性较好，因此成为大多数城市公共交通的基础系统。

（1）公共汽车的技术特征

公共汽车是在城市地面道路上运行、用于运载多名乘客的一类汽车。为了适用于公共交通用途，这种车辆的乘客座椅数量较少，站立面积大以供乘客站立，车内有足够的走动通道和宽敞的出入口方便乘客上下车，通常设有两个以上的车门和较低的踏板。普通公交车的宽度不超过 2.5m，长度为 9~13m，一辆车长 10m 并容许站立的单层巴士可运载约 60 名乘客。为了获得更高的运载能力，车型还有双层巴士和铰接式公共汽车等变化。10m 左右的双层巴士能运载约 130 名乘客，伦敦、香港、新加坡、柏林、孟买等城市和地区均有大量双层巴士参与公交运营。铰接巴士以两节车身来增加长度及载客量，并在两节车身间加设可伸缩的接合装置以辅助转向，在上海运营的铰接式公共汽车的载客量最高曾可达 300 人。而载客量较小的中小型巴士长度为6~9m，中型巴士的载客量约为30~40人，小型巴士的载客量约为8~20人，适用于中小城市或一些客流量小的支线线路的运营。此外，还有主要用于中距离城镇间客运的城郊公共汽车和长距离城市间的长途客运汽车（英文为Coach），座位较城市公共汽车要多，并设有行李舱或行李架。从用途上分，除了面向一般乘客服务的公共汽车，还有服务于儿童通学交通的校车和服务于游客的旅游大巴，我国一些旅游城市目前开行了上层不设车顶的双层观光巴士。通常，公共汽车的驾驶员需要具备更严格的驾驶资格（如特殊类型的驾照）。20世纪末开始，为了方便老人和残障人士使用公共交通，低地台公共汽车得到了普及发展。车厢地台比老式公共汽车更贴近路面，并且不设梯级。全车低地台的被称为低地板巴士，而后半车厢有二三台阶而前半车厢低地板的被称为低入口巴士。这些巴士通常装备有方便行动不便乘客（如乘坐轮椅的人士）上落的装置，以缩短公交车靠站时间。

在城市公共交通领域，为了统一计量，通常会将不同类型的运营车辆数按统一的标准当量，折算成标准化的营运车辆数，并以"标台"作为标准车的单位。标台的折算方式有两种。第一种方法按车辆长度折算标台，应用较为普遍，铰接车与双层车折合标台数较高，而中巴车较低。我国通常将车身长度7~10m的公交车作为标准车，5~7m车型折算为0.7标台，10~13m车型折算为1.3标台，16~18m车型折算为2.0标台，大于18m车型折算为2.5标台，双层巴士折算为1.9标台。第二种方法则按载客量折算标台。一辆标准车按45客位计，合并站位与座位额定容量一般按80人计。

当公共汽车和小汽车混行，共同使用机动车道时，因小汽车的操控性能优于公共汽车，总处于优势，常常挤压公共交通的行驶空间。而且，高峰时段小汽车交通的拥堵也极易造成公交运营延误。为此，从优先保障公共交通发展的角度出发，国内外许多城市通过设置公共汽车专用道的方式，保障公共汽车的路权优先。公交专用道通常设置在交通量较大的道路上，通过物理隔离或地面标识的方式，区隔出公共汽车专用的车行道，在城市道路较拥堵的一定时段内，这一专用道仅允许公共汽车行驶（一些城市也允许载客出租车使用），并在专用道上每间隔一段适当距离或是干道交叉口，设置乘客候车月台供乘客上下车（图3-17）。

（2）无轨电车的技术特征

无轨电车素有"绿色公交"之称，它的运载能力介于有轨电车和柴油公共汽车之间，但相比这两种交通工具却具有多方面的优点：

与有轨电车相比，无轨电车更加经济，不需要铺设轨道和增设特别信号设施，也不需要单独建设站点；在噪声控制方面，无轨电车也明显优于有轨电车；相比有轨电车的钢轮钢轨，无轨电车的橡胶轮胎具有更高的爬坡性能和制动性能；无轨电车具有较好的机动能力，遇到前车抛锚或车道拥堵时，可以偏移触线两侧各4.5m左右，借用相邻车道绕行超车，遇到紧急情况的避险方式也较有轨电车更为灵活；无

图 3-17 通过物理隔离和地面标识区隔出来的公交专用道
资料来源：网络图片.

轨电车的驾驶方式与普通公共汽车接近，不需要特别的培训。

而与公共汽车相比，无轨电车使用电能，更为环保，在噪声控制和能效转换方面均优于公共汽车；无轨电车的电动机可以产生比内燃机高的扭矩，爬坡性能也优于公共汽车；由于无轨电车不产生尾气排放，因此适合在封闭空间（如隧道、地下空间等）内使用；最后，无轨电车的使用寿命明显长于公共汽车，车辆及相关设备的维护保养成本也更低。

但是，无轨电车也有一些明显的缺点。首先，它需要依靠架空输电线运行，机动性不如公共汽车，只能根据预定的敷设线路的路线行驶，路线的灵活性较差，在道路拥堵、输电线故障等紧急情况下，对调整行驶线路带来困难。而同一线路上如果没有安装特别的设备，无法实现对同线路的无轨电车的超车。其次，无轨电车的架空线影响城市景观和净空。尤其是在多条线路汇集的道路交叉口，架空线形成密集的蛛网。架空线也限制了大型车辆的通行。再者，它不像有轨电车，一般没有独立路权，运营中易受到其他车辆和行人的影响。发生接触网事故时，容易造成交通拥堵。无轨电车难以实现低地台设计，不符合无障碍公交的发展趋势和要求。最后，由于无轨电车需要建设触线网、整流站等设施，初期投资较大；而其设备的使用寿命长，造成供应商少、技术更新速度慢、车辆设备价格偏高等问题，也制约了无轨电车的持续发展。

鉴于上述原因，我国大部分城市从 20 世纪 80 年代起逐步以柴油公共汽车取代无轨电车，同时也有一些城市（如北京、广州、上海等）从保护环境的目标出发，保留了无轨电车系统并对其进行了升级更新（图 3-18）。新型无轨电车除了外形美观、运载能力提高之外，在供电方面，整流站广泛采用电子计算机实施远程自动监控；在车辆动力方面，交流驱动技术逐渐取代了直流驱动技术；在接触网方面，能够适应车辆高速行驶的高速接触网枢纽件也逐步替代了老式电磁式分线器、并

图 3-18　北京市开通运营的新型无轨电车
资料来源：大世界摄影工作室．

图 3-19　上海投入运营的超级电容车
资料来源：网络图片．

线器，明显降低了接触网事故的频率。

为了克服传统无轨电车受电杆脱线后即会失去动力的缺点，新型的"双动源无轨电车"应运而生。在无轨电车上装备动力蓄电池、超级电容器等作为备用电源或柴油发电机作为备用动力，使之可以在没有架空接触网的路段实现离线行驶。上海于 2006 年起在公交 11 路上使用超级电容车取代原有无轨电车。超级电容车利用无轨电车的供电系统，车辆在车站间行驶时使用储存于电容内的电力，无需连接到接触网。到车站后，车辆利用乘客上下车的时间升弓充电，2min 内充满电容，电量可供行驶里程 3~8km（图 3-19）。

3.2.2　城市轨道交通系统及其技术特征

常规地面公交可以服务城市中更多的人口，但是在速度与舒适度上存在一定的局限。随着经济的发展、人们生活水平提高、出行意愿增强，快速而稳定的轨道交通（英文为 Rail Transit）成为公共交通体系中的重要组成部分。

（1）不同服务范围的轨道交通

根据服务范围差异，轨道交通可以分成国家铁路系统、城际轨道交通和城市轨道交通三大类。一般来说，轨道交通比较多用于称呼在经济发达地区中新建的各种中短距离客运铁路系统，即城际轨道交通和城市轨道交通。其中，城际轨道交通采用国铁制式建设，有些地区简称为"城轨"，如广珠城轨、莞惠城轨等。准确地说，它们属于城际轨道交通中的城际铁路范畴，是国家铁路中支线路网的组成部分。

（2）城市轨道交通的分类

城市轨道交通是指在城市中使用电力牵引，采用在导轨上行驶的车辆运送乘客的公共客运交通系统。为了适用于城市建成环境，城市轨道交通系统与国家铁路系统在技术特征上有明显差异。我国国家标准《城市轨道交通技术规范》GB 50490—

2009将城市轨道交通划分为地铁、轻轨、单轨、有轨电车、磁浮、自动导向轨道与市域快速轨道七种运营制式。城市轨道交通系统包含了多种不同形式的交通工具。各类工具在车辆、运输能力、基础设施要求等方面，具有较为明显的差异。唯一统一的技术指标是轨距，在我国，国家铁路和城市轨道交通系统的标准轨距均为1435mm（表3-3）。

城市中种类多样的轨道交通工具，总体上可以根据轴重分成地铁和轻轨两大类，其中轻轨包括了现代有轨电车这一特殊类型。但在日常使用中，地铁和轻轨通常没有明确的区分。例如，上海轨道交通6号线采用的是C型车，按照其技术特征应属

不同等级城市轨道交通系统的技术特征　　　表3-3

等级		Ⅰ级	Ⅱ级	Ⅲ级	Ⅳ级	Ⅴ级
使用车辆类型		A型车	B型车	C-Ⅰ/C-Ⅱ型车	C-Ⅱ型车	现代有轨电车
最大客运量（单向万人次/h）		4.5~7.5	3.0~5.5	1.0~3.0	0.8~2.5	0.6~1.0
线路	线路形态	隧道为主	隧道为主	地面或高架	地面为主	地面
	路用情况	专用	专用	专用	隔离或少量混用	混用为主
站台	平均站距（m）	800~1500	800~1200	600~1000	600~1000	600~800
	站台长度（m）	200	200	120	<100	<60
	站台高低	高	高	高	低（高）	低
车辆	车辆宽度（m）	3.0	2.8	2.6	2.6	2.6
	车辆定员（人）	310	240	220	220	104~202
	最大轴重（t）	16	14	11	10	9
	最大时速（km/h）	80~160	80	80	70	45~60
	平均运行速度（km/h）	60	60	55	50	45
	轨距（mm）	1435	1435	1435	1435	1435
供电	额定电压（V）	DC1500	DC750	DC750	DC750（600）	DC750（600）
	受电方式	架空线/第三轨	架空线/第三轨	架空线/第三轨	架空线/第三轨	架空线
信号	列车自动保护	有	有	有	有/无	无
	列车运行方式	ATO/司机驾驶	ATO/司机驾驶	ATO/司机驾驶	司机驾驶	司机驾驶
	行车控制技术	ATC	ATC	ATP/ATS	ATP/ATS	ATS/CTC
运营	列车最大车辆编组	6~8	6~8	4~6	2~4	2
	列车最小行车间隔（s）	90	90	90	150	300

资料来源：作者根据各类资料整理.

于"轻轨",但通常人们都称之为地铁6号线。法国鲁昂市的现代有轨电车有一段在地下通行,当地政府也把该系统称为"Metro"("地铁"),以体现鲁昂市是一个现代化的"大城市"。因此,从科学的角度讲,应当特别注意日常表述中地铁与轻轨的上下文背景,"轨道交通"是一个更恰当的表述。城市轨道交通根据其客运量、线路形式、车辆尺寸、供电电压、信号控制和运营方式等,可以分成若干不同的等级(表3-3)。

通常来讲,地铁指的是采用A型车或B型车、在全封闭的轨道线路上运行的快速、大运量轨道交通。位于中心城区的线路基本设在地下隧道内,中心城区以外的线路可以建设在高架桥或地面上以降低建设成本。地铁是路权专有的、无平交,这也是地铁区别于轻轨交通系统的根本性的标志,此外,地铁在线路设施、固定建筑、车辆和通信信号系统方面均具有较高的设计标准。地铁单向小时客流量可达4万~6万人次,运送速度在30~40km/h,属于大运量快速轨道交通方式。

轻轨(英文为Light Rail Transit)名称中的"轻"指的是轴重小于地铁,也就是说轻轨的载重小于地铁,适用于客流量中等、尚达不到建设地铁要求的线路。相比于老式有轨电车,轻轨通过新型车辆设计、对线路实施隔离、并在市中心繁忙地段进入地下等措施,使客运能力增大,乘坐舒适,运行经济。城市轻轨具有污染小、能耗小、准点运行、安全性高等优点。轻轨中的现代有轨电车在空间资源紧张的城市中心区,往往采用开放路权的方式,即允许机动车驶入有轨电车线路空间,混合路权提高了中心区城市道路的使用效率。轻轨的投资费用通常低于地铁,适用于单向小时客流1.5万~3万人次的客运量,运送速度在20~30km/h范围内变化,属于中运量快速轨道交通方式。

(3)城市轨道交通的优缺点

与常规地面公交系统相比,城市轨道交通具有容量大、运行速度快、准时可靠等优势,但是受其成本高、建设周期长、维护运营成本高等因素的限制,并不适用于所有城市。我国国务院办公厅先后于2003年和2018年发布《国务院办公厅关于加强城市快速轨道交通建设管理的通知》(国办发〔2003〕81号)和《国务院办公厅关于进一步加强城市轨道交通规划建设管理的意见》(国办发〔2018〕52号),对我国城市轨道交通有序发展,避免地方盲目超前建设,造成长期运营亏损和财政负担,制定了总体政策导向。其中严格规定了建设申报条件和建设规划报批和审核程序:"城市轨道交通系统,除有轨电车外均应纳入城市轨道交通建设规划并履行报批程序。省级发展改革部门会同城乡规划主管部门、住房城乡建设部门进行城市轨道交通建设规划初审,按程序向国家发展改革委报送建设规划。地铁主要服务于城市中心城区和城市总体规划确定的重点地区,申报建设地铁的城市一般公共财政预算收入应在300亿元以上,地区生产总值在3000亿元以上，市区常住人口在 300 万人以上。引导轻轨有序发展，申报建设轻轨的城市一般公共财政预算收入应在 150 亿元以上，地区生产总值在 1500 亿元以上，市区常住人口在 150 万人以上。拟建地铁、轻轨线路初期客运强度分别不低于每日每公里 0.7 万人次、0.4 万人次，远期客流规模分别达到单向高峰小时 3 万人次以上、1 万人次以上。"

3.2.3 快速公交系统及其技术特征

BRT 系统是一种介于常规地面公交和轨道交通系统之间的新型公共交通系统，它具有专用路权、封闭运行、智能信号、车外售票、水平上下车、大容量车辆等一系列特征。该系统的最大优势在于项目建设、运营和维修的成本较轨道交通低得多，同时建设周期短、见效快、灵活性高。BRT 线路的运输能力可与轻轨甚至地铁媲美，通常可达 8000~10000 人次 /h，高的甚至可达 30000~40000 人次 /h，而工程造价仅有轨道交通的 1/10~1/5。

2001 年，美国国会审计办公室（GAO）向国会提交了一份报告，对比了全美 13 个城市的轻轨交通项目和 17 个城市的 BRT 示范项目，得出的基本结论是：BRT 在成本上低于轻轨交通，而在运载客流量和运行速度上接近于轻轨交通。国际能源署（IEA）2001 年发布的《未来的城市公共汽车，实现全球的可持续性发展》研究报告中，论述了拉丁美洲成功的 BRT 系统，将其与其他公交方式进行了比较，详述了未来的 BRT 专用车辆可能采用的清洁燃料和先进技术，并预测了改善公交车辆技术后对减少能源消耗和降低环境污染所带来的效益。多个国家和城市的建设经验证明了 BRT 系统具有多方面优势，包括：①有助于缓解城市交通拥挤，解决交通走廊内公交车辆的拥挤和延误；②可以提供舒适的乘车环境，节约市民的出行时间；③相比轨道交通可以节省巨额的投资建设费用；④有助于可以平衡城市交通方式的发展；⑤有助于提升交通沿线两侧空间品质，提升城市生活质量。

目前，BRT 系统的核心技术组成尚未形成统一的技术标准，不同国家和机构提出的结构划分方式也不尽相同。美国交通部认为，BRT 系统由路面、车站、车辆、服务、线路结构、车票和智能交通技术 7 个部分组成。美国能源基金会（FTA）在中国 BRT 发展报告中则提出，BRT 系统可分为道路空间、BRT 的线路、BRT 的场站、BRT 的车辆、BRT 的收费系统和 BRT 的运营保障体系 6 个部分。无论 BRT 系统如何划分，各组成部分之间是既相互独立又相互联系的，只有将它们整合在一起，才能真正发挥出 BRT 系统在运营速度、运营能力、服务质量、服务水平等方面的综合最佳效益。

为了保障快速公交系统的运营效率和服务质量，设置 BRT 专用道是关键。BRT 专用道设置应体现城市道路资源分配的新原则，即城市道路资源按车辆运载的"人"

来分配,而不再按"车"分配;一种车辆运载的人越多,它就应该享有更加优先的路权。一条行车道如果供私人小汽车使用,即使在交通饱和状态下,每小时的通行能力最多为 700 辆,运送乘客约 2000 人,但是如果该车道供 BRT 使用,按每小时通过 100 辆 BRT 车辆计算,可以运送约 15000 人。这说明在我国人多路少的现实情况下,设置 BRT 专用道可以更有效地利用少部分的道路资源,保障大部分人在城市中的流动。

任何一种交通方式都存在其自身的缺点和应用的局限性,BRT 系统也不例外,其自身的局限性主要有:①占用地面道路资源:快速公交仍属于路面交通系统,大部分 BRT 线路仍需占用独立的地面道路空间,对原本交通拥挤、道路资源紧缺的大城市中心城区来说,必然会对其路网以及其他机动车的使用造成不同程度的影响或冲击。②系统稳定性差:尽管 BRT 系统多数采用了物理方式分隔专用道,但仍属于半封闭系统,因此在很大程度上还会受到路段横向干扰及周边环境的影响。③运送能力受限:BRT 的运送能力受两方面因素制约明显,一是停靠站的停靠能力,作为地面停靠站的规模一般不可能太大,像库里蒂巴市和圣菲波哥大的封闭型车站一般只能容纳 1~2 辆车停靠;二是受路段横向干扰和路口无规律延误的影响,车辆到站概率分布随机性较大,不利于停靠站停靠能力的有效利用;这两方面制约因素使 BRT 难以保持稳定的车距间隔,从而限制了其运送能力。④分割城市空间:这是地面型封闭式交通走廊的普遍性问题。BRT 专用道的物理隔离有助于保障沿线方向车辆的快速通行,但同时也造成了对沿线两侧城市空间的分割,横向联系被 BRT 交通流切断,需要通过地道或过街天桥方式弥补,给整体城市空间的融合与连续带来负面影响。

3.2.4 辅助公共交通方式

辅助公共交通方式是指除了常规地面公交、快速公交和轨道交通以外,在城市公共交通系统中具有补充完善作用的其他城市公共交通方式,主要包括:出租汽车、轮渡、缆车以及近几年兴起的共享交通等。

(1)出租汽车

出租汽车(简称"出租车",英文为 Taxi)是供人临时雇佣的汽车,通常不定线路、不定车站,以计程或计时的方式收费营业,在我国台湾称为"计程车",港澳地区则称为"的士"。出租汽车是可为乘用者提供门到门服务的较高层次的公共交通工具,收费一般较其他交通工具高,在城市公共客运交通中起着辅助作用。通常出租车只用于客运服务,并允许乘客携带一定数量的行李。我国部分城市的也存在可用于小型货物运输的出租汽车,但总体运营规模较客运出租车明显要小。

近十年来,随着智能手机的普及,出现了以"优步"(Uber)、"滴滴"为代表的交通运输网络公司（TNC）运营的、通过网络预约的即时租车服务——网络预约出租汽车（简称"网约车"），并在短时间内发展迅速。与传统的出租车相比，网约车在服务方式、车辆标准和价格机制等方面存在明显区别。传统的出租车车身上喷涂、安装专门的出租汽车标识，主要通过"扫马路"的巡游方式揽客，在机场、枢纽站场等站点候客，也可通过电话、互联网等方式提供预约服务；而网约车则没有统一的外观、颜色和车辆标识，不能"扫马路"和站点候客、只能通过预约方式提供服务；网约车通常由个人利用经认证的私人小汽车进行运营，车辆档次一般高于传统的出租车，为市民提供差异化出行服务；传统的出租车实行政府定价，具有一定的基本保障功能，网约车则实行市场调节价，必要时实行政府指导价。

为更好地构建多样化的公共交通服务体系，满足社会公众多样化出行需求，促进出租汽车行业和互联网融合发展，国内外大多数城市对新兴的网约车的发展持比较宽容态度。也有少数城市为了保护传统出租车而对网约车实施严格限制。为了规范经营服务行为，保障运营安全和乘客合法权益，大多数城市将网约车纳入城市出租汽车大类进行统一管理，从而将出租车分为传统的巡游出租车和网络预约的网约车。2016年7月，我国交通运输部联合公安部等七部门发布了《关于深化改革推进出租汽车行业健康发展的指导意见》和《网络预约出租汽车经营服务管理暂行办法》，明确提出："出租汽车是城市综合交通运输体系的组成部分，是城市公共交通的补充，为社会公众提供个性化运输服务。出租汽车服务主要包括巡游、网络预约等方式"，并要"促进巡游出租汽车转型升级，规范网络预约出租汽车经营，推进两种业态融合发展"。

国内外城市通常对各类出租汽车的经营都会制定较为严格的管理规定，以保障运营安全、秩序规范和服务水平。我国城市的客运出租车主要采用5人座的小汽车，最多允许搭乘4名乘客。也有一些出租车公司提供少量7人座的面包车，以及可满足残障人士出行需求、允许轮椅上下的无障碍出租车。由于我国城市出租车价格管控严格，价格水平处于大部分居民可支付范围内，出租车在城市客运交通中发挥的作用不容忽视。还曾有一些城市尝试通过发展出租汽车服务，以达到抑制私人小汽车过快增长的目的。根据我国交通运输部发布的统计公告，2018年我国城市出租车数量为138.89万辆。当年全年完成城市客运量1262.24亿人，其中巡游出租车完成351.67亿人，占比高达27.86%，明显超过轨道交通完成的212.77亿人，是公共汽电车完成客运总量的50.45%。从单个城市的情况看，上海2018年巡游出租车的日均客运量为174.7万乘次，网约车的日均客运量约为105万乘次，同期上海地面公交的日均客运量为575.6万乘次；出租车日均客运量约为后者的30.35%，出租车加网约车后则提升至48.59%。可见，我国城市出租车在城市客运运输中发挥着重要的补充作用。

出租车作为一种非定时定线定点的运输方式，为人们提供了更为灵活的出行服务，满足了城市居民多样化、个性化的出行需求，具有方便、快捷、舒适的特点，也是关系民生、服务城市的"窗口"行业。近年来，随着我国补贴方案的逐渐完善，出租车的供给量呈稳中有升的趋势，但另一方面，随着我国私人小汽车的普及和增长，出租车的出行需求量呈现递减状态。2010年以来，全国出租车数量保持相对稳定，出租车客运量则从2010年的346.28亿人次连续逐年增长到2014年的峰值406.06亿人次后开始逐年下降。随着经济社会快速发展，城镇化、机动化进程不断推进，城市居民的生活水平日益提高，出租车出行需求仍将长期存在，出租车也将朝着清洁化、智能化、个性化的方向发展，行业服务水平将继续提高，一些新型服务也在一些城市中推出，例如，纽约市为了提高巡游出租车的使用效率，缓解打车难的问题，推出了"出租车拼车"服务。

（2）轮渡

轮渡（英文为Ferry）是指用渡船将旅客、汽车或列车等客货、车辆渡过河流、港湾或海峡，摆渡起止的地方称渡口。根据载运类别的差异，轮渡船舶也有较大差异，可具体分成以下三类：

1）旅客渡船（简称"人渡"）：用来载运旅客及其随身携带的物品渡过江河、湖泊、海峡，有的同时运送非机动车和小型机动车辆，实际上它就是一艘短程运输的客船，为了保证有足够的稳性，常采用双体船船型。旅客渡船上设有旅客座席。

2）汽车渡船（简称"车渡"）：用来载运汽车渡过江河、湖泊、海峡，有端靠式和侧靠式两种。前者首尾相同，甲板呈长方形，两端设有吊架和带铰链的跳板，汽车通过跳板上下渡船；后者船比较宽大，汽车可通过码头上的跳板从两侧上下渡船。汽车渡船的特点是首、尾端对称，在首、尾端均装有推进器和船舵。这样，船的首、尾端均可以靠岸。

3）列车渡船：用于载运铁路车辆渡过江河、海峡。它的甲板呈长方形，上铺轨道。船的首尾形状相同，列车可以从两端进出。船的两端都有舵和推进器，航行时不需要调头。列车上下渡船要经过栈桥，对于要渡过较宽海峡的列车渡船要有较好的耐波性，因而首部与常规船相似，列车从船尾端上下渡船。

轮渡是在城市被江、河分割的特定条件下出现的城市公共客运交通工具，一般起连接两岸摆渡交通的作用，弥补陆上交通难以沟通的区域。轮渡与桥梁、隧道相比，其建设周期短，修建费用低，能较快形成运输能力。但由于桥梁、隧道的通过便捷、快速，更有利于提高整个线路的运输能力，因此，随着桥梁与隧道的兴建与发展，在大多数情况下轮渡将逐渐被取代。如1957年武汉长江大桥的建成，就结束了客货、车辆仅能靠轮渡过长江的历史，并使京汉铁路与粤汉铁路连成一条京广铁路；1968年建成的南京长江大桥取代了轮渡，使京沪铁路全线贯通；1994年5月建成通车的穿越英吉利海峡的英吉利海底铁路隧道则取代了英吉利海峡铁路、公路轮渡，把英国和欧洲大陆连成一体。

（3）缆车

缆车（英文为Cable Car）是利用钢绳牵引，实现人员或货物输送目的的设备统称。根据我国专业命名规则，缆车又分成两大类：车辆和钢绳架空运行的缆车设备，称为"架空索道"；而车辆和钢绳在地面沿轨道行走的缆车设备，称为"地面缆车"。缆车建设费用高，运行速度受限，长距离运输效率低，它的应用和发展受到较多制约。

架空索道多用于地形起伏的风景旅游区内作为运送游客的交通工具，在一些山地城市（如重庆）也保留了少数线路作为城市公共交通工具的辅助。架空索道按支持及牵引方法，可以分为两种：单线式使用一条钢索，同时支持吊车的重量及牵引吊车或吊椅；复线式则使用多条钢索，其中用作支持吊车重量的一或两条钢索是不会动的，其他钢索则负责拉动吊车。按行走方式，索道可分为往复式和循环式，后者又可再分为固定抱索式和脱挂式两种。脱挂式吊车以弹簧控制的钳扣握在拉动的钢索上。当吊车到达车站后，吊车扣压钢索的钳会放开，吊车减速后让乘客上落。离开车站前，吊车会被机械加速至与钢索一样的速度，吊车上的钳再紧扣钢索，循环离开。这种索道的速度快，可达每秒6m，运载能力相对较大。

地面缆车在19世纪晚期在一些欧美城市曾用作城市公共交通工具，但在我国城市较少使用，香港的山顶缆车为其中代表。地面缆车是由驱动机带动钢丝绳，牵引车厢沿着铺设在地表并有一定坡度的轨道上运行，运行速度一般不大于每小时13km。为适应线路的地形条件和乘坐舒适，载人车厢的座椅应与水平面平行并呈阶梯式，以便人员上下和货物装卸。

3.3 当代城市公共交通系统的构成

城市公共交通的车辆、站点和线路等设施系统，是人们看得到并经常使用的，但这些并不是城市公共交通系统的全部。当代城市中的公共交通系统从更加全面的角度认识，实际上是一个公共服务网络系统，上述的这些设施只不过是支撑这一服务系统的硬件设施，而为了保证这一服务系统的良性运行，除了硬件设施外还需要配合相应的软件系统。

因此，完整的城市公共交通系统构成，包含软、硬件两个子系统（图3-20）：硬件系统是公共交通运输工具和基础设施系统，具体承担着提供服务供给的任务；软件系统是公共交通政策与运营管理系统，重点解决服务供给与交通出行需求的匹配、公共交通服务的组织安排、公交服务发展的政策制定、公交服务的监督评价与

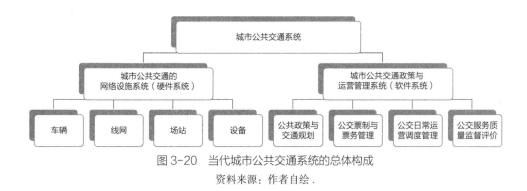

图 3-20 当代城市公共交通系统的总体构成
资料来源：作者自绘．

反馈调整等问题，在软件系统的管理和保障下，才能保证硬件设施系统服务供给的品质和效率。

城市常规地面公交系统、轨道交通系统和快速公交系统等分类系统，都是由软、硬件两个子系统组成的。各分类系统再组合成综合的城市公共交通系统，与社会经济环境相联系，是典型的多变量、多目标、多层次、多属性的复杂、开放的系统。为了保证这一综合系统能高效运行，不仅要考虑各分类系统硬件设施上的衔接与互通，政策管理系统的兼容与匹配也会对综合系统的效能发挥起到事半功倍的效果。因此，当代城市公共交通的发展不仅要关注技术系统的改进，政策机制与管理模式上的创新也十分重要。

3.3.1 城市公共交通的网络设施系统

城市公共交通的硬件设施系统是实际承担城市客运任务的物质系统，是城市公共交通规划建设的主要对象，具体包括公共交通运输工具和基础设施等，通常可分为车辆、线网、场站和设备四个组成部分。

（1）车辆

城市公共交通系统中的车辆包括各种类型，前面的章节已经有详细论述。车辆是实际运载乘客、提供运输服务的载体，对公共交通服务的品质具有直接而重要的影响。车辆是整个设施系统中可移动的部件，通常把一家企业或一座城市的所有公交车辆统称为公共交通系统中的"Rolling Stock"。公交车辆由于日常重复运行强度大，车辆的磨损和老化明显快于普通社会车辆，因此也是系统中需要定期进行更新替换的模块。

车辆是系统中具有决定性作用的基本元素。一方面，它基本决定了系统的服务供给能力和服务水平；另一方面，它也决定了基础设施系统的基本规模和型制等。

（2）线网

在硬件设施系统中，城市公共交通系统中的线网主要指保障公共交通车辆运行的基础设施网络。公共交通车辆的安全高效运行，都离不开相应的基础设施的支持，例如，地铁车辆必须行驶在符合技术要求的轨道上。表面上看，常规的地面公共汽车似乎不需要建设专用的基础设施，但实际上在开通公交线路之前，还是需要分析线路途经的城市道路的交通状况。如果地面公交线路开在经常拥堵的城市道路上，其服务水平就很难得到保障。因此，在确定了公共交通系统的车辆类型后，还需要根据车辆运行的技术要求，建设相应的道路或轨道等基础设施线网。

基础设施线网的规划建设除了需要满足车辆运行的技术要求之外，还需要考虑是否有可供建设的城市用地空间，线网布局是否和城市交通出行需求的空间分布相匹配，基础设施线网建设的工程技术难度和可行性等。

值得注意的是，基础设施线网是公交车辆运行的必要设施，因此基本决定了公共交通服务的空间分布。但是，在同样的基础设施网络基础上，仍可以组织形成不同的服务网络。例如，同一条城市主干路上，可以安排多条不同的地面公交线路经过并停靠。因此，城市公共交通系统中的线网概念实际上包含着双重含义，既可以指物理性的基础设施网络，也可以指在前者基础上组织形成的公交服务网络。

（3）场站

城市公共交通系统中的场站设施包括面向公众提供服务的各类公交站点以及主要为公交运营提供技术保障的附属设施。

公交站点通常与公交线网结合紧密。一方面，公交站点是组织公交线网的重要节点，对公交线路走向具有决定性的影响，实现不同公交线路之间（甚至是不同公交系统之间）的换乘衔接；另一方面，公交站点又是整个公交线网的"出入口"，是公交乘客进出公交线网、使用公共交通服务必经的门户。值得注意的是，公交站点的服务能力和客流组织效率，会对公交线网的运营效率产生直接影响。例如，路面公交站点通常利用既有的城市道路空间于路侧设站，公交车进出站及停靠效率，对公交线路运营就有很大影响。公交站点是乘客乘降和候车的场所，其空间品质和服务水平与公共交通服务的整体吸引力直接相关。为了乘客方便使用并提升体验，公交站点设置除了要考虑和公交线网的关系，还要加强与站点周边城市街区的紧密联系。

除公交站点外，公交企业的日常运营维护与管理还需要一些附属设施，这些技术设施不对公众开放，但仍与公交线网关系紧密。首先，为了保障公交车辆日常正常运行的需要，普通的路面公交系统需要建设公交车辆停车场、保养场、检修场等，电车线路需配建配电站，轨道交通系统所必需的车辆段、变电站等，以满足车辆停放、清洁、保养、维修、检测等技术保障作业。近年来，随着电动公交车的普及，还需要考虑专用充电站和充电桩的建设。其次，为了日常公交运营的安全保障和调度管理，还需要结合公交线网建设一些小型附属用房，如调度管理站、指挥中心、监控中心等，以及在公交首末站建设的供司乘人员短时休息的服务站。

场站设施对城市公共交通系统的正常安全运行是必需的。这些设施需要占用一定的城市建设用地，停车场、保养场等的占地规模较大。在城市用地规划上，首先要体现公交优先原则，切实保障公共交通场站建设的用地预留与供给。而另一方面也要遵循空间集约原则，通过合理的组织布局实现资源共享，让同一场站设施尽可能可以服务于多条线路，避免不必要的重复建设。

（4）设备

城市公共交通系统中的设备附设于车辆、线路或场站，起到服务供给、安全保障、跟踪监测、信息反馈等多方面作用，是公交运营的信息化、智能化的技术支撑。具体包括售票设备、信号设备、运营信息系统等。

3.3.2 城市公共交通政策与运营管理系统

城市公共交通的硬件设施系统只是公交服务的物质载体，实际的城市公交服务供给会受到所处城市的经济实力、交通政策、管理水平等因素的影响。为了保障公共交通硬件系统的良性运转和效能发挥，实现政府制定的预期目标和绩效，城市公交系统还需要有一整套与地方经济状况、出行需求、设施条件等相匹配的软件系统，这一城市公共交通政策与运营管理的系统具体可分为以下四个部分。

（1）公共政策与交通规划

公共政策对城市公共交通建设发展和日常运营的影响是根本性的。公共政策是公共交通建设发展的顶层设计，一方面确定了公交建设发展的目标和导向，另一方面在协调其他领域的公共政策的基础上，指明了公交建设发展的实施路径。交通规划作为公共政策的重要组成部分，为具体的落实实施发挥了重要的指导作用。

1）公共政策的影响

公共政策对城市公交系统的建设和运行具有全方位的影响。首先，公共政策对城市公共交通的总体定位决定了公交建设发展的根本导向。我国在经历了一段时间的市场化发展后，明确了公共交通的公益性属性，在此基础上提出公交优先发展的战略部署。公交的公益性属性为公交优先提供了合理性基础，而公交优先发展则可以实现社会公益的最大化。政策导向的变化也带来了城市公交系统建设运营模式的重大调整。特别是公共财政的扶持政策，使公交建设运营得以一定程度上摆脱市场需求的约束，保障了在低客流地区的公共服务覆盖，同时可以充分发挥交通先行者的作用，通过适度的公共交通超前建设引导城市空间发展。公共财政政策也有效降低了城市居民公交出行的成本，提升了公共交通系统的吸引力。此外，围绕总体定位目标的一系列配套政策制定，也为贯彻实施公交优先提供了全面的保障，包括法规制度的公交优先，道路路权的公交优先和用地保障的公交优先等。

2）交通规划的作用

作为公共政策的重要组成部分，城乡规划和各部门规划是指导政策实施的规范性文件。城市综合交通体系规划是在城市总体规划指导下，由城市交通主管部门牵头编制的、指导城市综合交通发展的战略性规划。城市综合交通体系规划旨在科学配置交通资源，合理安排城市交通各子系统关系，统筹城市内外、客货、近远期交通发展，形成支撑城市可持续发展的综合交通体系，其编制范围及期限与城市总体规划相一致。城市综合交通体系规划的基本作用有三个方面：第一，通过规划纲要和规划编制内容与城市总体规划对应阶段编制内容的协调衔接，统筹城市综合交通体系建设和其他部门（用地、住房、公共服务等）的公共政策及规划；第二，确定城市综合交通体系发展目标，统筹安排规划期限内各系统的分阶段建设内容，保障近中远期建设发展的过渡衔接；第三，作为上位规划依据，指导对外交通、道路、公共交通、步行与自行车交通、交通枢纽、停车、交通管理、交通信息化建设等子系统规划的编制。

在城市综合交通体系规划的编制基础上，公共交通系统较为复杂的城市还可以进一步编制城市公共交通系统专项规划，有轨道交通的城市还可以单独编制轨道交通系统专项规划。城市公共交通系统规划依据城市公共交通系统构成和客运系统总体布局框架，统筹规划公共交通系统设施安排和网络布局，主要内容包括：

①确定城市公共交通系统的分类构成；

②确定城市轨道交通网络和车辆基地的布局原则及控制要求，轨道交通线网重要控制点布局以及轨道交通场站列表；

③确定大运量快速公共汽车（BRT）网络，提出线位控制原则及控制要求，以及停车场、保养场规划布局和用地规模控制标准；

④确定公共汽（电）车停车场、保养场规划布局和用地控制规模标准，提出首末站规划布局原则；

⑤确定公共交通专用道设置原则和技术要求，规划公共交通专用道网络布局方案，提出港湾式公交站点的设置原则和规划建议；

⑥提出出租汽车发展策略和出租汽车驻车站规划布局原则。

城市综合交通体系规划中制定的城市干路系统网络、城市轨道交通网络、交通枢纽布局，是城市总体规划所要求的强制性内容。而在公共交通系统规划中，各类公共交通线网规划与重要控制点布局，以及公交场站设施规划建设和用地控制，是规划编制的核心内容。

（2）公交票制与票务管理

1）公交车票与收费方式

公交企业向社会公众提供客运运输服务，车票是公交乘客购买这种服务的付费凭证，也是企业与乘客间就服务供给与购买订立的协议。公交系统中车票的支付形式有独立或联合的四种方式：出行中现金支付、预付车费、自助服务收费以及全自动收费。现金支付是最基本的直接方式，但支付和找零往往要消耗司乘人员的时间，后期公交企业还需要耗费大量人力进行清点核算，效率很低。预付车费即通过现金购买预付凭证或提前购买乘车卡；自助收费目前在欧洲应用较多，乘客自己负责缴费并获取各自的车票，随后在车上或站内由管理人员进行抽查；这两种方式都可以减少一部分因购票损失的时间，但需要增加检票与抽查，以避免乘客逃票的现象。自动收费目前使用较普遍，乘客购买一定预付金额的IC交通卡，通过入口闸机进行核对检票，通常固定价格的车费于入口处一次收取，渐变价格的车费则分别于入口和出口进行两次核实后进行收取。随着电子支付的普及，自动收费将更加广泛地应用于公共交通系统中，不仅方便乘客在不同公交方式之间、线路之间的换乘，也方便运营企业的票款结算和分配。

2）公交票制及其对运营的影响

公交票制是针对城市客运状况，在单位价格基础上，对应乘车距离变化而确定的票价制式。票制确定主要考虑方便计价和支付，兼顾减少价差，以控制应付额与实付额之间的差距，尽可能反映实际成本。目前，公共交通票制一般分为单一票制和多种票制。单一票制即固定票价，是指全程只有一种票价，按次收费。单一票制虽然简化了售票程序，有利于推行无人售票，但单一票制不适用于较长的公共交通线路。这些线路上，不同乘客的乘距差异较大，采用单一票价有失公平。多种票制则包含按距离计费、按时间计费、分区计费等票价浮动机制，在基础票价上根据实际使用情况累进收取车费。计程票制包括里程计程票制和分段计程票制，里程计程票制是在起步价的基础上，根据所乘坐的距离进行计价；分段计程票制是以规定的里程作为基本计价单位，累计加价。分区票制是指在轨道交通网络中选取中心点，以该点为圆心以适当距离为半径由内而外划分多个区，并基于区域收费的计价方式。计时票制是指乘客在购票后规定的时间内可随意乘坐，这种票制操作较为简便，但车辆运营的准点率和列车拥挤程度对票价的影响较大。除此之外，还有多日票和多人票，通常比单次使用的普通车票有一定程度的优惠。

公交票制的确定涉及多方面的因素。首先，城市的空间布局结构决定了居民出行的空间分布特征，也决定了公交线网的形态结构，对票制制定也有根本性的影响；其次，票制对公交运营的整体效率也具有一定影响，既要考虑对票务收入的变化，也要考虑复杂票制带来的额外管理成本及其对运营组织的影响；再次，复杂票制需要特别注意公众的接受度，尤其需要通过技术条件支持，简化乘客的购票流程。最后，还需要关注票制可能带来对公交运营组织的调整，以及乘客出行行为的改变。例如，采用分高峰期票价和非高峰期票价，可以引导一部分非必要出行人群，避开高峰时段使用公共交通。

3）公交票价及其制定

公交票价是公共交通系统运营的一个基础要素。一方面，公交票价反映了乘客从乘车站至到达站的运输价格，票价高低直接关系着公交企业的运营收入和盈亏。另一方面，公交票价也是吸引乘客的一个手段，关系着乘客公交出行的成本。因此，公交票价的制定不但关系到公交企业自身的生存和发展，还关系到出行者的利益，若票价过低则会影响公交运营的收入，票价一味升高，则会导致旅客由公共交通方式向机动车大规模转移，进而引发城市道路拥堵，公交服务效率降低，旅客进一步减少。制定公交票价是一项政策性很强的工作，须在旅客吸引量最大化和收入最大化之间寻找平衡，通过政府有关部门批准后方可实施。

（3）公交日常运营调度管理

城市公共交通是定时定线行驶，并按照客流流量、定向时空分布变化而不断调节的随机服务系统，这个系统是否能正常和有效地运行不仅取决于车辆、线路、场站等物质技术设施条件，而且有赖于科学有效的运营调度管理系统。

公交企业的运营调度管理主要包含两个方面，一是运营调度计划的制订，二是运营调度计划的执行和监督。其中，"行车时刻表"发挥着重要的作用。首先，行车时刻表的制定必须符合客流规律，按照客流量的数量、方向、时间等信息，制定一定频次的、周而复始的行车计划。根据既定的运营调度计划事先编排的行车时刻表，作为重要的服务信息需要对外公布。公交乘客根据时刻表了解公交运营情况，据此组织出行安排并到站候车。因此，行车时刻表反映了公交服务的实际供给，对公交吸引力有直接影响。而在公共交通运营中，行车时刻表既是有效组织车辆运行的重要依据，也是监督评估线路运营状况的基本参照。调度管理员据此分析评估线路上公交车辆的正点率，如出现较严重的到站延误，就需要及时调整运营计划，以保障线路运营的整体有序。

早期，我国常规地面公交的公共汽电车基本沿用"定点发车、两头卡点"的手工作业方式进行调度，由于信息不灵，经常导致调度失控，公交车辆出现"串车"或"大间隔"现象。近年来，随着通信手段和信息技术的发展，车辆自动监控的运营信息管理系统开始投入使用，公交智能调度系统以 GIS 电子地图、卫星定位、4G/5G 移动通信等技术为基础，通过实时采集公交运营车辆的位置和状态等信息，结合公交企业车辆运营计划的自动编排与执行，实现车辆运行状态的实时可视监控和运营线路车辆的实时调度指挥，可以为公交企业的运调管理提供精确的数字化管理和考核手段，提高公交企业的运营效益和服务水平。

（4）公交服务质量监督评价

随着我国社会进步与经济发展，提高城市公交服务质量的要求日益增长。公交服务质量问题一贯是公众关注的焦点，乘客需求与行业竞争都迫切要求高质量的公交服务，公交作为公用事业之一也是城市发展水平的最直接窗口。因此，如何提高城市公交服务质量，改善乘客的出行条件，成为目前公交发展中的重要议题之一。

城市公交的服务质量关系着城市所提供的公共交通运输服务对公众需求的满足程度。服务质量的高低直接影响着公众优先选择公共交通出行的意愿，影响着城市公共交通系统的吸引力和竞争力。为了切实贯彻落实公交优先发展战略，就需要保持城市公交服务质量的高水准，并尽可能地优化提升。而为了促进城市公交服务质量的提高，首先需要制定科学的关于服务质量的评价指标体系和评价标准，随后，还需要建立相应的监督和评估机制，依据既定的评价体系标准对城市公交运营情况进行跟踪评估，及时发现问题、差距并做出相应调整。

1）服务质量指标体系和评价标准的制定

服务质量指标体系和评价标准是实施监督的依据和基础，其科学性、全面性、针对性、可行性就显得十分重要。作为公共服务的组成部分，城市公交服务不仅涉及其所有者政府，还有经营者公交企业和使用者公交乘客。因此，公交服务质量指标体系和评价标准的制定，需要全面反映三方面利益相关者对服务运营的要求：首先应当体现地方政府通过公交优先发展，希望实现的目标和效果；其次，应当反映公交企业承担服务运营的具体任务和工作要求；最后，还应当反映公交乘客对服务使用的满意程度，体现社会公众对提升公交服务的期望。

服务质量指标体系和评价标准应当兼顾主客观评价两个角度：

①客观评价角度：客观评价主要从公交运营企业服务供给的角度出发，对公交服务供给从系统建设、运营服务、综合效益三个方面建立分项的测度指标，并基于交通调查和系统采集数据，从地方政府公共政策目标导向和城市居民交通出行需求导向出发，针对各测度指标设定评价标准。其中，系统建设方面主要涉及公共交通服务在空间和时间上的可获取度、公共交通线网的运送能力配置、实际运营完成的服务供给总量等；运营服务涉及的分项指标较多，具体包括安全性（如故障率、事故率等）、方便性（如发车间隔、服务频次等）、迅速性（如运送速度、候车时间等）、经济性（如公交票价、折扣优惠等）、准时性（如正点率、平均延误等）与舒适性（如清洁度、噪声、行车平稳度等）；综合效益方面则包括直接效益（如采用新能源公交车辆实现的公交运营的节能减排）和间接效益（如公交客流增长折算的城市交通整体的节能减排）。随着GPS公交车辆定位系统、自动售票系统等一系列智能化运营技术的应用，各项评价指标所需数据的调查与获取变得越来越容易，这也为公交服务质量的客观评价创造了便利条件。适当提高客观评价的频率，尤其是对一些关键指标的适时监测，有利于及时调整优化运营组织，提升公交服务质量。

②主观评价角度：主观评价则是从乘客心理感知的角度，通过问卷调查和数据分析，构建公共交通乘客满意度的测度指标体系和评价标准。"顾客感知服务质量"

是服务管理学的一个重要概念,这一服务质量既与服务供给的技术性能和服务水平存在密切关系,还受到顾客的意愿需求及感知过程的影响。公共交通乘客满意度就是乘客心理感知的服务质量的综合反映。与客观评价相比,主观评价的问卷调查与数据的准确性存在一定的难度,因此,当前在服务质量评价方面主要采用的都是服务技术性能指标的客观评价,而对作为城市公交的服务对象和直接参与者——公交乘客的直观感受则重视不够。在"以人为本"的城市建设发展导向下,建立乘客视角的公交服务质量的评价体系和标准就显得尤为重要。需要注意的是,乘客个人的基本属性对城市公交服务质量的主观评价存在重要的影响,如乘客的性别、年龄、职业、收入情况、出行目的和乘车频率等基本属性的差异,均会造成评价结果不同程度的偏差。

不同城市居民交通出行需求有所差异,城市交通问题各不相同,各地公交企业的经营和管理水平也参差不齐,因此,服务质量指标体系和评价标准的制定需要因地制宜,针对当地的实际情况、政策目标和公交服务的侧重点,通过充分的调查研究具体确定,应避免不切实际的照搬照抄,盲目追求服务质量的高标准。

2)服务质量监督和评估机制

科学全面的服务质量指标体系和评价标准,需要有一整套服务质量监督和评估机制才能发挥出最佳效用。这一机制涉及监督评估机构、监督评估方式以及奖罚措施等。

一般情况下,地方政府既是城市公共交通的所有者和公共服务提供方,也是城市公共交通行业的监管者。在情况较为简单的中小城市,行政主管部门也同时承担着公交服务质量监督和评估的任务。

然而,在大城市和特大城市,政府通常将公交服务监督评估工作委托给专门机构,以便建立更加系统化的跟踪评估机制。这些城市中的公共交通系统规模大、构成复杂,公交服务质量评估的指标和标准需要较长期的研究并进行动态调整,日常监督评估的调查和数据采集分析工作量很大,尤其是需要提高监督评估工作的频度时,政府行政部门往往力不从心,难以独立完成。另外还有一个主要原因是,通过社会第三方机构可以建立起与政府、企业和社会公众三方面利益相关者的沟通渠道和平等对话关系,有利于主观评价获得更加准确的数据反馈,同时也有利于通过评估促进三者之间的沟通交流。例如,英国伦敦于2000年成立了"伦敦交通服务乘客委员会"。该委员会由伦敦市议会提议设立、成员由伦敦市议会任命,主要负责监督城市公共交通服务质量。委员会需要认真对待公交乘客的投诉,并独自对公交系统进行调查,还要与公交调度员之间保持联系,以此对增加或减少公共交通站点进行决断。委员会所有相关的会议都要向市民公开,公众可在其网站上提交意见,并且还能了解委员会调查项目的进展情况、做出的决定以及得出的结论。

公交服务质量的监督评估除了可以了解出行者的公交出行需求，发现当前公交服务存在的问题，为管理者提供规划和决策依据，更重要的是要建立健全对公交企业的考核评价和奖罚机制，将考核评估结果与对企业的公共财政补贴挂钩，督促和激励公交企业不断提升运营管理水平和整体服务水平，促进行业健康可持续发展。例如，韩国首尔市在保证公共交通运营企业一定水平的基本利润率（约为 3.75%）的基础上，还向公交企业提出了 1.25% 左右的考核利润率。政府的交通管理部门同当地的公交协会，对达标公交运营企业的企业进行排名，对排名靠前的企业给予考核利润奖励，有效保证了当地公共交通的服务质量。

2019 年，中共中央、国务院印发的《交通强国建设纲要》提出，坚持以人民为中心的发展思想，推动交通发展由追求速度规模向更加注重质量效益转变，强调的就是要将我国未来的交通发展逐渐由工程建设为主转向管理服务为主，在服务质量监督评估中从关注政府目标转向关注公众感受。健全公共决策机制，扩大社会参与。鼓励交通行业组织积极参与行业治理，引导社会组织依法自治、规范自律，拓宽公众参与交通治理渠道。推动政府信息公开，建立健全公共监督机制。

第 4 章

公交优先与公交都市

"公交优先"是"城市公共交通系统优先发展"的简称。从广义上讲，凡是有利于公共交通发展的政策和措施均可称为公交优先。狭义的公交优先主要指在交通工程范围内，采取适当的交通管理和道路工程措施，保障公共交通车辆在道路上的优先通行。《交通大辞典》中对公共交通优先的定义是：指面对由小汽车发展而导致的城市交通阻塞，按照公众利益优先和效率最优原则制定的城市交通政策。内容包括：道路使用权优先和优先保证合理的公交用地，优先保证公交资金投入，优先保证公交高效运营，优先保证公交的换乘方便，形成以公共交通为主、个体交通为辅的城市交通格局。世界各国普遍倡导在大城市中实行公共交通优先政策。

4.1 公交优先理念及其现实意义

"公交优先"理念最初起源于20世纪的法国。第二次世界大战后，法国迎来了30年高速发展黄金时期，其间法国的人均年收入提高了50%。经济发展带来的富足供给，在法国社会形成了个人主义的消费倾向。当时法国和一些西欧国家都采取了类似于美国的鼓励私人机动化的城市交通政策，导致城市中私人小汽车数量急剧增加。1955—1976年，法国小汽车拥有水平就由55辆/千人迅速发展到300辆/千人，城市交通几近瘫痪。1973年爆发的第一次石油危机成为改变这一切的导火索。法国经济遭受严重打击，失业率上升，油价居高不下，政府和民众都在寻找突围之路，这为"公交优先"理念的形成与提出创造了契机。1982年，法国颁布了《城市内部交通组织引导方针法》（简称LOTI法），强调"城市公共交通必须体现优先的特点，政策上要鼓励人们乘用公共交通方式，对小汽车要实行有节制的限制"，并明确规定"城市公共交通管理是政府的责任，包括组织协调好公交运营，搞好公交基础设施建设，改善公交服务质量等"。1983年，法国宣布交通运输在预算中优先，列第八位，强调继续在城市中实行优先发展公共交通的政策，并为城市公交增加16%的财政预算，用于开辟新线、改善设备、修建地铁和开展公交科研项目。至21世纪初，巴黎已设置了近500条全天候或部分时段的公交专用车道，并不断完善城市轨道交通网络。

美国、英国等发达国家的城市交通也同样经历了这一发展过程，即先大力发展小汽车，后逐渐控制小汽车，最终选择优先发展公共交通的曲折道路。在全球面临资源、环境严峻挑战的今天，公交优先被赋予了更多的内涵，它不仅作为一项行之有效的城市交通基本政策，同时也是实现可持续发展的重要内容。

4.1.1 我国城市交通建设的现状问题

改革开放以来，我国城市交通的建设发展历程与法国等发达国家有一定的相似之处，经济高速发展的同时，在城市交通建设方面偏重满足机动化需求的道路桥梁等基础设施建设，一定程度上助长了城市交通个人机动化的快速增长。

"要想富、先修路！"道路交通建设一直被认为是带动区域和城市发展的重要手段。在我国城际交通基础设施的建设投入中，公路建设占绝对优势。2009—2017年全国交通运输业新增固定资产投资数据显示，年度铁路固定资产投资维持在1000亿~2000亿元之间，最高的2014年为4200亿元左右，2017年仅有1170亿元，在全国总交通运输业新增投资中占比仅为4%。而2017年，道路运输业新增固定资产投资超过2万亿元，在全国交通运输业总新增投资中占比达到68%，是铁路投资的17.3倍（图4-1）。

在城市交通建设上，公路和道路建设同样占据了主体地位。相比之下，在公共交通或其他城市交通方式上的投资强度则非常低。2008年之前，道路桥梁投资占比长期处于80%以上的高位。2008年后，城市轨道交通建设逐步引起各地重视，渐渐成为城建投资中占比较大的类别，城市道路设施投资占比虽然有所下降，但投资总额依然增速明显。2018年城市交通设施建设固定资产投资总额为12969.3亿元，是2008年的2.8倍，年均增长率10.9%。其中，轨道交通投资额6046.9亿元（占比46.6%），是2008年的5.8倍，年均增长率19.3%；但是，道路桥梁投资总额仍超过轨道交通，为6922.4亿元，占比53.4%，是2008年的1.9倍，年均增长率6.8%（图4-2、表4-1）。与道路设施和轨道交通投资动辄万亿、千亿量级不同的是，城市常规公交系统的投资占比非常小。2009—2011年每年全国城市公共交通新增固定资产平均只有494亿元，只占当年全国交通运输业新增固定资产总额的4%左右，而

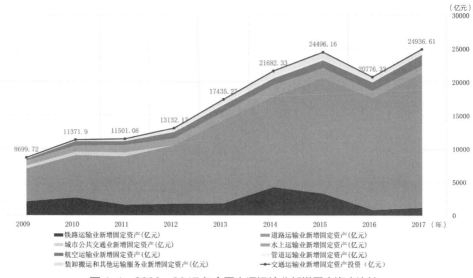

图 4-1　2009—2017 年全国交通运输业新增固定资产比较

注：城市公共交通业仅有 2009—2011 三年数据。

资料来源：国家统计局.

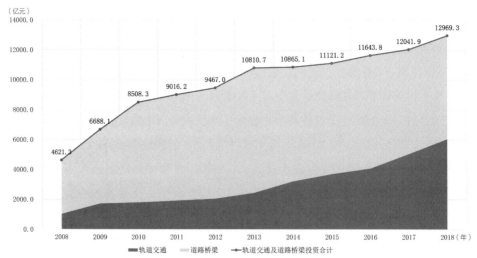

图 4-2　2008—2018 年全国城市交通设施建设固定资产投资

资料来源：住房和城乡建设部历年《城市建设统计年鉴》.

2011 年全国城市有 657 个，相当于平均每个城市 7520 万元，而能分配到乡镇村的公共交通投资就更加屈指可数。明显的投入不足一直是制约我国城市公共交通发展的主要瓶颈。

2008—2018 年全国城市交通设施建设固定资产投资　　表 4-1

年份	合计（亿元）	轨道交通固定资产投资（亿元）	占比（%）	道路桥梁固定资产投资（亿元）	占比（%）
2008	4621.3	1037.2	22.4	3584.1	77.6
2009	6688.1	1737.6	26.0	4950.6	74.0

续表

年份	合计（亿元）	轨道交通固定资产投资（亿元）	占比（%）	道路桥梁固定资产投资（亿元）	占比（%）
2010	8508.3	1812.6	21.3	6695.7	78.7
2011	9016.2	1937.1	21.5	7079.1	78.5
2012	9467.0	2064.5	21.8	7402.5	78.2
2013	10810.7	2455.1	22.7	8355.6	77.3
2014	10865.1	3221.2	29.6	7643.9	70.4
2015	11121.2	3707.1	33.3	7414.0	66.7
2016	11643.8	4079.5	35.0	7564.3	65.0
2017	12041.9	5045.2	41.9	6996.7	58.1
2018	12969.3	6046.9	46.6	6922.4	53.4

资料来源：住房和城乡建设部历年《城市建设统计年鉴》.

我国城市在公路和道路建设上的巨大投入，并没有带来城市交通的改善，相反，城市道路拥堵状况加剧、高峰时段通勤时间延长、道路交通造成的大气环境污染加剧成为普遍的城市问题。道路交通基础设施供给的增加，诱发了城市中小汽车数量的迅速增加，使得城市陷入更为严重的拥堵状况。

4.1.2 我国城市交通当前面临的主要挑战

党的十九大报告确立了以城市群为主体形态、以区域协调发展为总体目标、以乡村振兴为重点战略任务的城市化格局，体现了新时代中国特色社会主义城市发展的趋势和要求。2017年底，我国城镇化率已经达到58.5%。随着群众生活水平不断提升，汽车刚性需求保持旺盛，汽车保有量连续多年保持迅猛增长，我国已经快速进入机动化时代。截至2018年11月，全国机动车保有量达3.25亿辆，已经处于与美国机动车保有量持平的阶段。每百户家庭私人小汽车保有量已经超过40辆，有61个城市的汽车保有量超过百万辆，26个城市超过200万辆，8个城市超过300万辆。全国机动车驾驶人数量已突破4亿人。未来一段时期，机动车保有量每年将继续维持在10%~15%的增速。

全国机动车保有量中大约70%在城市里运行。同时，我国城镇化人口每年将有1个百分点左右的增加，全国每年由农村向城市转移的人口将超过1500万人。新型城镇化发展带来的城市人口和机动车持续增长，给城市发展带来了双重压力，在用地紧张、能源紧缺和环境保护的制约下，城市交通建设发展面临着多方面的挑战。

（1）城市交通拥堵

城市中机动车持续增长对城市交通直接造成的一个后果就是道路拥堵。从交通工程学角度看，城市交通拥堵是由于机动车辆流密度超过道路正常可负担水平，导致车辆行驶速度缓慢，低于正常水平，道路通行能力减弱，甚至完全堵塞的现象，通常出现在上下班高峰时刻。我国"百度地图"公司利用大数据优势，每年发布《城市交通报告》对我国城市交通拥堵状况进行监测分析，报告采用"通勤高峰拥堵指数"作为表征城市交通拥堵状况的指标，即工作日早高峰时段，实际行程时间与畅通行程时间的比值。

随着我国汽车工业的发展，城市居民生活水平的不断提升，私人小汽车进入普通家庭，个人机动化交通的快速增长成为现阶段我国城市交通发展的主要特征。尽管近年来我国城市道路交通基础设施建设有明显提升，但城市道路建设速度难以跟上小汽车增长的速度，城市道路交通的供需平衡被打破，道路交通拥堵成为许多城市的频发顽疾。

城市交通拥堵给城市有序发展带来了一系列的消极影响。首先，交通拥堵造成的时间消耗直接影响了城市运转的整体效率。据估算，我国15座大城市居民日常通勤交通比欧洲发达国家城市多消耗28.8亿min，北京、重庆、上海2017年因拥堵造成的额外经济损失分别为人均4013.31、2856.59和2753.74元。此外，交通拥堵还会造成油耗和污染增加、交通事故发生率上升等次生后果。为了全面认识和评估交通拥堵的负面影响，我国公安部道路交通管理标准化技术委员会于2015年5月1日正式发布实施了行业标准《道路交通拥堵经济损失评估指南》GA/T 1248—2015。

（2）道路交通安全

随着我国道路交通的迅速发展，交通事故发生率呈明显上升趋势，交通安全状况已引起了各级政府的高度重视和关注。"交通事故"（英文为Traffic Accident）是指车辆在道路上因过错或者意外造成人身伤亡或者财产损失的事件。

构成交通事故应当具备以下要素：①必须是车辆造成的：车辆包括机动车和非机动车，没有车辆就不能构成交通事故，例如行人与行人在行进中发生碰撞的就不构成交通事故。②是在道路上发生的：道路是指公路、城市道路和虽在单位管辖范围但允许社会机动车通行的地方，包括广场、公共停车场等用于公众通行的场所。③在运动中发生：是指车辆在行驶或停放过程中发生的事件，若车辆处于完全停止状态，行人主动去碰撞车辆或乘车人上下车的过程中发生的挤、摔、伤亡的事故，则不属于交通事故。④有事态发生：是指有碰撞、碾压、刮擦、翻车、坠车、爆炸、失火等其中的一种现象发生。⑤必须有损害后果的发生：损害后果仅指直接的损害后果，且是物质损失，包括人身伤亡和财产损失。

交通事故不仅造成大量人员伤亡，给无数家庭带来不幸，而且严重影响着经济发展和社会稳定。正因为交通事故造成的严重后果，世界各国尤其是发达国家都对事故预防及对策制定了较为完善的道路交通管理法律、法规和相关政策，许多国家从20世纪 60 年代起开始实行了综合治理交通和减少交通事故的措施，交通事故上升的势头已趋于平缓。近年来在我国机动车数量快速增长的情况下，交通事故及伤亡人数呈不断上升趋势，每年交通事故死亡人数连续十余年居于世界首位。从 20 世纪 80 年代末我国交通事故年死亡人数首次超过 5 万人至今，社会交通需求日益旺盛，城乡交通活动随之剧增，而道路建设和交通管理的发展不能满足交通运输发展的客观需要，道路交通事故急剧增加。尤其是 1991 年后随着机动车保有量急剧增加，交通事故及其死亡人数急剧增长。从 1998—2002 年的 5 年中，事故数量、死亡人数、受伤人数年均增长率分别为 32.5%、8.8%、42.7%。2002 年，全国一般以上道路共发生交通事故 77.31 万起，造成 10.94 万人死亡、56.21 万人受伤，直接经济损失 33.24 亿元，与 2001 年相比分别增长了 2.41%、3.26%、2.85% 和 7.66%。我国的道路交通事故造成的损失远大于世界发达国家，道路交通事故致死率也远大于发达国家，交通安全形势十分严峻。

（3）能源消耗

我国的能源结构特征突出表现为富煤、贫油、少气。除了煤炭储量丰富、经济可靠以外，原油和天然气资源短缺已经成为制约我国经济发展的主要因素之一。我国人均石油占有量只有世界平均水平的 1/10，石油消耗的对外依赖程度高达 60%。能源紧缺已成为制约我国经济平稳快速发展的重要障碍，甚至可能威胁到国家安全。2009 年，我国的石油消耗量已高达 3.88 亿 t，占世界能源总消耗量的 9% 以上。能源尤其是原油资源的短缺，对减少能源消耗提出了紧迫要求。

目前，我国的交通能耗约占全社会总能耗的 20%。城市交通的能源消耗涉及两个方面。一是行车能耗。日本、德国、美国的汽车耗能分别占到了终端消费的 23%、24% 和 31%，我国目前仅为 6.2%，但随着个人机动化交通的快速增长，这一比例正以高速度持续提高。二是拥堵能耗。交通拥堵造成的多余能耗损失也是巨大的，且呈增长态势。据专家测算，2003 年因交通拥堵造成的经济损失高达 2500 亿元，相当于当年 GDP 的 2%。根据测算，在我国，按照人均交通出行能耗小汽车为公共交通工具的 5.6 倍计算，交通出行比例由小汽车转向公共交通每 1 个百分点，交通能耗将降低 0.8 个百分点，直接节省原油 64 万 t。

（4）温室气体排放

由于人类活动或者自然形成的温室气体包括水汽、氟利昂、二氧化碳（CO_2）等，来源多为重工业生产、汽车尾气等，温室气体一旦超出大气标准，便会造成温室效应，使全球气温上升，威胁人类生存。国际能源局（IEA）发布的报告评估了气候变化在 2010 年到 2030 年间对人类和经济产生的影响。到 2030 年全球温室气体排放将比现在增加 57%，这将使地球表面温度提高 3℃。引发冰盖融化、极端天气、干旱和海平面上升，这种全球性影响将会危及人类生命和生活。据估计，每年有 500 万人死于由气候变化及碳过度排放引起的空气污染、饥荒和疾病。如果当前的化石燃料消费模式不发生改变，到 2030 年因上述原因死亡的人数将会上升到 600 万人。其中超过 90% 发生在发展中国家。控制温室气体排放已成为全人类面临的一个主要问题。

温室气体中的 CO_2 对温室效应的影响最大，贡献达 60%。由于 CO_2 的生命期很长，一旦排放到大气中其寿命可长达 50~200 年，即使 CO_2 的排放维持在现有水平，其浓度在 22 世纪仍将翻一番。如果人类对 CO_2 的排放不采取有效的控制措施，预测在今后 100 年内，全球气温将提高 1.4~5.8℃，海平面将继续上升 88cm。控制碳排放的关键措施是减少化石能源的使用，其中城市交通运输是重要领域。我国学者的研究表明，2002—2007 年，我国城市交通部门碳排放量的年均增长率明显高出同期的全国碳排放量，碳减排形势不容乐观。

在此背景下，我国政府加快了减少温室气体排放的步伐。在 2009 年 12 月召开的哥本哈根联合国气候变化大会上，我国政府提出到 2020 年单位国内生产总值二氧化碳排放比 2005 年下降 40%~45% 的具体目标。2020 年 9 月 22 日，在第 75 届联合国大会上，习近平主席向国际社会做出庄严承诺，中国力争二氧化碳排放 2030 年前达到峰值、2060 年前实现碳中和。2020 年 10 月中国共产党十九届五中全会通过的《中共中央关于制定国民经济和社会发展第十四个五年规划和二〇三五年远景目标的建议》提出，到 2035 年，广泛形成绿色生产生活方式，碳排放达峰后稳中有降，生态环境根本好转，美丽中国建设目标基本实现。"十四五"期间，加快推动绿色低碳发展，降低碳排放强度，支持有条件的地方率先达到碳排放峰值，制定 2030 年前碳排放达峰行动方案；推进碳排放权市场化交易；加强全球气候变暖对我国承受力脆弱地区影响的观测。减排目标的提出，体现了中国作为负责任的世界大国在保护全球环境方面的决心，也对我国目前城市交通结构的改善提出了新的要求。

（5）社会分化

改革开放以来，我国在经济快速增长的同时，贫富差距逐步拉大。1978 年我国的基尼系数为 0.317，2006 年升至 0.496，远超国际警戒线水平。根据联合国开发计划署的统计数字，我国目前占总人口 20% 的最贫困人口占收入或消费的份额只有 4.7%，而占总人口 20% 的最富裕人口占收入或消费的份额高达 50%。为避免贫富差距的不合理影响到我国社会的和谐稳定，政府有义务和能力关注并帮助低收入人群，通过调节分配和财政补贴等手段，来提高收入水平，改善生活条件。

在交通运输领域，公共政策的公平性问题近年得到了社会的普遍关注。为了跟上小汽车高速增长的需要，大量的公共资金被用于城市道路基础设施建设上。然而，对道路基础设施的投入看似是为大众服务，实则降低了少部分小汽车使用者的出行成本，进而演化成为对他们的直接补贴。在美国，驾车者通过税费仅支付了道路建设、维护、管理和执法费用的 60%，也就意味着他们每年都会得到大约 350 亿美元（1993 年价格）的直接补贴。除此以外的间接补贴还包括对土地、空气和化石燃料的占有，其数额达到直接补贴的 2 倍。这些补贴在降低小汽车使用者出行成本的同时，实则耗费了大量的公共投资，小汽车使用者占用了比实际交纳的税费多得多的财富与资源。这样的现象同样存在于我国。

在当代城市中，交通出行已经成为社会个体参与各项社会经济活动的基本前置条件，交通支出成为与食品、住房相似的刚性支出，城市交通的公平性是涉及民生保障的基本问题。近年来，城市家庭的交通出行支出占收入比例明显增加，已经成为影响市民生活水平的重要因素。以上海为例，1990—2005 年间，家庭用于食品的支出从 56.5% 减少到 35.6%，但交通支出从 3% 增加到 14.4%。2010 年，上海人均交通出行支出 749 元，比 2005 年增加了 50%。交通负担加重对不同收入家庭的影响也有明显差异，逐渐演化为社会分化的影响因素。2006 年，交通出行成本占市民平均收入的比重达 7%，而对低于平均工资水平的市民来说，这一比例超过了 10%。

个人机动化交通的增长加剧了城市交通资源分配上的不合理现象。除了道路交通拥堵外，小汽车停车占用了大量的城市公共空间资源，挤占了非小汽车使用者的活动场所；城市功能布局偏重考虑小汽车使用者的方便，儿童、老人、残障人士等弱势群体的交通出行越发困难，日常生活的方便程度明显降低。交通出行能力差异拉大，引发了社会空间分异、社会空间极化，甚至社会空间隔离现象。

4.1.3 公交优先对城市可持续发展的积极作用

从我国当前城市交通所面临的挑战可以看出，私人小汽车交通过快增长造成的交通结构失衡是导致许多城市问题的根源所在。为应对这些问题，调整城市交通出行结构，扶持城市公共交通优先发展是合理的必然选择。而另一方面，从可持续发展的愿景出发，公交优先发展也是城市交通领域实现这一目标的重要策略和路径。

在我国快速城镇化发展过程中，城市交通体系中优先发展公共交通的必要性已经逐渐成为社会共识。由于我国人多地少、土地资源紧缺，不可能通过城市扩张和降低城市密度来满足个人机动化的需要，必须走紧凑型、集约型的城市空间发展道路，发挥并提高城市公共交通的积极作用。公共交通优先不仅是缓解城市道路交通拥堵、改善城市交通出行的措施途径，而且是实现节能减排和生态环境保护的重要抓手，是促进土地集约利用的核心策略，也是体现社会公平的重要内容。公交优先对城市的可持续健康发展的积极作用是多方面的。

（1）促进空间集约利用，缓解道路交通拥堵

2019 年我国城镇化水平达到 60.6%，据预测，至 2035 年我国城镇化水平将超过 70%，达到发达国家水平。伴随着经济的快速发展，我国的城市化水平逐年提高，城市人口呈现快速增长的态势。由于土地资源紧缺，随着我国城市化水平的持续提高，城市发展将面临越来越严峻的建设用地瓶颈。

同时，城市人口增加必将导致交通出行需求的增长。在以小汽车交通为主导的美国城市中，人均建设用地基本都超过 200m²，城市道路设施用地占城市建设用地的比例达到 30%~50%。而我国受耕地资源制约，人均城市建设用地标准仅为 100m² 左右，根据《城市用地分类与规划建设用地标准》GB 50137—2011 的规定，我国城市规划的交通设施用地占城市建设用地的比例仅为 10%~30%。如果不能将公共交通的比重提升到合适的程度，面对日益增长的机动车交通需求，这样的用地指标将必定无法满足城市的发展需求。

公共交通在节约城市空间资源方面的效率优势十分明显。相同运量下，公共交通所占用的道路空间资源是小汽车的 1/50~1/20，是自行车的 1/10~1/3；所占用的停车空间资源是小汽车的 1/4~1/3，与自行车相当。以同一时间内运送 300 位乘客为例，采用小汽车方式约需占用城市道路面积 14000~20000m²，若采用常规公交约占用城市道路面积 530m²，采用轻轨约需 120~160m²，而采用地铁仅约需 80m²。德国交通研究机构 TUMI（Transformative Urban Mobility Initiative）用图示的方式直观展示了公共交通在空间集约上的明显优势（图 4-3）：为了满足 30 人的交通出行需求，需要 20 辆汽车、30 辆自行车，却仅需 1 辆公交车。一个拥有 600 辆公共汽车的车队可以使道路上小汽车减少 12000 辆。

道路空间需求（按每承载 30 人所需空间）

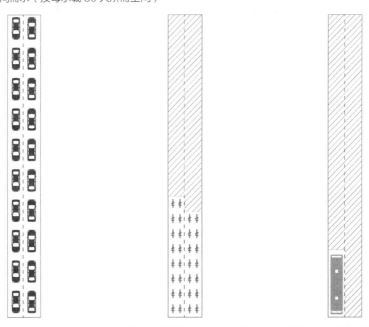

| 承载 30 人需要 20 辆汽车 | 承载 30 人需要 30 辆自行车 | 承载 30 人需要 1 辆公交车 |
| （平均 1.5 人/辆） | （3.5m 宽自行车道） | （载客率 75%） |

图 4-3 三种城市交通工具对道路空间需求的比较
资料来源：TUMI（作者自译）.

其次，与小汽车交通相比，公共交通具有更高的时空效率。从运送单位人数需要的时间来看，以同样的空间运送 10000 人，不考虑运送速度及舒适度，常规公共汽车消耗的平均时间是小汽车的 1/5，轻轨消耗的时间是小汽车的 1/32，地铁消耗的时间是小汽车的 1/42。在同一车道截面上，单位时间内采用公共交通方式所能运送的旅客数量远高于小汽车方式：小汽车仅可运送 1000~1500 人 /h；而公共汽车可运送 0.8 万 ~1.2 万人 /h，是小汽车的 6~12 倍；轻轨可达 1 万 ~3 万人 /h，是小汽车的 7~30 倍；地铁可达 3 万 ~7 万人 /h，是小汽车的 20~70 倍。为了定量地比较不同交通工具的时空效率，有学者提出"性能指数"（Performance Index）的概念，并将其定义为"运行速度与空间消耗的比率"。从运行速度上来看，由高到低的排列顺序是：小汽车 > 巴士、轻轨、地铁 > 自行车 > 步行；从人均占有空间上来看，由低到高的排序是：步行 < 满载的地铁和轻轨 < 单人驾驶的小汽车。综合评估后，不同交通工具的性能指数由高到低依次为：满载的轨道交通 > 步行 >1/3 满载的轨道交通 > 满载的公交车 > 满载的小汽车 > 自行车 >1/3 满载的公交车 > 单人驾驶的小汽车（图 4-4）。

由此可见，实行公交优先是用地紧缺背景下我国城市交通可持续发展的唯一选择。我国城市只能通过大力发展公共交通，在确保交通出行效率的前提下节约城市土地资源，用尽可能少的建设用地来满足实际交通需求。另一方面，通过发挥公共交通的积极作用，以公共交通为导向引导城市土地开发，促进土地资源的集约和高效利用。

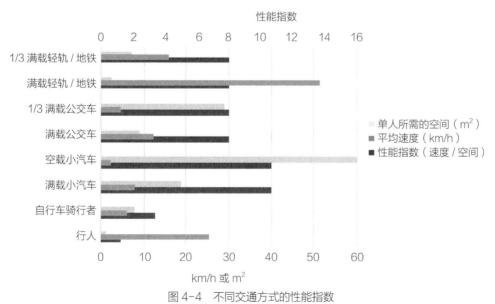

图 4-4　不同交通方式的性能指数

资料来源：R. Tolley and B. Turton, 1995：184（作者自译）.

（2）改善城市交通安全，提升社会经济合理性

从交通安全角度，公共交通相比其他交通方式具有明显的比较优势。有关统计表明，以每人公里交通安全度为指标，公共汽车的得分是小汽车的4倍、自行车的5倍、摩托车的16倍。而拥有相对独立行驶空间的轨道交通、有专用道的公共汽车，其得分又分别是普通公共汽车的13倍和4倍。因此，采用公共交通工具，尤其是拥有相对独立行驶空间的公共交通工具，可以有效减少因为交通事故造成的人员伤亡，有效保障人民生命财产免受损失。

私人小汽车舒适、方便、快捷，因此，人们总是习惯于把生活水平的提高与个人机动化的交通出行相联系。但迄今为止仍没有具体研究证明，如果将投入城市道路的资金同比投入公共交通，将会带来怎样的结果。但可以预期，资金的投入将会大大改善公共交通的服务水平，提高公交出行的舒适程度，赋予公共交通更强的竞争力和吸引力。而公共交通的使用者增加，也将使得公交优先更加符合大多数人的利益，整体提升社会经济的合理性。与此相反，以小汽车交通需求为导向的道路建设占用了大量的政府投入，而道路交通状况的改善会刺激私人小汽车进一步增长，进而快速填平道路等基础设施供给带来的便利，产生新的投资建设需求。无休止的资金投入和道路基础设施建设难以与个人机动化交通的实际发展速度相匹配，以小汽车需求为导向的交通供给将陷入恶性循环。根据一项研究报告，从整个社会的角度来看，以美国的休斯敦为代表的小汽车城市，交通成本占当地国内生产总值的14%，而像香港、东京以轨道交通为主的城市，交通成本只占当地国内生产总值的5%。因此，从社会经济的合理性角度看，加大城市公共交通发展建设投入不仅可以解决市民交通出行难题，获得交通出行舒适性、便捷性等高回报，同时还可以受益于公共交通绿色出行带来的环境、社会等优质外部效益。

（3）节能减排，积极应对气候变化

公共交通在减少能源消耗方面的优势首先体现在直接的交通能耗上。以每人每公里通行所需能耗对不同交通方式进行比较，使用小汽车需要消耗54g标准煤，使用摩托车需要消耗27g标准煤，而使用常规公交出行仅消耗11g标准煤，若使用大运量轨道交通出行，其所需要消耗的能源量还可以大幅减少。TUMI交通研究院的抽样研究证实，小汽车确实是行驶效率非常低的交通工具。所有燃油损耗中的86%花在了空调、磨损、换挡、助力等非行驶环节，只有14%花在行驶环节，后者还包括怠速等，真正花在有效行驶上的能源更少（图4-5）。

其次，公共交通的交通能耗优势还体现在减少拥堵能耗。以工作时间计算，1988年美国因交通堵塞引起的经济损失达到340亿美元，到了2003年，美国85个主要城市因交通堵塞造成的经济损失高达630亿美元。如果将浪费的时间和能源加在一起，一年的经济损失竟然高达1000亿美元。根据粗略计算，若改用公共交通

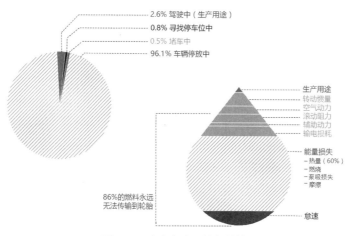

图 4-5 小汽车交通的低效性
资料来源：TUMI（作者自译）.

工具，全美国每年仅在交通拥堵方面就可以节省 220 亿美元。

再者，公共交通减少能耗的优势还体现在能源转型的便利度上。公共交通较小汽车更易推广使用清洁能源。而在出行能耗结构中加大清洁能源的使用比例，可有效缓解我国石油资源短缺的影响。城市中，公共交通相比于小汽车数量少、易于管理。我国的城市政府具有较强的行政调控手段，有能力利用行政、法规、财政等手段对公共交通工具的能源清洁化提出要求，以迅速提高交通出行能源消耗中清洁能源的比例。对诸如公共汽车等大型公共交通设施进行清洁能源改造，需要大量的政策支持和资金投入，往往只有政府具备这样的实力。政府可以通过对公共交通企业采取适当的财政补贴政策或类似的相应手段，对公共交通工具进行必要的、可持续的改进，推广使用清洁能源。相比而言，小汽车市场占有率高，其推广使用清洁能源的难度要大得多。除了通过财政补贴和政策调控等手段以外，还需要兼顾市场的多元性、不确定性和使用者驾乘的便捷性、舒适性，清洁能源的推广使用难度要大得多。欧美发达国家的经验也证实，推广清洁能源小汽车需要政府提供大量的财政补贴（包括购车补贴和使用补贴），其所耗费的财力物力是公共交通补贴的若干倍。

公共交通在减少能源消耗（尤其是化石燃料消耗）的同时，可以有效减少温室气体排放。全球环境基金（GEF）的相关研究证实，每为环保型交通投入 1 元，就能产生 2 元的健康、环境和社会综合效益。GEF 列举了发展中国家建设环保型交通的成功范例。由 GEF 资助 600 万美元、总耗资 2 亿美元的印度尼西亚快速公交系统，使放弃私人小汽车而改乘公共交通的人数在 20 年内增加了 30%，从而减少温室气体排放 3000 万 t，明显改善空气质量，增进民众的健康。其次，公共交通在减少温室气体排放的同时，还可以降低空气中污染微粒的数量，使得空气更加健康洁净。GEF 资助墨西哥城建设了环城公共汽车线路，同时采取了一系列其他措施，把交通导致的烟尘和空气中的污染微粒减少了10%，每年产生7.5亿美元的综合效益。在我国，一辆普通小汽车每年平均排出330kg的污染物，其中主要为可吸入颗粒物。在一些城市中，机动车排放的污染物对多项大气污染指标的影响率达到甚至超过60%，严重威胁到城市居民的健康。公共交通的优先发展可以有效降低人均污染物排放，是改善城市大气环境、积极应对气候变化的重要手段之一。

（4）保障基本权利，促进社会公平

随着城市交通的迅速发展，交通出行已经成为居民参与城市各类社会经济活动的必要前提条件，出行权是城市居民享有其他权利的基础，是城市居民必须得到保障的一项基本权利。交通公平作为社会公平的一种基本要求，就是要切实保障人们最基本的出行条件和获得公正均等的机会。当前我国城市在交通公平性方面的主要问题有两方面：个人机动化过度发展所造成的横向公平问题，包括社会弱势群体出行困难，慢行交通方式受到冲击、空间受到挤压等；另一方面则是交通运输对生态环境造成的负面影响，影响代际公平。

总的来看，公交优先对改善城市中的交通公平具有非常积极的作用。首先，与私人小汽车相比，公共交通在节约道路资源方面具有巨大优势，将有限的资金投入到公共交通建设中会使更多人受益；其次，无论是生理性弱势群体或是社会性弱势群体，先进的公共交通基础设施可以在成本低廉的前提下，满足他们的基本出行需求；再者，公共交通具有较好的正外部性，不但有利于优化城市用地布局，引导城市合理有序开发，还可以通过适当集聚，促进城市保持活力。

此外，公交优先还可以通过平抑交通出行成本、促进改善社会就业两个具体方面，提高城市社会的公平性。首先，城市公共交通具有成本低廉的公益性特征。在我国，按照现行汽油价格，加上汽车的日常损耗，小汽车的人均出行成本约为0.7~1.5元/km，而采用公共交通工具，该笔费用可以降低至0.2~0.4元/km。公共交通的低成本优势为城市低收入人群的基本出行权利提供了保障。通常，政府还会给予公共交通适当的补贴，或针对特殊群体（如学生、老年人）提供特殊的折扣票价，进一步减轻城市居民的交通出行支出负担。而城市公共交通的低票价政策可以吸引更多使用者，有利于减少公共交通的人均成本，从而促进调节收入的再分配。其次，公交优先发展有利于增加城市就业机会。城市公共交通本身是劳动密集型行业，可以直接为城市创造就业机会。而优质廉价的机动化出行选择，可以保障低收入群体不因出行困难而丧失个人就业机会。数据显示，在城市失业率不断上升的时期，公共交通每人公里提供的就业机会是小汽车的2倍，每桶油耗提供的就业机会则是小汽车的4倍多。由于城市失业人口大部分是低学历者，由公共交通提供的就业机会往往更加符合他们的实际需求。

城市公交优先建设对可持续发展综合的积极作用得到了国内外相关研究的证

实。加拿大学者布拉德肖（C. Bradshaw）于1994年率先提出"绿色交通"概念，为了解决大规模城市化与工业化建设背景下的城市环境污染问题，他首次提出通过构建"绿色交通体系"，来缓解城市拥堵、降低大气污染、节省交通费用、实现资源合理利用，并最终实现可持续发展的目标。他认为绿色交通工具的优先级依次为步行、自行车、公共交通、共享交通，最后是单人自驾的小汽车（Single-Occupant Automobile）。

交通经济学的相关研究则通过测算各种交通方式的外部成本（Externality），更为直观地比较出公共交通在可持续发展各方面所具有的优势。城市交通的使用成本中，除了使用者本人承担的内部成本以外，还有对社会造成的外部成本。欧盟基于大量数据的研究分析得出，欧盟国家城市交通的外部成本总共约占综合国力（Comprehensive National Power，简称CNP）的6%左右，约为3600亿欧元，其中1200亿欧元是由于交通拥挤造成的。根据巴黎公共交通公司1997年完成的一份分析报告，明确对比了公共交通与小汽车交通的外部成本差异（表4-2），公共交通的外部成本只占总的外部成本的3%左右，城市交通系统的大量外部成本是由个人机动化交通造成的。

小汽车交通与公共交通的外部成本对比　　　表4-2

项目	外部成本（欧元/千人·km）		
	小汽车	公共汽车	轨道交通
噪声	10~25	2~3	2~3
空气污染	6~12	<1	<1
空气污染包括温室效应	10~50	小汽车的1/3	小汽车的1/4~1/10
交通事故	5	<1	<1
交通拥挤	50	<10	0
占用城市空间	50~250	3~20	<5

资料来源：蔡君时. 世界公共交通[M]. 上海：同济大学出版社，2001：187-188.

联合国《2030年可持续发展议程》将公共交通作为"建设包容、安全、有复原力和可持续的城市和人类住区"的重要内容，特别提到"交通是发展的一个关键问题。到2030年，向所有人提供安全、负担得起、无障碍和可持续的运输系统，改进道路安全，扩大公共交通，特别关注处境脆弱者、妇女、儿童、残疾人和老年人的需要。一个支持步行、骑行和公共交通，设计合理的运输系统能够让所有人都充分参与社区生活，从而创造更为安全、清洁、健康，并且更便于人们交往的场所。这一目标的关键在于扩大公共交通。公共交通是确保人们在城市里活动的重要因素"。这个报告明确将交通的安全、清洁、健康、舒适置于简单的交通效率之上，特别提出城市应当更加关注公共交通、步行、骑行等可持续交通方式,并将人们日常活动尽量安排在短距离出行之内,这应该视为未来可持续交通发展的核心目标。

4.2 我国公交优先的政策演进及存在问题

4.2.1 我国公交优先的政策演进

中华人民共和国成立以后,我国一些大中型工业城市建设恢复了城市公共交通系统,作为城市工业化生产的配套设施。这些城市借鉴了苏联城市的建设运营模式,公共交通统一由政府调度管理并由政府下属的国营企业运营,公共交通基础设施建设及维护被列入城市建设计划,严格遵守计划经济下的管理。这一时期的公共交通属于政府提供的福利设施,公交供给有限但票价很低,运营亏损全部由政府财政补贴,主要用于维持国营企业工人日常参加工业生产的交通需求。当时城市建设的重点在于工业生产,城市交通建设上的资金投入非常有限,城市交通的供给不足部分,主要靠自行车等个人非机动化交通工具来弥补。

改革开放后,城市成为我国社会经济发展的中心和重要引擎,随着城镇化进程的不断推进,城市也成为大多数人的居住和生活空间。人口增长带来交通需求剧增,使得城市交通建设常年欠账的一些城市普遍出现了"乘车难""出行难"等社会问题。加快城市公共交通的建设发展很快被提到各级政府的议事日程,我国城市公共交通事业进入快速发展时期。在这一过程中,我国公共交通发展的公共政策发挥了重要作用,政策导向也经历了一些变化和调整,大体上可以分成市场化改革和回归国有化两大阶段。

(1)公共交通作为城市公用事业的市场化改革(1985—2003年)

20世纪80年代,我国城市公共交通处于紧张状态,"乘车难"的问题长期没有得到解决。特别是随着城乡经济的繁荣,人民生活水平提高,城市流动人口不断增加,公共交通拥挤的情况在大城市尤为突出。在上海,最拥挤的公交线路在高峰时间$1m^2$的空间竟然要挤下十余个人。城市公共交通拥挤、堵塞,运输效益很低,突出的问题包括:①客流量增长过快,既有车辆不能适应需要;②公交运价过低,30年来未作调整;③公交企业负担过重;④前后方设施比例失调,车辆失修失养严重;⑤道路建设跟不上车辆增长需要,交通管理设施落后。

1985年4月发布的《国务院批转城乡建设环境保护部关于改革城市公共交通工作报告的通知》(国发〔1985〕59号文件)是我国公交优先发展政策的一份标志性文件。该文件首次明确提出"要大力扶植城市公共交通的发展"。指出"公共交通是服务性的生产部门,要实行独立核算,自负盈亏",提出"改变城市公共交通独家经营的体制,实行多家经营,统一管理。以国营为主,发展集体和个体经营。在国有企业内部实行多种形式的经营承包责任制。"该文件还建议大力发展出租汽车、大城市的客运交通应采取发展轨道交通为主的方针，并提出城市公共交通要实行综合治理。在该文件的政策指引下，我国城市的公共交通行业逐步向市场开放，充分调动社会车辆参与城市客运交通运营，彻底打破了国有企业独家经营的体制，开启了城市公共交通市场化改革序幕。

1989年，《国务院关于当前产业政策要点的决定》发布，将城市公共交通定性为城市公用事业，作为基本建设领域内需重点支持、优先发展的产业。该决定有力促进了城市公共交通基础设施建设。各城市以解决乘车难、满足社会需求为切入点，积极探索城市公共交通市场化运营和多元化发展手段。全国城市公共汽（电）车由1978年的2.58万台增至1992年的7.71万台，年均增长8.1%；年客运总量由1978年的132.28亿人次增至1992年的191.85亿人次，年均增长2.7%。

1993年，建设部出台《全民所有制城市公共交通企业转换经营机制实施办法》，明确了公交企业是公共交通市场的主体，提出转换公交企业经营机制、进一步搞活国有骨干公共交通企业的思路。1994年印发的《建设部关于对城市公共汽车、电车实行专营权管理的意见》，要求各地公交企业引入市场竞争机制，扩大投资主体。这些政策文件在进一步推动公交市场化进程的同时，也促进了公交多模式体系的建设，除常规公共汽（电）车外，更大容量、更高速度的公共交通工具得到广泛应用。昆明于1999年建成了国内第一条具备巴士快速公交（BRT）特点的公交专用道；上海、广州、深圳、南京等城市逐步开始了城市轨道交通的规划与建设。

在这些政策引导下，我国大城市公共交通基础设施规模进一步扩大，初步形成由常规公共汽（电）车和轨道交通、BRT等构成的多层次公交服务体系。截至2003年，全国常规公共汽（电）车运营线路总长度达13.7万km、运营车辆26.4万辆；轨道交通线路9条、运营线路总长度322km、运营车辆1913辆。

（2）公共交通作为社会公益事业回归国有化（2004—2011年）

经过近二十年的市场化改革，我国城市公共交通供给严重不足的局面取得了根本性的改观，随着一批境外专业化公交运营企业进入中国市场并带来成熟的运营经验，我国城市公共交通的运营和管理水平也有了明显的提升。然而，进入21世纪，随着私人小汽车进入普通城市家庭，个人机动化交通出行数量猛增，造成了城市道路交通拥堵；加上公交客流流失，公交运营成本不断上升等问题，公交运营企业与监管部门之间的分歧和矛盾加剧，公交市场化改革的副作用开始显现。为了节约运营成本、追求经济效益，市场化公交企业不断要求提高公交票价，停开客流量少的亏损公交线路时有发生，城市公共交通的公益性受到损害。

湖北十堰市的公交全线停运是这一问题的标志性事件。2003年，温州私营企业五马汽车出租公司以每年800万元的价格买断了十堰市城区公共汽车22条线路的

18年特许经营权,开启了当地公交市场化改革,十堰市也因此成为全国首个"城市公交整体民营化"城市。然而,由于签订合约之前,国内尚无可借鉴经验和参照,双方对可能带来的问题准备不足,合同约定过于简单并导致后期在许多问题上发生争执,在随后的5年中就出现了4次公交停运事件,全市70万人的出行受到严重影响。2008年4月,十堰市委、市政府决定收回城市公交特许经营权,民营化改革以失败告终。

为了及时纠正市场化改革造成的问题,使城市公共交通回归作为社会公益事业的基本属性,2004年建设部发布了《关于优先发展城市公共交通的意见》(以下简称《意见》)。在党的十六大精神和《中共中央关于完善社会主义市场经济体制若干问题的决定》的指导下,《意见》明确了城市公共交通"是重要的城市基础设施,是关系国计民生的社会公益事业"。并明确提出公共交通优先就是"人民大众优先",优先发展城市公共交通,不仅是缓解城市交通拥堵的有效措施,也是改善城市人居环境,促进城市交通与城市经济社会的协调发展的重要举措,推进城市可持续发展的必然要求。在充分认识优先发展城市公共交通的重大意义的基础上,《意见》还明确提出了公交优先的主要任务和目标:按照因地制宜、统筹规划、分步实施、协调发展的要求,坚持政府主导、有序竞争、政策扶持、优先发展的原则,加大投入力度,采取有效措施,争取用五年左右的时间,基本确立公共交通在城市交通中的主体地位。公共汽电车平均运营速度达到20km/h以上,准点率达到90%以上。站点覆盖率按300m半径计算,建成区大于50%,中心城区大于70%。特大城市基本形成以大运量快速交通为骨干,常规公共汽电车为主体,出租汽车等其他公共交通方式为补充的城市公共交通体系,建成区任意两点间公共交通可达时间不超过50min,城市公共交通在城市交通总出行中的比重达到30%以上。大中城市基本形成以公共汽电车为主体,出租汽车为补充的城市公共交通系统,建成区任意两点间公共交通可达时间不超过30min,城市公共交通在城市交通总出行中的比重在20%以上。2005年《国务院办公厅转发建设部等部门关于优先发展城市公共交通意见的通知》(国办发〔2005〕46号)又进一步将优先发展公共交通上升到影响城市发展的高度。

2006年12月,建设部联合国家发展和改革委员会、财政部、劳动保障部发布《关于优先发展城市公共交通若干经济政策的意见》(建城〔2005〕288号)。明确要求"坚持以政府投入为主,将城市公交发展纳入公共财政体系。城市公用事业附加费、基础设施配套费等政府性基金要向城市公交倾斜";"对于实行低票价以及月票,老年人、残疾人、伤残军人等减免票政策形成的城市公交政策性亏损,城市政府应给予补贴。成品油价格调整影响城市公交增加的支出,由中央财政予以补贴。由于政府指令性任务所增加的支出(如新能源汽车),经城市政府主管部门审定核实后定期进行专项经济补偿"。在此基础上,提出"鼓励社会资本参与城市公交的投资、建设和经营,通过特许经营制度，逐步形成国有主导、多方参与、规模经营、有序竞争的格局"。

在新的政策方针指导下，2006年12月，北京出台了《关于优先发展公共交通的意见》，率先启动了以回归公交"公益性"为基本导向的新一轮公交改革。2007年起，上海也开始在郊区的青浦和松江试点公交改革，并于次年启动城市公交全面回归国有化。

新一轮公共交通政策调整并非否定市场化改革，而是针对前阶段的市场化改革的一些不足进行的政策优化调整。突出强调地方政府在保障公共交通供给、落实公交优先战略上承担着重大责任，通过建立国营公交运营企业的主导地位，确保城市公共交通的公益性。在回归国有化的过程中，一部分非公有的运营企业仍得到了保留。新的公共交通政策有力推进了公交优先的实施。截至2011年底，全国常规公共汽（电）车运营线路达3.4万条、运营线路总长度增至67.3万km、运营车辆45.3万辆、场站面积5231万 m^2；轨道交通线路58条、运营线路总长度1700km、运营车辆9945辆。全国十多个城市相继建成了BRT系统，运营线路里程近1000km；26个省份开通了公交专用车道，总里程达4400多公里。

4.2.2 我国公交优先的阶段性问题

在改革开放后的三十多年间，在国家政策方针指导下，城市公共交通行业完成了多轮的机制改革，优先发展公共交通逐渐成为社会普遍认识，全国各地公共交通建设发展取得了令人瞩目的成就，成为我国城市现代化进程的重要推进器。然而，改革的过程中也暴露出公交优先的一些阶段性问题，制约了后期的持续健康发展。"公交优先"的内涵不明确，对"公交优先"缺乏战略高度的认识，成为影响我国城市公交优先发展战略实施的重要原因。公共交通优先发展多着眼于缓解拥堵等短期目标，缺乏国家层面能源安全、生态环境、集约用地等战略高度的考虑；公共交通优先发展未能充分结合我国快速城镇化、机动化背景和发展需求，未充分认识到城市公共交通具有组织引导城市发展的主动性作用，未处理好公共交通与其他交通方式的发展关系；公共交通优先发展体制不健全，缺乏有效的政策、制度保障和评价、监管方法等，都阻碍了后续公交优先战略的有效落实。

（1）对公交优先发展的战略意义的重要性认识不足

公交优先的政策落实依然停留在交通行业内部，未能上升到国家的城市发展战略层面。城市公交发展目标的单一化、指标化、模式化，导致城市公交优先片面等同于"公交行业优先""专用道建设优先"或"轨道建设优先"等。公共交通服务尚未明确纳入国家基本服务体系范畴。与此形成对比的是，国外发达城市和地区普遍将发展公共交通纳入国家、城市发展的战略层面考虑，将公共交通作为政府应当向民众提供的一项基本服务，并通过立法为公交优先发展和财政保障提供依据。

（2）公共交通建设尚未与城市发展形成互动协调关系

公共交通没有起到引领城市发展的作用，这是近年来各类城市普遍出现交通拥堵的重要原因。城市的空间扩张与公共交通走廊缺乏协调。公交导向的城市发展模式虽已成为共识，但城市用地规划与交通规划协调机制不足，对城市用地规划、控制指标缺乏明确指导。以北京综合交通枢纽建设为例，综合交通枢纽的布局与城市功能区不相匹配，降低了公共交通系统效率。并衍生出大量不必要的交通负荷，同时对经济运行效率也有影响。

以轨道站点建设为例。轨道交通站点与周边建筑缺乏衔接，缩小了轨道站点的覆盖范围和使用公共交通的便利性。而发达国家和地区的城市则从规划层面，对于交通和土地利用两者的结合做了详细的规定。我国北京中心商业区地区站点出入口设置较少，且与周边建筑没有联系，而东京在其 $1.2km^2$ 范围内密集分布着近 120 个出入口，实现与周边建筑的有效衔接。北京南站出站人群使用小汽车和出租车比例高达 75%，使用自行车和步行的不足 10%，而日本东京站出站人群使用小汽车和出租车比例仅为 2%。

造成这一现象与规划编制及管理体系不完善不无关系。目前的城市用地空间规划和综合交通体系规划之间缺乏有效的协调机制，难以确保和落实公交优先发展的规划编制和实施细则。既有城市综合交通体系规划虽有编制公共交通专项规划的要求，但其内容深度要求不足以指导公共交通引导城市发展的规划建设需要；而轨道交通规划只是城市公共交通规划的一个重要专项，不能涵盖公交规划的全部内容。国内很多城市虽然已开展了城市公共交通规划，但由于缺乏规划编制管理办法要求，公交规划编制组织、规划实施及监督均面临较大问题，未能充分发挥规划控制和引领作用。在中微观层面，交通详细规划编制要求也未明确。目前轨道、交通枢纽及干线道路等重大设施缺乏详细规划环节，直接从专项规划到工程方案设计，导致工程设计方案与上层次规划功能要求不一致，不利于规划管理。

（3）城市公共交通运营中政府—市场的规则不清晰

公共交通市场机制不健全，政府对公交服务的监督管理仍停留在计划经济管理模式下所采用的方式。自 20 世纪 90 年代以来，中国城市公交行业经历了"打破公共垄断—引入市场化竞争机制—市场整顿重组"的改革历程，取得了一定成效，但仍未探索出一套成熟的、符合当地社会经济发展要求的市场经营机制。行业管理职能分散，政府和公交运营主体并未形成明确的契约关系。企业经营缺乏积极主动性，过度依赖财政补贴。而经营成本不断上升，补贴资金快速增长，财政负担日趋沉重。公交运营补贴、公交票制票价体系缺乏合理的制定依据，公交财政体制难以维持城市公交的可持续发展。

（4）城市公交优先发展的相关保障制度尚未建立

国家层面至今尚未出台一部关于公共交通的法律，缺乏公交优先发展政策及制度顶层设计。国办发〔2005〕46号文是目前我国推进公交优先最重要的政策指导文件，但仍属于政策性规范文件，不属于立法文件范畴，缺乏刚性要求，政策执行难以到位，不能适应公交发展形势要求。世界上公共交通比较发达的国家或地区普遍建立了保障城市公交优先发展的法律体系。目前在国家及地方层面，往往是针对公交发展中存在的一些具体问题，研究提出相关政策，出台相关政策文件、法规和制度规定，未从系统层面统筹考虑公交优先政策及制度设计，导致出台公交规章制度、规定文件缺乏统一和明确的政策目标导向，不仅政策、管理规定等文件较为零散、不成体系，而且存在中央与地方之间，以及地方不同政策文件、管理规定之间的内容不一致甚至相互冲突的问题。

4.2.3 国家"公交都市"示范建设

我国城市公交建设发展历程说明了城市发展政策对实施公交优先的根本性影响。改革开放以前，我国城镇化重心集中在中小城市，城市规模被严格控制，因此公共交通的发展需求不明显，仅少数大城市有成系统的公共交通服务，以常规的公共汽（电）车为主。改革开放后，中国城镇人口比例从1978年的17.3%增至2011年的51.3%，中国成为世界上城镇化增长速度最快的国家之一。中国的城镇化经历了从积极发展小城镇的"分散式"发展理念向促进大中小城市和小城镇协调发展的"集中式"发展理念的转变；而公共交通作为城市不可或缺的组成部分，在城市发展中的地位随着城镇化进程的深入而不断提升，公交优先与城市发展全面统筹规划的意识正逐步形成。当前，在新型城镇化的总体背景下，生态文明建设和高质量发展正成为我国城镇发展的总基调，以人民为中心的"人民城市"建设为新时代我国公交都市的建设提供了总指导。

（1）公交优先上升为国家战略

尽管在改革开放过程中，我国城市公共交通的发展建设遭遇了一些困难和问题，但优先发展公共交通的总体方向一直没有改变。2011年《国民经济和社会发展第十二个五年规划纲要》中明确要求"实施公共交通优先发展战略，大力发展城市公共交通系统"，提出将"城市建成区公共交通全覆盖"纳入国家基本公共服务体系，首次将公交优先发展战略上升为国家战略。

2012年12月，国务院发布了《国务院关于城市优先发展公共交通的指导意见》（国发〔2012〕64号，以下简称《指导意见》），在国家层面进一步确立了城市公共交通优先发展战略。明确提出"城市公共交通具有集约高效、节能环保等优点，优先发展公共交通是缓解交通拥堵、转变城市交通发展方式、提升人民群众生活品质、提高政府基本公共服务水平的必然要求，是构建资源节约型、环境友好型社会的战略选择"。同时要求"深入贯彻落实科学发展观，加快转变城市交通发展方式，突出城市公共交通的公益属性，将公共交通发展放在城市交通发展的首要位置，着力提升城市公共交通保障水平。在规划布局、设施建设、技术装备、运营服务等方面，明确公共交通发展目标，落实保障措施，创新体制机制，形成城市公共交通优先发展的新格局"。在总体发展目标上，《指导意见》提出：通过提高运输能力、提升服务水平、增强公共交通竞争力和吸引力，构建以公共交通为主的城市机动化出行系统，同时改善步行、自行车出行条件。要发展多种形式的大容量公共交通工具，建设综合交通枢纽，优化换乘中心功能和布局，提高站点覆盖率，提升公共交通出行分担比例，确立公共交通在城市交通中的主体地位。大城市要基本实现中心城区公共交通站点 500m 全覆盖，公共交通占机动化出行比例达到 60% 左右。《指导意见》还从强化规划调控、加快基础设施建设、加强公共交通用地综合开发、加大政府投入、拓宽投资渠道、保障公共交通路权优先和鼓励智能交通发展 7 个方面提出了实施加快发展的政策指南；从完善价格补贴机制、健全技术标准体系、推行交通综合管理、健全安全管理制度、规范重大决策程序和建立绩效评价制度 6 个方面提出了持续发展的机制建设建议。

2015 年 12 月，中央城市工作会议在时隔 37 年后再次召开，2016 年 2 月发布的《中共中央国务院关于进一步加强城市规划建设管理工作的若干意见》专门对"公共交通优先发展"提出要求，明确提出"到 2020 年，超大、特大城市公共交通分担率达到 40% 以上，大城市达到 30% 以上，中小城市达到 20% 以上"的发展目标。

（2）"公交都市"示范建设启动

在此背景下，我国交通运输部积极会同有关部门，贯彻落实党中央、国务院决策部署，按照《国务院关于城市优先发展公共交通的指导意见》精神，深化城市公交优先发展战略实施，于 2011 年 11 月发布《关于开展国家公交都市建设示范工程有关事项的通知》（交运发〔2011〕635 号），正式在"十二五"期间启动国家"公交都市"建设示范工程。

"公交都市"（The Transit Metropolis）的概念源自美国加利福尼亚州立大学伯克利分校城市与区域规划系教授瑟夫洛（R. Cevero）的一项代表性研究。他在完成对全球十几个城市成功公共交通系统建设经验总结的基础上，提出这一概念用于表征公共交通服务与城市形态和谐发展的区域。我国《国民经济和社会发展第十二个五年规划纲要》在城市公共交通发展问题上已经蕴含了公交都市的理念，而"公交都市"示范活动的开展则是将这一理念大规模付诸实施的具体行动，标志着我国对公交优先发展问题在认识上提高到了更高的层次。

从公交优先到公交都市，体现了新阶段我国城市公共交通建设发展的新理念和新认识。城市交通建设是为城市发展服务的，而作为城市交通的组成部分，公共交通的优先发展最终也要服务于城市。因此，公交优先并不是一个孤立的交通系统的建设问题，而应当和城市发展相结合，考虑各项优先措施对城市发展所产生的综合绩效。"公交都市"的提出，明确了公交优先和城市发展相融合的重要性，公交优先不仅是公共交通本身的"部门优先"，而是整个城市交通的"行业优先"，更是城市综合发展战略的重要组成部分。

国家"公交都市"建设的本质是公交优先战略的深化，是以"公共交通引领城市发展"为战略导向，通过科学规划和系统建设，建立以公共交通为主体的城市交通体系，扭转城市公共交通被动适应城市发展的局面，实现公共交通与城市的良性互动、协调发展。

"十二五"期间，我国共有两个批次共37个城市申报创建国家公交都市。2012年10月，交通运输部研究确定北京、济南、石家庄、太原、大连、哈尔滨、南京、郑州、武汉、长沙、深圳、重庆、昆明、西安、乌鲁木齐共15个城市为首批"公交都市"建设示范工程创建城市。2013年11月，交通运输部研究确定天津、保定、呼和浩特、沈阳、长春、上海、苏州、杭州、宁波、合肥、福州、南昌、青岛、新乡、株洲、广州、柳州、海口、贵阳、兰州、西宁、银川共22个城市为"公交都市"建设示范工程第二批创建城市。2017年8月，交通运输部原则同意河北省张家口市等50个城市作为"十三五"期间全面推进公交都市建设的第一批创建城市。

在国家政策的激励和引导下，北京、深圳等全国多座城市开始加速推进公交优先，积极建设公交都市。北京市颁布的《北京交通发展纲要（2004—2020）》首次从理念上确立了公交优先的主体地位，开启公交优先的实践之路。江苏省政府下发《关于进一步落实城市公共交通优先发展战略的实施意见》，要求全省加大对公共交通的支持，增加公共交通专用通道的使用范围。湖北省政府出台的《城市优先发展公共交通的实施意见》，将城市公共交通发展水平考核的结果作为发放政府补贴的重要依据。其他各省市也相继出台了优先发展城市公共交通的政策法规和实施方案。经过一段时间建设，截至2020年底，我国共有三批共26个城市通过了交通运输部验收，获得"国家公交都市建设示范城市"命名（表4-3）。

交通运输部命名的"国家公交都市建设示范城市"
（截至2020年12月） 表4-3

批次	命名时间	数量	城市名称
第一批	2017年12月1日	2个	上海、南京
第二批	2018年12月12日	12个	北京、天津、大连、苏州、杭州、宁波、郑州、武汉、长沙、广州、深圳、银川
第三批	2020年9月2日	12个	石家庄、呼和浩特、沈阳、哈尔滨、合肥、南昌、济南、青岛、株洲、柳州、西安、乌鲁木齐

资料来源：根据交通运输部发布的相关通报整理.

（3）公交优先理念的认识提升

国家"公交都市"建设示范工程的开展，表明我国对公交优先发展的理念认识，突破了公共交通系统的自身建设的局限，而是将公交建设与城市发展紧密结合，更加关注城市公共交通与土地利用的协调发展，扭转城市公共交通被动适应城市发展的局面，增强公共交通对城市发展的主动引领作用。公交都市的建设实践反映了我国对公交优先问题在认识上的全面提升，具体体现在以下三个方面：

在理念内涵方面，"公交优先"强调公共交通是缓解城市交通压力的主要途径，其战略的侧重点主要放在公共交通建设发展的优先度上。而"公交都市"不仅强调要将公共交通作为城市交通发展的主导，优先发展公共交通，更加注重城市与交通发展之间的系统性、协调性，从而最大限度地发挥公共交通的作用。一个城市能够称为公交都市，代表它的公共交通服务与城市形态相互协调契合，并将公交优势的发挥最大化。以前的交通发展，基本上都是被动性地适应城市土地规划，而"公交都市"则是一种把公共交通作为导向的城市发展模式，目的是让城市的空间规划、土地的开发利用与城市的路网之间充分协调，使得城市的布局与人类居住的环境相适应、相和谐。公共交通发展的方向应从"需求追随型"向"需求引导型"转变，充分发挥其公共服务保障和引导城市可持续发展的功能，将在拉高城镇化质量的过程中发挥基础性作用。

在实施策略方面，"公交优先"主要是依靠政府部门，通过从政策上、财政上、规划建设等方面的各项具体措施的改进，从而达到优先发展公共交通的目的；而"公交都市"则从更为宏观的角度，包括城市规划、产业规划、公交规划、公交改革等方面进行改革，实现公共交通的发展与城市形态的和谐。瑟夫洛提出"公交都市"建设的两种模式：一种是主导型，调整用地模式为公共交通的发展创造有利的环境，如创建公交走廊，在走廊内重点发展公共交通；一种是适应型，完善公共交通的服务和技术，以更好地适应城市发展。在这两种模式中，政府部门都需要通过各类规划编制，发挥出领头人的作用。为了确立公共交通优先发展的地位，给予政策支持、大量资金投入和减免财政税收；在规划建设、道路通行权等方面均优先安排公共交通。具体会涉及国家政策、法律法规、城市规划、基础建设、财政补贴、物价制定、行业管理、运营服务和监督考核等各个方面的政策支持。

在战略目标方面，"公交优先"的战略目标主要是提升公共交通的竞争力，形成以公交为主导的公共交通系统，充分发挥公共交通在城市交通中的主导作用。但缺乏对城市用地模式、城市空间布局的宏观部署，仅仅是一种适应型的城市交通发展方式。要实现"公交优先"战略目标，还需要依赖政府对其政策的支持，在综合交通政策上，要确立公交优先发展的地位；在财政政策上，予以经济支持；在城市规划和建设上，给予公共交通设施用地优先落实权。"公交都市"的战略目标在于从城市发展的综合层面，形成一种城市公共交通、城市土地利用模式、城市空间形态等要素和谐发展的状态。在"公交都市"中，公共交通不仅要在交通系统中占据主导地位，更要以公共交通为依托，实现公共交通引领支撑城市整体协调发展。

4.3 公交优先的内涵、目标体系与实施路径

当前，公交优先已成为我国城市和交通发展的核心战略。在公交优先战略的指引下，许多城市加大了在城市公共交通领域的投入，城市公交建设发展速度有所提升，但总体实施效果差强人意，公共交通仍然是一个备受公众关注而满意度偏低的公共服务领域。人民群众不断增长的机动化出行需求与相对滞后的公共交通服务水平之间的矛盾越来越大，导致个人机动化出行过快甚至过度增长，成为我国城市可持续发展、国家节能减排目标实现的重大障碍。而另一些城市则通过"国家公交都市示范城市"建设，取得了非常好的社会经济综合效果，私人小汽车使用得到有效的抑制，城市交通结构趋于平衡。

大量的分析研究表明，公交优先具有丰富的内涵和多层次的目标指向，实践过程中如果缺乏对公交优先内涵与目标准确、全面的把握，就容易在发展路径选择和措施制定上出现偏差。这是不同城市间公交优先的实施效果存在较大差异的主要原因。对公交优先的内涵认识如果存在分歧，极易造成公交优先相关经济技术政策的相互抵触。因此，只有全面正确理解"什么是公交优先"这一基本问题，才能弄清在当前形势下应该如何实施公交优先。

4.3.1 全面认识公交优先的内涵

从表面上看，公交优先的理念似乎并不复杂。经过多年的宣传与实施，公交优先的必要性已经深入人心，并为我国广大社会公众所认同。但是，综观国内城市的公交优先实践不难发现，对公交优先内涵的认识并不一致，不同时期认识不一，公众、企业和政府之间认识不一，甚至专业学者之间也存在不同的看法。这一方面说明公交优先理念已经引发社会的广泛关注和积极讨论，另一方面也说明对公交优先的认识本身也需要一个不断演进提升的过程。准确而全面地把握"公交优先"的内涵，破除观念认识上的误区，准确把握公交优先的基本原则，是正确制定公交发展目标和发展路径的前提和基础。

首先，对公交优先内涵认识的站位要高，要从社会经济可持续发展的战略高度来看公交优先的重大意义。城市公共交通的优先发展是经济社会发展的整体效益最大化的要求。公交优先是实现国家能源战略的关键举措，是实施国家环境保护基本国策的重要内容，是集约节约用地的有效措施，是中国特色城镇化道路的应有特征。

其次,要准确理解"优先"的含义。这里的"优先"不仅是谁先通行的问题,更不是为某个公共交通企业倾斜服务。城市公共交通优先发展是指在城市行政区域里,通过优先资源配置,构建适应当地经济社会发展阶段、适应市场机制和政府调控监管的公共交通服务体系,由国营企业主导、多种类型企业参与经营,通过提供均等和高效的公共服务,引导居民优先选择公共交通出行,引导城市集约利用土地和节约利用能源,保护和改善人居环境。

因此,城市公共交通优先发展的核心是提高公共交通的吸引力,引导出行者优先选择;它的目标是保障均等机会出行,引导城市集约利用土地和节约能源、保护和改善人居环境,建设可持续发展城市;它的性质是提供均等和高效的公共服务,满足大众的多样化需求;它的手段是发挥政府的主体地位和调控监管作用,并充分发挥市场在资源配置中的积极作用。

公共交通作为城市综合交通体系中最重要的组成部分之一,其基本服务功能的基础性、生产运营的公益性和服务对象的大众性决定了公交优先的根本属性。全面而准确认识公交优先的内涵,需要注意破除常见的认识误区及其导致的认识局限。

(1)公交优先并不局限于公交建设

公交优先最常见的一个认识误区就是把公交优先等同于城市公共交通设施建设,认为一座城市只要政府加大建设投入,增加公共交通的设施供给,提高公交设施的硬件质量,就是公交优先的体现。这一认识的局限性可以从三个方面进行剖析。

首先,公共交通供给的提高不等于公共交通使用的增加。公交优先的首要任务是建立城市公共交通在整个交通体系中的主体地位,提升公共交通系统的作用,吸引更多的居民选择公共交通方式完成交通出行。因此,增加设施供给本身并不是公交优先的目的,更重要的是看供给的提升能否带来公交使用的增加。在公交建设过程中尤其需要考虑有效供给,选择建设与需求相匹配的公交设施,并最大限度地发挥效用。

其次,公共交通系统建设本身有容量限制,应当与城市规模和出行需求相匹配,不能无限制地提高。经过前一阶段的快速建设发展时期,我国大部分城市的公共交通系统已经基本完成建设,后期的建设速度将逐渐趋缓。更重要的是,我国城镇化进程业已发生了根本性的转变,将从前阶段的速度优先转入质量优先,从增量扩张模式转入存量更新阶段。因此,后一阶段的城市公共交通发展也将从新设施建设为主转向既有设施的更新维护为主。提高公交运营企业在运营维护上的专业性,提升既有公交设施的服务能力和服务水平,将是下一阶段公交优先的重要抓手。

最后,公交优先的关键在于设施供给能够转化为实际的设施使用。为此,单纯改善硬件设施条件是不够的,还需要软件环境的配合。"公交优先"中的公共交通不仅指公交设施体系，而是指整个公共交通事业，是包括公交法规、政策、规划、设施、管理、服务等多个方面的综合体系。"公交优先"体现的是城市和交通发展的一种观念和意识，它要求整个公共交通事业的各个方面都在"公交优先"的目标下协调统一起来，作为一项社会系统工程共同实施。"公交优先"不仅体现在具体诸如设置公交专用车道、港湾式公交停靠站等公交优先的工程项目上，而且应当体现在包括法规、政策、运行环境、管理措施等诸多方面的支持。广义的"公交优先"是指一切有利于公共交通优先发展的政策和措施，包括但不限于：政府在综合交通政策上确立公共交通优先发展的地位，在规划建设上确立公共交通优先安排的顺序；在资金投入、财政税收上确立公共交通优先的扶助做法；在道路通行权上确立公共交通优先的权利。

（2）公交优先并不局限于公交方式

第二个认识误区是把公交优先视为仅和城市公共交通系统有关，认为只要在公交领域采取措施就可以取得好的效果。诚然，城市公共交通系统是实现公交优先最直接的抓手，但应当认识到城市交通是由多个系统共同组成并相互作用的复杂体系，而城市用地空间布局结构对居民的交通出行需求具有根本性影响。

在前阶段的公交优先建设过程中，我国不少城市都出现了公交出行比例和小汽车出行比例同步上升的情况，后者的增长速度甚至超过了前者。尽管地方政府不断加大对公共交通的投入，但公共交通在与小汽车的竞争中却没有获得优势。北京市自2000年开始大力推进公交改革，公交出行比例由2000年的26.5%提高到2007年的34.5%，而同期小汽车的出行比例由23.2%增长到32.6%；上海中心城区的公共交通出行比例从2004年的25.1%提高到2014年的27.8%，但是同期的小汽车出行比例则由11.0%提高到17.5%；南京市的公交出行比例从2003年的29.8%下降到2007年的21.5%，同期小汽车出行比例从2.48%上升到4.31%，苏州市的公交出行比例从2000年的6.4%增长到2006年的10.4%，同期小汽车出行比例由0.8%增长到7.1%。我们不能因为这样的结果就否定公交优先的意义，假如没有在公共交通建设上加大投入，这些城市小汽车的增长速度可能会更快。但也应该看到，为了有效地调整城市交通出行结构，单在公共交通发展上施力是不够的，如果我们同时也在有利于个人机动化出行的交通设施上增加投入（如城市快速路建设），就很容易抵消我们在公共交通建设上的努力。为了有效优化城市的交通结构，公交优先除了要对公共交通实施有效扶持外，还应当对小汽车交通方式采取合理的控制措施。如通过控制牌照或增收购置税来控制购置，通过局部空间或时间禁止通行、道路收费、停车管控等手段来引导小汽车的合理化使用。

此外，城市交通出行需求的产生和交通方式的选择，与城市用地布局和空间环境特征密切相关。公交优先除了要改善城市公共交通系统软、硬件设施条件，对小汽车交通采取适当限制措施，还需要在空间组织、用地布局、路网结构等方面考虑形成对公共交通使用有利的外部环境，将主要的公共服务、商业设施、就业岗位等尽可能都安排在公共交通站点服务覆盖范围内，使得使用公交出行真正成为最为便捷的出行方式。

（3）公交优先并不是否定其他交通方式

正确理解公交优先还要避免一种绝对化的观点，认为公交优先就是在城市交通建设中只需要发展公共交通，甚至只关注某一种公共交通方式（如地铁）的建设，认为只要（某一种）公共交通发展好了，其他交通方式都不重要。事实上，公共交通、小汽车、非机动车及步行等多种交通方式共同构成了现代城市的综合客运交通系统，各种交通方式之间存在着相辅相成又彼此竞争的关系。居民的出行需求是多样化的，单一的交通供给无法适应和满足居民的差异化需求。而各种交通方式各有特点和优势，各有其适用范围。例如，在城市外围郊区，由于社会经济活动强度弱，人口和建设密度低，交通需求相比中心城区有很大的差别，公共交通作用有限，这一区域就比较适合适度发展小汽车交通。因此，城市交通体系中的公交优先是相对的，受空间范围的影响和限制，并不是对其他交通方式的否定。

从公共交通与其他交通方式之间的关系来看，公共交通与小汽车交通由于其机动特点相重叠，两种方式之间具有很强的竞争关系，但在某些情况下也可以形成合作关系。比如在大城市中心城区边缘的公交站点附近安排停车换乘（"P+R"）设施，使得公交不发达的远郊区的居民可以使用小汽车交通方式到达中心城区边缘的专用停车场，然后换乘公共交通进入中心城区。从而发挥了两种不同交通方式在不同空间里的交通优势，这种合作关系也是公交优先的组成部分。

此外，步行是联系出行起讫点与公交站点的主要方式，优化联系公交站点的步行环境有利于提高公交服务水平。对于大城市，提倡公交与自行车、电助动车和步行交通的接驳，也是提高公交服务水平的有效方式。步行、自行车和电助动车的使用者通常都还不是小汽车拥有者，他们的远程出行往往都需要借助公共交通。因此，对步行、自行车等非机动化交通方式进行扶持，也是公交优先的有效手段。

4.3.2 公交优先的基本原则

从公交优先丰富的内涵认识出发，在落实公交优先的规划建设与管理过程中，应遵循以下八项基本原则，方能保证工作方向不偏差。

（1）公共服务保障原则

城市公共交通是一项基本公共服务，包含城市公共交通在内的城市公共服务保障功能加强，是我国城镇化品质提升的重要标志。城市公共交通属于社会公用事业的范畴，具有公益性质，其对象是全体社会成员，具有保障社会公民人人享有公平的交通出行权利的职责。随着中国城镇化进程不断推进，公交优先发展应始终坚持公共服务保障原则，以社会效益为先，促进城乡出行机会均等化，保障全社会整体的城市机动性能力提升。

（2）坚持政府主导原则

首先，公共交通是服务于全民的社会公用事业和准公共物品，其建设发展应由政府主导，以避免出现市场失灵的现象，损害公共交通服务的公平性和公益性。公共交通票价的制定要充分考虑大部分市民特别是低收入者、弱势群体的收入水平和承受能力；公交运营线路的选择要考虑到区域服务的协调和需求的引导，这些无法完全依靠市场实现，需要政府承担调控和管理的职责。其次，从公交优先的丰富内涵不难看出，实现公交优先发展是一项系统工程，涉及城市发展的方方面面，需要多个政府职能部门的协调配合，是地方政府应当主动挑起的职责。我国具有政府主导的丰富经验和制度优势，坚持政府主导原则，依托各级政府部门通力合作，我国的公交优先将可以走出一条富有中国特色的发展道路。

（3）规划引领发展原则

城市规划是城市建设和城市管理的重要依据，是确保城市空间资源有效配置和土地合理利用的前提和基础，在统筹资源要素、协调发展关系、组织社会经济活动和构建空间发展格局等方面发挥着积极的政策引导作用。因此，公交优先不应当局限于系统本身的发展，必须融入城市整体的规划策略，在规划层面体现公交优先战略要求。坚持规划引领原则，在城市规划体系中树立公共交通引导城市发展的思想，实现公交优先发展规划与城市、土地利用、综合交通等规划的协调和有机互动，优化资源配置，通过综合规划引领公交优先战略目标的稳步实现。

（4）资源优先配置原则

必要的资源配置是实现公交优先发展的基础，科学规划是保障资源合理配置的重要手段。在规划编制过程中，既要认识到城市公交优先的战略意义，也要充分重视规划对资源配置的核心作用，为城市公共交通建设发展优先配置用地、路权、资金、政策、技术等资源，在制度建设和措施制定方面均考虑公共交通在资源配置上的优先地位，为发挥公共交通在组织和引导城市空间发展的先导性作用提供必要支撑。

（5）因地制宜原则

公共交通是城市的重要组成部分，其发展与城市的发展相辅相成。公交优先发展应尊重城市发展的一般规律，坚持因地制宜原则。不同的城市要优先发展适合自己的公共交通系统，要符合当地地理区位条件和经济社会发展阶段，适应经济发展水平、财政收入和社会承受能力，适应城市定位和规模，适应当地的生活方式和生活习惯。公交优先应当和城市建设一样走多元化发展的道路，不搞单一模式，根据地方特点和实际情况选择最适合的发展模式。

（6）科技创新原则

交通是迭代更新最快的科技领域之一。城市交通的技术进步彻底改变了城市的空间发展模式和组织运行机制。科学技术是第一生产力，科技创新是公交优先发展的基础性支撑，更是引领公共交通提高发展水平和质量的重要动力。公交优先发展目标的实现既需要基础理论支撑和先进理念引领，更离不开重大科技突破。当前，信息化、智能化技术已经渗透到城市的方方面面，改变着人们的日常生活，公交优先发展也有了新的技术条件和需求环境。科技创新将成为未来公交优先发展的重要推动力量。

（7）有序竞争原则

公交优先中政府的主导性地位，并不意味着政府要完全替代市场，直接提供所有的公共交通服务。我国以往的发展经验说明，政府的"垄断"式经营往往不能实现资源的有效配置，一方面政府投入大量人力、财力并背负沉重的财政负担，另一方面公共交通服务质量差，吸引力弱，且改善乏力。究其原因，一是城市公共交通需求量大、覆盖面广，而政府财力相对不足；二是公交企业难以形成有效的激励和约束机制，内在发展动力和外在竞争压力均不足。因此，公交优先发展仍然要发挥市场对资源配置的基础性作用，逐步形成"政府主导、市场参与"的总体发展格局，达到公共服务保障与市场竞争的平衡态势。同时，政府要发挥市场调控能力，坚持有序竞争原则，引导市场竞争向有利于提高城市公共交通服务质量的方向发展，实现公共交通服务社会效益和企业经济效益的双赢。

（8）优质高效原则

和小汽车交通的竞争是公交优先需要直接面对的问题。城市公共交通（特别是集约型公共交通）在私密性、通达性、舒适性等方面具有先天不足，提高公共交通的服务品质、降低公交出行成本就成为改善公共交通吸引力的重要手段。因此，公交优先不仅是数量上的优先，更重要的是品质优先，以优质服务和合理价格吸引乘客，同时通过技术创新、优化管理等途径提高运行效率方能赢得与小汽车交通的竞争。

4.3.3 公交优先的目标体系

城市公共交通优先发展战略的丰富内涵决定了其目标指向是多层次、多方面的。我国公交优先所要实现的目标不是单一的，而是一个综合的、等级化的多目标体系，既包含国家层面的宏观战略目标，又包含各城市发展和交通建设的具体目标。为了便于认识理解公交优先的综合目标指向特征，我们可以按照从宏观至微观的逻辑关系，将我国城市公交优先发展的目标体系分解成国家、城市、公共交通行业三个层次（表4-4）。值得注意的是这种划分只是为了便于理解，事实上公交优先的目标是综合统一的，上下层目标之间具有密切联系，上层目标为下层目标的制定指引方向，而下层目标为上层目标的实现提供支撑。

中国城市公交优先发展目标体系结构 表4-4

宏观	国家	战略目标
中观	城市	系统目标
微观	公共交通行业	服务目标

资料来源：汪光焘、陈小鸿等，2015：49.

（1）国家层面的战略目标

位于体系架构顶层的是统领全国城市公交优先发展的战略目标，一般由中央政府制定并通过各省（自治区、直辖市）政府推进，为各城市公共交通发展指引方向并提出战略要求。公交优先应着眼于系统解决城镇化快速发展带来的交通拥堵、土地资源浪费、能源安全、人居环境恶化、社会分异等问题，推动实现城市社会经济的可持续发展。

在这一层次上，公交优先发展的战略目标可以概括为：确立公共交通在城市交通中的主体和优先发展地位，建立与城市规模、环境、人口、经济发展相适应，多元化、多层次、高品质、高效率的公共交通服务系统，保障公民出行权利；引导城市发展模式和交通结构向集约化转变，实现土地集约、能源节约、环境改善；提高城镇化的综合品质，促进社会公平和谐，实现城市的可持续发展。为此，公交优先目标已不局限于公共交通系统本身，具体包括以下4个方面：

1）引导城市发展。推动城市与交通协调可持续发展，引导城市发展模式由"需求追随型"向"需求引导型"转变，引导城市交通结构向集约化转变；基本实现公共交通服务均等化，促进公交服务与城市形态发展的和谐，带动城乡一体化发展，促进城镇化质量提高。

2）优化土地利用。优先保障城市公共交通用地，基本建立以城市公交优先为导向的土地开发利用模式，促进土地的集约化利用。

3）促进节能减排。控制城市交通总能耗，提高能源使用效率，促进能源节约和可持续发展；控制城市交通污染物排放总量，提高污染物排放效率，促进城市环境改善。

4）推动社会发展。保障社会个体的基本交通出行权，改善城市交通安全和交通公平，促进社会和谐发展。

（2）城市规划的系统目标

中间层的系统目标具有承上启下的作用，一般由地方政府制定，是国家战略目标在各城市的具体化，并对各城市公共交通建设发展提出具体指导要求。城市是公交优先发展的载体，地方政府则是公交优先的责任主体，城市层面的系统目标应从当地城市规模、经济水平、地域分布、自然条件等实际情况出发，通过各类规划编制确定并落实。主要包括：

1）土地利用规划：在城市规划编制中充分体现公交优先发展战略要求，提升公交设施、服务供给及城镇人口规模、密度的匹配程度，逐步消除公交服务盲区，促进城乡均衡发展。充分保障并优先安排城市公共交通发展用地，提高城市道路、停车场等交通用地的使用效率，降低城市人均机动化出行的交通用地使用面积，促进城市交通用地的集约化利用。促进区域用地与交通协调发展，建立与城市实际需求相适应的公共交通引导土地开发利用模式，实现公共交通与城市同步建设，促进用地功能优化和土地集约化开发。提升城市交通资源分配的合理性，调节城市交通结构，促进公交出行比例合理化。

2）公共交通规划：制定并实施科学合理和适度超前的、与城市规划及土地利用规划紧密结合的公交优先发展规划。加强公共交通服务对人口和就业岗位的覆盖性，引导城市空间拓展及布局优化；改善换乘，提高公共交通服务的层次性、系统性、整体性和可靠性，为不同出行需求提供多种选择和多样化的公共交通服务，全面提升城乡地区公共交通服务水平，引导出行方式向集约化转变，全面改善城市交通出行状况。

3）节能减排规划：降低城市交通能耗占城市总能耗的比例，控制增长速度，提高城市交通出行能效，降低城市人均机动化出行能耗；在城市交通系统推广新能源应用，控制不可再生能源使用比例。提高公交车辆使用清洁能源的比例，控制城市交通污染物排放总量增长速度，提高城市交通对降低城市污染物排放总量的贡献率。减少城市人均机动化出行尾气排放量，提高城市交通对降低单位GDP温室气体排放指标的贡献率。

4）社会发展规划：提高公共交通的人性化、舒适度和便捷性，提升城市公共服务功能，吸引多种人群使用，促进社会公平和谐；将城市公共交通建设纳入社会保障体系，建立合理的财务补贴制度针对特殊社会人群（老人、学生等）实施票价补贴；提高公共交通的可达性，实现公共交通无障碍，使不同地区、不同类型、不同出行目的的乘客都易于使用城市公共交通；提高城市公共交通系统的安全保障水平，减少交通事故率，规范乘客行为，实现文明乘车。

（3）公交系统的服务目标

基础层的服务目标是指导公共交通系统建设并与公共交通服务改善直接相关的微观目标，一般由地方城市公交运营主管部门及与公共交通服务直接相关的部门联合制定，是城市系统目标在公共交通行业中的具体化，为公共交通系统服务的改善提出具体要求。主要包括：

1）便利性目标：包括车站覆盖率、线网密度、可达性、换乘便利程度等。

2）快捷性目标：包括出行时耗、运行速度、换乘效率等。

3）安全性目标：包括事故率、治安事件发生率、系统故障率等。

4）可靠性目标：包括运营时间可靠性、换乘可靠性、多方式公交服务综合等。

5）舒适性目标：包括设施人性化水平、载运工具条件、候车及乘坐环境、满载率等。

4.3.4 公交优先的实施路径

公交优先的内涵认识和目标体系构建，为落实公交优先战略指明了基本的实施路径。首先，要构建多层次、高品质、高效率的城市公共交通服务系统及强有力的保障机制，实现城市公共交通的健康发展；其次，要确立公共交通在城市交通中的主体地位，从被动的"追随需求型"发展模式转变为主动的"引导需求型"发展模式，提升公共交通对私人小汽车交通的竞争力；再者，要更加注重人的出行需求，引导城市交通发展从传统的"先路—再车—后人"的路网导向型模式向可持续的"先人—再车—后路"的、以人为本的公交导向型模式转变，借助城市用地空间规划引导居民交通需求；最后，要充分体现公共交通服务的公益性、公平性，保障公民享有均等的出行机会。

在以上基本实施路径的基础上，特别需要注意到的是，不同城市之间在空间规模、形态结构、发展阶段等方面存在明显差异，面临的城市发展问题和交通问题也各不相同。城市交通建设最终要为城市发展和居民需求服务，公交优先也一样。对不同城市来说，公交优先战略的实施不应当只有一种模式。不同城市应当因地制宜地选择与自身情况相匹配的差异化的公交优先发展路径。

（1）城市规模差异对公交优先的影响

由于历史发展和自然资源条件差异，社会经济活动的空间集聚是不均衡的，不同城市之间存在着巨大的人口规模和空间规模差异。2014年11月，国务院发布《关于调整城市规模划分标准的通知》（国发〔2014〕第51号），按城区常住人口数量将城市划分为以下五类七档（表4-5）。

我国城市规模划分标准   表4-5

		城区常住人口	
1	超大城市	1000万以上	
2	特大城市	500万以上1000万以下	
3	大城市	100至500万	300万以上500万以下的城市为Ⅰ型大城市
			100万以上300万以下的城市为Ⅱ型大城市
4	中等城市	城区常住人口50至100万	
5	小城市	城区常住人口50万以下	20万以上50万以下的城市为Ⅰ型小城市
			20万以下的城市为Ⅱ型小城市

注：以上包括本数，以下不包括本数。
资料来源：国务院《关于调整城市规模划分标准的通知》。

城市空间规模在一定程度上决定了居民的出行距离，而出行距离又是决定出行者选取交通方式的最重要因素之一，因此，城市的空间尺度对公交方式选择有重要影响，不同规模的城市中居民日常出行距离和生活方式存在明显差异。公共交通所应承担的作用也应当有所区别，公交优先的发展路径也各不相同。

1）特大城市和超大城市：特大城市和超大城市的空间规模大，居民的平均出行距离长，而大量人口集聚带来的高密度高强度社会经济活动往往导致城市道路拥挤，这种情况下，轨道交通在长距离出行的可靠性优势非常明显。欧洲、日本、南美等地区和国家特大城市通过构建多层次的公共交通体系，形成以地铁、轻轨、通勤轨道等大运量轨道交通为骨干，常规公交为主体，新交通系统、快速公交等为补充的多层次公交体系，从而实现了40%以上的公交出行分担率。我国大多数特大城市和超大城市的公交分担率尚低于这一水平，公交优先发展策略上应着重引导塑造合理的城市空间结构，疏解中心城区交通压力，同时满足城镇化推进过程中产生的大量新增交通需求。在公共交通建设上应快速推进轨道交通建设，形成多层次公交网络，在公交优先发展的目标引领下，我国特大城市城区公共交通分担率应高于40%，超大城市甚至应当承担更高的出行比例。

2）大城市：一般大城市还难以构筑高架、隧道完全专用的公交路权，应当抓紧改善常规路面上的公交路权分配，包括建设快速公交、有轨电车、公交专用车道、交叉口公交信号优先等措施，构筑路权优先的公交网络，形成以快速公交、有轨电车等中运量的快捷公交方式为骨干、常规公交为主体的公交体系。因此，大城市实现公交优先的突破口重点在于路权优先。目前我国大城市的公交出行分担率普遍不足20%，从公交优先发展的目标设定来看，这一比例应当提高到30%以上。

3）中小城市：我国的中小城市多面临公共交通投入不足、公交基础设施不完善的困境。由于平均出行距离较短，电助动车成为重要的交通出行工具，非机动交通出行占比较高。2010年以来，部分中小城市经济发展较快，私家车保有量迅速增加，进一步削弱了公共交通的出行比重，很多小城市的公交出行分担率不足10%。对目前正处于交通方式转型期的中小城市，尤其是对于公共交通基础设施严重缺乏的中小城市，公交优先急需加大公共交通投入力度，完善常规地面公交网络，快速提升公共交通竞争力和吸引力，以保障城市居民基本出行需求，并力争实现公交出行分担率15%以上的目标。

（2）城市空间形态对公交优先的影响

受自然地形和历史发展的影响，同等规模的城市可能在空间形态结构上存在差异。城市空间结构主要有带状、指状、团状和组团式等几种类型，不同的空间形态布局对城市居民的交通出行需求有直接影响，因此，落实公交优先战略也需要考虑与城市空间结构的关系。

1）带状城市：主要客流走廊多集中在城市轴线上，集中的交通出行需求和有针对性的交通基础设施投入，有利于公共交通的组织运营，使带状城市具有较高的公交优先适应性。

2）指状城市：指状城市可以视为多个带状城市的组合形态。城市中心往往处于多条交通廊道交汇处，具有综合性的公共服务职能，对客流的吸引力和辐射力大；次中心位于"手指"空间内。既要关注放射状的轴向公共交通联系，也要适当加强横向连接各个次中心的公共交通联系，避免城市中心的公交压力以及折返绕行的交通效率损失。

3）团状城市：团状城市指围绕一个城市中心区向四周较均衡发展的城市空间形态。路网结构又可分成方格网和环形加放射两种形式。路网结构形式基本决定了城市交通联系的空间发布形态，因此公共交通网络形态与路网形态也存在一定关联性。对于规模较小的团状城市，公交优先的着力点可以因地制宜地选择确定城市功能的主轴线，并依托轴线组织主要客流走廊，同时在中心城区外围规划建设绕城公交环，约束城市空间的蔓延发展。对于规模较大的团状城市，则应当结合公交主干网建设，培育城市次中心，引导城市空间从单中心向多中心结构发展。

4）组团式城市：组团式城市是由多个规模不等的团状城区组合形成的城市空间形态，其中各个团状城区相对独立，并以其中一个功能最完备的作为主中心组团。组团间的交通联系是落实公交优先的关键切入点，应以公交走廊强化中心组团和外围组团的交通联系，以减少私人小汽车的使用。如果组团间以轨道、快速公交等高等级公交系统联系，则在各组团内还要布置交通枢纽节点，并围绕站点布设次一级的接驳公交线路，形成点轴配合的多等级多节点的公共交通服务网络。

（3）城市发展阶段差异对公交优先的影响

不同经济发展水平的城市，其居民出行习惯及对于公共交通出行费用的可接受能力不同，政府对于公共交通的财政可承担能力也有差异。城市居民可支配收入与私人小汽车保有量存在正相关性，经济水平较高的城市，居民更倾向于私人小汽车出行；而经济水平低的城市，居民更倾向于选择步行、自行车和公共交通。但由于经济水平低的城市对于公共交通基础设施的投入不足，公交服务质量得不到保障。

因此，处于不同发展阶段、具备不同经济发展水平的城市在落实公交优先上也应采取不同的策略。经济水平较高的城市，地方政府要主动承担起加快公共交通建设发展的主导性作用，加大公共资金在公共交通领域的投入，抢在个体机动化交通快速增长之前，提高公共交通系统的吸引力和服务水平，确保公共交通具备相比于小汽车交通的竞争力，避免城市交通结构失去平衡。经济水平低的城市，一方面要加强基本公共交通服务对居民交通出行的托底保障作用，确保居民基本权利的平等，另一方面要充分调动社会资源发展多种形式的辅助型公共交通，开拓市场资源以弥补公共资金不足，确保公交优先战略的落实。

（4）不同公共交通工具的适配问题

公交优先的差异化实施路径除了要注意城市因素的影响，还需要结合不同交通工具的技术特征进行考虑。城市公共交通是多种交通工具的集合。根据城市居民交通出行需求的差异，有的城市公共交通系统比较简单，有的则非常复杂。一般来说，大城市的公共交通系统是由多种交通工具组成的多层次体系。那么，公交优先应该优先建设哪一种公共交通工具？还是所有的公共交通工具都要建设？

各种公共交通工具均有其技术特征和优缺点，都能在一定的适用范围内满足居民的出行需求。因此，不同公共交通工具之间并无绝对的优劣之分。实施公交优先战略的过程中，具体要优先建设哪种公交系统就必须结合该系统与城市发展和居民需求的适配性进行综合考虑。总的来说，可以通过考虑客运服务能力、资源利用效率、环境友好程度和对城市发展的引导能力，对各种不同公共交通系统建立评价指标体系，然后对城市既有的公交体系进行综合评价，由此确定城市在该阶段最应该优先建设哪一种公共交通系统。

不同的城市交通方式之间存在一个相对的适用范围。较近的出行距离内适合步行、自行车等方式，中远距离小汽车的优势较大，而由多种交通工具组成的公共交通是适应范围比较广的交通方式（图4-6）。根据城市居民搭乘公共交通可接受的出行时耗，可以得出不同公共交通工具理想和可容忍的出行服务范围（表4-6）。我国超大城市的建成区应发展地铁、轻轨和市郊通勤铁路，方能实现45min公交出行范围的全覆盖；对我国的特大城市建成区来说，地铁、轻轨和BRT的45min出行范围及市郊铁路的30min出行范围可以覆盖；地铁、轻轨和BRT的30min出行范围及常规公交45min出行范围能够覆盖大城市建成区；常规公交的30min出行范围则能够覆盖大部分中小城市的建成区。

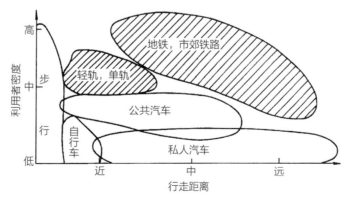

图4-6　不同城市交通方式的适用范围

资料来源：毛保华等，2002.

不同公共交通方式的理想和可容忍的出行范围　　　表 4-6

主要公共交通工具		运营速度范围（km）	运营速度取值（km/h）	30min 出行距离（km）	45min 出行距离（km）
常规公交		15~20	18	7.1	11.6
快速公交		20~35	28	9.5	16.5
轨道交通	轻轨	25~35	30	10.1	17.6
	地铁	30~45	38	12.5	21.9
	通勤铁路	40~60	50	16.0	28.0

资料来源：汪光焘、陈小鸿等，2015：84.

4.4 公交优先的评估与测度

如何准确评估一座城市的公共交通的发展水平？这是判断一座城市是否实现公交优先发展目标以及比较城市间公交优先发展程度差异的重要问题。城市公共交通的优先发展是通过公交设施和服务供给，以及相应的政策机制激励来实现的。对这些措施在城市交通出行上所取得的综合绩效进行测度和分析，一方面可以确定城市公交的发展状况以及在整个城市交通体系中所发挥的作用大小，另一方面也可以评估相关措施和政策是否得当，衡量和评价公交优先的目的实现与否。总的来看，评价一座城市的公共交通的规划建设是否已经达到了优先发展的目的，应当采用基于多目标多维度的一系列指标进行综合分析，其中既包括从供给侧进行的直接评价，分析城市公共交通建设所实现的服务水平和服务质量；也包括公交供给引发的交通行为和交通需求变化以及这些变化带来的各种间接绩效。

在我国城市公共交通建设发展过程中，随着公交优先理念的传播与贯彻，对公交优先内涵的认识也不断深化提升，为了更好地了解城市公共交通建设水平以及公交优先产生的实际效果，各地在实践中逐渐总结出一套公交优先的测度指标，在城市公交的服务水平上，包括便利度、快捷度、舒适度、可靠度等多个方面，在公交优先绩效上，包括城市交通方式结构、公交出行成本等。应当注意的是，公交优先的评估指标体系构建，与我们对公交优先的内涵和发展目标的认识密切相关，本身是一个不断丰富和完善过程。其次，公交优先的测度本身也受到技术手段和数据可获取度的限制，以下的阐述只是例举了目前常用的一些指标，而并非完整的系统性指标体系。最后应当注意的是，公交优先发展应当以系统化的综合目标为引导，对公交优先的评价和测度也必须是多方面综合的结果，单一的测度指标并不足以表征一座城市实际的公共交通优先发展水平。

4.4.1 城市交通结构的评估指标

城市交通是由多种交通出行方式组成的复杂系统，交通结构是指一定时间、空间范围内城市不同交通方式所承担的交通量比例，可以反映特定时间和空间范围内交通出行需求的特点，以及各种交通方式的功能与地位。其中公共交通所承担的比例也称为公交分担率，是指公交出行量占整个城市出行总量（全目的、全方式）的比例。

在城市机动化出行中形成对小汽车交通的有效竞争，改善城市交通结构，缓解道路交通拥堵是公交优先的基本任务。公交分担率作为城市交通方式结构方面的主要指标，反映了公交在城市交通体系中的地位和作用，被许多城市设定为评价公交优先程度的关键性指标，在许多政府政策性文件和各类规划中也设定了公交分担率的发展目标。

一般而言，步行交通是城市居民最基本的出行方式，其分担比例相对稳定，大约为20%~30%。自行车交通也是我国城市居民，尤其是工薪阶层和低收入人群的主要出行方式之一，其分担比例在20世纪80年代曾高达40%~70%，目前已逐步下降到20%~40%。城市公共交通应当与步行、自行车交通互补共生，共同形成绿色、低耗、节能、环保的客运交通模式，从而尽可能降低对小汽车出行的依赖。从几个公交优先发展较为成功的国际大都市的交通结构数据来看，东京区部2008年的公交分担率达到51%（其中轨道交通占48%），东京都市圈范围内公交分担率明显低于区部，但也达到了33%。巴黎小环内（2010年数据）和大伦敦地区（2011年数据）的公交分担率约为27%~28%，纽约市（2009年数据）和大巴黎地区（2010年数据）公交分担率为20%~22%，其中纽约公交和轨道的分担率相当，而伦敦常规公交的分担率甚至高于轨道交通3个百分点。

我国2012年发布的《国务院关于城市优先发展公共交通的指导意见》（国发〔2012〕64号）提出，大城市公共交通占机动化出行比例达到60%左右。2016年发布的《中共中央国务院关于进一步加强城市规划建设管理工作的若干意见》再次为公交优先设定发展目标，明确提出："到2020年，超大、特大城市公共交通分担率达到40%以上，大城市达到30%以上，中小城市达到20%以上。"2017年12月国务院批复原则同意的《上海市城市总体规划（2017—2035年）》设定的交通结构指标为：至2035年，全市公共交通占全方式出行比例达到40%左右。

公交分担率作为交通结构指标在评价公交优先上具有简明直观的特点，但从以上几个公交分担率的具体表述可以看出，在实际应用中，根据分子、分母、空间范围、出行时段、出行目的等统计口径的差别，可以得到不同的公交分担率。因此，运用公交分担率指标时，特别需要注意具体统计口径的差异，以及不同的公交分担率表征的公交优先的目标差异。

首先，从分子分母的交通方式范畴统计角度，公交分担率的分子（即公交出行量）通常是轨道交通、常规公交、有轨电车、BRT 等公共交通方式出行量的总和，也有将班车、出租车等辅助型公共交通的出行量一并计入公共交通出行量的情况。分母通常是指全方式出行量，也有将除步行以外的出行量作为分母，或仅以机动化方式的出行量作为分母等统计口径。

其次，公交分担率的统计具有空间范畴特征，如根据城市形态、布局将城市划分为全市域、中心城区、郊区、新城等。由于各类区域的人口密度、交通设施供应、交通政策导向等均有所不同，针对各类区域单独统计其公交分担率很有必要。根据特定区域来统计的公交分担率也分为两类，一类是该区域内居民（通常是常住人口）出行的公交分担率，另一类是和该区域相关的出行的公交分担率。和该区域相关的出行有区内出行和到发出行，区内出行指的是出行的起点和终点均在统计区域内的出行，到发出行指出行的起点或终点一个在区域内部另一个在区域外的出行，这些出行量与出行者是否为统计区域内的居民无关，直接反映的是该区域的内部和对外交通设施的需求。

除此以外，针对统计时段，公交分担率通常有全天公交分担率、早高峰公交分担率、晚高峰公交分担率、平峰公交分担率等统计口径。针对出行目的，公交分担率通常有通勤公交分担率、非通勤公交分担率等统计口径。最后，针对交通量的度量方式不同，交通结构指标具体还可分成出行方式结构、乘行方式结构和客运方式结构三类（表 4-7）。在公交分担率测算中，分别采用的是公交出行量（人次）占全社会出行量的比重；公交客运量（乘次，包含换乘次数）占全社会客运量的比重；公共交通的客运周转量（人·km，包含出行距离）占全社会客运周转量的比重。

不同的交通结构度量指标及其优缺点　　　　表 4-7

类型	指标	单位	优点	缺点
出行方式结构	出行量	人次	可以反映全部出行方式，通过交通调查得到。是最常用的结构指标	调查计算工作量大，忽略了次要交通方式的比重
乘行方式结构	客运量	乘次	反映特定方式客运量的构成，通过统计资料获得	只反映有运营商的公共和准公共交通方式结构
客运方式结构	客运周转量	人·km	综合考虑客运量和运距，更全面体现了交通出行的强度	同乘行方式结构，统计难度较高

资料来源：作者根据相关文献整理．

4.4.2 公交便利度的评估指标

城市公共交通的便利度指标从公交设施的空间供给角度，评判居民使用公共交通的方便程度。通过测度空间公交站点和网络的覆盖情况，反映城市公交站点和网络的空间服务水平。具体评价指标包括公交站点覆盖率、公交网络密度、公交换乘距离、乘客平均换乘系数等。

（1）公交站点覆盖率

公交站点覆盖率亦称公交站点服务面积率，是公交站点服务面积占城市建设用地面积的百分比，是反映城市居民接近公交程度的重要指标。通常按300m半径和500m半径计算。我国国家标准《城市道路交通规划设计规范》GB 50220—1995规定：公共交通车站服务面积，以300m半径计算，不得小于城市用地面积的50%；以500m半径计算，不得小于90%。在人口密度较高的地区，公交站点覆盖率还应进一步提高。我国住房城乡建设部2018年9月批准实施的新国家标准《城市综合交通体系规划标准》GB/T 51328—2018，对城市中心区公交站点覆盖率作出新的规定：中心城区集约型公共交通站点500m服务半径覆盖的常住人口和就业岗位，在规划人口规模100万人以上的城市不应低于90%。并对城市公共汽电车的车站服务区域沿用了1995版国家标准的规定，即"以300m半径计算，不应小于规划城市用地面积的50%；以500m半径计算，不应小于90%"。

需要注意的是，多层次的公共交通体系中，不同等级不同类型的公共交通方式有不同的站点服务覆盖率分析口径。最高等级的市域快速轨道系统，其站点直接服务半径一般可达1.5km以上，一般意义上的城市轨道，多采用500m和800m半径分析覆盖率，而最低等级的支线接驳公交，站点服务半径不宜过大，否则难以吸引乘客以实现其服务功能，从干支结合、最大限度吸引公交乘客的角度，地面公交站点的合理服务半径为150m。根据实践经验反馈，欧洲、日本以及我国香港的城市中心区和主要居住区中的公交站距一般控制在200~300m，亦即站点服务半径控制在100~150m。

（2）公交网络密度

公交网络密度指标反映了居民接近公交线路的程度，并与公交站点覆盖率指标存在一定的对应关系。应当注意的是，城市公交网络密度通常有两种算法：一是公交路网密度，指每平方公里的城市建设用地面积上有公交线路经过的道路中心线长度；二是公交线网密度，指每平方公里的城市建设用地面积上所有公交运营线路的实际长度之和。其中，公交线网密度是包含公交所有线路重复长度在内的总运营里程与建设用地面积之比，反映的是公交运营线路的总体情况，但该指标并不能反映公交线路分布是否均匀、居民乘车是否方便，因此，在评价公交网络覆盖便利度时要注意区分两个密度指标的差别，综合考虑公交路网密度和公交线网密度这两个指标。其次，公交路网密度指标受限于城市道路网络的密度，为了提高公交路网密度和公交站点覆盖率，首先必须提高道路网络密度。我国《城市道路交通规划设计规范》推荐的市中心区公交路网密度应达到3~4km/km^2，在城市边缘地区应达到 2~2.5km/km²。但根据国际公交先进城市的经验，城市中心区和中密度以上居住区公交路网密度至少不应低于 8km/km²，其他建成区公交路网密度则不应低于 4km/km²。可见我国城市的公交路网密度相比于国际公交先进城市仍存在较大差距。

（3）公交换乘距离

公交换乘距离是指从一条公交线路换乘到另一条线路或者从一种交通方式换乘到另一种交通方式的空间移动距离，距离越短便利度越高。所谓的"零换乘"就是指在各类公交站点比较集中的地点，将不同客运方式的换乘组织整合在一个交通枢纽内，使得乘客可以不出枢纽就能方便地转移到其他线路或其他交通工具。交通枢纽内部的空间和流线设计应当尽可能实现各种交通方式和线路的无缝对接，为换乘旅客提供最大的便利。换乘距离是交通枢纽设计的一项关键指标。枢纽内垂直换乘步行距离不宜大于 100m，枢纽内各交通方式之间的换乘距离不宜大于 250m。在不设公交枢纽的情况下，公交的站点设置也要尽可能把换乘距离控制在一个可接受的范围内。对于常规的公交汽电车来说，在路段上的同向换乘距离不应大于 50m，异向换乘距离不应大于 100m，在道路平面交叉口和立体交叉口上设置的车站，换乘距离不宜大于 150m。我国《城市综合交通体系规划标准》GB/T 51328—2018 提出，"城市公共交通不同方式、不同线路之间的换乘距离不宜大于 200m"。

（4）乘客平均换乘系数

乘客平均换乘系数是衡量乘客直达程度、方便程度的指标。乘客平均换乘系数的计算方法为乘车出行人次与换乘人次之和除以乘车出行人次。换乘率是指乘客一次出行中必须通过换乘才能到达目的地的人数与乘客总人数之比。对公交乘客而言，换乘次数越少越好，最好一次直达；但对城市或公交企业而言，不可能满足每一位乘客都一次直达。乘客换乘必然增加候车的时间成本，除非采用换乘免费优惠，否则还将增加乘客的经济成本，因此应尽量合理减少乘客换乘，并通过建设综合的换乘枢纽为乘客提供良好的换乘条件。换乘次数多少或换乘系数大小直接影响乘客选择公交出行的积极性，是反映公交便利程度的主要指标。优化公交线网布局组织，降低换乘系数，可以有效提升城市公交的吸引力。乘客平均换乘系数保持在 1.1~1.3 是较为合理的范围。

4.4.3 公交快捷度的评估指标

出行时耗是居民在交通出行过程中选择交通方式的一个重要考虑因素，同等条件下居民通常都倾向选择更快捷的交通方式以减少时间成本。城市公交的快捷度指标就是从时间的角度，评价居民使用公共交通服务的便捷程度。快捷度评价指标主要包括公交出行时耗、公交运送速度、乘客平均候车时间、公交换乘时间等。

（1）公交出行时耗

公交出行时耗即居民单程公交出行所耗时长。这一指标是影响公交吸引力和竞争力的关键因素，包括公交车内时间、出发地和目的地接驳时间、候车时间和换乘等候时间。我国《城市综合交通体系规划标准》GB/T 51328—2018 对采用集约型城市公共交通 95% 的通勤出行单程出行时间提出了具体的控制要求（表4-8）。

采用集约型城市公共交通的通勤出行单程出行时间控制要求　　表4-8

规划人口规模（万人）	采用集约型公交95%的通勤出行时间最大值（min）
≥500	60
300~500	50
100~300	45
50~100	40
20~50	35
<20	30

资料来源：《城市综合交通体系规划标准》GB/T 51328—2018.

（2）公交运送速度

公交运送速度指公交全线全程运行的平均速度，受车辆行驶速度、停站时间、行程延误三方面的影响，它与公交出行时耗直接相关，因此也是影响居民在公共交通与个人交通之间进行选择的最重要的因素。普通公共汽车、无轨电车、有轨电车、快速公交、轻轨、地铁等不同公共交通方式的运送速度悬殊，因此其运能、对公众的吸引力、适宜出行的距离也有很大差异。提高公共交通吸引力必须大力发展运送速度快的公共交通方式，同时采用先进的技术手段给予公交车辆道路通行优先权，减少公交车辆因道路阻塞产生的行程延误，提高公共交通的运送速度。

（3）乘客平均候车时间

乘客候车时间指乘客到达公交车站起至乘上车为止的时间消耗，是反映乘车快捷程度的另一项重要指标。乘客平均候车时间主要取决于公交的发车频率和准点率。在正常稳定的道路运行条件下，平均候车时间主要取决于发车频率，而发车频率则与每条公交线路的配车数量有直接关系并影响企业的运营成本。为了落实公交优先，就必须兼顾乘客的服务需求和企业的运营成本，将公交乘客平均候车时间控制在可接受的范围之内，而不能一味考虑公交运营成本。有专属路权的公共交通（如轨道交通），候车时间相对稳定，比较容易控制；而对于常规地面公交，如果没有公交专用道或优先信号等路权优先，候车时间往往存在很大的不确定性，对服务质量带来较大影响。

乘客对候车时间的可接受程度是有限度的。一般来讲，乘客能忍受的候车时间与出行距离成正比。同时，乘客可忍受的候车时间与出行目的也存在一定联系，通勤通学交通出行对候车时间的容忍是刚性和敏感的。通勤出行的候车时间一般不宜超过 3min，最长不宜超过 5min；非通勤出行的候车时间可相对稍长一些，但也不宜超过 8~10min，最长不宜超过 15min。候车时间过长将导致乘客寻求其他交通方式。目前我国城市公交出行分担率偏低，除了公交运送容量不足、速度偏低、车内拥挤等因素之外，公交配车数量不足导致的发车频率偏低，候车时间过长，也是主要原因之一。

4.4.4 公交舒适度的评估指标

（1）车内空间舒适度

城市公共交通车内空间的舒适度与运营车辆设备、公交车满载率、路面平整性、道路线形平顺性、公交司机驾车平稳性等相关。公交车辆内外整洁是最基本的要求，车辆机动性能、空调设备、座椅设计等也是影响车内舒适度的重要因素。车辆保持较低的满载率可以增大乘客的个人空间，增强舒适感；而良好的道路线形和路面质量可以保证车辆行驶平稳；这些都是提高公交车内舒适度的重要环节。

（2）车外空间舒适度

城市公共交通车外空间的舒适度主要与公交站点设施的空间品质有关，直接影响着乘客对候车时间的可接受度。舒适的候车空间可以缓解乘客候车的焦虑，起到从感知上"缩短"候车时间的效果。相比于车内空间舒适度，公交站点具有更多样化的手段来提高舒适度。常规地面公交的路侧公交站应尽可能为乘客建设候车亭，增加座椅、雨篷等人性化设施，并为乘客提供详细的出行信息，如提供乘客出行导航、公交线路查询、公交到站时间预告等服务。法国巴黎为了进一步提升公交服务水平，巴黎公交公司对路侧公交站亭设计进行了长期研究并组织了多次国际竞赛。2017 年全部更新了巴黎的公交站亭。新站亭由艺术家欧海拉（M. Aurel）设计并采用了环保可回收的材料建造，公交站亭配备了实时的到站信息并为乘客提供了手机充电服务（图 4-7），富有现代感的设计与街区的传统建筑形成对话，成为巴黎街道又一标志性景观要素。

图 4-7　由艺术家欧海拉设计的巴黎新公交站亭

资料来源：网络图片.

4.4.5 公交可靠度的评估指标

（1）行车准点率

行车准点率是指运营车辆在公交线路上准点行车次数与全部行车次数之比。虽然行车准点率指标不能反映不准点行车时公交车辆到站的延误时间，但它具有方便统计的特点，被广泛应用于考核公交线路的运营情况。

（2）到站时间误差率

相比于行车准点率，乘客更加关心到站时间的误差率，后者直接影响到乘客的候车时间长短和候车时间的稳定性。到站时间误差率是指运营车辆在各停靠站点到站时间误差的绝对值与发车间隔之比的平均值，到站时间误差率越小，说明该条公交线路的运营越稳定，实际运营状态越接近于计划的时刻表。

对于缺乏专用路权的常规地面公交来说，行程延误因素是造成到站不准点的主要因素，而其本身受实时的交通路况影响且经常发生变化，难以预先估算。要完全消除到站时间误差几乎是不可能的。但从乘客心理感知的角度，如果乘客能够预先知道所等候公交车辆的到站时间，对到站延误的容忍度就会有所提高。随着地理信息系统（GIS）技术和全球定位技术的普遍应用，目前许多城市都借助智能化手段，通过在公交车辆上安装定位跟踪系统，智能化地分析交通路况，实现实时地预告公交车辆到站时间，通过这一方式缓解乘客候车的焦虑，在难以消除到站误差的情况下，改善乘客感知的公交服务质量。

4.4.6 公交出行成本的评估指标

广义的交通出行成本包括经济成本、时间成本和体力成本。评价公交优先的社会效益通常侧重于其中的经济成本。当前，随着社会经济生活节奏加快，个人参与社会活动日趋频繁，交通出行的经济成本随着出行需求的增加快速提高，成为普通家庭刚性支出的重要组成部分。公交优先具有平抑城市交通出行经济成本的任务。乘客采用公交出行所需支付的经济费用，与城市公共交通的票价政策关系紧密。为了提高公共交通的吸引力和竞争力，政府应在保证公交运营企业获得基本收益的前提下，根据中低收入人群的承受能力制定较低的票价。从社会发展的角度，低票价的公共交通可以保障低收入人群的基本交通出行权利，并将普通居民的交通出行成本在个人支出预算中所占比例控制在一个可接受的范围内。

体现公交优先的公交出行成本控制主要有三个方面。一是采用多乘优惠来降低长期乘客特别是通勤乘客的出行成本，如通过发行公交月票、年卡等方式，一方面稳定公共交通的基础客流，一方面降低公共交通常旅客的出行支出。二是降低公交的换乘成本。换乘成本是影响需换乘客流是否采用公交出行的关键因素。公交换乘会给乘客带来出行时间和费用大幅度增加时，公交的竞争力将大幅降低，因此为了吸引价格敏感人群在不能直达情况下乘坐公交,应实行换乘优惠,即在票价的计费方式中考虑不同公交运营企业和公交方式之间的一致性和协调性,尽量减少甚至免除换乘导致的二次费用。同时,实现票务系统的通用性,努力使乘客持同一张票卡可以使用多种公交模式。三是对需要特殊关注群体,如老人、学生、失业人群、残障人士等应实行特殊的折扣优惠票价,并由政府对因票价优惠而导致的公交企业收入损失进行补贴。

城市公交主要服务于广大市民通勤、上学、生活购物等各种目的,公交票价直接影响市民的日常支出预算,经济可接受性是影响人们是否选择公交的关键因素之一。在公交优先发展的理念下,为了最大限度地吸引人们选择公交出行,就应当保持公交相对低票价,形成有吸引力的"磁性票价"体系。但是,公交运营本身需要支付人员薪资、公交车辆更新与维修、公交场站维护、运营组织与监管等必需的运营成本。通常,实行低票价政策后的公交票务收入无法抵消运营成本,其中的差额往往需要地方政府补贴。因此,公交票价也不是越低越好,必须考虑地方财政的可承受性与可持续性。

第 5 章

城市公共交通客流特征与发展模式

掌握城市公共交通客流情况及其时空演变特征是开展城市公共交通规划设计和运营组织工作的基础。城市公共交通客流预测结果的准确与否，将在很大程度上影响规划的科学性，而且城市公共交通涉及人口、地理、社会、经济等各个方面因素，要准确把握城市公共交通复杂系统的特征，对公共交通客流做出科学预测，就需要综合运用多学科的知识，采用定量与定性相结合，科学理论与经验知识相结合，宏观与微观相结合的研究方法。此外，城市公共交通系统包括常规地面公交、快速公交、轨道交通等不同交通工具类型，各种公共交通工具类型对应着不同的公共交通客运形式，结合城市公共交通客流特征，针对不同城市的具体情况和实际问题，研究每种形式对于城市的适用性，选择最适合的城市公共交通工具和系统发展模式，也是满足城市客运需求的关键问题。

5.1 城市公共交通客流的时空变化特征

5.1.1 城市公共交通客流的基本概念

（1）客流及分类

城市公共交通客流是指人们出行需要乘坐公共交通以实现其位置移动而达到出行目的的乘客群。也可以定义为：在公共交通线路某一方向上、在一定时间内通过某一断面的乘客的总称。

在客流的构成上，常用人们的出行目的进行区分，可分为工作性客流和生活性客流。工作性客流也称为通勤通学客流，是由职工上下班和学生上下学等日常必要出行构成的。这一部分客流的出行特征是需求量大、出行时间相对集中、规律性强，是全日客流高峰的主要构成成分；生活性客流是由人们的多种生活需要构成的，如以购物，探亲访友，就医，参加娱乐活动、体育活动等为目的的非必要出行。这一部分客流在一天中各时段都有分布，并受气候变化和季节变化的影响较大。

（2）客流量

客流量是从总的方面反映城市居民需要乘坐公共交通工具的数量。城市常住人口是公共交通工具使用的主体。对客流量的描述一般包含时间、方向、数量等因素，如"流时""流向""流量"。客流量的大小取决于城市性质与面积、人口密度、经济水平、就业人口、城市布局、出行距离，以及公共交通线路网的布设、票价、服务质量等诸因素。

为了分析客流在公共交通线路上的具体分布，经常需要了解某一路段或某一站点的乘客乘车情况，通常有以下几个数量指标。

①通过量：指的是在单位时间内，通过某站（区间）的单方向的乘客人数。

②集结量：指的是在单位时间内，某站需要乘坐公共交通车辆的人数。

③到达量：指的是在单位时间内，某站下车的乘客人数。

④滞留量：指的是在单位时间内，某站未乘上公共交通车辆的滞留在站上的乘客人数。

5.1.2 城市公共交通客流的空间变化特征

（1）线网客流状态

公共交通线路网上的客流状态反映全市公交网络上客流量的多少及分布特点。一般城市的中心区客流量总是最集中、最稠密的。由中心区的集散点逐渐向外围延伸。客流的动态分布与城市的总体布局有很大关系，并受道路格局的制约。反映在线路网上，一般有四种形态类型，即放射型、放射环型、棋盘型、混合型。线路网上客流量动态数值是用通过量表示的。各个路段的通过量按照时间顺序排成数列，即可显示出线路网上客流量动态演化过程。根据线路网上客流量动态变化的方向和数值及波动的幅度，可以提供研究线路的新途径，调整运营车辆的选型及配备各阶段的车辆数，以及修改行车时刻表等数据。

（2）线路断面

线路上各停车站的上下车人数是不相等的，因此车辆经过各断面时的通过量也是不相等的，若把一条线路各断面通过量的数值按时间排成一个数列，这个数列就能显示出断面上的客流演化过程。从这些数量关系中，可以看出客流在不同时间内在断面上的分布特点与演变规律。客流在线路各断面上的动态分布是有一定特点的，大致有以下几种主要类型。

1)"凸"型

各断面的通过量以中间几个断面数值为最高，断面上的客流量成凸出形状，如图5-1所示。

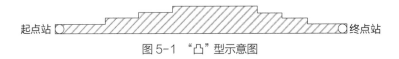

图 5-1 "凸"型示意图

2)"平"型

各断面的通过量很接近，客流强度近乎在一个水平。有些线路在接近起、终点站前的1~2站断面通过量较低，但其余断面的通过量很接近，也属于此类型，如图5-2所示。

图 5-2 "平"型示意图

3)"斜"型

线路上每个断面的通过量由小至大逐渐递增，或者由大至小逐渐递减。在断面上显现梯形分布，整体构成斜型，如图5-3所示。

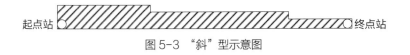

图 5-3 "斜"型示意图

4)"凹"型

与"凸"型断面的通过量动态特点正好相反，中间几个断面的通过量低于接近两端断面的通过量。全线路断面的通过量分布呈"凹"型，如图5-4所示。

图 5-4 "凹"型示意图

5)不规则型

线路上各断面的通过量分布高低不能明显地表示为某种类似的形状。

总之，分析断面上的客流动态，可以为经济合理地编制行车时刻表及选择调度措施提供重要的依据。

（3）线路方向

公共交通线路一般有上下行两个方向。两个方向的客流量在同一时间分组内是不相等的，有的线路双向的客流量几乎相等，有的线路则差异很大，因此可分为两种：一是双向型，二是单向型。

1）双向型

上下行的运量数值接近相等，市区线路属于双向型的较多。这种线路在车辆调度上比较容易，同时每辆车的利用率较高，如图5-5所示。

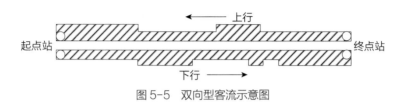

图5-5 双向型客流示意图

2）单向型

上下行的运量数值差异很大，特别是通向郊区或工业区的线路，很多是属于单向型的。这样的线路在车辆调度上较为复杂，每部车辆的有效利用率较双向型线路低，如图5-6所示。

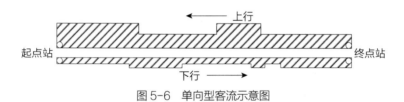

图5-6 单向型客流示意图

研究方向上的客流动态，可以为确定相应的调度措施，合理地组织车辆运行提供相关依据。

5.1.3 城市公共交通客流的时间变化特征

客流动态是受外界因素影响而经常变动的。但经过充分的调查研究后可以看到，在一定的时间与范围内，其变动程度具有某些规律性。一般可从季节、周内、日内3种不同的时间角度分析客流波动规律。

一年中每月的客流量互有差距而不平衡，有一定的起伏变化。在一般情况下，冬季每月的客流量较夏季偏高。如，岁尾年初人们的生活出行增多，客流量会有一定幅度的上升。在一个星期的7天中，由于受到生产和休假日的影响，每天的客流量是不等的，但变化较为稳定，每周的客流量将会有重复出现的规律。如，每周一早高峰，周五晚高峰。因周末休假，市区线路在周六、周日的通勤客流大幅下降，而平日低峰时间的生活娱乐性客流量在周六、周日则有很大增加。

一日之内的不同时间，城市公共交通的客流动态也是变化的。通常以 1h 为单位时间对客流的动态类型及演变规律进行分析，以掌握客流高峰在时间上的分布状况。根据客流在日内不同时间的分布，其动态演变可以划分为双峰型、三峰型、四峰型和平峰型 4 种典型类型。

（1）双峰型客流动态

双峰型客流分布的线路又称为昼夜型线路，在城市中最为常见。这种类型是一日内有两个显著的高峰。一个高峰发生在上午上班上学时间（6：00—8：00），称为早高峰；另一个高峰发生在下午时间（16：00—18：00），称为晚高峰，如图 5-7 所示。

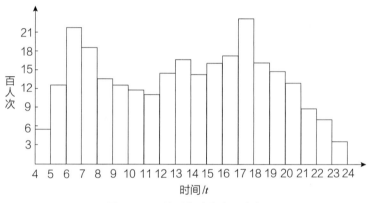

图 5-7　双峰型线路客流量动态

（2）三峰型客流动态

这种类型比双峰型多一个高峰，如果这个高峰出现在中午时间（12：00—14：00）称为中午高峰，出现在晚上时间（17：00—19：00），称为小夜高峰。一般来说，这个高峰的数值比早、晚两个高峰小，这种类型常见于市内线路，如图 5-8 所示。

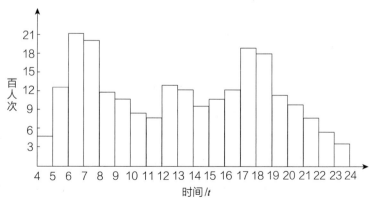

图 5-8　三峰型线路客流量动态

（3）四峰型客流动态

这种类型比双峰型又多了两个高峰。这两个高峰一般出现在中午时间（12：00—14：00）和晚上时间（20：00—22：00），而数值都比早晚高峰小。这种类型多出现在工业区行驶的线路上，如图 5-9 所示。

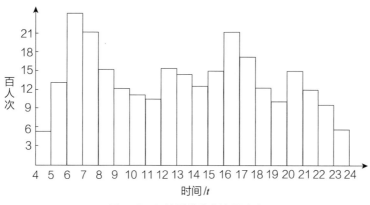

图 5-9　四峰型线路客流量动态

（4）平峰型客流动态

这种类型的客流动态在时间分布上没有明显的高峰。客流量在一昼夜分组时间内虽有变化，但升降幅度不大，如图 5-10 所示。

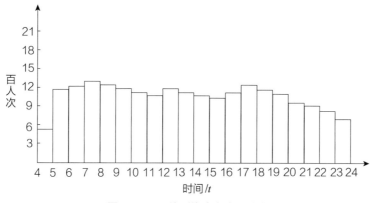

图 5-10　平峰型线路客流量动态

5.2　城市公共交通客流预测方法

城市公共交通的客流预测，就是在各种客流调查和客流统计的基础上，经过全面系统的研究和分析，从现在研究未来，从已知研究未知，结合许多不确定因素研究各种可能性，以减少城市公共交通未来发展的不确定性和盲目性，增强对公共交通出行需求未来增长变化的预见性和适应能力，对未来城市公共交通客流的变化趋势作出科学的估计。

5.2.1 基于历史客流的预测模型

基于历史客流的预测需要掌握大量的、丰富的数据和情报资料。包括掌握城市的经济与社会发展计划、城市发展规划、城市社会经济各种统计资料、城市公共交通历年的客流资料、各种客流调查资料、现实的客流状况等。在取得资料后，应用数学方法和经验判断，对资料与数据进行分析和整理，得出规律性的结论，为决策提供依据。基于历史客流数据的预测方法主要有直线趋势法、曲线趋势法、平均速度趋势外推法和指数平滑法。

（1）直线趋势法

用数学方法给社会经济现象配合一个适当的方程式，是进行客流预测的有效方法。

一般的直线趋势方程为：

$$y=a+bx \tag{5-1}$$

式中：y——预测客运量；

x——时间周期数；

a、b——待定系数。

首先，将历史客运量数据导入坐标后，可根据历史数据分布画出一条客流变化直线（图5-11），然后，可以根据这一直线反推直线趋势方程中的待定系数值（图5-12）。

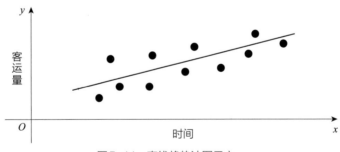

图5-11 直线趋势法图示之一

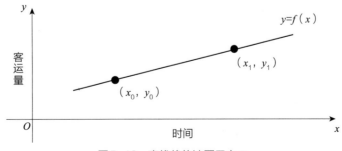

图5-12 直线趋势法图示之二

具体方法为：取直线上任意2个点的坐标，即为一对值：(x_0, y_0) 和 (x_1, y_1)。这一对值可以唯一地确定1个直线方程 $y=f(x)$，$\dfrac{y-y_0}{x-x_0}=\dfrac{y_1-y_0}{x_1-x_0}$。

整理得：

$$y=y_0+\dfrac{y_1-y_0}{x_1-x_0}(x-x_0)=f(x) \tag{5-2}$$

直线趋势法虽然可以用一对坐标 (x_0, y_0) 和 (x_1, y_1) 求得 $y=f(x)$ 的近似值，但两点的对应值本身受各种偶然因素的影响，画出的直线可能会与实际产生偏差，因此不能仅用一对坐标来决定一条直线表达的函数关系。

在 $y=a+bx$ 中，只要知道了 a、b 这两个待定参数，即可预计任何一个时间的客流量。实际应用中，我们常最小平方法（也称最小二乘法）来拟合上述函数关系，$y=a+bx$ 的标准方程为：

$$\begin{cases} b\sum x + na = \sum y \\ b\sum x^2 + a\sum x = \sum xy \end{cases} \tag{5-3}$$

式中：a、b——待求参数；

y——已掌握的客流量资料；

x——已掌握的时间资料；

n——已掌握资料的项次数。

解方程（5-3）可求出待定参数 a、b。将求出的 a、b 值代入趋势方程 $y=a+bx$ 即可进行未来客运量预测。用最小二乘法取得的趋势方程是唯一的，所谓最适合线，即误差的平方和为最小的直线。

（2）曲线趋势法

曲线趋势法也是根据实际资料，研究现象数量变化的规律，以便预测这些现象将来发展趋势的一种方法。现象数量变化的规律性就其数量表现来说，是可以从其变化的增长量或增长速度显示出来的。从动态数列中确定其数量增长的基本类型，再用合适的曲线把它变动的趋势加以描述。资料的曲线配合不能完全描述现象的趋势，只有从分析现象本身的发展特点出发，正确判断变化的基本类型，才可能有效地运用曲线配合的方法，预测趋势的发展。

1）如果现象的发展大体上是按每期以相同的增长速度增减变化，则这种现象发展的基本趋势是指数曲线型的。指数曲线的方程式是 $y=ab^x$。

其中 a、b 都是待定参数，a 表示基期的初始水平，b 表示现象的一般发展速度。即 x 年的变量 y 等于初始水平乘以一般发展速度的 x 次方。

对上式两边取对数：$\log y = x\log b + \log a$

设 $y'=\log y$，$\log b = A$，$\log a = B$

则 $y=ab^x$ 可化为：$y'=Ax+B$，可以按直线配合的方法确定所需要的指数曲线。

2）如果现象的发展是按每期增长量的增长大体相同的增减变化，则这种现象发展的基本趋势是抛物线形的，抛物线的一般方程式是：$y=ax^2+bx+c$。这种现象发展的特点是，每期都有增长变化。但是这种变化既不是按相同的增长量，也不是按相同的增长速度，而是表现在增长量的变化上，即每期的增长量按相同的增长量增长（即增长绝对数相同）。

（3）平均速度趋势外推法

这是一种将历年客运量发展的速度平均化，并按平均发展速度推算未来若干年客运量的方法。

计算公式为：

$$\bar{x}=n\sqrt{\frac{a_n}{a_0}}-1 \qquad (5-4)$$

式中：$\bar{x}$——年平均增长速度；

a_n——第 n 年的客运量；

a_0——基年的客运量；

n——时期因数。

这个方法简单易行，所需要的资料不多，是常用的预测方法。

（4）指数平滑法

指数平滑法是对平均速度的改进，是客流预测中广泛使用的方法。指数平滑法分为一次指数平滑、二次指数平滑和三次指数平滑。

一次指数平滑法的计算公式是：

$$\bar{y}_{t+1}=a \cdot y_t+(1-a) \cdot \hat{y}_t \qquad (5-5)$$

式中：y_t——t 期的实际客运量；

$\hat{y}_t$——t 期的预测客运量；

a——平滑系数（$0<a<1$，根据经验而定）；

$\bar{y}_{t+1}$——下期预测客运量。

从式（5-5）中可以看出，一次指数平滑用来进行客流预测的优点是：只要有本期客运量实际完成数、本期运量的预测数和一个合理的 a 值，就能做出下期的客运量预测。对于平滑系数 a 取值的大小，可以根据过去的预测值与实际值比较而定。差额大，则 a 值应取大一些，差额小则取小一些。通常 a 值的取值范围在 0.1~0.3 之间。

由于一次指数平滑只能预测一期的客运量。所以，这种方法只适用于短期预测。若要向前预测今后若干期的客运量，就需采用二次指数平滑法。

二次指数平滑法是对一次指数平滑的数据再做一次指数平滑。它不直接用于预测，只用于估计直线趋势模型的参数，然后再建立预测方程进行预测。同样，还可以进行三次指数平滑，用于估计曲线趋势模型的参数。

5.2.2 基于居民出行的预测模型

（1）居民出行生成预测

居民出行生成预测分居民出行发生预测和居民出行吸引预测两部分。所谓出行生成，就是城市土地利用对城市居民出行意愿的作用结果，例如，一家百货商店将会对其职工产生上班出行吸引和下班出行发生，并对城市居民产生购物出行吸引等，城市土地利用对居民的出行意愿具有根本性的影响。

居民出行发生预测按出行目的进行分类。居民的出行目的通常分为上班、上学、公务、购物、文体、访友、看病、回程等。居民出行发生预测的方法较多，常用的有：家庭类别生成模型法、回归模型法、增长率法、发生率法和时间序列法等。

与居民出行发生预测类似，城市居民出行吸引量预测也是按照上班、上学、弹性、回程四类出行目的分别建模，并采用基本相同的模型与方法，如回归法、吸引率法、时间序列等。上班、上学和回程出行吸引的回归分析模型的因变量一般采用交通小区的人口数、各类就业岗位数、各类用地面积、就学岗位数等。

1）家庭类别生成模型法

家庭类别生成模型法是根据交通调查数据或参考相关城市资料，按土地利用性质、社会经济特征等，将出行主体分类，确定各类出行率。一般来说，国外在该方法中采用的出行主体的基本单位是家庭。该模型方法的基本描述为：把家庭按家庭结构、家庭收入或者汽车拥有量的不同加以分类，再依据居民出行 OD 调查统计的各种类型的家庭平均的出行率和家庭的总户数来计算出行量。

$$G_i = \sum_{k=1}^{n} \overline{R}_k \cdot F_{ik} \tag{5-6}$$

式中：G_i——交通小区 i 的出行发生量；

$\overline{R}_k$——第 k 类家庭的平均出行率（依据 OD 调查统计资料）；

n——划分的家庭类别总数；

F_{ik}——交通小区 i 中第 k 类家庭的总户数。

家庭类别生成模型的优点是可比性强，直观反映了用地与交通生成的关系。其缺点是计算分类较繁琐，分类的代表性影响其预测精度。在国内的规划实践中，认为该方法的基本单元应是个人而非家庭，且依据汽车拥有量划分类型显然在国内还不适用。因此，借鉴国外经验时应紧密结合国内的实际情况。

2）回归模型法

回归模型法主要是建立出行量和相关因素的函数关系，以此类推预测。在居民出行发生预测中一般以土地利用强度指标为自变量，如小区人口数、劳动力资源数、就业岗位数、各类土地利用面积等，然后依据居民出行 OD 调查数据建立模型。具体又可再分为线性回归模型和非线性回归模型。

①线性回归模型的主要优点是函数关系明确，可用统计检验模型精度，基本形式见式（5-7）：

$$Y=a+\sum_i b_i X_i \qquad (5-7)$$

式中：Y——因变量，交通小区的出行生成量；

X_i——自变量第 i 种土地利用强度指标；

a、b_i——回归系数。

多元线性回归常用到的统计检验方法是 F 检验和 t 检验。F 检验是对整体回归方程显著性的检验，即所有变量对被解释变量的显著性检验。t 检验是对单个变量系数的显著性检验，一般看 p 值，如果 p 值小于 0.05 表示该自变量对因变量解释性很强。

②非线性回归模型：有多种形式，常见的有对数函数、指数函数和幂指数等，视具体情况的不同而采用不同形式的函数。

$$Y=a+b \cdot \ln X \qquad (5-8)$$

$$Y=aX^b \qquad (5-9)$$

$$Y=a \cdot e^{bX} \qquad (5-10)$$

3）增长率法

增长率法是将现状年的各交通小区居民出行发生量乘以现状年到规划年的出行的增长率，从而得到规划年的各交通小区的居民出行发生量。

$$G_i=F_i \cdot G_i^0 \qquad (5-11)$$

$$A_j=F_j \cdot A_j^0 \qquad (5-12)$$

该方法中增长率 F 的确定，通常可以用各交通小区的一些特征指标的增长率来反映。譬如交通小区的人口的增长率、劳动力的增长率、私家车的拥有量的增长率等。

$$F_i=\prod_{k=1}^{n} P_{ik} \qquad (5-13)$$

式中：F_i——交通小区 i 的发生量的增长率；

P_{ik}——交通小区 i 的各特征指标的增长率；

n——特征指标的总个数；

其中，我们假设 P_{i1}、P_{i2} 分别为交通小区 i 的人口增长率和人平均自行车拥有量的增长率，则有：

$$P_{i1}=\frac{交通小区\ i\ 规划年的人口数}{交通小区\ i\ 现状年的人口数} \qquad (5-14)$$

$$P_{i2}=\frac{交通小区\ i\ 规划年人平均自行车拥有量}{交通小区\ i\ 现状年人平均自行车拥有量} \qquad (5-15)$$

该方法有利于确定规划区以外的区域的出行发生、吸引量，因为，我们在对规划区域进行预测时，对规划区以外的区域的发生、吸引量也要进行预测。利用该增长率法，可以将发生、吸引量的增长率按照某些特征指标的增长率来加以计算。

（2）居民出行分布预测

居民出行分布预测是将求得的各交通小区居民规划年的出行发生量和吸引量转化成为各小区之间的出行交换量的过程，即要得出由出行生成模型所预测的各出行端交通量与区间出行交换量的关系。预测方法大体上分为三类：增长率法、重力模型法和概率分布模型法。

出行分布预测是"四阶段法"的一个重要组成部分，居民出行分布预测是将预测的各小区（共 n 个，表 5-1）出行发生量（G_1，G_2，G_3，…，G_n）、吸引量（A_1，A_2，A_3，…，A_n）转化为未来各交通小区之间的出行交通量（表 5-1 中的 t_{ij} 的值）的过程，如果用数学方程式表达它们之间的关系，即所谓的"出行分布模型"。

OD 矩阵及发生量与吸引量　　表 5-1

终点＼起点	1	2	…	j	…	n	发生量（$\sum_j t_{ij}$）
1	t_{11}	t_{12}	…	t_{1j}	…	t_{1n}	G_1
2	t_{21}	t_{22}	…	t_{2j}	…	t_{2n}	G_2
…	…	…	…	…	…	…	…
i	t_{i1}	t_{i2}	…	t_{ij}	…	t_{in}	G_i
…	…	…	…	…	…	…	…
n	t_{n1}	t_{n2}	…	t_{nj}	…	t_{nn}	G_n
吸引量（$\sum_i t_{ij}$）	A_1	A_2	…	A_j	…	A_n	…

1）增长率法

增长率法在考虑各小区发生量、吸引量的增长率的基础上，用现状 OD 表来直接推算未来的 OD 表，因此，它需要事先给定现状年的 OD 矩阵。该 OD 矩阵的来源可能是历史资料的补充及修正、现状年抽样调查的结果或是按某种数学方法计算得出。此法易于理解，运算简便，但由于该法是基于两点基本假设：在预测年以内城市交通运输系统没有明显的变化和区间的出行与路网的改变相对独立。因此，该方法无法考虑可能影响未来交通的其他影响因素，应用范围一般在交通源布局或交通设施布局等变化不大的情况，或作短期规划，适用于简略的交通分布预测。

增长率模型是早期开发的交通分布预测模型，它在发展和演变的过程中产生了几种不同类型的模型：均匀增长率模型、平均增长率模型、Detroit 模型、Fratar 模型、Furness 模型等。

①均匀增长率模型：是最早的增长率模型，该模型的假定基础是城市规划区域各交通小区的出行量是均匀增长的，数学模型为：

$$t_{ij}^m = t_{ij}^0 \cdot C \tag{5-16}$$

式中：t_{ij}^m——规划年小区 i 到 j 的出行量；

t_{ij}^0——现状年小区 i 到 j 的出行量；

C——出行量的增长系数。

譬如某规划区域在五年后城市居民出行增长了10%，采用均匀增长率模型即将该规划区域的现状OD矩阵中的每一个 t_{ij}^0 都乘以1.1就可得到规划年的OD矩阵。事实上，该模型的假设条件极少能符合实际，因此均匀增长率模型并不实用，但它是其他增长率模型的开发基础。

②平均增长率模型：平均增长率模型假定，在城市规划区域内，从交通小区 i 到交通小区 j 的出行量仅与这两个交通小区的增长率 C_{gi}、C_{aj} 相关：

$$t_{ij}^m = t_{ij}^0 \cdot (C_{gi} + C_{aj})/2 \tag{5-17}$$

其中，

$$G_{gi} = \frac{G_i^m}{G_i^0} \tag{5-18}$$

$$G_{aj} = \frac{A_j^m}{A_j^0} \tag{5-19}$$

在实际运算中，按照式（5-16）计算一次后得到的出行分布量 t_{ij}^1 求和后所对应的 G_i^1、A_j^1 通常都不会恰好等于规划年各交通小区的发生、吸引量 G_i^m、A_j^m 的值，因此，一般要经过数次迭代（假设迭代次数为 n）才能得到规划年的OD矩阵，并满足以下约束条件：

$$\sum_j t_{ij}^n = G_i^n = G_i^m \tag{5-20}$$

$$\sum_j t_{ij}^n = A_j^n = A_j^m \tag{5-21}$$

③Tratar模型法：Tratar模型是一种较好的增长率模型，由于它收敛速度快，迭代次数较少，是国内外城市居民出行分布预测中应用最广泛的方法之一。具体计算公式为：

$$t_{ij} = t_{ij}^0 \cdot C_{gi}^0 \cdot C_{aj}^0 \cdot \frac{L_i + L_j}{2} \tag{5-22}$$

其中，L_i、L_j 分别表示交通小区 i、j 的位置特征系数，它反映了与交通小区 i、j 有关的其他交通小区的出行增长对 i、j 小区规划年出行分布的影响，L_i 和 L_j 的计算公式为：

$$L_i = \frac{G_i^0}{\sum_j (t_{ij}^0 \cdot C_{aj}^0)} \tag{5-23}$$

$$L_j = \frac{A_j^0}{\sum_j (t_{ij}^0 \cdot C_{gi}^0)} \tag{5-24}$$

2）重力模型法

顾名思义，重力模型法综合考虑了影响出行分布的区域社会经济增长因素和出行空间、时间阻碍因素，它的基本假设为：交通小区 i 到交通小区 j 的出行分布量与小区 i 的出行发生量、小区 j 的出行吸引量成正比，与小区 i 和小区 j 之间的交通阻抗成反比。该模型结构简单，适用范围较广，即使没有完整的现状 OD 表也能进行推算预测，较大的缺点是对短距离出行的分布预测会偏大，尤其是区内出行。因此宜以交通小区为单位的集合水平上进行标定预测，并且交通小区的面积不宜划得过小。

根据对约束情况的不同分类，重力模型有三种形式：无约束、单约束和双约束重力模型。无约束重力模型的基本形式为：

$$T_{ij}=K \cdot \frac{G_i \cdot A_j}{f(t_{ij})} \tag{5-25}$$

式中：T_{ij}——交通小区 i 到 j 的出行量；

G_i——交通小区 i 的总的出行发生量；

A_j——交通小区 j 的总的出行吸引量；

t_{ij}——交通小区 i、j 之间的出行阻抗；

$f(t_{ij})$——交通小区 i、j 之间的出行阻抗函数；

K——模型参数。

目前，在规划中应用最广泛、精度最好的是双约束重力模型。所谓双约束，即对单约束的重力加上约束条件，保证出行分布后的 OD 矩阵中，满足以下条件：

$$\sum_{j=1}^{n} T_{ij}=G_i \tag{5-26}$$

$$\sum_{i=1}^{n} T_{ij}=A_j \tag{5-27}$$

双约束重力模型的具体形式为：

$$T_{ij}=K_i \cdot K_j \cdot G_i \cdot A_j/f(t_{ij}) \tag{5-28}$$

式中：G_i、A_j、$f(t_{ij})$——含义同上；

K_i、K_j——平衡系数。

平衡系数 K_i、K_j 的求解公式为：

$$K_i=\frac{1}{\sum_j K_j \cdot A_j/f(t_{ij})} \tag{5-29}$$

$$K_j=\frac{1}{\sum_i K_i \cdot G_i/f(t_{ij})} \tag{5-30}$$

目前，以行程时间函数为交通阻抗最为常见。以行程时间函数为交通阻抗的形式有多种，如幂函数、指数函数、Gamma 函数、多项式函数等，常用的有以下三种：

$$幂指数：f(t_{ij}) = t_{ij}^a \tag{5-31}$$

$$指数函数：f(t_{ij}) = \exp(\beta t_{ij}) \tag{5-32}$$

$$\text{Gamma 函数：} f(t_{ij}) = t_{ij}^a \cdot \exp(\beta t_{ij}) \tag{5-33}$$

重力模型中最重要的一环是要对重力模型进行标定,其目的是求得在现状年的交通状态下空间距离的阻抗函数 $f(t_{ij})$ 与出行距离(或时间、费用)之间的函数关系式的各项参数。通常情况下,重力模型的标定均需采用计算机编程完成。

3)概率分布模型法

概率分布模型是将小区的发生量以一定的概率分布到吸引小区的方法。这是一种以出行个体效用最大为目标的非集合优化模型,从理论上讲是一种更为精确合理的方法,但这种模型结构复杂,需要的样本量较大,较难求解和标定。

(3)居民出行方式分担预测

城市交通系统中,居民在交通小区之间的出行是通过采用不同的交通方式实现的。目前,城市居民采用的交通方式有步行、自行车、公交系统、出租车、单位车、摩托车、私家车及其他等几类。交通方式分担预测即指在进行了出行分布预测得到全方式 OD 矩阵之后,确定不同交通方式在小区间 OD 量中所承担的比例。

交通方式划分预测现行的常用方法有转移曲线法、回归模型法和 Logit 模型法等几种。

1)转移曲线法

通过对居民出行调查资料的统计分析,可建立城市内各种交通方式的分担比例与其影响因素之间的关系曲线,称之为转移曲线。影响因素包括交通小区之间的距离、行程时间或各交通方式所需的时间差等。利用转移曲线法可以直接查得各种交通方式在城市交通小区之间出行量中所占的比例。缺点是由于该转移曲线是由现状调查资料绘出,无法反映出在未来情况下,特别是当影响因素发生改变时的各交通方式分担率的变化。

在国外交通方式较为单一、影响因素相对较少的情况下,该方法应用效果较好。

2)回归模型法

通过建立交通方式分担率与其相关因素之间的函数关系,得出回归方程的方法即回归模型法。一般采用的是线性回归模型。该方法简单易行但粗略,且由于由该方法得出的分担率不能保证在 0~1 之间,因此使用范围有限。

3)概率模型法

概率模型法中最常用的模型是 Logit 模型,其函数形式为:

$$P_{ijk} = \frac{e^{U_{ijk}}}{\sum_{k=1}^{n} e^{U_{ijk}}} \tag{5-34}$$

式中：P_{ijk}——交通小区 i 到交通小区 j 的出行量中，交通方式 k 的分担率；

U_{ijk}——交通小区 i 到交通小区 j 的交通方式 k 的效用函数；

n——交通方式的个数。

其中，U_{ijk} 的计算公式为：

$$U_{ijk}=\sum_{m=1}^{c} a_m x_{ijkm} \qquad (5-35)$$

式中：a_m——待定系数；

x_{ijkm}——出行者在从交通小区 i 到交通小区 j 采用交通方式 k 时的影响因素 m；

c——影响因素的个数。

除了上述模型以外，还有 Probit 模型、牺牲量模型等其他模型，由于各有缺陷，模型的应用仍十分有限。

5.3 城市公共交通需求变化及发展模式

5.3.1 需求层次与发展模式

城市公共交通客流预测分析只是反映了城市在公共交通出行总体层面上的数量需求，也就是城市公共交通系统可能需要承担的客流总量。但是，在这个总量背后，我们还需要认识到公交出行人群是有差异的，他们的年龄、性别、经济收入、独立出行能力、出行动机等各不相同，对公共交通出行的需求上也因此存在差异。与此同时，城市在不同发展阶段对公共交通的定位也存在差异，城市公共交通系统通常是由多种交通方式组成的，针对不同阶段、不同社会人群的差异化需求，城市公共交通系统也应当选择与之相适应的发展模式。因此，公交优先不仅要满足总体数量的需求，还需要认识到城市公交出行还存在着阶段性和差异化的发展需求。

随着公交优先发展理念成为社会共识，从能够连通城市空间到适应城市发展，再到引导城市发展，城市对公共交通系统服务的"主动性"要求日益突出。随着城市功能和社会活动的多样化，居民对公共交通出行服务需求的升级，正推动着我国大城市步入多模式公共交通精细化服务阶段。

（1）城市公交服务的需求层次

城市居民对公共交通服务的需求，随着城市建设发展呈现出不断增加、从简单到复杂的变化趋势，基本需求被满足后，会逐渐派生出新的需求，并推动着城市公共交通向深层次发展。城市居民对公共交通服务的需求差异，与出行主体和出行目的相关。总体上看，城市公共交通服务需求的发展变化包含以下三个层次：

1）基本性公共交通服务需求

公共交通系统服务的基本出行需求包括通勤、通学、休闲娱乐、医疗等。其中，通勤通学为必要出行，属于刚性需求。基本性公共交通服务是城市为居民提供的普及性出行服务，其乘客数量在公共交通乘客总量中占比最高。其出行群体是基本性公共交通服务的重点，该类出行服务需求强调可达性和可靠性。公共交通站点服务范围对城市建成区的覆盖程度以及居住区、重要社会公共服务机构、交通枢纽的公共交通可达程度关系到市民使用公交出行的可行性，空间可达是底线要求，时间可达是提升要求。只有运送时间可靠，市民的各种出行目的才能够被计划，这对于以通勤、通学为目的的出行更显得重要。

2）保障性公共交通服务需求

城市公共交通服务体现社会公平，具有公益服务属性，需要为社会弱势群体提供保障性出行服务。社会弱势群体又可分为生理性弱势群体和社会性弱势群体，受该群体自身特性的影响，对城市公共交通服务具有特殊的服务需求。生理性弱势群体的服务需求主要在基础服务设施层面，应构建无障碍的公共交通环境，保障该群体享有平等的出行机会和出行条件。社会性弱势群体主要指低收入者，该群体的服务需求主要有保障公交出行条件、降低出行成本、享受交通补贴等。总的来说，保障性公共交通服务的质量目标应强调安全性和经济性。

3）主动性公共交通服务需求

随着生活品质的不断提高，传统公交服务体系已不能充分满足居民的多样化出行需求，市民越来越注重小众化、个性化、定制化的公共交通服务体验，较出行费用而言他们对行程快速、换乘便利、乘行舒适等方面的效用属性更加敏感，这就要求公共交通系统创新服务产品的形式与内容，以提升新时代下公共交通出行的竞争能力。互联网背景下的需求响应式公交、定制公交等具有相比于常规公交更"多样化"、更"主动性"的体验感，与其他运输服务的协同程度更高。

（2）城市公共交通的发展模式

结合城市公共交通服务需求的层次变化，从供给侧的角度，城市公共交通系统的发展也存在阶段性模式。城市公共交通系统建设发展不是一蹴而就的，而是伴随着需求增长变化的一个不断丰富和完善的过程。城市公共交通系统的多方式构成，为这种持续发展提供了较好的灵活性和适应性。通常，根据公交服务需求层次的变化，城市公共交通系统的发展包括以下几种典型模式：

1）"常规公交 + 出租车"模式

"常规公交 + 出租车"模式，即以常规公共交通如公共汽车、无轨电车等为主，这是城市公共交通发展过程中比较普遍的一种起步模式。这种模式适用于规模相对较小的城市或大城市发展的初期阶段，是个体机动化程度不高的情况下经常采用的模式。该模式主要适用于团块状、单中心的城市结构，建成区面积小于100km^2、人口规模小于100万人的城市。

在这种模式中，常规公共汽车运行速度为 16~25km/h，在城市交通出行结构方式比例中达到 40% 以上，出租车成为主要补充的机动交通方式。一般的常规公交基本上就能满足当前的交通需求，再加上适量发展私人小汽车、自行车就能完全满足城市交通出行需求。

2）"常规公交 + 快速公交 + 出租车"模式

"常规公交 + 快速公交 + 出租车"模式在常规公交系统之上增加了快速公交系统，是通过公交专用道上运行大运量、高性能公交服务，提高路面公交的运行速度和客运量。在城市交通结构中，公共交通受重视程度有所提高，公共交通路权得到一定保障。这种模式适用于一般的大城市，主要适用于建成区的人口超过 100 万人的大城市或面积超过 100km² 但不超过 200km² 的特大城市。

以常规公交为主体，在主要出行方向上设置公交专用道，制定并逐步实施"公交优先"的措施，提高公交的适应性，形成公交优先车道网络系统，具有较高的灵活性，投资少见效快，便于管理。从可持续发展的角度出发，比超前建设轨道交通要经济适用。

3）"轨道交通 + 常规公交 + 枢纽 + 出租车"模式

"轨道交通 + 常规公交 + 枢纽 + 出租车"模式，是一种多元公共交通构成模式，主要适用于团块状、带状、多中心的城市建成区面积大于 200km² 的大城市，或带状城市建成区的面积大于 150km² 的大城市。以轨道交通为骨干，常规公交为主体，全面实施"公交优先"的发展战略，形成完善的城市轨道交通系统，并有节制地适量发展出租车模式，组成多元化的现代交通体系。城市轨道交通主要配置在主出行方向上，为中、远距离出行地居民服务，是城市交通网络系统的骨干。

在这种多元公共交通模式下，一些轨道交通成网运行并成为城市公共交通的主体。从承担城市客运总量的比例来看，截至 2019 年，我国一线城市（北京、上海、广州、深圳）的轨道交通日均客流均已经超过常规公交（图 5-13）。

4）一体化综合服务模式

一体化综合服务模式也可称为"出行及服务模式"（MaaS）。MaaS 出行服务通过将离散交通子系统向一体化综合交通系统的转化，打造一个比自己拥有车辆更方便、更可靠、更经济的交通服务环境，让出行者从拥有车改为拥有交通服务，实现由私人交通向共享交通的转变。具体的出行服务系统包括以多种类型的轨道交通、快速公交和综合换乘枢纽构成客运交通网络系统的主骨架，以常规公交满足强规律性的高需求和以需求响应型城市客运服务满足低需求时空特征或高端差异化需求形成完善的城市公共交通系统。同时发展 P&R 换乘服务，有效地调控自用乘用车的作用。

MaaS 出行服务模式下，除了完善的多模式、多层次的城市公共交通体系，重点还在于将各种交通模式整合在统一的服务体系与平台中，实现规划、预定、支付、清分、评价等业务链条的一体化,精准满足出行者需求的大交通出行服务生态体系。在该模式下,乘客只需提交一份出行需求订单,Maas 后台的联盟运营商将协同提供无缝衔接的接力运输服务。通过对乘客服务需求的分解,合理协调交通资源,确定整体的出行路径和各阶段的交通方式,进而引导乘客出行,并采用一体化的支付平台收取服务费用。

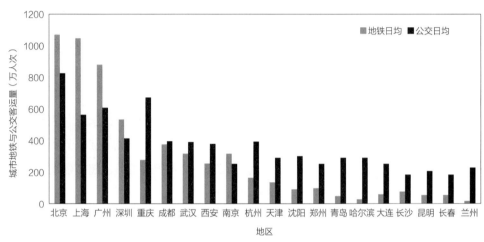

图 5-13　2019 年 1—7 月我国部分中心城市地铁与地面公交的客运量

资料来源:交通运输部.

5.3.2　影响供需关系的考虑因素

城市公共交通服务模式连接着需求和供给两端,实现需求和供给的动态匹配,是城市公共交通服务模式发展的目的。一方面,城市公共交通服务模式直接关系着系统建设和日常运营的成本投入,决定了公交运营企业的工作范畴和经营类型;另一方面,城市公共交通服务模式的某些关键因素也会对居民的公交出行需求产生重大影响。因此,在选择城市公共交通发展模式时,需要分别从需求侧和供给侧两个方面,考察分析关键因素可能对供需平衡带来的影响。

(1)需求侧的考虑因素

城市公共交通服务模式对居民公交出行需求影响较大的因素有可获得性、发车间隔(服务频率)、准时性、出行速度(出行时耗)、舒适度、安全性和出行费用等。

1)可获得性

可获得性是每一位公交使用者的最基本要求和前置条件。如果这项要求没有得到保证,人们实际上不能够使用公交服务。

可获得性包括空间上的可获得性和时间上的可获得性。为提高乘客服务水平,空间可获得性往往要求公交车站选址靠近乘客出行的出发地和目的地;而时间可获得性则是指提供公交服务的运营时间。大多数公交线路应该在每天 24h 内运营

18~20h。在大城市，由主要线路组成的骨架网络，则应该全天24h运营。而通勤公交仅需在早晚高峰时段里运营。

2）发车间隔（服务频率）

发车频率与发车间隔是影响乘客公交出行需求和意愿的重要因素。对于短距离、城市内部的出行，如果公交运营企业能提供高频率的公交服务，那么乘客基本可以随到随走，出行不必受限于公交时刻表，公交出行意愿就高。根据调研数据分析，对于短距离的城市内部出行，6min及以内的发车间隔比较理想；对于5~10km的城市内部出行，6~12min的发车间隔仍是令人满意的；对于长距离出行，通常是一种计划出行，比如乘客需要使用时刻表的区域通勤出行，20~30min的发车间隔属于可以接受范围。若发车间隔超过30min就会明显降低公交服务的吸引力，尤其对于那些拥有小汽车的乘客。

3）准时性

准时性即正点性能，或者在更广泛的意义上，也被称作服务可靠性。准时性是按照在时刻表后一定时间内到达的车辆的百分比来度量的。大多数公交系统中，对准时性的度量允许有一定的偏差，通常，发车间隔为5~30min的公交线路的允许延误是0~4min，而对于短的发车间隔（如1~5min），这个允许延误区间则更为严格（如2~3min），而论小时的服务和城际公共交通可以将这个延误区间确定为5~15min。然而，在发车间隔短的线路上，由于服务延误而给乘客造成的不便会少一些，除非车辆超载。

准时性差的公交系统不仅给乘客造成不便，而且还会增加乘客的出行时间。交通干扰是造成延误的主要原因，因为拥有不同程度路权的公交系统，其正点率有明显的差异。轨道交通系统（地铁、市域铁路）运营的准时率可以达到97%~99%。对于快速公交系统，准时率可以达到90%~96%，而对于地面公交，尤其没有特殊路权保障，其准时率有时会低至75%~80%。后两种方式的准时性在高峰期和非高峰期的差别很大，而地铁和区域铁路的准时性几乎不受高峰时刻的影响。

4）出行速度（出行时耗）

运载工具的行驶速度和出行时耗是影响公共交通方式分担率的重要因素，两者也具有强关联性。然而，出行时耗并不完全等于出行距离与平均行驶速度的比值，这是因为乘客通常考虑门到门的完整出行时间，由到达公交车站的时间、等待时间、在车时间、换乘时间和离开公交车站抵达目的地的时间共同组成。

出行时耗一般会受到公交网络覆盖率和服务频率的影响。近年来，随着乘客对于高品质公共交通出行服务的需求越来越高，感知出行时耗概念也变得越来越重要。由于乘客者个人特征（性别、年龄、工资等）、出行目的（工作、探亲、旅游）、公交服务环境（车内拥挤情况、候车厅整洁情况）等方面的差异，乘客对出行过程中各环节实际消耗的时间的感知时长不一样。有乘客调查表明，等待时间和换乘时间应使用 1.5~2.5 的系数以获得相应于在车时间的感知时耗。步行时间的相对权重在很大程度上依赖于该地区城市步行空间的品质和吸引力。在实际的客流方式分担率计算时，乘客出行各环节的时间的感知系数应当由 SP 调查获得。

5）舒适度

广义上来讲，舒适度是生理和心理没有紧张而且只有愉快感觉的经历。对于公交乘客而言，这个因素是包括很多从物理因素（如空调）到心理因素（如特定服务的对象）的定性因素。使用公共交通的舒适度可以按照各个使用环节来阐述，包括步行至公交车站（从公交车站步行至目的地）环节、在车站候车及乘降环节、在车环节。

① 步行至公交车站（从公交车站步行至目的地）环节：这前后两个步行环节通常对舒适度有着负面因素，因为人们不喜欢长距离的步行，尤其是在令人讨厌的环境和恶劣的天气条件下；然而，如果是在高品质环境中步行适当的距离，如公园或者商业街等，则反过来可能会增加舒适度。

② 在车站候车以及乘降环节：乘客候车时的舒适度会因为车站外观、天气防护措施、安全性等被提高。乘降时的舒适度取决于上或下公交车辆所需的时间。台阶的数量和高度、车门的宽度也是主要的影响因素。

③ 在车环节：在车期间的舒适度与座位可获得性、座位的尺寸、载客人数、车辆内部清洁度和照明度、温度、通风条件、行驶加速度和噪声有关。

乘客在车时，座位的可获得性是最重要的单个公交乘客舒适度的构成要素。站立对于长距离出行、道路方式和橡皮轮式车辆来说尤其令人讨厌，因为它们比轨道车辆要颠簸得多。

座位的尺寸及其设计、柔软度等，都会影响舒适度。公共汽车上每个座位的典型面积是 0.25~$0.35m^2$，轻轨和快速公交车里是 0.30~$0.40m^2$，区域铁路高达 $0.45m^2$。

站立乘客移动的能力和舒适度由乘客密度即在制定公交线路的时刻表时引入的承载系数决定的。拥挤程度（不舒适度）和乘客在车上移动的能力是由每平方米的平均乘客数或者它的倒数，站立乘客平均面积度量的。实际的公交车辆运载测试表明在很多情况下低于 $0.20m^2/prs$ 实际上是不可能实现的。实际上，$0.15m^2/prs$（$1.6ft^2/prs$）有用于车辆设计中的结构强度计算。大城市中车辆容量计算最常用的标准通常是重负荷的公交系统 $0.20m^2/prs$。在工业化国家中许多当前设计的系统中使用 $0.25m^2/prs$。

最理想的温度应该在 16~25℃（61~71℉），但是人的舒适度是湿度的函数；湿度越高，可忍受的热度也就越低。

通风本身是必要的，可以辅助温度控制。通风的常用标准以每人每分钟的空气流通量表示，见表 5-2。

公共交通舒适度和空气流通量的关系　　　　　表 5-2

条件	和运载情况有关的通风条件（m^3/min/人）
合适的～非常舒适	>0.85
可接受	0.70~0.85
能忍受的最小值	0.45

乘坐舒适度还取决于车辆在竖直方向、横向和纵向的颠簸程度。它由公交系统的技术、车辆悬架和支撑方法的类型和状况、路径线形等决定。当车辆在任何方向的加速度不超过 $1.5m/s^2$（0.15g）时乘坐舒适度是令人满意的。最大变速率（加速度的突变）不应该超过 $0.7m/s^2$。

如果车辆和车站的内部噪声超过了一定的水平，会令乘客感到不适。表 5-3 给出了常用的乘客噪声标准。现代的公交车辆非常安静，尤其是电力驱动车辆（轨道车辆和无轨电车）。例如，当代的轨道快速公交车辆运行在无缝钢轨、木制枕木的轨道条件下，当速度为 60km/h 时，以乘坐乘客的水平测量的噪声为 60~65dBA，速度为 100km/h 时，噪声为 64~74dBA。

公共交通舒适度与噪声水平的关系　　　　　表 5-3

状况	噪声（dBA）
合适的～非常安静	<75
可接受	75~85
能忍受的最大值	95

6）安全性

安全性是指没有事故，与司机的驾驶状态、车辆的行车状况、车站和站点的周到设计、道路环境、天气状况等因素有关。发达国家的大部分公交系统的安全性比其他的方式要高很多。

从乘客角度来看，如果乘客没有感受到较高的安全性，他们就倾向于不使用公交系统。1970—1980 年间美国和其他一些国家的公交系统传统的高安全性有所降低，但是近年来有所改善。尤其是当新的系统看起来现代、高质量、使用量很大、容易监视时，老旧、保养不足的系统往往比新的设计成容易监视的系统更容易遭受破坏，比如蒙特利尔地铁、新加坡大运量快速公交和慕尼黑的 U-Bahn。

7）出行费用

乘客公交出行费用以单次或者每年进行计算，通常仅由车票费组成。然而，当乘客有其他现款支付的成本时，也必须包含在内，如车站停车费。如果通勤者拥有小汽车，特别是驾车前往车站，那么拥有和运行小汽车的费用应该算入出行成本。

如果公交费用和公交服务的价值相符合，乘客会接受费用。然而，出行者对现款支付比间接成本更加敏感。大多数小汽车拥有者仅将停车费和燃油费算作出行成本，却忽略了保险费、折旧、保养和其他长期成本。因此，公交费用一定要比小汽车出行的边际成本而不是总成本更具竞争力，才能吸引更多的乘客使用公共交通。

（2）供给侧的考虑因素

公交企业提供公共交通服务对公交客流需求影响较大的因素有：服务覆盖范围、可靠性、周转速度和能力、灵活性、出行时耗（出行速度）、舒适度、安全性、运营成本和乘客吸引力等。

1）服务覆盖范围

公交服务的主要覆盖范围通常定义为从公交车站和站点步行5min所覆盖的面积，次级覆盖面积包括5~10min步行距离所覆盖的面积。公交覆盖范围更加精确的度量是由计算服务区人口占总人口的百分比而获得。

如果有许多通勤公交在非高峰期间不运营，那么，常规公交覆盖范围和高峰覆盖范围这两种不同的覆盖面积应该分别计算和分析。

2）可靠性

城市公共交通系统的可靠性包括了网络可靠性和运营可靠性两个方面。公交网络的可靠性指的是在现有的正常运营条件下，在规定的时间内，公交线网能将每位乘客安全、舒适地送到目的地的概率。根据可靠性理论及其研究方法，可用下列概率性指标来衡量城市公交系统的可靠性：

①公交线网连通可靠性：公交网络节点之间保持连通的概率。

②公交线网直达可靠性：在正常营运条件和乘客可以接受的出行时间内，公交线网可以将乘客直接送达目的地而无需中途换乘的概率。

③公交线路出行时间可靠性：在一定的交通需求条件下，公交车辆在一条规定的公交线路上完成乘客运输过程中，在两个节点之间的运行时间达到公交时刻表规定的时间水平的概率。

3）周转速度和能力

公交运营企业必须提供足够的运营速度来吸引乘客，乘客的成本直接依赖于系统的周转速度。同时，为了满足乘客没有延误和舒适度的需求，公交运营企业必须提供足够的线路能力。

4）灵活性

交通系统灵活性的定义为使系统轻松或者低成本地适应条件或者运营的改变，其涉及交通系统的许多特征。因此，交通运输系统要具有空间灵活性（自由移动程度、方向灵活性、枢纽站的数量、网络的可拓展性）、时间灵活性（系统随时间改变的可能性）、运营灵活性（线路、时刻表、能力和控制类型的灵活性）。

5）安全性和安全保证

从运营的角度，公交系统的安全性通过统计每万或者 10 万车辆—公里或每 100 万乘客—公里的事故数量、死亡人数、受伤人数和物质损失来度量。

在混合交通条件下，运营的地面公交方式（巴士、无轨电车和有轨电车）的安全性在很大程度上取决于车辆通行的道路条件。半独立路权上的运营比开放式街道上的运营安全性要高，独立路权的轨道交通或快速公交的安全性大幅提升。

由于高台阶、车门故障、地板状况或者车辆突然启动和紧急刹车，乘客在上车或下车或乘坐期间也可能会发生安全事故。因此，在车辆设计、保养和运营（车辆离站时监督车门状况）过程中要认真考虑安全性。

安全保障以单位时间或者单位出行量的犯罪事件的数量来度量，犯罪事件有时候在许多城市是一个严重的问题，导致许多公交运营商已经采取防止犯罪和控制的措施。在公交系统的设计和建设过程中，尤其车站、车辆和"P+R"停车场等考虑安全保障的要求，能够极大地增加系统的安全保障，降低犯罪控制的成本。

不正确的安全保障会造成严重的乘客流失。1980 年前后，许多公交系统，包括纽约、伦敦和巴黎，都出现了破坏公物和犯罪的浪潮，造成了乘客的大量流失。当采取特殊的措施抑制这些现象，乘坐量才得以恢复。从 20 世纪 90 年代后期开始，纽约的公交系统由于增加了安全保障并引入新的允许多方式换乘的收费方式，运载的乘客量创造了纪录。

6）运营成本

提供公交服务的总成本由资本成本和运营成本构成。近几年，随着公共资源（各级别的政府）对公交和其他城市交通方式的资本投入增加，运营商现在仅仅直接受到运营成本的影响。在评估不同的方式时，既要考虑资本成本也要考虑运营成本，以单位成本表示（元/客位公里）。

7）乘客吸引力

使用公交系统的人数不仅是潜在需求的函数，而且也受到乘客要求被满足的程度的影响，例如市场营销、公共关系和系统的实际形象等因素。公交线路的视觉区分度是非常重要的。高速公路比城市道路拥有更高的吸引力（不仅服务水平更高而且形象独特容易辨识），与此类似的，拥有独立路权的公交方式比混合路权的公交服务拥有更强的形象和更大的吸引力。

总的来说，规划公交系统的乘客吸引力是很难定量预测的。但是，有经验的公交规划师和运营商会意识到这个因素，并且在方式比较中予以考虑。

第 6 章

城市公共汽电车线网规划

城市公共汽电车系统由在城市道路上运行的公共汽车和无轨电车组成。根据我国目前的经济发展水平以及城市客运需求，我国大部分城市不需要建设轨道交通，以公共汽车、无轨电车等为运载工具的常规地面公共交通仍将是我国大部分城市公共交通的主导系统。在一些经济活跃、出行需求高的大中城市，可以考虑发展中运量的快速公交系统（BRT），以增加地面公共交通的服务供给，将有利于进一步提升公共交通出行服务竞争力。因此，学习掌握城市公共汽电车线网规划的基本理论和方法具有重要的现实意义。

城市公共汽电车线网规划通常需要制定多个备选方案，在多方案设计、模拟、优化和评价的基础上，通过方案比较得到最优方案。本章将传统的城市公共汽车和无轨电车交通系统合称为常规地面公交系统，重点说明这一系统线网规划的原则和技术方法。在此基础上，补充说明快速公交系统线网的规划设计要点。

6.1 常规地面公交系统组成与技术特征

公共交通系统既包括硬件子系统（设施、设备、工具等），也包括软件子系统（运营管理、政策等），与城市交通系统乃至社会经济环境相联系，是典型的多变量、多目标、多层次、多属性的复杂、开放的系统。

6.1.1 常规地面公交的系统组成

常规地面公交系统从系统规划、建设和管理角度出发，也可分为运输设施设备与工具、运营管理这两个子系统。

运输设施设备与工具包括车辆、场站、线路与线网。常规地面公交系统的车辆包括公共汽车和无轨电车。场站设施是常规地面公交组织运营必需的硬件基础设施。其中，场包括停车场、保养场，起着保障车辆日常运行的作用；站包括起讫站、中途站、枢纽站，是能够直接服务于乘客的设施。公交线路是根据预定的时刻表，有车辆运行于固定线路布局上的基础设施和服务的总称，是由若干站点串联而成的一段固定的营运径。一个城市内所有公共交通线路构成的网络即为线网。线路服务于沿途居民乘车需求，而线网服务于一个区域乃至城市的居民乘车需求。常见的公共交通线网主要有放射型、棋盘型、混合型、主辅型等形式。

常规地面公交属于定时、沿固定线路行驶，按客流的流向、流量的时空分布变化而不断调节的随机服务系统，除运输设施与设备外，其运行还需要依靠运营管理系统，按照客流的实际需要，保证一定的行车间隔和时间，适应客流变化灵活调度车辆，掌握不同时间、区段、流向等条件下的客流变化规律，提供安全、迅捷、准点、舒适的运营服务。运营管理系统主要包括两项内容。一是制定运营计划，二是执行并监控运营计划。

6.1.2 场站类型及技术特征

（1）公交车站

公交车站按照功能可分为起讫站、中途站和枢纽站。

1）起讫站

起讫站也称为公交首末站，是每条公交线路起、终点两端的停车站，供乘客候车、上下车，为运营车辆在线路的起点和终点运转、等待调度以及结束运营后的停放提供场地，一般还设置调度室供现场调度人员组织车辆运行和行车人员休息使用。

起讫站根据服务车辆数分为大型站（大于 50 辆）、中型站（26~50 辆）和小型站（少于 25 辆）；根据服务线路数可分为一般终点站和服务性终点站。一般终点站指 1~2 条线路的起点或终点站，有标识明显、严格分离的入口和出口，一条线路的起点和终点站布置 2~3 个泊车位。服务性终点站是一种将车辆调头、公共汽车停放与上下客、旅客候车和调度用房等多种设施合在一起的小型站，通常为 2~4 条线路提供终点作业服务。

2）中途站

中途站是沿公交运行线路设置的车辆停靠站点，供线路运营车辆中途停靠，为沿途乘客上下车服务。绝大多数中途站都沿街设置，设有候车区、车站标识等部分，有时根据客流需求以及能力设置乘客辅助设施，例如长椅、自行车停靠区、时刻表、实时的车辆及线路信息、照明设施等，还可以与枢纽站、轨道交通车站或多种交通方式的换乘枢纽衔接。

公交停靠站根据站台形式可以分为路边停靠站/港湾式停靠站；根据设站位置可以分为交叉口上游停靠站（近端停靠站）/交叉口下游停靠站（远端停靠站）/路段停靠站（中端停靠站）。

3）枢纽站

枢纽站通常是多条公交线路的交汇和集散处，或3条以上主要公交线路的起讫站，或为适应大型客流集散所需而设置的多条公交线路、多种交通方式汇集的客运交通集散场所，以方便乘客乘车、换乘。

根据功能、交通方式、交通组织、布置形式、服务区域的不同，枢纽站又可分为对外/市内枢纽，交通换乘/公交换乘枢纽，首末站换乘/中途站换乘枢纽，立体式/平面式枢纽，都市级/市郊（区）级/地区级枢纽。

（2）公交车场

公交车场是公共交通运营管理的基层单位，按照功能可分为停车场、保养场。

1）停车场：主要供车辆停放，为线路营运车辆下班后提供合理的停放空间、场地和必要设施，并按规定进行每天的车辆低级保养。

2）保养场：有停车、保修保养双重功能，承担车辆的高级保养、修理任务，也具有燃料存取功能。保养场按照保养能力分为大中型、小型两种，大中型保养场年保养能力为500辆左右，小型保养场年保养能力为200辆左右。

停车场、保养场等设施应与城市公共交通发展规模相匹配，其布局要考虑车辆种类、数量、服务半径和用地条件等因素。停车场宜大、中、小相结合，分散布置；保养场宜使高级保养集中、低级保养分散，并与停车场相结合。

6.1.3 线路类型及技术特征

常规地面公交系统中的线路类型除可以按车辆种类不同，分成供公共汽车运营的线路（简称"汽车线路"）和供无轨电车运营的线路（简称"电车线路"）外，还可以根据其功能作用、服务时间、服务区域、计价方式等差异，进行不同方式的分类，以结合分类的目的，更好地认识系统网络的复杂性和层次性。

（1）按功能定位分类

从公交线网层面看，城市公共汽电车线路一般分为干线、普线和支线三个层级。不同层级的城市公共汽电车线路的功能与服务定位存在差异。

1）干线：沿客流走廊，串联主要客流集散点，运送速度不小于20km/h，单向客运能力5~15千人次/h，高峰期发车间隔小于5min。

2）普线：大城市分区内部线路或中小城市内部的主要线路，运送速度不小于15km/h，单向客运能力2~5千人次/h，高峰期发车间隔小于10min。

3）支线：深入社区内部，是干线或普线的补充，单向客运能力小于 2 千人次 /h，高峰期发车间隔与干线协调。

（2）按运营时间分类

1）全日线路：营运时间为 4：00—24：00，承担绝大部分客运任务，是公共交通的主要线路类型。

2）高峰线路：营运时间为早晚高峰客流集中时段，主要为通勤乘客服务。

3）夜宵线路：营运时间为 24：00—4：00，服务于乘客的夜间出行，保证城市昼夜延续的各类活动正常进行。

（3）按服务区域分类

1）市区线路：布设在市区范围内的线路。

2）郊区线路：布设在市区与郊区之间或布设在郊区之间的线路。

（4）按计价方式分类

1）一票制线路：对起讫点间任意乘车区间采取统一的定价，通常在市区线路或长度较短的线路中采取此形式。

2）分级计价制线路：根据里程长短，对不同乘车区间采取不同的定价，一般在郊区线路中采取此形式。

（5）按适应不同层次需要分类

1）常规线路：面向大众、票价低廉、乘客日常出行选择较多、较为常见。

2）专线线路：提供定时、定点、定向、直达的公交服务，例如机场专线、旅游专线等。

6.2 常规地面公交的线网规划

公交线网布局是指公交线网在一定区域内道路网络上的布设方案。常规地面公交线网布局规划需要因地制宜地考虑各项影响因素，以公交乘客出行 OD 矩阵为依据，以方便市民出行为目的，并兼顾运营效益，进行合理、可行的布局规划。

6.2.1 常规地面公交线网规划基础

（1）线网规划的主要内容

常规地面公交线网规划的主要内容包括：

1）现状调查：主要包括城市人口出行次数、出行方式等情况调查，还包括城市居民出行起讫点 OD 调查、城市流动人口出行 OD 调查等工作。此外，必须了解城市的总体发展规划及城市的综合交通规划。

2）需求预测：获得居民出行需求分布量（OD矩阵）一般有两种方法：①对于面向中远期的公交线网规划，根据居民出行调查和城市土地利用状况按"四阶段法"进行预测。②对于近期的公交线网调整，常常采用基于线路客流量调查的客流估算方法。

3）常规地面公交线网客流预测与评价：常规地面公交线网客流预测是指将前面预测的常规地面公交需求分布量（OD矩阵）分配到拟采用的公交网络上，确定公交网络中每一条公共交通线路的断面客流量及站点上下客流量。常规地面公交线网评价是指根据城市的形态及预测的线网客流量，对设计的公交网络布局方案进行网络形态及交通质量等多方面的评价。

（2）线网规划的一般原则

常规地面公交线网布局的规划一般考虑以下原则：

1）为更多的乘客提供服务。

2）公交线路客流均匀。

3）线网的效率最大。

4）保证适当的公交线网密度，即良好的可达性。

5）保证线网的服务面积率，减少公交盲区。

6）使全体乘客的总出行时间更短，尽可能地提高公交运营速度，以居民出行需求为导向，线路走向与客流的主流方向一致，优先对客流量较大路段进行线路布设，在主要客流集散点之间设置直达性强的线路，减少换乘次数等。

7）考虑公交运营具体情况，提高运营收益。

在规划中，应当根据不同类型城市的规模、形态、发展阶段等方面的特性，使线网与城市用地布局相协调，结合土地利用性质、开发强度和布局模式，坚持公共交通引领城市发展（TOD）的理念进行线网设置和调整。

（3）线网规划的考虑因素

一般情况下，在进行常规地面公交线网规划时，需要综合考虑以下7个方面的因素：

1）客运需求：影响公交线网规划的首要因素即为城市客运交通需求，包括出行数量、出行分布和出行路径的选择。在一定的服务水平要求下，客运需求量大的区域要求布置的公交线网客运能力较大；而客运需求量过小的区域，则要从经济等角度判断是否适合开设线路。理想的公交线网布局应满足大多数客运需求，具有服务范围广、非直线系数小、出行时间短、换乘率低、可达性高等特点。

2）车辆条件：车辆的物理特性（长度、宽度、高度、质量等）、操作性能（车速、加速和制动能力、转弯半径等）、载客指标（额定载客量、座位数等）和车辆数等条件均会对线网规划产生影响。考虑物理特性、操作性能与道路条件的协调，可以由车辆总数、载客能力和线路配车数量确定线路总数。

考虑其中物理特性和操作性能与道路条件的协调，可以确定公交线网规划的"基础道路网"。车辆总数、车辆的载客能力、每条线路的配车数和客运量有如下关系：

$$N_l \times C_l \propto P_l, \quad \forall l \in L \tag{6-1}$$

$$\sum_{l \in L}^{n} N_i = N \tag{6-2}$$

式中：N_l——路线 l 的配车数（标准车辆数）；

C_l——标准车的载客能力（人）；

P_l——路线 l 的客运量（人）；

n——路线数；

L——路线集；

N——城市公交车辆总数（标准车辆数）。

由车辆总数、车辆的载客能力和路线的配车数可决定路线总数。车辆总数可作为线网规划的限制条件，也可先规划线网，根据线路配置车辆，得到所需的总车辆数，再考虑数量的限制。

3）场站条件：可将起讫站作为公交线网规划的约束条件，根据拟定的起讫站生成网络，也可以在线网规划后，根据线路以及车辆配置确定起讫站站址与规模。一般的公交站可以在线路确定后根据最优站距和车站长度限制等条件确定。

4）道路条件：城市道路是公交线网的物质基础和前提，是公交线路的依托，但并非全部道路均适合公交车辆运行，还要考虑道路几何线形、路面条件和容量限制等因素。

5）效率因素：效率因素即公交线网单位（如每公里、每班次等）投入获得的服务效益，有每月行驶次数、每车次载客人数、每车公里载客人数、每车公里收入、每车次收入和营运成本效益比等指标，能够反映运营状况、经过地区的客运需求量和线网服务吸引能力。

6）政策因素：包括交通管理政策（车辆管制与优先、服务水平管理、票价管理等）、社会公平保障政策（例如照顾边远地带居民出行等）和土地发展政策（例如通过开辟公共交通线路诱导出行、促进沿途地带的发展等）。

7）其他因素：在公交线网规划中还要考虑城市人口年龄等特征以及经济、文化等因素。

（4）线网规划的目标

常规地面公交线网的规划目标可归纳为三类：

1）实现运输工作量最大化：通常采用"人次"或"人公里"两个指标衡量运输工作量，要求公共交通系统能够提供快速、便捷的服务以及吸引乘客的其他因素。当规划给定的公交线网时，如果可选方案的平均出行距离变化不大，则"人次"和

"人公里"的值相近；但在对城市内部公共交通系统与区域公共交通系统进行比较时，不同的线网规划会导致"人次"与"人公里"的值相差较多，应当同时考虑"人次"与"人公里"的取值。

2）实现运营效率最大化：在公共交通线网达到所期望的运营水平时，系统消耗的总成本最低。

3）实现积极影响：从短期来看，实现缓解道路拥堵的目标；从长期来看，实现更高的人口流动率、土地的合理利用、为居民提供更高的生活质量等目标。

这三类目标分别针对乘客、运营公司和社会三个角度提出。

从乘客角度出发，公交线网运输的出行乘客越多，说明公交线网越能够很好地提供服务，满足居民日常出行的需求；公交线网完成的人公里越多，运营的单位费用越低，就越经济。因此，公共交通线网规划最重要的目标就是吸引尽可能多的乘客。

涉及服务质量与乘客吸引力的影响因素有：

1）覆盖范围；

2）运营速度；

3）出行直达率；

4）简单性、连通性、换乘便捷性。

从运营公司角度出发，关注运营有效性，即公交运营性能、成本方面的问题，涉及公交线网运营效率的因素有：

1）线路的连贯、平衡性；

2）运营的灵活、有效性；

3）与其他交通方式换乘的便捷性；

4）场站的用地与选址；

5）系统的投资与运营成本。

从城市相互作用关系，即社会角度出发，要确保公共交通在城市中发挥积极作用，在线网规划中要考虑的因素有：

1）土地的高效利用；

2）地形与环境；

3）既有的交通设施与网络。

6.2.2 常规地面公交线网优化与调整方法

（1）公交线网优化

城市公交线网优化是面向全网进行整体性的提升。公交线网是典型的复杂网络，适用复杂网络理论进行全局优化。实际工作中，经常采用的方法有以下几种：

1）逐条布设，优化成网。该方法根据一个或几个指标，在可行线路的集合中，逐条找出最优的公交线路、叠加成完整的公交线网，并通过网络客流分配及一系列检验来局部修正完善成网。该方法思路简单直观，容易实现，在优化过程中有主观性与经验性的反馈调整。但成网后缺乏合理反馈，可能导致生成的公交线网与其本身布线的原则相矛盾。

2）逐条预选，优化成网。该方法是结合现状公交线网的启发式逐步优化法，首先考虑基本保留现状公交线路中的合理部分，对公交起、终站点集合中剩余部分按逐条布设的方法布线，然后进行客流的预分配，根据线路效率调整公交线网，最后通过客流网络分配及一系列检验来局部调整线路，达到公交线网的优化。

3）线路组合，全网最优。该方法将公交线网规划归结为一个数学规划问题，以公交网络客流效益最优为目标，其函数往往较为复杂，影响因素和约束条件众多，在实际应用时多借助软件工具，现状仅适用于小规模的新型城市。

城市公交线网优化目前尚无统一模型，方法较多，灵活性大，一般采用寻优法、拟优法或证优法求得较优可行解。

我国目前各大城市普遍制定了适应自己城市特征的线路优化导则。以《上海市公共汽（电）车客运线路优化导则》为例，其提出的常规地面公交线网优化原则包括：

1）出行便捷。外环线内两点间公共交通出行在一小时内完成，郊区可通过一次乘车进入轨道交通网络或外环线内，新市镇与所属行政村之间在道路、桥梁复合公交车辆通行条件的情况下通过一次乘车到达。

2）区域差别。结合城市建设实际，因地制宜调整公交线网。重点疏解内环线以内的公交线网，不断补充完善内外环线之间的公交线网，加快发展外环线以外新城区的公交线网。

3）功能分级。根据不同层次线路的功能定位与特征，明确合理的网络形态与优化策略，合理布局。

4）集约高效。比较各公共交通方式的优势，进行协调整合、促进合理分工。加强不同交通方式以及不同线路之间的衔接，在合理的换乘范围内提高公交的运营效率，形成高效一体化公共交通。

（2）公交线网调整

常规公交线网调整不同于前述的公交线网规划，主要考虑近期阶段公交出行需求影响因素的变化而进行局部调整。线网调整的技术路线如图6-1所示。

在进行线网调整时宜对线路由主及次分层逐条进行调整，主要有线路延长、线路截短、线路拆分、线路合并、线路改道、线路撤销几种方法。

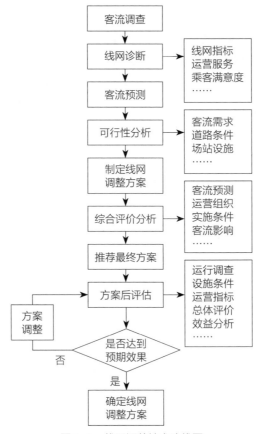

图6-1 线网调整技术路线图

1）线路延长：为加强与城市轨道交通或BRT以及新建成的重要商业区、大型居住区、教育园区和旅游景点的衔接，可适当延长线路。

2）线路截短：当线路过长或线路一端站点客流很少，或线路一端与城市轨道交通、BRT或其他公共汽电车线路重复时，可考虑缩短线路长度，对因截短线路产生的公共汽电车服务空白区域，可增加地区性支线，或利用其他线路代替。

3）线路拆分：由于线路较长，线路中部穿越功能区或换乘枢纽，大部分乘客以功能区或换乘枢纽为目的地，造成线路呈现明显的两端客流形态时，可将线路拆分成两条线路。

4）线路合并：对于线路重复系数较高的道路上，可考虑合并一些可由其他线路完全替代的线路，以便于运营调度、降低运营成本、提高运营效率。

5）线路改道：中心城区道路线路过于密集，或与其他线路重叠部分过长，或局部客流较少时，可考虑调整线路走向。

6）线路撤销：当城市轨道交通或BRT建成后，可撤销沿线重叠部分过多的线路，通过其他线路换乘或者设置支线的方式满足出行需求。

在进行线网调整之前，一般要结合居民出行调查、移动互联网、公交 IC 卡等数据，也可单独开展公共汽电车客流调查与居民出行意愿调查、乘客满意度调查等补充调查方式，获取公共汽电车居民出行总量、客流时空分布、出行意愿以及居民出行 OD 等数据信息，根据现状调查结果，分析现状线网存在的问题以及居民出行需求，有条件的城市可结合已建立的公共交通出行需求模型进行线网诊断以及客流预测。

在进行线网调整时，需要以客流需求为依据，根据公共汽电车线网指标、线路形态、运营服务指标以及与城市轨道交通和 BRT 的重复站点数量等，选择合理的线网调整方法进行线网调整。之后根据居民出行需求、道路条件、场站设施等基本条件，进行线网调整可行性分析，在此基础上制定线网调整备选方案。从客流预测、运营组织、实施条件、客流影响等方面建立评价指标体系，采用定性与定量相结合、以定量为主的方法，进行综合评价分析，形成推荐方案，征求社会公众意见，并通过网站、媒体等渠道进行社会公示，根据公示后公众意见优化完善推荐方案，形成最终方案。

在线网调整方案实施运营 3~4 个月后，还需要进行实施方案的后评估工作，包括运营调查（线路上下客、运营速度、客流特征等）、设施条件（场站条件、道路条件等）、运营指标（线路长度、运量状况、运营速度、发车间隔、客运能力、乘客满意度等）、总体评价（客流需求、运量与运能、线路运营等）、效益分析（社会效益、经济效益）等内容。

6.2.3 常规地面公交线网方案评价

（1）评价内容

常规地面公交线网规划方案的评价主要包括三方面的内容：技术评价、经济效益评价和环境影响评价。

技术评价从公交线网的方便性、迅速性、广泛性和高效性等技术性能角度评价，分析其与城市社会经济的协调性和线网的运行效率。

经济效益评价是对公交线网的整体经济效益进行分析，通过比较各规划方案的建设、运营成本和效益，结合规划期资金预测，对方案的经济合理性进行评价。

环境影响评价主要从经济环境、政治环境和生活政策环境角度评价公交线网对规划区域的作用和影响。

（2）评价指标

公交线网的技术评价指标中，关于方便性的指标有到达步行时间/距离、直达率/换乘系数等；关于迅速性的指标有非直线系数、单程行程时间等；关于广泛性的指标有运行速度、路网/站点密度、道路网覆盖率、站点覆盖率、路线重复率、路线密集度等；关于高效性的指标有满载率、路线效率等。

公交线网的经济效益评价指标中，国内普遍采用的是净现值、效益成本比、内部收益率和投资回收期。

公交线网的环境影响评价指标中，经济环境类指标包括改善投资环境、促进旅游资源开发、提高生产运输效率等；政治环境类指标包括加强区域交流、社会和谐、提高城市竞争力等；生活环境类指标包括噪声、振动、大气污染、水质污染、动迁对居民心理影响、历史遗产、自然景观等。

（3）评价方法

常用的公交线网的评价方法有层次分析法、价值分析法、单纯矩阵法、模糊分析法和专家打分法等。

6.3 常规地面公交的场站规划

城市公共汽电车场站的选址布局应充分考虑现有公交场站用地和设施的分布情况，以节约用地、节省投资、便于实施。并要根据城市用地开发逐步完善，正确处理好现状与远景的关系。总体上，公交场站应根据服务需求、车种、车辆数、服务半径和用地条件在城市内均衡布局。

常规地面公交场站选址总体上应遵循以下原则：①需要和可能相结合：公交场站规划过程中，用地可能与需要之间出现矛盾，尤其是城市中心区。在规划时，必须根据用地的允许条件，因地制宜地制定可行的场站规划方案。②刚性和弹性相结合：城市不同区域、不同功能的公交场站，其布局方法也应有所区别。在公交场站规划布局时，必须采用不同的规划模式，体现规划的控制性和可操作性的协调结合。③定性和定量相结合：对公交场站的规模进行定量的预测，并对其发展趋势、用地的布局进行定性地分析，以保证场站的规划合理可行。

6.3.1 公交起讫站的规划

公交起讫站作为一条线路的主要控制点和若干条线路的可能交汇点，关系到乘客出行便捷程度、社会经济效益、线路调整等重要方面。在规划中，起讫站的设置需要优先考虑，且应当与城市道路网的建设及发展相协调。

常规地面公交起讫站的选址原则包括：

1）公交起讫站选址宜在紧靠客流集散点和道路客流主要方向的同侧。尽量使线路的起讫站与城市各交通小区之间主要客流流向的OD点重合，避免不必要的短距离换乘。在新建的位于市区外围的成片居住分区，可根据客流量设置一条或几条公交线路的终点站。

2）公交起讫站宜结合居住区、城市各级中心、交通枢纽等主要客流集散点设置，当500m服务半径的人口和就业岗位数之和达到表6-1的规定时，宜配建起讫站。单个起讫站用地面积不宜低于2000m²。在用地紧张地区，起讫站可适当简化功能、缩减面积，但不应低于1000m²。无轨电车起讫站用地面积应乘以1.2的系数。

配建公交起讫站的人口与就业岗位要求　　　　表6-1

类别	城市规模	规划人口规模 100万人以下	规划人口规模 100万人及以上	
			有轨道交通	无轨道交通
500m半径范围内的人口与就业岗位数（个）之和（人）		8000	15000	12000

3）平面交叉口附近不宜设置起讫站。大型起讫站一般沿重要主干道一侧附近布设，出入口应当分开设置，同时采用导引标志避免人流、车流间的冲突干扰。与公交起讫站相连的出入道口应设置在道路使用面积较富裕、服务水平良好的道路上，尽量避免接近平面交叉口。必要时可在出入口设置信号控制，以减少对周边道路交通的干扰。

4）起讫站宜设置在全市各主要客流集散点附近较开阔的地方，这些集散点一般都在几种公交线路的交叉点上，且在这种情况下不宜一条线路单独设起讫站，而宜设置几条线路共用的交通枢纽站。不宜在附近设置起讫站。可结合对外交通枢纽（如火车站、码头、机场等）和一些人流集散密集的大型公共建筑（如大型商场、分区中心、公园、体育场馆等），统一规划布置多条公交线路的首末站。

5）在设置无轨电车的起讫站时，应同时考虑车辆转弯时的偏线距和架设接触网的可能性；车辆特别集中的起讫站要尽量靠近整流站，充分考虑电力供应的可能性和合理性。

6.3.2 公交中途站的规划

（1）公交中途站的选址原则

1）公交中途站的选址应在起讫站以及线路走向确定后进行。

2）中途站选址应充分考虑乘客上下车和换乘方便，并应设置在公交线路沿途所经过的各主要客流集散点上。中途站应沿街设置，且设在能按要求完成停车、行车任务的地方。

3）几条公交线路同时经过同一路段时，其中途站宜合并。站点的通行能力应与各条线路最大发车频率之和相适应。在并站的情况下，汽、电车不应共用同一停靠点。两条以上汽、电车线路共用同一车站时，应设置分开的停靠点，其最小间距宜不小于2~2.5倍标准车长；共用同一停靠点的线路宜不多于3条。

4）公共交通中途站的站距受交叉口间距和沿线客流集散点分布的影响，在整条线路上站距不均等。城市中心区域客流密集、乘客乘距短，上下站频繁，站距宜小；城市边缘区，站距可大些；郊区线路，乘客乘距长，站距可更大。应在方便乘客乘车的同时节省乘客总出行时间，考虑乘客出行需求、公交车辆的运营管理、交叉口间距和交通安全等多种因素，合理选择。平均站距在500~600m，市中心站距宜选择下限值，城市边缘地区和郊区的站距宜选择上限值，百万人口以上的特大城市的站距可大于上限值。

5）在路段上设置停靠站时，上、下行对称的站点宜在道路平面上错开，即叉位设站。其错开距离宜不小于50m。在主干道上，快车道宽度大于或等于22m时也可不错开。如果路旁绿带较宽，宜采用港湾式中途站。在交叉口附近设置中途站时，一般设在过交叉口50m以外处，在大城市车辆较多的主干道上，宜设在100m以外处。

6）公共交通的线路不宜过长或过短，市区线路的长度宜设为两倍于该城市平均运距，市郊线路宜不大于该城市平均运距的三倍。

（2）公交中途站的站距

站距的控制和确定是公交中途站规划的重要内容。一般而言，一条公交线路上的车站间距越大，越有利于提高公交车的平均运营速率，并可减少乘客因停车造成的不适。但是，站距增大、站数减少，势必造成乘客从出行起点（终点）到上（下）车站的步行距离增大，并给换乘出行带来不便。站距缩短的效果则相反。最优站间距规划的目标是使所有乘客的"门到门"出行时间最小（图6-2）。

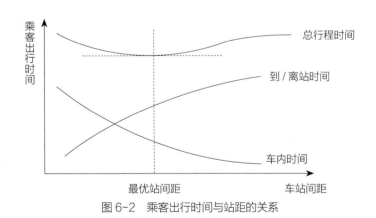

图6-2 乘客出行时间与站距的关系

公交路线站间距的优化主要考虑乘客总出行时间的影响，并与车辆性能和运营要求相关。在具体的选址定位时，还需根据现场道路条件、交叉口位置、可利用空间情况等因素调整站点的具体位置。

公交站距对公交站点密度有着直接的影响。我国国家标准《城市综合交通体系规划标准》GB/T 51328—2018 中对公共交通车站服务面积的规定为：城市公共汽电车的车站服务区域，以 300m 半径计算，不应小于规划城市建设用地面积的 50%；以 500m 半径计算，不应小于 90%。常规地面公交车站的站点密度需要据此保持在一个合理水平。

（3）站址的选定

常规地面公交中途站点需要同时满足两方面的功能需求。一是停，即为乘客候车提供安全舒适的场所并方便乘客上下车；二是通，即方便公交车辆进出站点并顺利载客通过。由于站点的通行能力对公交线路的通行能力具有决定性影响，这类似于道路通行能力受交叉口通行能力制约，因此，站址选择的核心问题是站点的通行能力。

保证站点满足公交车辆通过的必要条件是：

$$t_{间} \geq t_{停} \qquad (6-3)$$

式中：$t_{间}$——车辆停靠该站的最小间隔时间；

$t_{停}$——车辆实际停靠站点的时间。

站点选址即布局合理，乘客上下车方便快捷，车辆停靠站点的时间就可以缩短，站点的通过能力也就越强。减少车辆停站时间的方法有很多，其中最主要影响因素是站址的选择。站点选址有交叉口附近和路段当中两种形式。

1）在交叉口附近设站

在交叉口附近的中途停靠站，在选址上应遵循以下的一般原则：

①新建交叉口，公交停靠站应尽量设置在交叉口下游；

②公交线路为左转或右转时，公交停靠站宜设置在出口道的延长段上；

③机动车高峰期间，交叉口上游右转车小时流量超过 250veh/h，公交停靠站优先考虑设置在交叉口下游，以减少公交车与右转车流之间的干扰与冲突；

④若公交车流量较大，公交停靠站应优先考虑设置在进口道附近，以避免公交车在下游停靠时，其他后续车流容易产生排队堵塞交叉口的现象。

公交停靠站离交叉口停车线的合理距离可按照停靠站的位置、交叉口道路几何条件、车道功能划分等情况，依据以下原则确定：

①公交停靠站设置在交叉口上游，离开进口道停车线的距离如下：若进口道右侧有拓宽增加的车道，停靠站应设在该车道分岔点之前至少 15~20m（一辆公交车长度），并将拓宽车道加上公交站台长度后作一体化设计；若进口道右侧无拓宽增加的车道时，停靠站位置应在右侧车道最大排队长度再加 15~20m 处，停靠站长度另外按照实际需要确定；对新建交叉口，若不设港湾式公交停靠站，按道路等级，主干道上公交停靠站距进口道停车线至少 1100m，次干道至少 70m，支路至少 50m。

②公交停靠站设置在交叉口下游，离开对向进口道停车线的距离如下：若出口道右侧有拓宽增加的车道，应设在拓宽段以前至少 15~20m 处；对新建交叉口，若不设港湾式公交停靠站，按道路等级，主干道上公交停靠站距对向进口道停车线至少 100m，次干道至少 70m，支路至少 50m。

2）在路段当中设站

当公交中途站在路段当中设站时，上、下行对称的站点宜在道路平面上错开相应的距离，以 30~50m 为宜，以免把车行道宽度缩小太多，形成瓶颈，影响道路畅通和站点通行能力。市区快速路与主干路及郊区的双车道公路，应布置港湾式停靠站，市区港湾式停靠站的长度，应至少有两个停车位。

对于线路两侧的居民来说，上述两种布置方式差别不大（两块板和四块板道路除外）；但对于换乘横向线路的乘客来说，站点离交叉口越近，换乘就越方便。

（4）公交中途站站点规模的确定

公交客运量的发生点是车站。车站汇集的乘客数量决定了站点的规模。客流多，经过的公交车辆多，称为高峰站；反之则称为低峰站。站点规模的形成，既是自然现象，又是人为结果。控制站点规模的办法有多种，常用的有：

1）控制多线路合并设站

在道路上有几条线路重复经过时，它们的站点间必然会发生相互联系。为了方便乘客换车，需将几条线路的停靠站并在一起，但应有所限制。应使合并设站的规模不超过每小时上下客 1000 人，否则容易产生站点（尤其是无轨电车站）堵塞，车辆的运送速度降低，客运能力下降，而且站上秩序混乱，前后两车载客很不均匀等现象。

2）改变站址

在乘客密集的地段，一条线路的站点难以正常地运送全部乘客，应增加线路，改变原来站址。在设置这类站点时，对于线路重复段较长的，除将几个乘客换车较多的站合在一起外，对其余换车较少的站点，可以将站址拉开，前后交错间隔布置；或将重复线路中的一部分车辆按大站快车的方式运行。对于线路重复段短的交叉线路，其站址宜靠近或合并（只要站点通行能力允许），以便乘客换车。对于无轨电车线路重复较多的站点，可在站上架设架空避让线，使后面不需要停站的车辆可以超越。

6.3.3 公交枢纽站的规划

（1）枢纽站选址的基本原则

常规地面公交的枢纽站是一种特殊的中途站，在公交出行中起到交换中心的作用，一般情况下，既不是出行过程的起点，也不是终点。公交枢纽对有效利用公交线网资源，避免公交线路重复具有积极作用。同时，公交枢纽建设可以有效带动所在区域的城市用地开发，城市功能的发展又反过来又为枢纽提供足够的公交客流。

常规地面公交的枢纽站的规划布局应遵循以下基本原则：

1）枢纽站的建设必须统一规划设计，其总平面布置应确保车辆按线路分道有序行驶；在汽车、电车都有的枢纽站，应特别布置好电车的避让线网和越车通道。

2）三条以上的公交线路的起讫站或者与其他重要的交通设施的交汇处应设为公交枢纽站。城市中客流较多的地方常有若干条公共交通线路通过，这些交通集散点上换乘的乘客多，为满足高峰小时客运负荷的需要，也应设公交枢纽站。

3）具体应设公交枢纽站的地方有火车客运站、长途客运站、大型居住区、市区内客流中心、大型商场、公园、体育馆、剧院等。枢纽站一般应设在干道一侧或另辟专用场地，暂时还没达到设置枢纽站规模的，应在场站位置和用地面积上作预留处理，以适应城市的长远发展。

4）公交枢纽站规模的大小与其服务范围密切相关，在布置枢纽时，应当结合考虑周边用地布局，以城市土地利用发展规划为依据布置公交枢纽，推动城市的良性拓展以及城市形态的适当调整。

（2）枢纽站选址方法

常规地面公交枢纽站的选址方法主要有连续型选址模型、离散型选址模型和专家咨询法三种。

1）连续型选址模型：主要应用重心法，将公共交通系统的交通小区看成是分布在某一平面范围内的物体系统，各小区的出行吸引量和发生量看成是物体的重量，假设公交网络的重心为公交枢纽的最佳设置点，以该假设地点作为枢纽地址初始值，通过迭代法，利用确定物体重心的方法来确定公交枢纽的位置。该方法的缺点在于由于自由度较大，难以找到最优地址，选中的地址不一定可行。

2）离散型选址模型：按照预定的目标从有限的备选地址中选取。如果基础数据完备，该方法得到的结果比较符合实际，但计算工作量较大，需要的基础资料较多。这类方法有整数或混合整数规划法、Bawmol-Wolfe 法和逐次逼近模型法等。

3）专家咨询法：专家凭各自的经验和专业知识对咨询的选址作出回答，经统计得出结论。其决策结果受专家知识结构、经验和所处位置、时间的影响。对有限的几个地点，请专家决策比较有效，但若以城市为研究对象，备选地点较多的情况下，则判别难度较大。

6.3.4 公交车场的规划

地面公共交通的车场主要包括公交停车场、公交保养场和公交维修厂，一般占地规模都比较大。公共交通停车场是为线路营运车辆停运后，提供合理停放空间的必要设施，并按规定对车辆进行低级保养和重点小修作业，在公交车场中对用地需求最大。保养场主要承担车辆的高级保养和检修任务及相应的配件加工、材料和燃料的储存、分发等工作,对保证公交车辆高效、安全运行十分重要。

公交场站是公共交通系统重要的组成部分,对其布局规划进行研究,对促进完善公共交通系统有积极的影响,能够改善公共交通运营,是优先发展公共交通的重要体现。数量充足、功能齐全且布局规划合理的公交场站能为公交车辆提供及时的停放、保养、维修等服务,从而确保公交车辆性能良好,保证公共交通的安全运行。合理的公交场站布局规划能够提高公交线网的覆盖率,扩大公共交通服务范围,方便居民公交出行,节省居民公交出行时间,从而提升公共交通的吸引力。

(1)公交停车场规划

地面公交停车场的规划选址应遵循以下基本原则:

1)停车场应均匀地布置在各个区域性线网的重心处,与线网内各线路的距离宜控制在1~2km以内。

2)停车场宜分散布局,可与首末站、枢纽站合建。

3)停车场用地应安排在水、电供应,消防和市政设施条件齐备的地区。

4)停车场可通过综合开发利用,建地下停车场或立体停车场。

公交停车场主要是为公交车辆提供夜间停车服务。其规模要考虑公交停车场服务线路运营车辆数、停放在公交停车场中的比例、每标准公交车对停车场的用地需求。常规地面公交停车场规划指标要求如下:

1)停车场用地面积应根据公交车辆在停放饱和的情况下,每辆车仍可自由出入(无轨电车应顺序出车)而不受周边所停车辆的影响确定。

2)停车场用地面积宜按每辆标准车150m^2计算。在用地特别紧张的大城市,停车场用地面积不应小于每辆标准车120m^2,首末站、停车场、保养场的综合用地面积不应小于每辆标准车200m^2,无轨电车还应乘以1.2的系数。因用地条件限制,当停车场利用率不高时,可根据具体情况增加用地。在设计道路公共交通总用地规模时,已有夜间停车的首末站、枢纽站的停车面积不应在停车场用地中重复计算。

3)停车场的洗车间(台)、油库用地应按有关标准的规定单独计算后再加进停车场的用地中。

4)停车场用地按生产工艺和使用功能宜划分为运营管理、停车、生产和生活服务区。生产区的建筑密度宜为45%~50%,运营管理及生活服务区的建筑密度不宜低于28%。

(2)公交保养场规划

地面公交保养场的规划选址应遵循以下基本原则:

1)大城市的保养场宜建在城市的每一个分区线网的重心处,中、小城市的保养场宜建在城市边缘。

2)保养场距所属各条线路和该分区的各停车场均较近。

3）保养场应避免建在交通复杂的闹市区、居住小区和主干道旁。宜选择在交通流量较小，且有两条以上比较宽敞、进出方便的次干道附近。

4）保养场附近应具备齐备的城市电源、水源和污水排放管线系统。

5）保养场应避免建在工程和水文地质不良的滑坡、溶洞、活断层、流沙、淤泥、永冻土和具有腐蚀性特征的地段。

6）保养场应避免高填方或开凿难度大的石方地段。

7）保养场应处在居住区常年主导风的下风方向。

常规地面公交保养场的用地规模主要取决于公交车辆的保养率。其规模通常需要考虑公交保养场车辆数、公交车辆保养率、每标准公车对保养场的用地需求。常规地面公交保养场的用地规划指标要求如下：

1）保养场应根据保养能力设置符合城市公共汽车技术条件要求的回车道、试车道。回车道、试车道用地总指标应按停放车辆数 26~30m²/ 标准车计算；分项建设时，回车道和试车道应按停放车辆数每标准车用地指标取 12~13m²/ 标准车计算。

2）保养场应设置不小于 50 辆运营车辆的待保停车坪（库）。停车坪（库）用地应按停放车辆数 65~80m²/ 标准车计算。

3）保养场区车行道路的宽度不应小于 7m，人行道的宽度不应小于 1m。

4）保养场应有供机动车进出的主大门，其宽度不应小于 12m，主大门两边应有宽度不小于 3m 的人员出入门，同时还应在适当处设置车辆紧急出入门。

5）保养场用地按所承担的保养车辆数计算，并应符合表 6-2 的规定。

保养场用地面积指标 表 6-2

保养能力（辆）	每辆车的保养场用地面积（m²/辆）		
	单节公共汽车和电车	铰接式公共汽车和电车	出租小汽车
50	220	280	44
100	210	270	42
200	200	260	40
300	190	250	38
400	180	230	36

资料来源：《城市道路公共交通站、场、厂工程设计规范》CJJ/T 15—2011.

6）当保养场与停车场或维修厂合建时，其用地面积应在保养场的基础上，按停车面积、维修厂中修理车间的用地要求增加所需面积。

7）保养场的油气站、变电房的用地应另行计算。

8）保养场应确保绿化用地规模，办公区和生活区的绿地率不应低于 20%。

6.3.5 常规公交场站的立体开发：深圳案例

2019年，深圳人口密度6730人/km²，排名居内地第一，城市面积小，土地资源匮乏。常住人口不断增加，但可建设用地预期增幅有限。深圳市公交场站建设多为独立占地的平面式，车均占地指标接近200m²，土地资源的浪费导致公交场站的严重不足，公交车辆的停放、维修、保养空间匮乏，既增加了运营管理难度，又带来了安全隐患，制约着深圳市公交系统建设。

《深圳市综合交通体系规划（2013—2030）》提出：推进交通设施用地的节约、集约利用。而在土地紧缺、对公交设施的需求不断增长的情况下，深圳市传统的公交场站模式已无法适应城市发展需求，场站建设逐渐向立体集约的模式转变。规划近期建成26个综合车厂（场），解决公交车辆夜间停放困难与新能源公交车辆充电问题；远期将进一步以26个综合车厂（场）为核心，构建"立体综合车场+配建公交首末站"的场站建设模式。

在布局形式上，深圳市的传统场站以平面布局为主，存在占地多、土地浪费、停车规模小、管理不集中等问题，而立体场站采用立体多层的布局方式，占地规模小、集约利用土地资源，车辆可集中统一管理。深圳市将未来的场站分为三类进行规划，分别为：公交综合车场、公交首末站和公交停靠站。公交综合车场提供公交车辆的夜间停放，运营车辆的维修、保养、充电，以及公交线路运营与场站管理等功能。公交首末站提供公交线路的公交车调头、发车、上下客、乘客等候以及首班车夜间停放等功能。公交停靠站即除公交首末站以外的供乘客上下车的站台。

独立占地首末站是独立用地且功能唯一的公交场站。未来深圳市仅保留现有的独立公交首末站及其相应的功能，并不再规划独立占地公交首末站，但支持在城市更新过程中将现有的独立占地公交首末站调整为配建公交首末站。配建公交首末站指根据新建项目或城市更新项目及周边用地的公交出行需求，结合建设项目开发同步并附设于建筑底层的公交首末站。这种模式明确了场、站的各自功能，并分级、分类实现场站规模的管控。公交综合车场的立体开发实现了土地集约利用，节约土地用于其他用途。小而分散的配建公交首末站更易于满足精细化的管理与使用需求，实现了从场站供给侧提高公交服务水平的目标。这种场站开发模式，能够从根本上解决公交场站设施规模不足、用地落实难的问题，实现资源合理、高效配置，促进常规公交场站的转型升级。

6.4 公交专用车道的规划设计

公交专用车道，简称公交专用道（英文为Bus Lane），在我国港澳地区也被称为公交专道或巴士专线，是专门为公交车辆设置的独立路权车道，属于城市交通网络建设配套基础设施。为了方便公交网络应对各种高峰时段和突发状况带来的道路拥堵问题，通过在城市道路路段上设置特定的交通标识、标线或隔离设施，在规定的时段内，限定路段上某一条或几条行车道只允许公共汽电车以及部分特殊车辆使用，而其他车辆禁止通行，以此在道路空间上给予公交车辆优先通行权。其中的特殊车辆是指法律法规规定的在特定情况下可以使用公交专用车道的车辆。不同城市可以有不同规定。例如，一些城市允许救护车、市政应急车辆、载客出租车等，在规定时段内使用公交专用车道。在规定时段以外，公交专用车道则与普通行车道一样，可供私人小汽车等社会车辆通行。当某一路段所有车道均为公交专用时，该路段则成为公交优先等级更高的"公交专用路"（英文为 Bus Way）。

合理规划设计公交专用道和公交专用路，能够提高公交车辆运行速度，节省运行时间，从而提高运输效率和服务质量，达到吸引乘客的目的，充分发挥公共交通的作用，带来较大的社会效益。

6.4.1 公交专用车道的类型与形式

根据国内外既有研究和实践经验，在已建城市道路上建设公交专用车道，通常有以下几种方法：①将现有机动车道改造为公交专用车道；②缩窄现有车道，并增加新的车道作为公交专用车道；③拓宽道路，增加新的车道作为公交专用车道；④在部分时段或全天限制路边停车，用作公交专用车道。在时间上，既可以仅在道路交通的高峰时段设置，也可以仅在工作日全天设置（周末和节假日开放给社会车辆），也可以永久性设置。

公交专用车道在赋予公交车辆优先通行权的同时，势必会影响社会车辆的通行。对允许路边停车的路段，还会影响车辆的停放。为了减少公交优先和社会车辆通行停靠之间的矛盾，公交专用车道设置有多种形式，应根据道路条件、公交车流特征、公交停靠站位置、道路停车安排等具体因素和场地条件具体选用合适的形式。

公交专用车道设置除了要满足公交车辆在路段上的优先通行，还需要考虑在交叉口的优先进出，以及与社会车辆（尤其是转弯车辆）的交通组织，因此，除了路段上的公交专用车道建设，还需要考虑进入交叉口的公交专用进口道以及驶出交叉口的公交专用出口道的设计，以及与交叉口信号控制的匹配关系。

（1）常见公交专用车道的类型及特点

最常见公交专用车道为顺向式公交专用车道，即在公交专用车道内公交车辆的行驶方向与常规交通一致。根据专用道的设置位置，顺向式公交专用车道又可以进一步细分为外侧式、次外侧式和路中式。

1）外侧式

外侧式公交专用车道设置于与路缘或路肩相邻的路侧最外侧车道（图6-3）。适宜于设置在停靠站距比较小的路段,可以直接沿边缘车道进出停靠站,不必穿越其他机动车道。如果该路段允许路内停车,那么设置该车道需要在全时段或在公交专用期间禁止停车。需转弯或专用道附近的出入交通可以在短距离内使用该车道。因此,这一设置方式受道路沿线车辆临时停靠(如出租车上下客)、转弯及进出道路车辆的影响,总体运行效率会受一定影响。

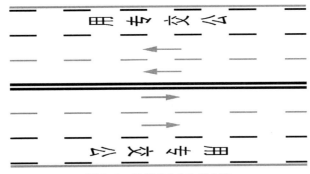

图6-3 外侧式公交专用车道

资料来源:《公交专用道系统设计规范》.

2）次外侧式

次外侧式公交专用车道设置于机动车行驶方向的最右侧第二条车道(图6-4)。此时的最外侧车道可作为进出交通流的辅道,服务于沿线相交支路及单位进出交通,可以有停车、装载、转弯等用途。由于一条常规车道转变为公交专用车道,将对道路通行能力带来明显影响,但平行的道路或可吸收转移的机动车交通。该类型公交专用车道可以减少沿线进出交通流对公交车辆行驶的影响,然而公交车辆进出停靠站时与外侧车流存在交织,同时外侧车道车流驶入主线需要跨越公交专用车道。因此这种情况下,公交专用道对其他车道是一个虚拟的分隔带,最外侧车道利用率较低,有一定的局限性。

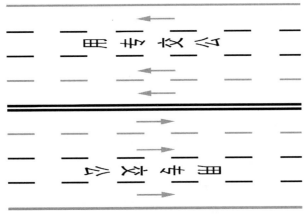

图6-4 次外侧式公交专用车道

资料来源:《公交专用道系统设计规范》.

3)路中式

路中式公交专用车道设置于机动车行驶方向的最内(左)侧车道(图6-5)。适用于有中央实体分隔、公交站距较大的快速道路及主干道路,以及道路两侧有较多车流频繁进出或临时停车的主干道,公交停靠站台设于中央分隔带上。为解决路中式专用道公交车停靠开门问题,站台需做偏移设计,因此公交车辆行驶轨迹的顺畅性可能受到影响,另外,乘客过街将利用交叉口过街横道完成,所以在设计上应特别留意其交通流的平顺性和交通的安全性。

路中式公交专用车道因不受沿线进出交通的干扰,所以运行速度较高,被认为是较理想的公交专用道的方案。常采用护栏、路缘石或者突起路面标记等形式的物理分隔来从常规交通中分离路中式公交专用车道,并且防止行人穿过公交专用车道。采用交叉口处的引导标识表明仅供特定公共交通使用。

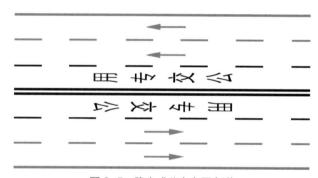

图 6-5 路中式公交专用车道
资料来源:《公交专用道系统设计规范》.

路中式和路侧式公交专用车道是最为常见的布置形式,其优缺点的比较见表6-3。

路中式和路侧式公交专用车道的优缺点比较 表 6-3

	优点	缺点
路中式	1. 不与支路车流冲突; 2. 不影响其他车辆临时停车; 3. 不影响其他车辆右转; 4. 减少与慢车道车流的混合; 5. 受社会车辆干扰小,专用性强; 6. 公交车辆行驶顺畅、速度较高	1. 在交叉口与左转车辆存在冲突,须增加左转专用相位或禁止社会车辆左转; 2. 右转公交必须提早离开公交专用车道,且无法在进口道靠站; 3. 设站成本高,且需要有足够的站台空间(长度和宽度); 4. 进站时轨迹可能不够平顺,舒适度会受到影响; 5. 乘客过街需穿越机动车道
路侧式	1. 公交行驶、靠站较符合常规习惯; 2. 乘客在人行道上下车,不必穿越车行道; 3. 右转弯公交车易于行驶; 4. 成本低,益于实施,便于管理	1. 受其他车辆临时停车与上下车,或装卸货物的影响; 2. 与支路车流冲突,行驶不顺畅; 3. 与其他右转交通相互影响; 4. 容易被其他车辆违规占用; 5. 左转公交必须提早驶离公交专用车道

（2）特殊形式的公交专用车道

除了最常见的顺向式公交专用车道外，特殊的公交专用车道设置方式还有逆向式、双向式和间断式等。

1）逆向式

逆向式（也称为反向式）公交专用车道是与常规交通相反方向运行的特定公共汽车专用车道（图6-6）。多数设在单向交通道路上，采用特殊的引导标识、物理隔离或车道使用控制信号灯表明车道的使用方向。

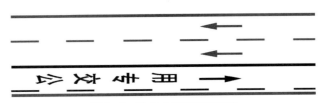

图6-6　逆向式公交专用车道

资料来源：《公交专用道系统设计规范》.

2）双向式

双向式公交专用车道，也成为可变式公交专用车道。适用于路权仅够设置一条公交专用车道的情况，同一时刻只能服务于一个方向的公交车辆通行。双向区域越长，当轮到服务相反方向的公交车辆通行时，同向出行的公交之间通过该区域的最小车头时距就越长。然而，在同一个区域，相比于拥堵的混合交通运行，双向式公交专用车道可以提供更高水平的可靠性。双向式车道的运行需要先进的信号系统来控制公共汽车通过该区域时的运行，以及特殊的标识标线来提醒其他道路使用者此处的双向通行。在双向通行区域内的停靠站或者车站，需为站点处两个方向的出行均设置车道，允许相反方向出行的公共汽车会车和通过。此外，如果公共汽车车门仅在右侧，需要为每个方向的出行分别设置车站；如果一个车站需服务同一条公交专用道上的两个方向，公共汽车两侧必须均有车门。

3）间断式

间断式公交专用车道依靠科技手段和强制措施为公交车辆提供优先通行权。一条常规用途车道的某一段在一辆公共汽车到达前变为一条公交专用车道，公共汽车离开后就变回普通车道。间断式车道的任何部分只在公共汽车通过时的较短时间内仅限公交车辆使用，比较适用于公交服务相对较少、公共汽车延误较高，但有充足的通行能力让其他车辆在需要时离开公交专用车道的区域。随着公交频率的提高，可考虑建设一条固定式公交专用道。

（3）公交专用进口道的类型及特点

当城市路段设置有公交专用车道，为了使公交车辆行驶轨迹平顺，提高公交车辆通过交叉口的效率,最好将专用车道顺延到交叉口。延伸至交叉口前停车线的路段公交专用车道,通常称为公交专用进口道。设置公交专用进口道可以保证社会车辆与公交车的分离,降低两者之间相互干扰,提高公交车辆在交叉口的通行效率和服务水平。当信号为两相位时,所有公交车辆均可在公交专用进口道等待信号。但信号为多相位时,为了减少路口内的交叉冲突,应该根据公交车流向特点、具体相位和路段公交专用车道的设置情况,在导向车道前设置交织区,供不同流向的公交车辆和社会车辆变换车道(图6-7)。

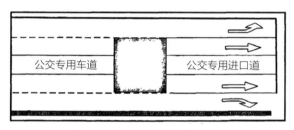

图6-7 公交专用进口道示意图

是否设置公交专用进口道,应综合考虑以下两方面因素。一是公交车辆所占比例。当总流量为1100~2500pcu/h,进口道公交车比例在20%~30%之间时,应设公交专用进口道;当公交车比例更大时,甚至可以设置两条公交专用进口道。二是交叉口人均通行效益。当道路资源有限,若设置公交专用进口道对其他车辆通行效率影响过大,亦即导致整个路口人均通行效益下降大于20%,则不宜设置公交专用进口道。

公交车辆专用进口道在交叉口进口道断面的布置设计,与交叉口整体道路交通条件,公交停靠站的位置、停靠站形式等密切相关。为减少公交车辆与社会车辆的交叉冲突,公交专用进口道的设置一般有外侧式、次外侧式和路中式三种形式。

1)外侧式公交专用进口道

路段公交专用车道为路侧式设置时,相应地公交专用进口道应当沿最外侧机动车道设置,有利于右转和直行公交线路的通行,但易与右转社会车辆存在交织。为避免或减少与右转车流之间的交叉冲突,要求该路段进口道上右转车流较少,或设有机非隔离带,提前将右转车流分离出去,或者设右转专用车道以及右转信号灯。

车站平台设置在路权内,最好在信控交叉口的远端,便于公交信号优先的应用,并且保护了路权(对向的一个车站和一个常规交通左转车道可以成对地设置在交叉口的两端)。当交叉口设有拓宽段时,公交专用进口道沿拓宽段设置,存在着公交车与右转车的交织,若右转车流量不大,右转车可共用专用进口道;若右转车流量较大,则将路侧式公交专用进口道毗邻的进口道设为右转专用车道,并辅以右转专用相位(图6-8)。当停靠站设于交叉口附近时,宜与进口道拓宽段一体化设计,不仅易于减少公交车行驶的不平顺性,同时可以省去加速过渡段,公交车进站停靠完毕后直接行驶至专用进口道。

2)次外侧式公交专用进口道

不论路段是否设置公交专用车道,只要交叉口公交车比例达到一定值,或公交车辆通行效益低于其他车辆时,均可以考虑设置次外侧式公交专用进口道。公交专用进口道设置在直行导向车道上,但是需要在导向车道之前设置一段交织区,方便左转或右转社会车辆变换车道,该种设置可以有效避免路口内公交车与左转车流、右转车流的交叉冲突。

若路段专用车道设置在次外侧车道,进口道上游未设停靠站,则可直接将专用道延伸至进口道作为公交专用进口道(图6-9)。

3)路中式公交专用进口道

路段公交专用道靠中央分隔带在最内侧车道设置时,为保证公交车辆行驶的连续性,可直接将路段专用道延伸至停车线,形成路中式公交专用进口道。为了避免或减少公交车与左转车流的交叉冲突,该种形式适宜设置在禁止左转的交叉口。当交叉口允许左转且社会车辆较多时,交叉口应采用多相位控制,即左转、直行分别由不同的相位控制,主路上设置左转车道和保护转弯的左转信号相位(即左转箭头)来帮助车辆通过公交专用车道左转和调头。

当进口道设置停靠站时,为减少左转车辆与直行车辆的交织,仍将左转车道设置于进口道的左侧,公交专用进口道设置在其右侧,左转社会车辆利用公交停靠站

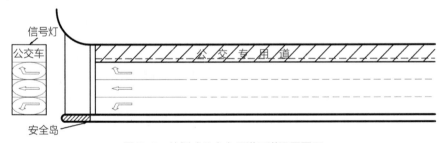

图6-8 外侧式公交专用进口道设置图示

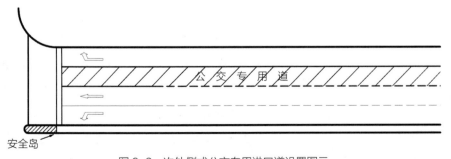

图6-9 次外侧式公交专用进口道设置图示

处的超车车道进入左转进口道。此时左转社会车辆将与直行的公交车辆存在交织，因此，快速和干线公交专用道设计时应谨慎使用。在道路条件受限时进口道可不设超车道，此时为了减少公交停靠对交叉口通行能力的影响，公交停靠站规模（停靠线路数）不宜过大，一般停靠线路以 3~5 条为宜（图 6-10）。

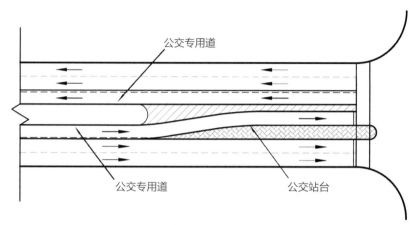

图 6-10　路中式公交专用进口道设置图示

4）以信号协调控制的加强型公交专用进口道

当公交车流量大于 240pcu/h 时，若设置一条公交专用进口道，公交车可能无法在一个信号周期内通过交叉口，此时可以考虑设置以信号协调控制的加强型公交专用进口道。主要有间歇式公交专用进口道和锯齿型公交专用进口道两种形式。

在同一交通流向有两条进口车道的情况下，可以通过设置间歇式公交专用进口道，通过信号协调控制，保证公交车辆优先排队、通过交叉口。当交叉口车流量很大的情况下，间歇式公交专用进口道可以不启用，准许社会车辆在交叉口正常通行，以避免造成交通拥堵，影响整体通行效率。

锯齿型公交专用进口道是在与公交专用进口道相邻的接口道通行区域内，设置两条停车线，前一停车线为公交车辆停车线，后一停车线为社会车辆停车线，并对应于两条停车线设置相应的信号灯，保证公交车辆排队优先。锯齿型公交专用进口道的设置主要依据公交车辆的流量及比例，对于路中式、路侧式和次路侧式公交专用进口道皆可配合设置（图 6-11）。锯齿型进口道必须以信号协调控制支撑，其实施技术性和管理要求较高，因此目前还较少采用。

锯齿型公交进口道长度 L 可按下式计算，当没有详细资料的情况下，可取 50~80m。

$$L = \frac{(V_{d1}H_c + V_{dB}H_B)}{N_B} r_m \qquad (6-4)$$

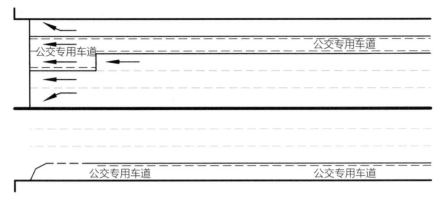

图6-11 锯齿型公交专用进口道

式中：V_{d1}——锯齿型进口道社会车辆到达率（辆/s）；

H_c——社会车辆车头空距；

V_{dB}——公交车到达率（辆/s）；

H_B——公交车平均车头空距；

N_B——公交专用进口道设置数；

r_m——有效红灯时间（s）。

（4）公交专用出口道的衔接处理

在交叉口出口方向，与路段公交专用道衔接的部分也称为公交专用出口道。其设置类型取决于出口方向路段公交专用道的设置位置和类型。以路侧式公交专用出口道为例，公交专用道起点离开人行横道的距离，应大于相交道路进口道驶入的右转车辆变换车道所需的距离，一般可取30~50m；交织段长度宜取40m（图6-12）。

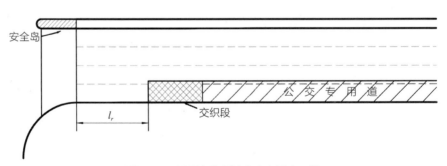

图6-12 设置在路侧的公交专用出口道

6.4.2 公交专用车道的设置条件

设置公交专用车道对体现公交优先、提高地面公交运营效率具有显著的效果。但是，公交专用车道的设置也不是越多越好，不合理的设置难以得到城市道路不同使用者的认同，给后期的路权监管带来难度。公交专用车道设置首先要考虑道路设施条件，包括机动车道数量、非机动车道的形式、车道隔离形式、停靠站形式和位置、路段两端交叉口状况、路段两侧开口数量等，其中最主要的指标是车道数量和道路宽度。

对满足设置条件的城市道路，在是否设置公交专用车道的问题上，还需要考虑以下两个基本原则：

1）公平原则。公交专用车道运送的乘客数量不应少于一条机动车道达到饱和时能运送的乘客数量。一条道路上的公交车客流量大于该道路平均每车道的客流量时，可以设置公交专用车道。

2）效益原则。若城市道路交通流饱和度较低、运行状况良好、公交车速较高，设置公交专用车道后并不能明显提高公交车运行速度与质量，则不需设置公交专用车道。相反，若道路饱和度较高，其他社会车辆对公交车辆通行带来严重干扰，导致公交车速较低，则应当设置公交专用车道，以保证公交车辆的基本运送速度。但仍要考虑公交专用车道上公交车的数量和客运量，避免道路资源的浪费。

国内外城市的实践经验为设置公交专用车道给出了具体的量化指标。

1）设置顺向式公交专用车道的条件

满足下列条件之一的城市道路上，应当设置公交专用车道：

①路段单向机动车道3车道以上（含3车道），预测3年内高峰单向断面公交客流量不小于4000人次/h，或高峰单向断面公交车流量不小于90标台/h；

②路段单向机动车道2车道，预测3年内高峰单向断面公交客流量不小于3000人次/h，或高峰单向断面公交车流量不小于70标台/h。

2）机动车单行道设置逆向式公交专用车道的条件

在机动车单行道的路段上，满足下列全部条件时，宜设置逆向式公交专用车道：

①路段机动车道3车道以上（含3车道）的生活性道路；

②路段预测3年内逆向高峰单向断面公交客流量不小于3000人次/h，或逆向高峰单向断面公交车流量不小于70标台/h。

3）交叉口设置公交专用进口车道的条件

城市道路交叉口进口道满足下列条件之一时，宜设置公交专用进口车道：

①交叉口机动车进口车道数比路段车道数多2条以上（含2条），且路段设置有公交专用车道；

②公交进口车道预测3年内高峰单项断面公交客流量不小于3000人次/h，或高峰单向断面公交车流量不小于70标台/h。

6.4.3 公交专用车道的设计技术指标

公交专用车道设计需要重点考虑专用道的位置与形式、专用道的宽度以及专用道的隔离和视认性三个方面。其中，前两个方面主要涉及专用道的功能和道路条件，旨在满足公交优先和社会车辆顺畅通行的要求；专用道的隔离和视认性则要方便道路使用者辨识各自的通行空间，促使他们主动遵守交通通行的管制规定，避免信息标识误导造成驾驶员紧张甚至是交通混乱。

（1）车道宽度

路段上的公交专用车道应设置路缘带，交叉口的公交专用车道可不设置路缘带。公交专用车道的宽度取值应符合表6-4的规定。但公交专用车道区间设置港湾式公交车站时，超车道宽度宜与上下游公交专用车道宽度相同；条件不足时，最小宽度不宜小于3.25m。

公交专用车道最小宽度取值（m） 表6-4

车道类型		一般值	最小值
路段	$V \leq 60km/h$	3.50	3.50
	$V>60km/h$	3.75	3.50
交叉口进口道		3.25	3.00
交叉口出口道		3.50	3.25
车站停车道		3.00	2.75

注：V为公交专用车道的设计速度。

资料来源：上海市工程建设规范《公交专用道系统设计规范》DG/TJ 08-2172-2015.

（2）车道线形

1）公交专用车道的设计速度应不大于所在道路的设计速度；困难路段需局部降速设计时宜设置过渡段，过渡段长度不宜小于40m。

2）公交专用车道在交叉口处的平面线形应与路段顺直；过渡段长度宜满足公交车按设计速度横移一条车道不小于3s的行驶距离。

3）公交专用车道平纵线形指标应符合现行行业标准的规定。

（3）路面结构

1）公交专用车道的荷载标准应符合下列规定：路面结构设计以双轮组单轴载100kN为标准轴载，以BZZ-100表示；桥梁设计荷载应符合现行行业标准的规定。

2）公交专用车道应选用结构强度高、抗剪切能力强、耐久性好的路面结构，其技术要求应符合现行行业标准的规定。

3）新建道路上的公交专用车道路面结构设计年限应与所在道路路面结构设计年限一致。

4）既有道路上设置公交专用车道时，路面结构设计年限宜不小于所在道路的大修年限或其路面结构剩余设计年限；宜对已有路面进行调查分析和验算，不满足公交专用道使用要求时，宜对旧路面进行结构补强或改建。

5）公交专用车道采用沥青路面时，宜对交叉口进口道和停靠站范围的路面结构采取抗车辙等措施。

6）公交专用车道路面可采用彩色路面或彩色标识。

（4）停靠车站

1）停靠车站设计应根据公交线路特征、运营要求、周边环境及车辆等条件确定站台格式、车站布局与位置，应方便乘客上下车和疏散，并满足交通组织要求。

2）停靠车站宜由站台、站牌、雨篷、照明、信息终端等设施组成；公交专用车道通行电车需配置充电支架时，支架长度宜与站台长度一致。

3）停靠车站宜结合道路设置供电、照明、给水排水等设施。

4）停靠车站设计应符合现行行业标准的规定。

5）停靠车站应建设无障碍设施，设置标准应符合现行国家标准的规定。

（5）运营管理设施

1）运营管理设施宜包括公交车辆定位、乘客信息服务、车道监控设施等，可满足辅助公交线路的调度、控制和组织等功能。

2）运营管理设施宜满足公交专用车道在交叉口实现信号优先控制的要求。

3）运营管理设施的标准、规模、模式、水平应满足公交专用车道的功能要求，并与近期建设和远期发展规划相匹配。

4）停靠车站的运营管理设施应符合现行工程建设规范的要求。

（6）交通安全设施

1）公交专用车道应设置专用车道标线和专用车道标识，并应全线统一、连续、醒目。

2）公交专用车道宜设置公交专用信号灯，并宜采取公交信号优先控制方案。

3）公交专用车道的交通安全设施应符合现行国家标准的规定。

4）公交专用车道的隔离形式既可以采用"实线+虚线"的车道划线形式，表示不允许除公共汽车外的其他社会车辆使用，但允许公共汽车随时驶离专用车道；也可以采用硬质隔离，在道路上使用侧石、道钉、栅栏，或利用公交车底盘比小汽车高的特点在专用道口设置障碍，阻止小汽车驶入。

5）为增强公交专用道的视认性，除用"公交专用"字样作为标识以外，还可以将公交专用车道的路面用规定的某种颜色划出，与一般车道形成反差，以利于驾驶员辨认，采用醒目的黄色标线表示公交专用车道。

6.5 快速公交系统的线网规划

快速公交系统（Bus Rapid Transit，简称BRT）是运输能力介于快速轨道交通与常规公交之间的一种新型公共客运系统。它利用现代化公交技术配合智能运输和运营管理，开辟特殊的公交专用道和建造新式公交车站，采用改良型大容量车辆，实现轨道交通式快速、可靠的运营服务。其投资及运营成本远低于轨道交通，但服务水平和效率可以达到轻轨系统的水平。因其良好的经济性和高性能得到了发展中国家城市的青睐，成为公交优先发展的一种有力武器。

快速公交系统由 BRT 专用道、BRT 车站、BRT 车辆、线网结构、票务系统、智能交通技术（ITS）、服务系统 7 个部分组成：

1）BRT 专用道：BRT 系统的公交车辆一般运行在专用车道或道路上，享有专有路权。

2）BRT 车站：BRT 车站具有较强的标识性，多采用轨道交通站点的封闭式管理方式。车外售票可以减少乘客登车购票的时间延误，使 BRT 车辆缩短停站时间，提高运营速度。

3）BRT 车辆：快速公交系统车辆采用不同于普通公交车的高性能、大容量公交车，以提高系统的运输能力及降低平均运营成本。多采用大型铰接车型，座位多，站立面积可达到每车 100~300 人，每小时单方向乘客人数可达 1 万 ~2 万。BRT 的运送能力可以高达 2 万 ~6 万人次 /h，而普通常规公交的运送能力仅为 0.3 万 ~1 万人次 /h。BRT 车辆外观统一、色彩鲜艳，具有很强的辨识度。对于中央设站的 BRT 系统，车辆需要修改一般的车门设计，方便乘客从左侧下车。采用对环境影响比较小的清洁公交车辆也成为当前发展趋势。

4）线网结构：BRT 系统的线路具有灵活多样的优势，不同线路可以在主要走廊上互相组合，还可以在干线的起终点向外灵活延伸。这一灵活性有利于与出行需求相匹配，从而优化 BRT 系统的经济性和运营效率。

5）票务系统：作为 BRT 系统的重要组成部分，收费系统的设置与其运营体制及车站管理方式相关。票制与轨道交通类似，并通过智能 IC 卡提高收费管理效率。

6）智能交通技术：智能公交系统技术是进一步提升 BRT 系统运营效率的重要手段，主要包括：乘客信息系统、交叉口公交信号优先、自动定位系统以及停车场收费控制等。

7）服务系统：BRT 系统可以提供比常规公交更加优良的服务。最突出的表现是速度快，舒适性、可靠性高，服务时间长，全天服务可达 16h 以上；服务频率高，非高峰期最多 20min 的发车频率，高峰期则可以缩短至 10min 以内。

作为一种新型公交运营系统，BRT 的规划建设要求也介于轨道交通与常规交通之间。在线网布局和站点设置上，既要考虑与轨道交通的衔接，也要兼顾与常规地面公交系统的关系。由于目前建成的大部分 BRT 系统均为地面系统，与常规地面公交线网的关系更密切，因此将 BRT 线网规划建设内容合并在本章内讨论。

6.5.1 BRT 线网的基本构成

（1）BRT 线路

快速公交系统（BRT）线路可以采用与轨道交通类似的单一线路，即每条线路各自对应一个 BRT 专用通道的形式；也可以是多条线路的组合式线路，即若干条 BRT 线路共用一个 BRT 专用通道，共用部分形成 BRT 系统的主干线。由于 BRT 系统的线路可以在主干线上互相组合，以及在主干线的起点或终端向外进一步延伸，因而其线路组成比轨道交通具有更多的灵活性。具体线路设置应紧密结合以公共交通为导向的发展原则，主要根据当地现场的实际情况具体确定。

对于多条线路共用同一个 BRT 通道的组合线路形式，其线路的运营组织方式又可以分成三种。第一种方式是采用与普通公交相同的复合式线路组织方式（图 6-13），即各条线路相对独立运营并穿越 BRT 通道，在 BRT 通道内复线运营并共用停靠站设施。这一方式对 BRT 通道的通行能力和站点服务能力有较高的要求。第二种是干支线结合方式（图 6-14），即 BRT 通道内的主干线部分采用单一线路运营，为严格意义上的 BRT 线路。随后根据主干线周边的客流分布情况，适当在其起点或终点布设支线，形成"BRT 线路 + 普通线路"组合形成的干支结合形式。通常，干线本身也可采用单一线路或快慢线路相结合的形式。在实际运营管理中，BRT 系统常采用单一票价，即将支线车费分摊到干线车费中，乘坐支线无需另外支付费用，这种收费机制方便了出行者，也节省了出行费用，是鼓励出行者使用 BRT 的一种有效手段。干支线结合方式有利于 BRT 通道内的线路运营组织，可以最大限度地发挥通道的通行能力，主要缺点是搭乘支线的乘客需要在起点站和终点站换乘。第三种方式则采用上述两种方式的组合。典型案例如我国广州的 BRT 系统。在建设 BRT 专用通道前该路段有 61 条公交线路通行，建成后整合为 31 条 BRT 线路：其中 30 条采用复合式线路组织方式，线路中的一部分使用 BRT 通道；1 条摆渡线为单一线路运营，全程在 BRT 通道内行驶。

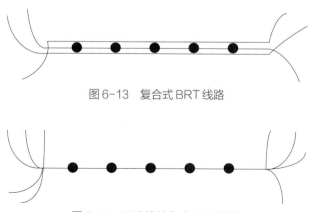

图 6-13 复合式 BRT 线路

图 6-14 干支线结合式 BRT 线路

（2）BRT专用路权

路权是指道路交通主管机关为了提升道路使用效率、确保用路人安全，根据道路交通工程与管理的原理，借由道路交通法规、交通控制设施，在一定空间、时间内，规范用路人使用道路的权利。世界各国的路权分类多样，根据不同的分类方式，包括静态路权、动态路权；时间路权、空间路权；专用路权、优先路权等。上节所述的公交专用车道就属于一种为了推动公交发展而制定的优先路权。

优先路权是BRT线网规划的核心基础。为了提高BRT线路的运营速度和效率，BRT系统需要获得比传统意义的公交专用车道更高的优先路权。传统意义上的公交专用道是为沿线所有公交车辆提供的优先通行空间，而BRT专用路权则仅为快速公交线路和车辆所用，BRT系统通过设置专用路权，达到了以相对较少的投资，有效地提高车辆运行的独立性和可靠性的目的。

建设公交专用路是保障BRT专用路权的常用方式。BRT公交专用路是指将某些城市道路的所有机动车道全部划定为专供BRT车辆行驶的道路，在这些特定的城市道路上，BRT车辆享有全部的、排他性的绝对使用权。BRT公交专用路的设置方式包括全封闭的高架公交专用路（如英国朗科恩快速公交高架车道，图6-15）、地面公交专用路（如日本Saichi车站附近的地面BRT专用路，图6-16）和全封闭的地下公交专用路（如西雅图市中心公交地铁隧道，图6-17）。

图6-15　英国朗科恩快速公交高架车道
资料来源：网络图片．

图6-16　日本Saichi车站附近的地面BRT专用路
资料来源：网络图片．

图6-17　西雅图市中心公交地铁隧道
（Metro Bus Tunnel）
资料来源：网络图片．

在不具备建设公交专用路条件的情况下，可以通过设置BRT专用道来保障路权，将快速公交车辆与普通公交车辆及社会车辆完全分离开来。BRT专用车道与其他车道的隔离方式有两种：一种是使用硬质设施强行隔离，如使用侧石、栅栏等将专用道与其他车道隔离开来（图6-18）；另一种是增设BRT专用车道的标识，如使用交通标志、标线等，或将公交专用车道用某种颜色填充，从而实现公交车辆与其他车辆的分车道行驶（图6-19）。

图6-18 马尼拉大都会使用硬质设施隔离的快速公交专用道（EDSA Busway）
资料来源：网络图片.

图6-19 成都二环高架快速路通过路面标识区分BRT专用道
资料来源：网络图片.

需要指出的是，地面BRT专用道（路）在改善公交通行条件的同时，也会给城市路网和其他机动车行驶带来一定冲击，而这种冲击是否在可接受范围内，需要在BRT建设的可行性分析中重点研究和论证。BRT专用道（路）设置得是否合理将是整个BRT系统规划的基础和关键。

（3）BRT专用车站

为了满足BRT运营管理的需要，保障BRT系统的高效运行，BRT车站一般结合专用路权单独设站，不与其他地面公交车站共用。BRT专用车站是快速公交系统为乘客提供服务的重要窗口，它具有检售票、候车、上下乘客、行车信息发布等重要功能，能够为乘客提供安全、舒适的候车环境及快速上下车、换乘线路等服务。

作为快速公交系统不可缺少的组成部分，BRT专用车站在设计方面主要吸收了轨道交通车站的特征。首先，BRT专用车站一般采用对进出站乘客封闭式管理，有利于推行预售票制度，乘客在进站时提前购票，以便减少乘客因购票缓慢而造成的登车延误及拥挤，提高了乘客的服务水平（图6-20）。其次，在BRT车辆进站停靠方式上，采取车辆停站定位系统精准确定车门位置，以便引导站台上的乘客在车门位置候车，提高上下车的效率。再次，为了改善乘客上下车有台阶不便的状况，BRT车站采取站台高度与车辆底板高度等高的水平衔接形式，从而提高乘客上下车

图6-20 库里提巴的快速公交车站

资料来源：网络图片.

图6-21 哥伦比亚波哥大快速公交 Trans Milenio 线路的车站

资料来源：网络图片.

的舒适度和方便程度，满足无障碍出行要求，减少了在上下车过程中而引起的停车延误（图6-21）。此外，车站内设置有电子信息牌，一方面可提供各种详细的静态乘车信息，满足不同交通方式和不同线路之间换乘乘客的信息需求，如发车时刻表、路线图等内容；另一方面，还可以为候车乘客提供实时的车辆运行动态信息等。以上一系列人性化的设计理念，促进了 BRT 运行效率的提升。

BRT 专用车站与轨道交通站点相似，分侧式站台和岛式站台两种设置方式。岛式站台设置在两条对向行驶的 BRT 专用车道中间，可同时服务两个行驶方向的线路。采用岛式站台设置需要调整 BRT 车辆的车门设计，增设左侧车门以帮助乘客上下车（图6-21）。侧式站台设计则比较符合普通公交的使用习惯，乘客仍从右侧车门上下车（图6-20）。快速公交站点位置一般设有超车道，以保证运行车辆避开到站车辆，完成超车操作。车站和超车道设置位置可以偏移，从而减少 BRT 专用车道的宽度。

为了体现 BRT 车站与普通公交车站的区别，BRT 专用车站一般有明显的建筑特征或标识，便于乘客识别。

6.5.2 BRT 线路的布设策略

由于 BRT 系统通常需要建设封闭式的地面专用道，对城市社会车辆和常规地面公交车辆的道路通行影响较大，因此，地面 BRT 系统的建设不宜短期内全面铺开。而 BRT 系统自身的技术特征和站距要求，也不适合采用密集成网的发展模式。通常，一座城市的 BRT 系统线路数量有限，并采用逐条建设、渐次组网的发展方式，以避免对城市道路交通造成严重冲击。

BRT 线路布设首先要考虑城市道路条件，尽量选取条件较好的道路进行布设。BRT 专用车道宜布设在机动车道较多的城市主干道上；而在城市外围地区或郊区，可以考虑选择高速公路或者新辟 BRT 专用通道。而另一方面则要考虑公交出行的实际需求和发展潜力，结合城市空间布局结构，规划公交客运走廊，将 BRT 系统建设与公交优先的城市开发导向相结合，促进形成有利于公交发展的新空间格局。城市 BRT 线路布设与城市空间布局的关系通常有下述四种情况。

（1）从城市中心区向外放射布设的 BRT 走廊

大部分城市的空间布局都属于单中心结构，城市各项功能围绕一个内部的中心区向外拓展。城市中心区是城市居住、办公和就业岗位、商业和公共服务设施都比较集中的区域，由城市中心区向外围辐射的主要道路往往是交通需求比较高的客流走廊，这类走廊的客流需求非常适合建设快速公交线路。从城市中心区向城市外围布设的 BRT 线路，就属于中心放射式。

2004 年开通运行的北京 BRT1 号线是中国大陆第一条快速公交线路。该条线路沿北京南中轴线布设，全长约 16km，双向均设 17 座车站，由德茂庄站出发，途经南苑、木樨园、天桥等地区，到达终点站前门站，就是一条典型的中心放射式 BRT 走廊。其沿线客流就足以支撑快速公交运营，采用单一线路组织形式，并通过中央岛式车站和 18m 铰接公交车提高通行能力，线路北端终点前门站通过地铁二号线环线和常规公交的接驳，可以方便到达城区其他区域。北京市的其他几条 BRT 走廊也都是由二环向外放射的通勤走廊。此外，巴西库里蒂巴、澳大利亚布里斯班等多个国外城市也都布设了中心放射式 BRT 走廊。

中心放射式 BRT 走廊通常是通勤客流的主要通道，因此，客流的潮汐性特征非常明显；而且，随着走廊向城市外围延伸，客流需求会显著降低，出行分布更加分散，这些问题需要在 BRT 运营设计时着重分析考虑。此外，不同城市由于人口规模和空间分布不同，中心放射式 BRT 走廊的交通需求构成也可能有多种不同情况：

1）走廊沿线两侧的城市用地开发强度很高，仅两侧 1km 范围的客流需求就足以满足快速公交运营的客流需求；

2）走廊沿线用地开发强度中等，大量客流集散点分布在两侧 1km 范围以外的区域；

3）中心区范围较大，仅靠一条放射式公交走廊不能完全覆盖。

根据上述不同情况，也需要对快速公交的运营线路进行有针对性的规划，充分利用走廊的专用道资源，将运营服务延伸到真正有客流需求的区域。

穿越城市中心区的 BRT 走廊是一种特殊类型的中心放射式 BRT 走廊。这种公交走廊穿越城市中心区，连接城市两端，满足了中心区向两端的客流需求，还能实现城市两端的直达。如果中心区两端的客流比较均衡，且城市半径不大，BRT 运营组织会比较简单，避免了在城市中心区布设掉头场站的问题。但如果城市半径较大，且走廊两端客流差异较大，还需要考虑设置区间线来平衡两端的运力。

（2）从城市中心区边缘切过布设的 BRT 走廊

单中心结构的城市中心区通常用地空间非常紧张，道路大多狭窄、路网不连续、道路交通压力过大，要辟出快速公交专用车道非常困难。而且中心城区过于密集的交叉口和平面过街设施也会影响运营效果。虽然将 BRT 走廊延伸进入城市中心区能够最好地满足出行需求，但受到城市中心区这些道路条件的限制，选择从城市中心区边缘切过的客流走廊布设 BRT 线路，是比较务实的办法，尤其是建设第一条快速公交线路时。选择在这类客流走廊上建设 BRT 线路，为了避免过多的强制换乘，通常还会采取部分路段混行的方式，将线路延伸至客流集中的城市中心区。

2008 年 1 月 1 日开通运行的常州快速公交 1 号线，贯穿城市南北方向，该线路实施时就选择穿越中心区边缘的客流走廊，BRT 主干线并不直接进入城市中心区。BRT1 号线成功实施后，快速公交系统得到了社会各方的广泛认可。2009 年 5 月 1 日开通的快速公交 2 号线，就选择安排在穿越城市中心区的主客流走廊，贯穿城市东西方向，与 1 号线相交构成城市公共交通的十字骨干。

（3）环形 BRT 走廊

在单中心结构城市中，随着城市的空间扩张，城市建成区逐步形成了环形加放射的主干路结构，城市环路在疏导交通方面的作用越来越明显。城市客流走廊主要沿几条放射状主干路及环路分布。城市环路在道路系统中的等级通常也比较高，可以为 BRT 专用车道提供必要的空间，因此，结合道路条件较好的城市环路客流走廊建设环形 BRT 线路也是一种可行方式。需要注意的是，由于城市的主要出行方向还是以向心为主，环线走廊虽然断面客流量较大，但出行起点和终点均在走廊上的客流比例却不高，因此，单纯的 BRT 环线并不一定就有很高的客流需求。

环形 BRT 走廊建设通常有以下几种实施模式：

1）在中心放射式 BRT 走廊已经建成的情况下，规划建设环形快速公交走廊，起到连接放射走廊和外围组团的作用。我国常州市在原有两条 BRT 线路形成的"十"字形网络骨架的基础上，建设了新的 BRT 环线，不仅增加了两条 BRT 线路之间的连接，更扩大了快速公交网络的覆盖面。环线可以有效疏导中心城区交通流量，充分利用外围道路快速的特点，方便东西南北各方向的市民出行，提高市民公交出行比例。

2）一些城市的城市环路上已经具有很大的公交客流需求，沿线甚至形成了一些城市副中心，如北京的三环路就是城市最重要的客流走廊之一。此时建设快速公交线路，不仅可以加强各城市副中心之间的公交联系，还能形成在时间和空间上分布比较均衡的客流特征。

3）环线走廊虽具有一定的公交客流，但不足以支撑 BRT 专用道的高效利用。这种情况下，可以利用环线较好的道路条件，适当将 BRT 线路从环路走廊上向城区内和外围区域延伸,将环线走廊作为客运连接通道,并配套建设沿线的换乘枢纽。我国郑州市的快速公交首期工程就属于这类走廊。

(4)衔接多个城市组团的 BRT 走廊

空间规模较大的大城市和特大城市,在保持原有老城区单中心布局的基础上,以新区、开发区等形式在外围开发建设新组团,形成多中心的组团式空间布局结构。这些外围组团往往集聚了大量的就业岗位和居住小区,但公共服务和商业设施相对匮乏,与城市中心区之间存在大量的出行需求。随着城镇化进程持续推进,城市人口增长、空间扩张,居住人口从中心区外迁的趋势越来越明显,城市副中心及外围组团间的出行需求也增长很快。因此,除主城区内的放射走廊外,连接更远距离新区的走廊,以及各副中心之间的走廊也存在较大的客流需求,为 BRT 线路的布设和运营提供了客流基础。

而另一方面,城市新区的道路设施基本都是近年新建的,空间条件较好。而且 BRT 走廊建设还可以作为推动新区开发的催化剂。因此,加强城市组团之间客流需求的分析预测,结合新区建设提前布局衔接多个城市组团的 BRT 走廊,有助于将落实公交优先战略和促进新区发展有效结合。

6.5.3 BRT 线路的组网形式

单一的 BRT 走廊覆盖范围非常有限,快速公交系统如果能形成网络,可以发挥更大的作用。换乘便捷的公交网络,增加一条线路后,不仅可以服务这条线路周边的出行需求,还能实现新增线路与原有线路之间的联系,大大增加了系统可以服务的出行范围,带来"1+1>2"的明显效果。由于一座城市适宜建设的地面 BRT 线路有限,而且往往采取"逐条建设、循序推进"的发展原则,在线路建设之前,充分考虑有限的线路组网的策略和形式,对 BRT 系统的中长期发展和近远期衔接具有重要意义。

(1)利用单一专用道走廊构建网络

地面快速公交系统使用公交车辆运营,可以将线路服务直接延伸到 BRT 专用道路以外,即采用"BRT 线路 + 普通线路"的组合线路形式,同时,在同一条 BRT 走廊上还可以允许多条组合线路通行,即共用 BRT 专用道及车站。这就是利用单一的 BRT 专用道进行的组网方式。这一方式也是 BRT 系统建设初期最常用、最基本的组网方式。

这一组网方式适用于 BRT 走廊起点和终点之间的客流需求较低,仅仅依靠 BRT 专用道上的主线客流无法充分利用专用道资源的情况。通过适度引入组合线路共用 BRT 通道,并保证系统内的便捷换乘,可以扩大 BRT 走廊的服务范围。在规划单一走廊的快速公交线网时,要保证每条线路的直达性和换乘出行的直达性,良好的直达性不仅能够吸引更多客流，还能避免过多的线路间换乘，导致系统效率降低。

而当BRT走廊起终点间的沿线客流需求已经很高，快速公交仅需在BRT通道内部运营就足以实现专用道高效利用时，就要避免在通道内再加入其他线路。否则反而会造成客流需求超过服务能力，导致专用道内客流拥堵，系统服务水平下降。

（2）放射式网络或"放射+环形"网络

放射式网络或"放射+环形"网络在世界各国城市的轨道交通建设中非常常见。芝加哥、费城、哥本哈根等城市的地铁系统就是典型的放射式网络，而莫斯科地铁系统则是"放射+环形"网络的代表。

以2条以上放射式BRT线路搭建而成的放射式网络结构，也是快速公交系统最常见的组网形式。很多城市在完成首条BRT建设后，会将第2条线路与第1条搭建成"十"字形线网。在城市向各方向发展比较均衡的情况下，"十"字形线网不仅能够服务城市中心区往外围多个方向的客流需求，还能够通过中心区的换乘实现走廊之间的出行转换。

但是，纯粹放射式网络容易造成城市中心区的客流拥堵，而且各条放射走廊之间换乘客流都需要先到中心区，绕行距离较大。因此，在放射式网络基本成形后，再添加环形线路组成"放射+环形"的网络形式，可以大幅度提升BRT线网的性能。作为世界知名的BRT城市，巴西库里蒂巴历经三十多年时间，在完成放射式BRT走廊建设后，增建了环形BRT连接线路。

（3）方格形网络

我国城市（尤其是北方城市）受历史文化、地形地貌等因素影响，城市形态比较方正，道路系统多为方格网结构。虽然都有明显的城市中心区，但空间布局上少有典型的放射环形路网布局。由于地面快速公交系统建设需要依托既有的城市道路网络，因此，方格形的组网方式更有利于规划实施。我国昆明市就逐渐在中心城区建成了方格网布局的公交专用道系统，并规划在远期进一步发展成"方格网＋环形放射"布局的专用道网络。

大多数城市虽然路网为规整的方格网形态，但客流出行方向的向心性仍然非常明显，并且出行强度从市中心向外呈现圈层递减的态势。为了应对这一问题，就需要在方格状的专用道网络中，根据客流需求开设放射走向的线路，加密向心方向的运力，并根据客流需求向外递减的规律运营区间线。这种做法可以使运营服务与乘客需要更加一致，但也会增加线网的复杂性，线路在交叉口的转向和多线路并线运营也会对运营速度和稳定性产生影响。因此，虽然方格形专用道组网实施比较容易，但系统中的线路组织和运营还需要进行详细的规划和设计。

6.5.4 BRT 线网规划设计要点

（1）BRT 线网规划布局的影响因素

影响快速公交线网规划布局的因素有很多，包括外部设施、公共交通政策、与其他交通方式的整合、交通需求、道路条件等。综合起来，城市快速公交线网规划应具体考虑以下几个因素的影响。

1）交通需求

城市客运交通需求包括出行数量、出行分布和出行路径的选择，是影响快速公交线网规划的首要因素。在一定的服务水平要求下，客运需求量大的区域要求布置的快速公交线网客运能力较大，理想的快速公交线网布局应具有服务范围广、非直线系数小、出行时间短、直达率高、可达性高等特点。

2）城市道路条件

城市道路是快速公交线网布设的物质基础和前提。并非所有的道路都适合快速公交车辆的行驶，还要考虑道路几何线形、路面条件等因素。在进行快速公交线网规划以前，可以将所有适合于快速公交车辆行驶的道路定义为快速公交线网规划的"基础道路网"，在此基础上研究具体的 BRT 线网设置。

3）不同交通方式间的整合衔接

快速公交与轨道交通、常规公交的角色分工及功能定位，都是在进行快速公交线网规划布局时需要考虑的因素。因此，快速公交线网布局规划除考虑系统本身的效益之外，与其他交通方式之间的协调与整合也需要同时考虑，以免公共交通内部形成恶性竞争，造成整体运输效率下降。

4）外部基础设施和运营条件

城市快速公交系统对基础设施和运营条件都有一定的要求，因此场站条件、快速公交车辆和城市道路等基础设施将是快速公交线网布局规划的重要限制条件。

5）其他因素

现实环境中存在的其他因素也起到了一定的影响，包括相关主管部门的政策因素、投资力度、企业营运的既成范围、经济和文化因素等。

（2）BRT 线网规划布局方法

确定 BRT 网络形态的主要依据是客流需求，根据城市总体规划、用地布局确定客运走廊，在此基础上根据道路网布局形态和设施条件，确定具体的线路走向。为了保证规划方案的实施可行性，BRT 系统布局规划阶段必须同时确定主要构成要素的形式，包括道路断面、车站、车场布局和规模、线路服务形式等。

1）潜在公交客流走廊的识别

为了分析确定潜在的公交客流走廊，通常可采用以下 3 种方法：

①经验判断法。根据城市人口与岗位分布情况，设定影响范围，通过对线网覆

盖率的判断来确定线路的走向。将人口与岗位分摊到交通小区中形成对应的人口与岗位分布图，在此图上根据经验判断画出线路走向。这种方法目前使用较多，但仅考虑了人口密度的分布情况，忽视了人员出行行为的不同，因此在线网布设时可能与实际客流方向不完全吻合。

②出行期望径路图法。规划年出行预测得到远期全人口、全方式OD矩阵，将远期OD矩阵按距离最短路分配到远期道路网上得到出行期望流量图，按出行期望流量上的交通流量选线，产生初始线网。

③两步聚类识别法。先通过动态聚类，将所有的交通流量对分类成20~30个聚类中心。而后通过模糊聚类法，以不同的截阵选择合适的分类，并进行聚类计算。最后可获得交通的主流向及流量并结合走廊布局原则及方法确定主要交通走廊。

2）主要枢纽点的确定方法

确定BRT线网初始方案的基本走向后，关键是确定BRT网络枢纽点的位置。这种由"枢纽到网络"的做法改变了传统由"网络到枢纽"技术路线，可使产生的初始线网的站点与大型客流集散点有更好的衔接，有利于最大限度地吸引客流。

城市客运枢纽点包括两大类：一类是确定型枢纽点，另一类是待定型枢纽点。确定型枢纽点是由城市总体规划确定的大型客流集散中心，待定型枢纽点是城市范围内换乘量大的地点。

对于组团式结构的城市而言，确定型枢纽点主要包括以下五类：①行政中心，如市中心、区中心；②交通枢纽，如火车站、机场、客运港口、公交站场；③文化商业网点，如大型的公园广场、旅游点、体育场馆、大型商业中心、商业街等；④大型企业，如大型工矿企业和事业单位等；⑤大型社区，如居住人口在10万人以上的居住中心等。将上述五类确定型枢纽点分别列出，分析各客流枢纽点的相对重要度，排定确定型城市客流枢纽点在城市中的地位，从而确定BRT线网初始方案中枢纽站点的设置。

对于待定型枢纽点来说，BRT枢纽站点设置的位置至少应包括两个方向或两种方式的客运交通线路，因此通常布设在道路网的节点附近。从某种程度上说，分析BRT待定型枢纽站点的选址问题就转变成选择道路网的节点问题。

3）BRT线网的生成

线网生成分三个步骤进行，依次是市区级线网、市域级线网和局域级线网。

线网首先生成连通市中心与城市副中心的市区线网，一般为一条环线、数条径线的形式。数条径线将穿越市中心并在此相交，由市中心向城市的各个方向放射，在保持线路尽量为直线的情况下，尽可能地连接更多的城市大型客流集散点，环线连通城市的副中心与其他的大型客流集散点。这样形成的骨架线网将满足现状多数城市交通需求走廊的要求，但对一些城市而言，这些骨架线网需要以地铁为主的轨道交通来承担，在这种情况下，快速公交系统必须与轨道交通有效配合，共同组织线网，在空间上起到补充的作用、在时间上起到替代的作用。

在确定市区线网之后，开始连通卫星城与骨架线网的市域线网。枢纽之间客流量很大，但沿途客流量较小，快速公交将发挥大站快车的作用。市域线网尽可能利用郊区主要公路，尽可能地经过集镇，以方便乡间乘客的换乘和带动沿途经济的发展，形成沿快速公交线的经济增长带，有利于促进城市向多中心轴线式布局发展。

市域级和市区级线网形成后，一般还剩下局部区域的客流集散点的连接问题，在规模大、客流集散点多的卫星城内可按中心城区的骨架线网形式布设该区域的加密线网，在市区范围内用加密线网连接剩余的节点，覆盖交通走廊。

4）BRT线网的布局优化

城市快速公交线网设置是否合理直接影响居民出行所需的时间、换乘次数以及系统运行成本。合理的布局，可以充分发挥快速公交的优势，提高运营效率，改善服务水平，方便居民的出行；同时，也可以减轻其他方式交通量对城市道路的占用，减轻城市道路系统的交通压力，发挥有限的城市用地的最大效能。从对常规公交和轨道交通的研究中可以得知，无论是常规公交线网还是轨道交通线网的布局规划，它们的优化目标和约束条件都是根据各自的特征来确定的，因此对BRT线网进行优化也有其不同于其他交通方式的特殊要求。BRT线网规划要满足的目标很多，明确的目标可以有效指导BRT规划，确定其发展重点和方向。在BRT线网优化之前，必须首先明确优化目标。

BRT线网布局的优化目标可以从BRT快速和大运量两个特点出发来确定。从快速的特点考虑，由于BRT采用公交优先措施后大大减少了各种延误和不确定性因素，所以可以假设车速能稳定在较高水平，由此使乘客在BRT线路上的出行距离最接近空间直线距离，则乘客出行耗时最小，可以表示为直达客流平均绕行系数最小。从BRT大运量的特点考虑，为充分利用BRT的运输能力，希望单位线路长度完成的直达乘客运输量最多，可以表示为直达客流运输密度最大。

6.5.5 国内外代表性BRT案例

具体内容扫描二维码6-1阅读。

二维码6-1

第 7 章

城市轨道交通线网规划

城市轨道交通系统具有载客量大、速度快、准点可靠、运输效率高等优势，成为解决现代大城市交通拥挤的重要方式，又由于其具有节约能源、事故率相对较低、污染少、占地少、不干扰市内道路交通等优越性，使其成为现代大城市最好的公共交通方式。作为城市公共交通骨干地位的轨道交通系统，要最大限度地满足居民的出行需求，改善城市交通拥堵的现状，提高轨道交通的出行分担率。同时，城市轨道交通作为一项社会公共事业，是城市中公用设施中建设周期最长、投资最大的交通基础设施，一旦建成，很难进行改变。而众所周知，交通与城市用地是密不可分的，城市轨道交通线网系统作为城市客运交通的大动脉，线网规划的优劣同时直接影响到城市的总体布局形态，进而影响城市社会经济发展和人们的生活方式，并在很大程度上决定了线路建设工程投资大小和难易度、系统运营的效率与服务水平、土地资源节约与环境生态的保护等问题。因此，轨道交通线网规划是轨道交通建设至关重要的环节，受到极大重视。如何确保城市轨道交通系统既具有良好的社会效益，又拥有经济效益，科学、合理地制定线网规划是至关重要的一步。

7.1 轨道交通线网规划的内容、原则与目标

7.1.1 轨道交通线路的分类与技术特征

城市轨道交通系统是一个复杂的技术系统，由一系列相关设施和设备组成，包括车站、线路、车辆及车辆基地、通信信号、环控系统以及给水排水系统等，其专业涵盖土建、机电、电气、电子信息、环境控制、运输管理等领域。

轨道交通线网是系统的核心要素。一方面，它直接关系着轨道交通服务的覆盖度和可获取性，并与城市功能布局及用地空间开发紧密相关；另一方面，它也是把系统其他要素整合在一起的基础设施网络，包括车辆配置、信号设备、土建工程设施等，最终都是为了实现轨道交通线路和网络一定的服务能力和水平。因此，轨道交通线网规划既要和城市用地规划协调，充分考虑客流分布和需求，同时也要考虑技术系统对线网布局和服务能力的影响。

（1）轨道交通线路的分类

公共交通建设发展需要客流走廊规模的支持，对城市轨道交通更是如此。客流需求的规模既决定着是否建设城市轨道交通线路，也决定着城市轨道交通线路功能和制式的选择。城市轨道交通存在长度、功能、制式、建设方式等多方面的差异，甚至一条轨道交通线路在不同的城市区域也存在某些方面的不同，因此，城市轨道交通线网是由差异化的线路组成的多层次网络。

轨道交通线路可以从不同角度进行分类。首先，从线路所处的空间范围及其功能定位，通常可分为以下三种类型：①市域快线——在市区与卫星城镇之间，为长距离出行提供快速交通联系的线路；②市区干线——市区内部为中距离出行提供快速便捷的联系；③市区辅助线——市区干线的补充线，保证轨道交通网络整体功能的发挥。

其次，根据线路在城市空间的分布情况，又可以分成：①中心线——城市中心区，为公交出行者提供快速准时服务；②直径线——起讫于郊区，穿越市中心的线路；③半径线——一端于郊区、一端于中心城区的线路。

2018年12月我国批准实施的国家标准《城市轨道交通线网规划标准》GB/T 50546—2018，根据不同空间层次交通需求构成特征，以及不同技术标准轨道交通级配组合，将城市轨道交通线网分为快线和普线两个层次：

1）普线：指旅行速度为45km/h以下的城市轨道交通线路。按其运量可再细分为大运量和中运量两个层次。中运量系统包括全封闭系统和部分封闭系统（存在部分平交道口），部分封闭系统主要以高架线、地面线为主，涉及平交道口的交通组织，其选线方法、系统配置等方面与全封闭系统相比有较大差异。

2）快线：指旅行速度为45km/h以上的城市轨道交通线路。城市轨道交通快线按旅行速度可划分为快线A和快线B两个等级，技术特征指标应符合表7-1的规定。

不同速度等级的技术特征指标　　　　表7-1

速度等级	旅行速度（km/h）	服务功能
快线A	>65	服务于区域、市域、商务、通勤、旅游等多种目的
快线B	15~60	服务于市域城镇连绵地区或部分城市的城区，以通勤为主等多种目的

资料来源：《城市轨道交通线网规划标准》GB/T 50546—2018.

城市中心城区的轨道交通线网宜主要由普线构成。根据上述国家标准规定，规划人口规模500万人及以上的城市，轨道交通线网服务应保证中心城区的市级中心与副中心之间的出行时间不宜大于30min；150万人至500万人的城市，中心城区的市级中心与副中心之间的出行时间不宜大于20min。当城市主要功能区之间轨道交通系统内部出行时间超出以上规定时，应增加快线层次的轨道交通服务。

城市中心城区与外围组团之间的联系也有时间上的要求。中心城区市级中心与外围组团中心之间出行时间不宜大于30min，当两者之间为非通勤客流特征时，其出行时间指标不宜大于45min；当轨道交通普线系统无法满足城市主要功能区之间的内部出行时间要求时，宜选择快线系统。当一条客流走廊有多种速度标准需求时，不同层次的线路，宜采用由不同速度标准、不同系统制式组合而成的独立线路或混合线路组织模式；同一条线路，宜组织快慢车运行提供服务。

（2）轨道交通线路的运营制式与服务特性

城市轨道交通是指在城市中使用电力牵引，采用在导轨上行驶的车辆运送乘客的公共客运交通系统。我国国家标准《城市轨道交通技术规范》GB 50490—2009 将城市轨道交通系统划分为地铁、轻轨、有轨电车、单轨、自动导向轨道、磁浮与市域快速轨道七种运营制式。

1）地铁

地铁是一种大运量的轨道运输系统。地铁轴重相对较重，单方向运输能力为3万人次/h以上。通常采用钢轮钢轨体系，我国的标准轨距为1435mm，主要在大城市地下空间修筑的隧道中运行，也可穿出地面，在地面或高架桥上运行。按照选用车型的不同，又可分为常规地铁和小断面地铁，根据线路客运规模的不同，又可分为高运量地铁和大运量地铁。地铁车辆常用车型有 A 型车、B 型车和 Lb 型直线电机车辆，构造速度一般为 80~100km/h，运营速度（时刻表速度）为 30~60km/h。列车编组数通常为 4~8 辆，但也有 10~12 辆编组的情况。单向小时最大运输能力在 3 万 ~8 万人之间。一般线路全封闭，在市中心区全部或大部分位于地下隧道内，因而可实现信号控制的自动化，具有容量大、速度快、安全、准时、舒适、运输成本低、不占城市用地但建设成本高等特点，适用于出行距离较长、客运量需求大的城市中心区域。

2）轻轨交通

轻轨交通是在老式有轨电车的基础上演变而来，属于中运量轨道运输系统。线路采用地面专用轨道或高架轨道，若遇繁华街区，也可进入地下或与地铁接轨。输送能力为 1.5 万 ~3.0 万人次/h。它的车辆轴重较轻，即施加在轨道上的荷载相对于城市铁路和地铁的荷载来说比较轻，因而称为轻轨。其基本车型有 C 型车和 Lb 型直线电机车辆，车辆定员在 130~270 人之间，构造速度可达 60~80km/h。线路站台标准有高低之分，路权形式也有多种。具有运量较大、速度快、乘坐舒适、安全、运行经济、建设成本相对较低等特点。

3）有轨电车

有轨电车是采用电力驱动并在轨道上行驶的轻型轨道交通系统。通常采用地面线，有时有隔离的专用路基和轨道。隧道或高架区间仅在交通拥挤的地带才采用。现代有轨电车与性能等级较低的轻轨交通很接近，运营速度（时刻表速度）为 18~25km/h，采用 2 节编组的单向小时最大输送能力约为 6000~12000 人。

4）单轨交通

单轨系统可分为跨座式和悬挂式两种，前者跨在一根走行轨道上行走，其重心位于走行轨道上方；后者车辆悬挂于可在轨道梁上行走的走行装置的下面，其重心处于轨道梁的下方。单轨具有空间利用率高、适应能力强、噪声小、振动低、无废气污染、运输安全性高和对城市的景观及日照影响较小等优点。但是，单轨车也具有速度低、能耗大、粉尘污染等缺点。该系统主要适用于：市区城市道路宽度较窄、高差较大、道路半径小及线路地形条件较差的地区；旧城改造已基本完成且改造后的城市道路比较狭窄的地区；市郊与城区之间的联络线；旅游区或景点的观光线路。目前多用于运动会、体育场、机场和大型展览会等场所与市区的短途联系。

5）自动导向轨道交通

自动导向轨道交通是指由电气牵引，具有特殊导向、操纵和转折方式的胶轮车辆，单车或数辆编组运行在专用轨道梁上，属于中运量轨道交通系统。其列车沿着特制的导向装置行驶，车辆运行和车站管理采用计算机控制，可实现自动化和无人驾驶，在繁华市区线路可采用地下隧道，市区边缘或郊区通常用高架结构，其时刻表速度为 30km/h，单向小时最大输送能力为 5000~15000 人。系统适用于机场专线或城市中客流相对集中的点到点运营线路。

6）磁悬浮轨道交通

磁浮系统是一种非轮轨黏着传动、列车悬浮于地面的交通运输系统。磁浮车厢不需要车轮、车轴、齿轮传动机构和架空电线网，列车运行方式为悬浮状态，采用直线电机驱动行驶，主要在高架桥上运行，特殊地段也可在地面或地下隧道中运行，其单向小时最大输送能力为 11500 人。用于城市客运交通系统的基本车型有高速磁悬浮列车（最高速度为 400~500km/h）和中、低速磁悬浮列车（最高速度为 100km/h）。

7）市域快速轨道交通

市域快速轨道交通是由电气机车或内燃机车牵引，轮轨导向，车辆编组运行在城市中心与市郊、市郊与市郊、市郊与新市镇之间，以地面专用线路为主的大运量快速轨道交通系统。客流量可达到 20 万 ~45 万人次 /d（一般不采用高峰小时客运量的概念）。市域快速轨道交通适用于城市区域内重大经济区之间中长距离的客运交通。线路站距普遍较大，宜选用车速较高（120~160km/h）的车型。

7.1.2 轨道交通线网规划的内容与原则

（1）轨道交通线网规划的基本内容

在明确城市轨道交通功能定位、发展目标的基础上，线网规划应确定城市轨道交通线网的功能层次、规模和布局，提出城市轨道交通设施建设用地的规划控制要求。从具体实践操作来看，线网规划的主要内容包括：规划背景研究、线网构架研究和线网实施规划研究，后两者是线网规划的核心内容。

1）规划背景研究

对城市现状的人文特征、自然条件、城市用地、城市经济发展程度、交通背景等进行研究，分析城市轨道交通发展的必要性和可行性，了解某个特定城市规划线网的特殊性和针对性，明确线路建设需要解决的问题，如解决城区道路交通拥挤，解决河流隔断的两个区域联系不足等问题，由此形成线网规划基础。线网规划的主要依据是城市总体规划和综合交通规划等。在分析城市总体规划、综合交通规划等相关规划的基础上充分理解城市发展战略要求，轨道交通线网的规划需要同城市发展战略相一致，有时还需超前于城市发展，促进城市朝着规划的方向发展。特别是对于形成城市副中心的发展要求，城市轨道交通线网作用巨大。

分析已有的城市土地开发政策和交通政策体系，如交通需求管理政策、交通系统管理政策、轨道交通经营政策研究和不同交通方式之间衔接措施等，研究城市轨道交通线网规划的规划原则和技术手段。

2）线网构架的研究

线网构架研究是线网规划的核心内容。这部分研究主要以定性分析为主，主要内容包括：线网合理规模的研究、线网方案的构思、线网方案的客流分析以及线网方案的综合评价。通过计算线网的合理规模，分析线网的形态结构，测试线网的客流情况，确定初步的线网方案。

3）线网实施规划

线网构架研究所确定的较优的规划方案要最终能得以实施。还需进一步研究实施规划。城市轨道交通系统专业性很强，线网是否可行受很多工程和经济条件的限制，往往一个条件不能满足就影响整个系统建设的可行性，因此，必须以方案规划的形式提出具体的实施安排。实施规划是城市轨道交通规划可操作性的关键，主要研究内容包括建设顺序、工程条件和附属设施的规划。具体内容包括各条轨道交通线路的建设先后顺序、线路的敷设方式、主要换乘节点的方案研究、附属设施（如车辆段）规模大小和具体选址研究、城市轨道交通线网的运营管理规划、联络线分布研究以及城市轨道交通与其他交通方式之间的衔接和换乘等。由于规划可实施性研究是保证线网可行性的重要因素，因此，这部分研究与之前的方案构架研究是一个循环过程。

由此可见，线网规划的过程实际上是对初级线网不断优化完善的动态滚动过程。主要有两类线网的规划方法：解析法和系统分析法。解析法：根据城市人口、土地资料，用运筹学的图论和数学规划的方法建立目标函数并求解，选出最优线路走向。系统分析法：根据城市的交通现状和土地发展规划，构架初始线路或线网，用交通规划方法，进行轨道交通线网的预测，并评价择优。系统分析法是定性经验和定量数据相结合的动态规划方法。

（2）轨道交通线网规划的原则

进行城市轨道交通线网规划需要遵循以下6项原则：

1）线网规划与城市发展规划紧密结合，留有发展余地

城市轨道交通线网规划应与城市总体规划、城市综合交通体系规划协调一致，并纳入城市总体规划。线网规划应支持形成合理的城市结构，支持城市发展与城市结构调整战略目标的实现，并与城市发展的走廊相适应。应结合城市的地理结构、人文景观、城市人口规模、用地规模、经济规模和基础设施规模等，来规划城市轨道交通。线网规划要能适应城市的未来发展，充分考虑土地利用和交通的相互影响关系，处理好满足需求和引导发展的关系。而且，城市轨道交通线网规划的年限应与城市总体规划的年限一致，同时应对远景城市轨道交通线网布局提出总体框架性方案，并应预留可扩展性和发展弹性。

2）线网布设要与城市主客流方向相一致

城市轨道交通线网方案应以交通需求分析为依据，经多方案综合评价确定。建设轨道交通的根本目的是要满足城市发展带来的现在与未来的交通需求，提高轨道交通分担率，调整城市结构和交通结构，解决交通拥挤、人们出行时间过长及乘车难等问题。因此线网规划应重点研究城市土地利用形态、人口与产业分布特征、现在及未来路网客流分布特点，使城市轨道交通能够最大限度地承担交通需求大的通道上的客流，提高轨道交通的分担比率。这对提高轨道交通的社会效益、经济效益以及企业内部效益都是非常有益的。

3）线路规划走向力求沿城市干道布设，各条线路上的客运量要尽量均衡

城市干道，尤其是主干道交通最繁忙，是客流汇集最多的地方，在主干道下布设地铁线路，有利于分流地面交通压力，和地面交通结合，形成立体交通体系。主干道地面空间较宽广，在工程实施时，减少拆迁量，工程量较少，对居民的干扰也相对要小一些。所以，在规划线路时，要尽量使线路沿城市主干道布设，并且要以最短的线路连接大的交通枢纽（包括对外交通中心，如火车站、飞机场、码头和长途汽车站等）、商业中心、文化娱乐中心、大的生活居住小区等客流集散量大的场所，

以减小线路的非直线比例和缩短居民的出行时间。线路客运量要尽量均衡，便于设施利用和行车组织，降低运营成本。各条线路规划时，要统筹考虑均衡吸引客流能力范围，如穿越和停靠大规模客流集散点的次数要大致均匀。

4）线网规划要考虑资源共享，促进集约节约发展。

一个城市规划的轨道交通线路往往长达数百公里，规划的轨道交通线路也有数十条或十几条之多，考虑到城市用地的局限性，往往会将轨道交通各种资源的共享，进行功能组织与布局，即两条或多条轨道交通线路合用同一资源，如车辆段和牵引变电站等。下面以车辆段为例说明资源共享问题。车辆段（场）是轨道交通车辆停放和检修的场所，占地面积大。在轨道交通建设初期，一条轨道交通线路通常配一个车辆段，但随着轨道交通建设线路条数的增加，受城市用地的限制，每新建一条轨道交通线路就增加一个车辆段较难实现。这就要求在线网规划阶段，统筹考虑车辆段在整个轨道交通线网中的位置和规模，以及车辆段与各条正线之间的联络线。除此之外，应与城市总体规划用地布局协同、相互反馈，实现城市轨道交通建设与沿线用地及地下空间使用功能、开发强度相匹配，促进城市集约节约发展。

5）城市常规公共交通线网与轨道线网要衔接配合，充分发挥各自的优势

城市轨道交通线网规划应与区域城际轨道交通网络规划、城市综合交通相关专项规划相衔接，应与城市客运及对外客运枢纽相衔接。常规公共交通是提供接近门到门的服务，若能与轨道交通合理衔接，既方便了乘客，使其缩短出行时间，又能为轨道交通集散大量客流，使其充分发挥大运量的特点。只有这样才能充分发挥各自的优势和快速轨道交通的骨干作用。同时，线网端点处应尽量与市郊铁路相连接。未来的理想状态是不仅考虑换乘方便，而且应该考虑直通运行。在这方面，日本有非常成功的经验，日本东京的地铁与市郊铁路制式相同，乘客不用换车即可到达郊区的目的地。

6）保证规划具有可持续发展能力

轨道交通线网中各条线路的规划与建设，要充分考虑城市近期与远景建设规划，与城市的发展和改造计划有机结合，以保证轨道交通线网工程建设计划实施的连续性和整体性以及工程技术经济上的可能性和合理性。同时应落实国家优先发展城市公共交通的政策，坚持以人为本、节约和集约利用资源，遵循因地制宜和安全、公平、经济可行的原则，促进城市和交通可持续发展。

7.1.3 轨道交通线网规划的基本要求与步骤

（1）轨道交通线网布局的基本要求

根据前述城市轨道交通线网规划需要遵循的各项原则，在进行轨道交通线网布局时，应满足以下5个方面的基本要求：

1）城市轨道交通线网应根据城市空间组织、交通发展目标和空间客流特征进行合理组织，线网布局应与城市空间结构、交通走廊分布契合。

2）城市轨道交通线网布局应与沿线土地使用功能相协调，应优先与居住用地、公共管理与公共服务用地、商业服务设施用地、客运交通用地相结合，不宜临近物流仓储用地、货运交通用地、大型市政公用设施用地及非建设用地。经经济效益分析，可在城市轨道交通设施用地上进行综合开发利用。

3）线网规划应合理组织换乘功能，处理好城市轨道交通线路间以及与其他交通方式的换乘衔接关系，有效控制换乘衔接空间，并应提出换乘设施的规划控制条件。

4）线网应根据城市各功能片区开发强度的高低提供差异化服务，线网配置标准应与人口及就业岗位密度分布、客运系统功能分工、客运交通需求、道路交通容量相匹配。城市高强度开发的功能片区应提高线网配置标准。

5）线网规划应根据城市与交通发展进程提出线网分期建设时序。

（2）轨道交通线网规划的基本步骤

线网规划涉及的影响因素众多，而各因素之间又相互影响，仅仅靠专家经验和少数几次定性定量分析是难以获得满意的线网方案的，必须在"方案设计—分析评价—比较筛选"的循环过程中，有效地将定性分析和定量分析有机结合起来，不断提高规划者自身的认识，最终得出更有价值的线网方案。规划流程体现了线网规划各阶段的工序流程，反映各工序之间的逻辑关系、研究内容和阶段成果。线网规划工作的一般流程如下：

1）基础数据调研分析：收集和调查历年社会经济（GDP、人均收入等）、土地利用（居住人口及岗位分布、流动人口数据）、路段交通量、客流流量及流向资料，为现状诊断及客流预测提供基础数据。

2）交通调查分析：通过对交通线网各路段的交通量（观测交通量或理论分配交通量）、拥挤度（或饱和度）、车速、行程时间等指标进行分析，对现状交通路网进行诊断分析，发现城市交通现状及目前发展趋势下可能存在的问题。只有深刻认识到城市交通的关键问题所在，才能制定出合理且具针对性的规划目标和提出切实可行的规划方案。

3）客流预测：分析未来城市的人口（包括常住人口、流动人口）总量，出行特征（频率、距离、方式），交通结构等方面的情况，对轨道交通客运需求进行预测。预测结果是方案设计和评价的重要基础。

4）城市发展战略研究：重点分析论证远景的城市人口，工作岗位的数量及分布，城市发展形态与布局结构，中心区及市区范围的人口密度及岗位密度等问题。

5）城市综合交通战略研究：从城市交通总能耗、总用地量、总出行时间等角度论证不同时期的城市轨道交通客运份额合理水平，确定不同时期城市轨道交通客运目标值。

6）线网规模预测：在现状诊断和需求预测的基础上，结合城市综合交通战略、城市轨道交通建设资金供给等因素确定未来（可以分为若干规划期）的轨道交通线网发展规模。

7）初步方案制定：根据轨道交通线网规模，结合客流流向和重要集散点编制线网规划方案。由于轨道交通枢纽点需要具备一定的用地规模、施工条件及公交配合条件，因而线网编制时往往先考虑重点换乘枢纽的点位。不同的规划方案可能对未来城市发展产生不同的影响，进而影响到城市客流流向和流量，因此方案设计与客流预测是相互作用的，在具体预测过程中需要不断重复上述过程。

8）客流测试分析：针对各线网方案，利用预测的客流分布结果进行客流测试，得到各条规划线路各断面、各站点的客流量、换乘量以及周转量等指标，为方案评价提供基础数据。

9）方案评价比较：建立评价指标体系，对各方案进行定性、定量的分析和比较。

10）最终方案确定：选择较优方案，并结合线路最大断面流量等因素确定轨道交通的系统模式。

城市轨道交通线网规划本身需要一个不断循环、优化完善的过程，但也要认识到线网规划是严肃的，规划方案一经实施就不应轻易调整。规划调整往往要付出巨大代价，代价大小与所调整线路的结构性程度有关，越是结构性的线路，其调整所付出的代价越大。因此，在规划过程中要尽可能预计到未来的一些结构性、战略性的变化，从而使所形成的规划线网在结构上不发生大的变化，尽量减少未来规划调整所带来的损失。

7.1.4　轨道交通线网规划的目标与意义

（1）轨道交通线网规划的目标

城市轨道交通对于城市的发展、居民的生活水平改善有着重要作用，但是如果城市轨道交通线网规划不好，不仅起不到积极的作用，还会导致城市无序发展、交通网络系统不协调、线路客流量过少、投资无法收回等问题，且城市轨道交通系统建设具有不可逆性。因此，轨道交通线网规划目标归纳起来主要有三个方面：

1）实现运输工作量最大化

运输工作量通常用"人次"或"人公里"衡量。这就要求城市轨道交通系统能够提供快速、便捷的服务及吸引乘客的其他因素。城市轨道交通系统承运的出行乘客越多，说明其越能很好地服务于市民，满足城市居民出行的需求；城市轨道交通系统完成的"人公里"越多，它就越经济（即运营的单位费用越低），就能更加降低社会对小汽车出行的需求。因此，城市轨道交通系统网络规划最重要的目标就是吸引尽可能多的乘客。

2）达到运营效率最大化

轨道交通建成后，运营管理的成本投入将是长期的。达到运营效率最大化，有助于公交优先的持续发展并减轻公共财政补贴压力。这个目标最终可以表述为，在城市轨道交通系统达到所期望的运营水平下，使所耗的总的系统费用最少。运营的有效性，表征运营性能和费用，是运营商或轨道交通公司最关注的问题。

3）创造多方面的积极影响

保证建成线网能够对城市发展起积极作用，并指导城市轨道交通工程持续发展，为政府部门决策提供可信的依据，并使规划部门做好用地控制规划，保证今后工程建设的可实施性。具体而言，积极的影响包含很多方面，从短期来看，如缓解快速路的拥堵；从长远来看，如实现人口高流动率、土地合理利用、可持续发展、高生活质量等。为此，城市土地利用规划与轨道交通网络规划的相互协调就显得非常重要。很多城市都注重城市规划和轨道交通规划的相互作用关系，如阿姆斯特丹、法兰克福、旧金山湾地区、斯德哥尔摩、多伦多、华盛顿。20世纪70年代，交通规划学者就在德国汉堡的交通规划中，提出了一种能很好地协调土地利用和交通规划的整合模型，建议将大量的住宅区和商业区建在轨道交通车站附近，既提升了土地利用价值又帮助轨道交通集聚了客流。

（2）轨道交通线网规划的意义

城市轨道交通线网规划是在城市的总体规划和城市综合交通规划的基础上，来确定城市轨道交通系统的整体合理性和科学性的系统体系。其意义和作用主要体现在以下几个方面：

1）引导城市用地合理布局

由于城市轨道交通对城市土地开发有强大的刺激作用，它影响着城市土地发展的方向、功能和强度，因此，可以通过合理的线网规划引导城市有计划地向希望的城市布局和形态发展。例如：卫星城的建设可以利用城市轨道交通引导该区域的开发；反城市化趋势下利用多条城市轨道交通的交通便利性保持城市中心区的繁荣等。

2）构建合理的城市交通空间结构

城市轨道交通线路建设发展往往是百年大计，作为城市交通的骨干，其他的交通需要和其协调配合。在城市轨道交通线网的基础上规划其他交通方式，能确保这些交通方式规划建设的合理性，避免了重复建设和无序发展，最终实现整个城市交通系统的规模适中、结构合理、布局适当。

3）支撑城市总体规划

城市轨道交通的建设发展需要在城市总体规划的背景下进行，同时城市总体规划的实施和发展也需要城市轨道交通的支撑。经济发展是城市总体规划的重要内容，土地利用、交通配套设施等对经济发展起着重要的支撑作用。城市轨道交通规划对城市用地的交通区位和可达性产生根本影响，对城市总体规划的实施与目标具有重大意义。

4）为建设用地预留控制提供依据

城市轨道交通发展需要预留建设用地，沿线的建筑及其他设施的建设需要有严格的控制要求，并与城市轨道交通工程在规划设计上协调配合，不能影响到将来城市轨道交通线路的建设。另外，还需要充分考虑线路建设过程中的地面交通的可替代路径，否则会带来施工工程中施工难度大、拆迁费用高、交通拥堵、民众抱怨等问题。此外，轨道交通线网规划也是城市其他公用设施（如道路立交桥、大型地下管线等）协调建设的依据，可以有效避免建设工程之间的空间冲突或重复建设。

5）为城市轨道工程立项提供依据

在我国，城市轨道交通系统的建设大体划分为立项、可行性研究、初步设计、施工图设计、工程项目建设、运营接管和正式验收这几个阶段。在立项阶段准备的项目建议书中应包括以下内容：城市轨道交通线网总体规划、项目建设的必要性和可行性、项目建设的工程概况、客流初步预测、工程投资概算和经济评价、项目的资金筹措。其中，线网总体规划是城市轨道交通工程最重要的立项依据。

7.2 轨道交通线网规模测算与组织布局

7.2.1 轨道交通线网的规模预测

在进行城市轨道交通线网规划中，第一个环节就是确定线网的合理规模，以作为后续环节线网构架阶段对每个线网方案的规模进行总量控制的约束。

合理的线网规模对于城市轨道交通系统健康运营具有重要意义。如果城市轨道交通系统线网规模太大，则增加初期投资和运营成本；如果系统能力太小，则无法吸引客流。无论何种情况都会造成系统服务水平低下，运作出现问题。因此需要确定合理的城市轨道交通线网规模。另外，还可以由此估算总投资量、总输送能力、总设备需求量、总经营成本、总体效益等，并可据此决定相应的管理体制与运作机制。因此线网规模是城市规划部门、政府部门及城市轨道交通运营公司共同关心的问题。

合理线网规模的确定是根据城市的现状及其发展规划、城市的交通需求、城市的经济发展水平所决定的，由于这些因素是动态变化的，因此合理规模也是相对的。但是，城市轨道交通线网的总长度是一个必须确定也是可以确定的基础数据。

（1）线网合理规模的含义和指标

城市轨道交通系统线网规模是从交通系统供给的角度来说的，结合交通需求便可以获得系统的服务水平，这是衡量系统满足交通出行需求程度的一个重要指标。

虽然交通供给还与运营管理密切相关，但这在线网构架规划阶段无法确定，因此，此阶段反映系统供给的主要因素就是线网规模。

城市轨道交通线网规模的指标一般有两类：线网总长度和线网覆盖率。

1) 城市轨道交通线网总长度

$$L=\sum_{i=1}^{n}l_i \tag{7-1}$$

式中：l_i——城市轨道交通线网第 i 条线路的长度，km。

L——线网的总体规模。

城市轨道交通线网的总体长度是单纯反映城市轨道交通系统本身的规模，由于各个城市的规模不同，使不同城市的线网长度不具有可比性。

2) 城市轨道交通线网密度

线网密度增加考虑了城市规模（城市面积、城市人口数）的因素，因此更能准确地反映某个城市轨道交通系统的发展水平和规模。

$$\sigma=L/S \text{ 或 } \sigma=L/Q \tag{7-2}$$

式中：S——城市轨道交通线网规划区面积，km^2；

Q——城市轨道交通线网规划区的总人口，万人；

σ——城市轨道交通线网覆盖率，km/km^2 或 km/万人。

城市轨道交通线网密度表征了轨道交通线网对城市用地的覆盖率（简称线网覆盖率），线网覆盖率可以定义为以城市轨道交通车站为圆心的 0.5km、1km、2km 半径的圆的面积之和占整个城市面积的比例，它除了反映线网规模外，还体现了城市轨道交通系统的可达性指标，而可达性指标也是反映系统服务水平的一个重要因素。

$$\sigma'_i=S_i/S \tag{7-3}$$

式中：σ'_i——城市轨道交通站点 i 距离覆盖率，km^2/km^2，$i=0.5、1、2km$；

S_i——线网中所有站点为圆心 i 距离为半径的圆的面积，注意去掉其重复部分。

一般来说，无论是对于线网长度、线网密度还是线网覆盖率，不仅要计算整个城市的合理指标值，各个区域分别的合理指标值更有意义，特别是对于线网覆盖率而言，因为它还决定了与轨道线路衔接的交通的运营组织方式。如上海市将城市轨道交通按功能定位不同划分为市域线、市区线、局域补充线，如果只计算全市的线网覆盖率，数据信息过于单薄，不能体现不同区域不同类型线路的服务水平。由于市中心向外围区域交通需求往往呈现强度递减趋势，线路类型也随之发生变化，因此应进行市区范围内和各郊区等各个区域线网覆盖率的计算，各区域线网的服务水平要求不同，最终导致各区域线网覆盖率不同。在评价时，城市轨道交通线网覆盖率的合理程度同样也需按不同区域（城市中心区、城市边缘区、城市郊区）分别求取密度。

（2）线网合理规模的计算

由对线网合理规模影响因素的分析可知，交通需求是决定线网规模的最根本的因素，因此，可以在遵循未来交通战略的基础上，以满足规划年交通需求为目标对线网合理规模进行匡算，同时，以城市财政经济承受能力、工程实施可能性等为限制约束条件，给出线网规模的一个较为合理的范围。见下式：

$$L = Q \cdot \alpha \cdot \beta / \gamma \tag{7-4}$$

式中：L——线网长度，km；

Q——城市出行总量，万人次/日；

α——公交出行比例；

β——轨道交通出行占公交出行的比例；

γ——轨道交通线路负荷强度，万人次/公里·日。

1）城市总体交通需求预测

城市总体交通需求的计算方法有很多种，因为交通需求与人口数、用地规模与强度、经济发展水平、居民出行习惯等都有关系，一般来说常用的方法有三种：

我国的人口规模是受政策控制，城市远景人口数有明确的控制目标。而城市居民的出行强度也是可以通过调查获得的，如选择几个典型小区进行出行总量的调查，结合以居民数量便可获得，同时也可以类比于同等规模和发展水平城市的居民出行强度。如北京 2016 年居民人均出行次数为 2.75 次/（人·日），上海市 2015 年居民人均出行次数为 1.04 次/（人·日）。

城市的总体需求可以通过下式确定：

$$D = P \cdot N \tag{7-5}$$

式中：D——城市的总出行需求；

P——城市居民人口；

N——城市居民人均出行强度，次/（人·日）。

2）出行分担率预测

在城市轨道交通发展较早的发达国家，对于居民出行分担率的预测方法已经发展得比较成熟，其中较为简单实用的是转移曲线法，通过确定某些因素的水平如乘客的经济收入、出行目的、不同交通方式的出行时间比、费用比等，对照查找出该因素水平下的乘客的出行分担率情况。但这种方法需要大量的数据积累，我国城市轨道交通起步较晚，数据积累不足，但一定程度上可以作为参考。

目前我国公交出行的比例不高，政府提出大力发展公共交通，特别是大城市有选择有计划地发展城市轨道交通，并配套了各项政策和措施提高公交以及轨道交通的服务水平，而很多城市的政府也对远期公交出行分担率，以及轨道交通所承担的客运量占城市公交客运总量的数据进行预测或提出目标。

3）线网负荷强度

线网负荷强度（客流强度）是指快速轨道线每日每公里平均承担的客运量，它是反映轨道线网运营效率和经济效益的一个重要指标。从全球看，全网客流强度多在1.0万~2.0万人次/（km·d），线路级的客流强度多数在1.0万~3.0万人次/（km·d）。世界上一些城市线网负荷强度见表7-2。

部分城市或地区线网负荷强度　　　表7-2

城市或地区名称	线网负荷强度 [万人次/（km·d）]	城市或地区名称	线网负荷强度 [万人次/（km·d）]
东京	3.65	新加坡	1.64
香港	2.49	纽约	1.22
首尔	2.35	伦敦	1.11
巴黎	1.98	巴塞罗那	0.88
莫斯科	1.72	马德里	0.61

东京、新加坡、伦敦、巴塞罗那为2016年数据，香港、首尔为2017年数据，巴黎、莫斯科、纽约、马德里为2018年数据。

资料来源：数据来源于相关城市与地铁公司官网．

7.2.2 轨道交通线网的组织方式

（1）线网组织的内容及技术要点

线网组织应合理利用客运通道资源，对线网的功能层次、换乘站布局、线网与对外交通系统换乘衔接以及线路空间规划等进行合理安排。

换乘站布局应符合城市客流特征与城市轨道交通系统组织要求，并应与城市主要公共服务中心、主要客运枢纽结合布置，换乘站距离市级中心、副中心核心区域的距离不宜大于300m。中心城区单一层次的线网，线路与线路之间的换乘站应优先与城市公共服务中心结合设置；2个及以上层次的线网，各层次线网之间的换乘站应优先与城市主要公共服务中心结合设置。

外围组团与中心城区联系的快线宜进入中心城区，与中心城区线网的换乘站应优先与具有市域服务职能的市级中心、副中心、城市主要客运枢纽结合设置。快线网在中心城区的换乘站布局应满足客流空间分布重心均衡服务要求。

规划高峰小时旅客发送量大于或等于1万人次的特大型铁路客运站应设置城市轨道交通进行接驳，大于或等于3000人次且小于1万人次的大型铁路客运站宜设置城市轨道交通进行接驳。城市轨道交通车站应与铁路客运站结合设置，不能结合设置的，换乘距离不应大于300m。

规划年旅客吞吐量大于或等于4000万人次的机场应设置城市轨道交通进行接驳，大于或等于1000万人次且小于4000万人次的机场宜设置城市轨道交通进行接驳。

机场与城市主中心之间轨道交通内部出行时间不宜大于40min。

规划人口规模500万人及以上城市的轨道交通线网规划应研究主要铁路客运站和机场之间设置轨道交通线路的必要性和需求，确需轨道交通线路进行衔接的，两者之间轨道交通系统内部出行时间宜控制在30min内，且不应大于45min。

（2）换乘站布局与交通衔接

轨道交通路网中，两条或多条线路构成的交叉点，即换乘站，在路网设计中有着特殊重要的地位及作用。从日常的路网运营现象看，线路之间的交叉点的个数、位置，决定着路网的形态，影响着路网中各换乘站客流量的大小、乘客的换乘地点、出行时间及方便程度，从而影响整个路网的运输效率。从交通与城市发展的相互作用关系看，由于换乘站处有更大的客流要从这里上下，久而久之，会导致换乘站处土地利用价值的超常升值，并对换乘站周围的土地利用格局和规模产生深远的影响，最终可能会导致整个城市布局结构体系的变化及调整。

换乘方式首先取决于两条线路的走向和相互交织的形式。一般常见的有垂直交叉、斜交、平行交织等多种形式，但归纳到换乘方式，可分为同站台换乘、节点换乘、站厅换乘、通道换乘、站外换乘等基本形式。任何换乘点的换乘方式都应以满足换乘客流功能需要为第一位，同时还要考虑其他相关因素：①换乘点上两条线的修建顺序；②换乘点上两条线路的交织形式和车站位置；③换乘点的换乘客流量和客流组织方式；④换乘点的线路和车站的结构形式、施工方法；⑤换乘点的周围地形条件、地质条件以及城市规划的地面和地下空间开发要求等。由此可见，换乘方式的选择首先要定换乘点，再定线路与车站位置，同时选择车站换乘方式，最终在进行车站设计时确定换乘结构形式。所以，在城市轨道交通线网规划阶段，对换乘点的确定是主要的任务。也就是通过对换乘点分布和换乘方式的可能性分析进行论证。

换乘点的分布应参照以下原则：①线网中任意两条线路应尽可能相交1~2次。②换乘节点应适当分散，避免过分集中在城市中某个狭小区域。③换乘节点最好为两线交叉，以利于分散换乘客流，合理控制换乘站规模，简化换乘站客流组织，降低工程施工难度，节省工程造价，维持车站良好乘车秩序，组织高密度行车，提高运行质量。④换乘节点应尽量避免三条以上线路交叉于一点，否则一方面换乘客流相互干扰较大，另一方面工程难度较大。⑤换乘点应主要分布于城市重点区域，如中心区或外围特大型客流集散点。

7.2.3 轨道交通线网的布局形式

（1）线网布局的内容及技术要点

线网布局方案应在分析城市空间结构、用地布局、客运交通走廊分布、重要客运枢纽和大型客流集散点分布的基础上研究确定。

中心城区线网布局应与中心城区空间结构形态、主要公共服务中心布局、主要客流走廊分布相吻合，并应符合下列规定：①线网应布设在主要客流走廊上，线路高峰小时单向最大断面客流量不应小于1万人次；②线网应衔接大型商业商务中心、行政中心、城市及对外客运枢纽、会展中心、体育中心、城市人口与就业密集区等公共服务设施和地区；③线网应提高沿客流主导方向的直达客流联系，降低线网换乘客流量和换乘系数。中心城区线网密度规划指标宜符合表7-3的规定。

中心城区线网密度规划指标　　　　　　　　　　　　表7-3

人口与就业岗位密度之和（万人/km²）	线网密度（km/km²）
0.5（含）~1.0	0.25（含）~0.50
1.0（含）~1.5	0.50（含）~0.80
1.5（含）~2.0	0.80（含）~1.00
2.0（含）~2.5	1.00（含）~1.30
≥ 2.5	≥ 1.30

资料来源：《城市轨道交通线网规划标准》GB/T 50546—2018.

市域线网布局应与市域城镇空间结构形态、主要公共服务中心布局、市域客流走廊分布相吻合，线路应沿市域城镇主要客流走廊布设。市域的快线网规划布局应符合下列规定：①快线应串联沿线主要客流集散点，在外围可设支线增加其覆盖范围；②快线客流密度不宜小于10万人·km/（km·d）；③快线在中心城区与普线宜采用多线多点换乘方式，不宜与普线采用端点衔接方式；④当多条快线在中心城区布局时，应满足快线之间换乘需求的便捷性，并应结合交通需求分布特征研究互联互通的必要性。

城市客流走廊可根据客流规模、交通需求特征、出行时间目标要求等设置轨道交通快线、普线共用走廊。当符合下列条件之一时，快线、普线宜共用走廊：①城市客流走廊上布设普线，其负荷强度大于或等于3万人次/（km·d），且该走廊上多个主要功能区之间乘坐普线出行时间超出一定的标准；②城市客流走廊内道路交通空间资源紧张，在该走廊内需要布设普线、快线；③当快线、普线共用走廊时，快线与普线应独立设置。如快线、普线的运输能力富余可共轨时，共轨后各自线路的旅行速度应满足各层次的技术指标要求，各自线路的运能应满足该走廊交通需求的基本要求。

城镇连绵地区超出市域行政辖区范围的城市，城市轨道交通线网应在跨行政区的城镇连绵地区统筹规划，应与相邻行政区城市轨道交通线网密切协调和对接。城市轨道交通线网规划应研究线网联络线设置方案，满足车辆基地资源共享以及运营组织等需要。联络线设置方案应满足车辆过轨条件。

（2）线网布局形态

城市轨道交通线网结构形式主要由城市形态、城市土地利用、经济发展水平、人口出行特征、道路网布局以及交通战略和政策等因素决定，每个城市的情况都不同，因此世界各大城市的城市轨道交通网络结构形式千差万别。

一个城市的轨道交通线网一般由 3 条或 3 条以上的线路组合而成，并受各个城市具体的人文地理环境等条件制约，便形成了千姿百态的路网形态。轨道交通路网的线路越长及条数越多，所构成的路网形态就越复杂。这些路网形态结构的一个共同特点是：在城市的外围区轨道交通线路呈放射状，密度较低，形成主要的交通轴向，而在内城区轨道交通线路密度较高，形成以三角形、四边形为基本单元的形态多样的网络结构。

从几何图形特征上分析，最常见、最基本的路网形态结构是方格网式、无环放射式及有环放射式三种，还有一类为不规则网络式。下面对这四种类型的路网结构特征加以分析。

1）方格网式

方格网式线网的各条线路纵横交叉，形成方格网，呈格栅状或棋盘状，因此又称为棋盘式线网（图7-1）。方格网式路线中的线路走向比较单一，由两组平行线组成，并且这两组平行线相互垂直，由此可以看出其基本线路关系多为平行与"十"字形交叉两种。方格网式线网的覆盖范围是均等的，适用于活动密度均衡且面积较大的城市，但与由小的、高度集中的商业区主导的出行模式不相适应。

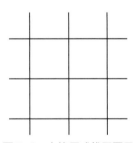

图7-1 方格网式线网图示

例如巴塞罗那、墨西哥城、纽约/曼哈顿、大阪、多伦多等城市地铁线网就是这种类型。

方格网式线网的优点是：线网规则均匀，方向简单，连通性好，可达性均等；乘客乘坐和换乘的选择较多，线路和换乘站上的客流分布比较均匀；轨道交通对各个区域的线网覆盖率均等，引导城市人口和工作岗位均匀分布，各地块均匀开发；对于城市道路网同样呈棋盘状的城市，大大地降低轨道交通网的工程费用。

方格网式线网也有明显的缺点：线路走向比较单一，不同方向上线网提供运输的服务水平差异较大，对角线方向的出行需要绕行；而平行线路间的相互联系较差，一般要换乘 2 次或 2 次以上，当路网密度较小，平行线之间间距较大时，平行线间的换乘是很费时间的；且由于没有通达市中心的径向斜线，市中心区与郊区之间的出行常需换乘，有时可能要换乘多次，这也导致市郊到市中心的出行不便。

2）无环放射式

无环放射式线网是由若干穿过市中心的直径线（至少 3 条）或从市中心发出的放射线构成，其原始形态如图 7-2 所示。

为了避免线路在市中心交于一点而造成该点客流压力巨大，一般无环放射式线网的线路会交叉成以城市中心区为核心的三角形，这是由于：当3条及以上轨道交通线路在同一点交汇时，其换乘站的设计、施工及运用都很困难，这种车站一般会在4层高以上，旅客换乘不便，日常费用也高，同时庞大的客流量也难以疏解，因此，一般将市中心的一点交叉改为在市中心区范围内多点交叉，形成若干"又"字形、三角形线路关系，这样既有利于换乘站的设计与施工，又有利于乘客的集散，还有利于扩大市中心区的范围。

无环放射式线网的优点是：路网中心点的可达性很好，其可使整个区域至中心点的绕弯程度最小，即全市各地至中心点的距离较短；在市中心，线路和换乘站相对密集，市中心与市郊之间的联系非常方便，有利于市中心客流的疏散，也方便了市郊居民到市中心的工作、购物和娱乐出行，有助于保证市中心的活力，维持一个强大的市中心，保证了市中心的繁荣；由于各条线路之间都相互交叉，任意两条线路之间均可实现直接换乘，且从出行效果上看比单点换乘效果好，因此路网连通性很好，路网任意两车站之间最多只需换乘1次；而且径向线可以方便地连接市郊和市区，促成沿轨道交通车站形成一条高密度的带状发展轴，并利于卫星城的发展。

缺点是：由于没有环行线，圆周方向的市郊之间缺少直接的轨道交通联系，市郊之间的居民出行需要经过市中心区的换乘站中转，绕行很长距离，或者需要通过地面交通方式来实现，交通联系很不方便，需进入市中心区换乘，中心区交通压力较大；市中心线路过多时，容易造成工程处理困难。

3）有环放射式

有环放射式线网由穿越市中心区的径向线及环绕市区的环行线共同构成，基本图式如图7-3所示。径向线的条数较多，走向多样，但都经过市中心区，同时通过环线将各条放射线有机地联系起来，从而使得径向线可以通过环线进行换乘，增加市郊之间联系，降低市中心的压力。在一些轨道交通线网规模不是很大或建设时期较短的城市，如北京、新德里等，环线一般只有一条，而在一些轨道交通路网规模较大、轨道交通发展比较成熟的城市，如莫斯科、东京等，会出现两条或两条以上的轨道交通环线。

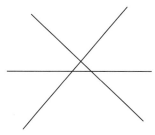
图7-2 无环放射式线网图示

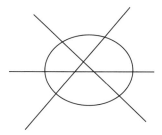
图7-3 有环放射式线网图示

有环放射式线网结构的优点是：首先其是在无环放射式线网结构的基础上加上环形线形成的，是对无环放射式线网的改进，因而既具有无环放射式线网的优点，又克服了其周边方向交通联系不便的缺点，加强了郊区之间的联系，并提高了环线周围地区的交通条件，对市中心客流起到一定的疏解作用。其次，有环放射式线网在径向线和环线的交点提供了边界的交通，利于形成多个城市副中心，而当城市因其郊区发展成副中心后，这种形式的线网便于线网有效地扩展。莫斯科、巴黎等许多城市的轨道交通线网都采用了有环放射式。与无环放射式线网一样，这种线网在市中心区交汇成一点是不利的，而改进成为在市中心区范围内多点交叉。

4）不规则网络式

在城市轨道交通规划时，有一种倾向认为对许多城市最有利的城市轨道交通网络形式是：能为大型中心区域提供广泛的、不规则覆盖的轨道交通服务，并设有可以一直延伸至城市郊区的带支线的直径式线路。这样的网络通常包含多条穿越城市中心的直径式线路，且这些线路并不只相交于一点，即换乘站在该区域分布比较分散。与换乘站分布集中在城市中心区域的辐射型网络相比，不规则网络的服务覆盖面更广。在市郊大部分线路有时被分为两条或更多的支线。

不规则网络在服务和运营方面设计上通常有以下特点：为客流量大的交通走廊服务，直接连接主要的客流 OD 对；在主要的活动区域或中心附近至少设有一个车站；在城市中心和近郊区有足够的网络覆盖面积；线路不同断面的客流量比较均衡；线路间的接通性好，主要出行方向的换乘不超过一次；线路间和交通方式间的换乘便捷；起、终点为非 CBD 地区的出行交通连通性好。好的不规则网络能结合放射式和方格网式网络的主要优点。最典型的不规则网络是巴黎地铁，该网络被认为是目前世界上最完善的地铁网络，很好地覆盖了整座城市；在城市中心任意一点到达地铁车站的距离都不超过 500m。慕尼黑、马德里、香港、伦敦、蒙特利尔都存在不规则形式的网络。可见，在进行网络规划和设计时，对上述讨论的网络几何形式的特征进行研究是很重要的。

7.3 轨道交通线网规划设计方案评价

在轨道交通线网规划工作过程中，方案设计与方案评价这两个步骤是相互交融、紧密联系在一起的。就方案评价本身而言，其主要任务包括：①明确评价对象，形成备选方案；②确定评价目的及准则；③建立评价指标或指标体系；④各评价指标的分析与计算；⑤选择合适的评价方法，综合各评价指标的分析及计算结果，对备选方案进行比较和选择。

在城市轨道交通线网规划中，需要比选的方面很多，可分为 4 个层次：①轨道交通总体规模方案的评价比选：该城市是否要建设轨道交通系统？轨道交通在整个城市交通中的合理比例是多大？这需要将轨道交通方案与其他交通方式进行比较。②轨道交通系统制式方案的评价比选：如果要建设轨道交通系统，应该建设什么类型的轨道交通系统？是快速轨道交通系统还是轻轨系统？这需要对各种轨道交通制式进行综合比较。③线网规划方案的评价比选：反映线网布局及结构的方案，例如某一线网规模下不同线网结构形态方案的比选。④线路布局方案的评价比选：例如，线路局部位置方案、某个车站的形式及规模方案的比选。不同层次的方案比较，其评价指标及评价方法也有所不同。本节是针对线网规划方案的评价，评价对象是在轨道交通规模及制式基本确定的条件下各种线网结构形态及线路走向方案。

各层次线网方案的评价比选均可从技术分析、经济分析和社会效益分析三方面进行。

7.3.1 技术分析

（1）与客流量有关的分析

快速、经济、有效地运送城市客流是城市轨道交通建设的根本目的，因此客流分析是线网方案分析的一个重要方面。常用的评价分析指标如下。

1）日客运量

日客运量是轨道交通线网（路线）各车站一日的上客量（或下客量）的总和，用来反映线网（路线）的客运效果及作用，其值与线网（路线）长度、规划年度、吸引客流的能力及输送能力等有关。由于每天的客运量会波动，通常用规划年度一年的平均日客运量来表示，单位一般采用万人次/d。日客运量越大，在城市交通中所起的作用就越大，运营收入也越多。为经线地区创造的社会效益也越大。

2）日负荷强度

日负荷强度是轨道交通线网（路线）客运量与线网（路线）双线长度之比，用来反映线网（路线）中单位长度上每日的载客量，在一定程度上反映线网（路线）的运营效率（单位长度上的运营效果）。当站间距一定时，也能反映每个车站每日的平均集散客流量，通常单位采用（万人次）/（km·d）。

3）日客流量密度

日客流量密度是轨道交通线网（路线）日客运周转量与线网（路线）双线长度之比，即用来反映线网（路线）的运营强度。通常单位采用（万人次·km）/（km·d）。

4）占出行总量比例

占出行总量比例是轨道交通线网客运周转量除以相应的全方式的客运周转量所得到的比例，用来反映轨道交通线网在城市综合交通体系中的重要程度。

（2）与线网规模有关的分析

常用的分析指标包括以下三种。

1）线网长度

线网长度即轨道交通线网各条线路的总长度，通常按双线里程统计，单位为 km。

2）线网密度

线网密度常用线网面积密度表示，有时也用线网人口密度表示。前者是线网长度与其所在区域的面积之比，表示单位面积上的轨道交通线网长度，单位为 km/km^2；后者是线网长度与其所在区域的人口之比，单位为 km/万人，表示每万人占有的轨道交通线网长度。线网密度在市中心区较大，而在郊区较小。

3）线网面积覆盖度

线网面积覆盖度是线网（线路）客流吸引范围（每侧约 750m）与其所在区域的总面积之比。反映线网吸引客流的能力，也在一定程度上反映城市整个区域上的可达性。

（3）与线网结构有关的分析

1）线网非直线系数 D

线网非直线系数的计算公式如下：

$$D = \frac{\sum_{ij} OD_{ij} \cdot l_{ij}}{\sum_{ij} OD_{ij} \cdot d_{ij}} \tag{7-6}$$

式中：D——非直线系数；

d_{ij}——交通分区 i 到交通分区 j 的直线距离，km；

l_{ij}——交通分区 i 到交通分区 j 的最短路径行程，km；

OD_{ij}——交通分区 i 到交通分区 j 的出行次数（出行分布量）。

指标 D 是相对于一个具体的出行分布而言的，与线网的结构形态有关，但不涉及乘客具体的出行路线及轨道交通线网的运营组织情况，可以反映一定出行分布条件下线网结构的恶劣程度，或者说是线网结构与出行需求的吻合程度，D 越小，线网结构与出行需求的适应情况就越好。但是，实际出行需求是随时间在变化的，尤其对于发展中的城市，其变化就更大，因此不同时期的出行需求下的 D 值比较是没有意义的。

2）线网服务质量 Q

在一定的出行起讫点下，乘客的出行时间越短，其旅行速度就越高，乘客所得到的服务质量就越好。采用下面的指标 Q 可以直接反映线网在一定的出行需求下的服务质量的好坏。

$$Q = \frac{\sum_{ij} OD_{ij} \cdot d_{ij}}{\sum_{ij} OD_{ij} \cdot t_{ij}} \tag{7-7}$$

式中：Q——线网服务质量指标，km/h；

d_{ij}——交通分区 i 到交通分区 j 的直线距离，km；

t_{ij}——交通分区 i 到交通分区 j 的出行时间，h；

OD_{ij}——交通分区 i 到交通分区 j 的出行次数（出行分布量）。

由上式可以看出，Q 是一个类似于平均出行速度的指标，它所衡量的是线网上全部乘客的平均出行速度，因此 Q 值越大越好。这里的 t_{ij} 是乘客从 i 到 j 的出行总时间，包括到、离站时间，等车时间和轨道交通的乘车、换乘时间，与轨道交通线网结构、线路的运营组织、换乘站的设计、客流组织、各轨道交通车站与地面交通的衔接等因素有关。由于路径选择最终要由其乘用者来决定，出行时间应该是乘客的感觉时间，而各种时间给人的感觉长短又是不一样的，因此应分别给以权值以转化成同一概念的感觉时间。各种时间的权值根据各城市的具体情况而定。如某城市乘车时间为 1.0，等车时间为 1.5，到、离站时间为 2.20，换乘时间为 1.30，对每次换乘，还要加上一段"固定换乘损失时间"，这是考虑到乘客一般不愿意换乘，故把换乘次数作为路径选择的重要阻力因素加以考虑，感觉每次换乘都给自己的出行带来较大的时间损失，其感知损失时间可取 5.5min。

3）换乘系数

换乘系数是轨道交通线网中换乘人次总和除以轨道交通线网出行人数总和，用来衡量乘客一次直达的程度。换乘系数越小，线网中换乘的人数越少，乘客直达率越高。

7.3.2 经济分析

（1）投资分析

1）投资估算

在规划阶段，轨道交通工程的投资估算比较粗略，可按表 7-4 分别估算。

轨道交通工程总投资估算项目表　　　表 7-4

序号	项目名称	备注
1	前期工程	征地、拆迁等
2	地下土建工程	包括地下区间线路及车站土建工程
3	地面路基及桥涵工程	包括地面路基工程及桥梁、涵洞工程
4	轨道结构工程	线路上部建筑工程
5	通信信号工程	包括通信工程、信号工程及自动控制系统设备
6	供电系统设备	变电站、所及接触网
7	环境控制系统设备	—

续表

序号	项目名称	备注
8	房屋建筑工程	—
9	车辆段及停车场	—
10	其他运营设施	包括自动扶梯、电梯、给水排水、防灾报警设备等
11	车辆购置费	
12	其他费用	包括预备费、涨价预留费、贷款利息、流动资金等

2）运营成本及收入分析

轨道交通建成后便可投入运营，运营中将会发生一定的运营成本及运营收入，其各自的组成部分见表 7-5。

轨道交通工程运营成本及收入计算　　　　　　　表 7-5

序号	项目名称	备注
1	运营成本	日运营费用＝客流周转量 × 每公里人均运营成本
（1）	生产人员工资及福利	—
（2）	车辆保养材料费	—
（3）	牵引电力费和生产性消耗费	—
（4）	管理及财务费用	—
（5）	折旧费及摊销费	根据固定投资的类型按一定年限折旧
（6）	维修费及大修费	年维修费与大修费按工程费的 2%~3% 提取
（7）	其他费用	按企业管理费的 10% 计款
2	运营收入	
（1）	票价收入	票价 × 客运量（客运周转量）
（2）	其他收入	包括轨道交通车站及沿线的广告

利用表 7-4 和表 7-5 的数据，即可构造项目现金流量表。经济分析可以企业角度及国家角度进行，前者称为财务评价，后者称为国民经济评价，两者的现金流量构成有所差别。与财务评价的现金流量相比，国民经济的现金流量有如下特点：

一是在财务评价的现金流量的基础上进行调整，具体的参数选用参照国家计委和建设部 1993 年 4 月颁布的《建设项目经济评价方法与参数（第二版）》的规定。例如，土建工程中的人工费用、轨道工程与房屋工程费用，以及运营费用中的电价均要按影子价格进行换算，同时造价增长预留费应剔除；购地费属于内部转移费用，在国民经济分析中不作为支出，而把计算期内的土地机会成本转化为现值列入投资中等。

二是在项目收益部分可以加入可量化的货币指标的社会效益,如节省出行时间效益、土地升值效益等(参见表7-6第1部分)。

有了现金流量表,就可运用经济评价模型计算内部收益率、净现值、投资回收期等指标,并进行盈亏平衡分析及风险分析。

7.3.3 社会效益分析

城市轨道交通工程是一项公益性事业,除了那些可以量化的直接及间接的经济效益之外,还有许多难以量化或难以货币化衡量的一些效益(表7-6)。这些效益也是很重要的,必须在项目选择时予以考虑。

社会效益分析　　　　　　表7-6

序号	项目名称	备注
1	可量化的社会效益	—
(1)	时间节约效益	年效益=年客运量(两方案之间的)单程时间差×工作客流系数×人均国民生产总值
(2)	土地升值效益	年效益=(两方案之间的)平均土地利用单价差值×吸引范围内的土地利用面积
2	难以量化的社会效益	—
(1)	提高劳动生产率效益	快速、舒适的运营条件所带来的乘客的劳动生产率的提高
(2)	减少交通事故效益	减少交通事故而带来的效益
(3)	增加公共交通出行量	出行便利,舒适及成本降低引起的公交出行量的增加
(4)	改善政府财政目标	政府及公用事业的开支可以节省,以较低的成本为城市地区提供社会服务,减少停车场等基础设施的投资
(5)	促进城区的改建	城市用地的节约化利用,建筑物及人群相对集中
(6)	促进在中心区的商业发展、居民生活方式多元化	吸引大量的居民及劳动力在市中心区。鼓励组团式的经济发展,CBD内部的业务交易量扩大,改善了商业效率,促进市中心区的繁荣及居民生活方式的多元化
(7)	改善环境质量	减少汽车尾气污染,营造绿岛效应
(8)	促进社会平等	轨道交通将市中心区与郊区紧密相连,有利于消除各阶层间的隔离,提供所有人参与城市活动的途径
(9)	促进文化的繁荣	文化活动在很大程度上离不开聚集式的城市环境的支撑

7.4 轨道交通线网的运能配置与调整

7.4.1 运能划分与配置要求

运输能力(英文为Hauling Capacity,简称"运能")是通过能力和输送能力的总称。通常是指铁路、水运、公路、航空和管道等运输方式或运输企业,运用各种技术设施在一定时间内所能完成的最大客货运输量。运输能力是城市轨道交通系统最重要的参数。城市轨道交通系统的运输能力（运能）一般定义为：某条线路在某一方向上，在单位时间内所能输送的总旅客数。

(1) 通过能力

通过能力是指在采用一定的车辆类型、信号设备和行车组织方法条件下，城市轨道交通系统线路的各项固定设备在单位时间内（通常是高峰小时）所能通过的列车数。通过能力的正确计算和合理确定，在轨道交通系统的新线规划设计、日常运输能力安排以及既有线改造过程中都是一个重要的问题。

轨道交通线路的通过能力主要按照下列固定设备进行计算：

1) 线路。其通过能力主要取决于信号系统的构成，列车运行控制方式，车辆的技术性能，进出站线路的平、纵面情况。列车停站时间标准和行车组织方法等。

2) 列车折返设备。其通过能力主要取决于车站折返线的布置方式，信号联锁设备的种类，以及列车在折返站停站时间标准及列车在站内运行速度等。

3) 车辆段设备。其通过能力主要取决于车辆的检修台位。车辆停留线等设备的数量和容量。

4) 供电设备。其通过能力主要取决于变电所的座数和容量。

轨道交通线路的通过能力实质上取决于以上各项固定技术设备的综合能力。由于各项设备对保障轨道交通运行都是必不可少的，因此某项设备的处理能力实际上就制约了整个线路的综合通过能力。根据上述各固定设备不同性能，计算出来的通过能力是各不相同的。因此，各项固定设备之间的相互协调配合就显得尤为重要，一方面要避免造成某些设备的能力闲置，另一方面要实现线路通过能力的最优配置。

在实际工作中，通常还分为设计通过能力、现有通过能力和需要通过能力三个不同概念。设计通过能力是指新建线路或技术改造后的既有线路所能达到的通过能力；现有通过能力是指在现有固定设备、现有行车组织方法条件下，线路所能够达到的通过能力；需要通过能力是指为了适应未来规划期间的运输需求，线路所应具备的包括后备能力在内的通过能力。

(2) 输送能力

城市轨道交通的输送能力是指在一定的车辆类型、信号设备、固定设备、乘务人员数量和行车组织方法等条件下，按照容许开行的列车对数，一条轨道交通线路在某一方向上、单位时间内（通常以小时计）所能运送的最大旅客数量。

由于一条线路所能开行的列车对数取决于通过能力，因此，通过能力是输送能力的基础，而输送能力则是轨道交通线路运输能力的最终体现，反映在一定通过能力的条件下，线路所能实现的最大客运量。需要注意的是，尽管通过能力对输送能力有明显的制约作用，但是并不是决定输送能力的因素。在通过能力一定的条件下，线路的最终输送能力还与车站设备的设计容量等其他因素存在密切关系。车站设备包括站台、楼梯、自动扶梯、出入口和通道等，其设计容量及服务水平也会直接影响到轨道交通线路的输送能力。

（3）轨道交通运能配置的基本要求

城市轨道交通的运能配置应在预测分析客流数据的基础上，根据线路的功能定位、速度目标、客流变化风险等因素，进行综合确定。线网运能应当考虑满足城市远景发展要求。对建成的运营线路，在一定情况下应增加运能供给，改善车厢舒适度。

当新规划线路与既有运营线路之间存在换乘时，应当对既有运营线路的客流冲击影响进行分析评估，并合理确定换乘车站的布局方案。当既有运营线路或车站设施运能不足时，应对既有运营线路提出扩能措施或线网运能分流方案。此外，对于与铁路客运站、长途汽车站衔接的城市轨道交通车站，其提供的运能应当达到其接驳对外客运枢纽客运发送量的50%以上。

7.4.2 轨道交通运能配置的方法

城市轨道交通系统的运能配置就是列车开行的计划安排。列车开行计划是指城市轨道交通系统全日分阶段开行的列车对数计划，它决定着城市轨道交通系统的输送能力和设备（列车）使用计划，也是编制列车运行图（时刻表）的重要依据。

（1）运能配置的计算方法

全日列车开行计划编制的依据包括：①营业时间计划：即城市轨道交通系统全日营业时间范围，它与城市居民的出行特点和文化背景、习惯有关。目前，世界上大多数城市轨道交通系统的日营业时间长短约为18~20h，停止营业的主要目的是为设备维护和检修留出足够的时间天窗。②全日分时最大客流断面分布：可根据全日客流数据推算。③列车运载能力：它涉及列车编成、车辆定员等数据。④设计实际满载率：满载率指实际载客量与设计载客容量之比，它反映着系统的服务水平，一般可按 0.75~0.90 取值。

全日开行计划的编制一般要在分时行车计划编制完毕的基础上汇总后完成。分时开行计划中的列车开行对数可按下面的公式进行计算：

$$n_i = p_{\max, i} / c_p \cdot \beta \quad (7-8)$$

式中：n_i——某小时 i 内应开行的列车数；

$p_{\max, i}$——该小时最大客流断面旅客数量；

c_p——一列列车的设计载客能力；

β——列车满载率。

全日列车开行对数应为：

$$N = \sum_i n_i \quad (7-9)$$

在实际交通系统中，经常需要用到另一个指标来评价行车计划，即发车间隔 I_i：

$$I_i=60/n_i \text{（min）} \tag{7-10}$$

或

$$I_i=3600/n_i \text{（s）} \tag{7-11}$$

满足乘客出行需求、提高乘客出行质量是城市轨道交通系统运能配置的最重要目标。在一定时期内，城市轨道交通系统的运输能力是相对固定的，但是乘客出行需求却是动态发展变化的。当现有运能不能完全满足乘客出行需求时，就需要通过改进措施对运能进行优化配置。一方面可以采用运营模式的调整来更新运能配置，具体可通过合理可行的交路组合或者不同的停站模式等方式来更新运能；另一方面也可以采用扩能措施，提高运力资源配置，从而满足乘客的需求水平。

（2）通过交路组合调整运能

当城市轨道交通线路较长，客流分布不均衡时，列车不一定都要整条轨道线路上完整运行，可以针对线路中某一段客流需求较高的区间，通过增加列车的运行频率提高运能。也就是说，某些列车的运行区间并不覆盖整条线路，这一区间就成为列车运行的交路（英文为 Routing），以示与线路的区别。

通过交路组合调整线路运能是一种充分利用有限资源、降低运输成本的常用方法。列车交路计划是指规定列车运行区段、折返车站以及按不同交路运行的列车对数。由于城市轨道交通系统站线少甚至没有侧线，不同的交路组织受客观条件的限制比较多。

1）列车交路的不同类型

根据城市轨道交通线路的特点，列车交路可分为长交路、短交路及混合交路三种基本类型（图 7-4）以及"Y"形交路、嵌套交路两种特殊类型。

①长交路：也称单一交路，是指列车在全线各站间运行，为全线提供运输服务，列车到达终点站后折返。长交路对中间站折返线路要求不高，具有行车组织运行方式简单的优点，但没有考虑到区段之间客流量不均衡的问题，在运能合理利用方面有所欠缺。

②短交路：指列车在某一区段内运行，在指定车站折返，它可为某一区段旅客提供服务。适用于轨道交通线某一区段客流比较密集的情况，可考虑在该区段开短交路列车。短交路在城市轨道交通的运营组织中，除非特殊情况下一般不采用。

③混合交路：指线路上长短交路并存的情形。混合交路的行车组织方式是比较经济合理的一种运行方案，既能满足运输需求，又能提高运营效益，特别是在区段客流不均衡程度高，造成某一区段运能不能满足运量的需要时，混合交路运营组织方式尤为适用；但这种方式行车组织相对较为复杂，同时对客运组织也有较高的要求。

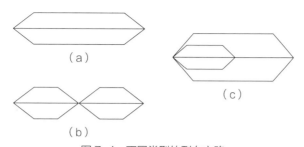

图7-4 不同类型的列车交路
（a）长交路；（b）短交路；（c）混合交路

资料来源：易思蓉.城市轨道交通线路规划与设计[M].北京：科学出版社，2013.

④"Y"形交路：除了上述三种基本交路类型外，"Y"形交路也是目前城市轨道交通线网中较为常见的一种线路设计形式。"Y"形交路一般由主线和支线组成，在主、支线上分别开行贯通的长交路，并可根据主、支线上不同客流特征调整各自交路的开行比例和运能。"Y"形交路使两个方向的乘客均能到达共线段的站点，与独立运营的线路相比更节约建设成本；但由于共线段列车追踪能力、折返能力等设备条件制约，非共线段的运能会受到限制，即主、支线段的运能无法同时提升到很高的程度；另一方面，由于列车需开往不同方向，对于运营组织及故障情况下的处置要求相对较高。

⑤嵌套交路：对于线路较长且客流出行方向以中心城区为主的线路，可使用嵌套交路的开行方案，使两个交路的共线区段覆盖中心城区站点，同时也可根据不同区域的客流情况灵活调整两个交路的开行比例，嵌套交路特别适用于两端郊区客流差异较大的线路。嵌套交路由两个相互独立的交路组成且无贯通交路，因此，嵌套交路的缺点在于往来于两端非共线区域之间的乘客需要增加一次换乘。

列车交路计划的确定应建立在对线路各区段客流量进行统计分析的基础上，充分考虑行车组织与客运组织的条件，进行可行性研究后加以确定。首先，区段客流分析是列车交路计划确定的主要因素之一，也就是根据客流在时间上、空间上所表现出的不均衡性加以研究分析，作为制定列车交路计划的依据。其次，行车条件决定了列车交路计划实现的可能性，城市轨道交通的线路设置由于其运营特点，不可能在每个车站设置具备调车作业功能的线路，交路的实现只能在两个设有调车或折返线路的车站之间进行，同时还必须注意列车交路是否会影响到行车组织的其他环节，例如，是否会影响行车间隔、后续列车的接车等。第三，客运组织是列车交路确定的必要客观条件，由于列车交路计划的实现可能导致列车终到站的变化，相关车站的乘客乘降作业、列车清客、客运服务工作都会随之不断调整，对客运组织水平的要求比较高，如果客运组织不力将会直接影响到列车运行图的执行情况，因此，确定列车交路计划应该对客运组织的条件加以考虑。

2）列车的两种折返方式

由于大多数城市轨道交通系统的车站没有侧线，列车折返是设置列车交路需要考虑的一个重要任务。一般说来，列车折返方式可根据折返线位置布置情况分为站前折返和站后折返两种。

①站前折返方式：指列车经由站前摆渡完成折返作业，在中间站或终点站均可采用（图7-5）。站前折返时，列车空走少，折返时间较短，上下车乘客能同时上下车，可缩短停站时间，减少费用。但站前折返存在一定的进路交叉，列车折返会占用区间线路，从而影响后续列车闭塞，对行车安全有一定威胁，对行车安全保障要求比较高；客流量大时，可能会引起站台客流秩序的混乱。因此，在地铁设计中并不常用。当行车密度高、列车运行间隔短的条件下，尤其要避免采用站前折返方式。但是，有时候由于受到建设场地空间和工程实施条件等限制，为了获得更好的换乘条件，也可以采用。

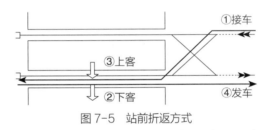

图7-5　站前折返方式

资料来源：毛保华．城市轨道交通规划与设计．[M]．3版．北京：人民交通出版社，2020．

②站后折返方式：指通过站后的摆渡线或尽端式折返线完成折返作业。站后折返避免了进路交叉，安全性能较好，而且，站后列车进出站速度较高，有利于提高运送速度。主要不足在于列车折返时间较长。站后尽端折返是目前国内外城市轨道交通最常见的方式，并且可为短交路组织提供方便。站后折返线建设有不同的形式（图7-6）。其中，环形折返线（俗称"灯泡线"）形式可以保证设备最大的通过能力，但施工量大，钢轨在曲线上的磨耗也大。

（3）通过调整停站模式调节运能

对于长度较长的轨道交通线路，往往从城市中心区延伸到外围郊区，沿线的客流需求变化比较大。同时，一部分长距离出行乘客的在车时间较长，希望减少列车停站并提高列车的旅行速度。为此，长度较长的轨道交通线路在运营时，可以改变"站站停"的标准运营模式，通过停站模式调整来更新运能配置和提高旅行速度。对于一条运营线路，停站模式调整是在车站位置及数量固定不变的条件下，基于固定停站方案的提速运营模式。即按照预先设定的停站计划组织列车运行，通过减少停站次数，获得较高的旅行速度，并调节不同线路区段的运能。调整模式主要有交错

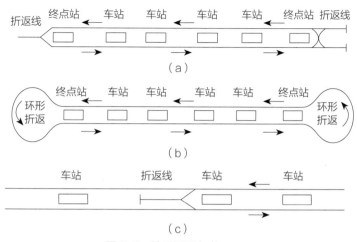

图 7-6 站后折返方式
（a）一端单折返、一端双折返线；（b）两端环形折返线；（c）中间站折返线
资料来源：易思蓉．城市轨道交通线路规划与设计 [M]．北京：科学出版社，2013．

停站、分区停站和大站快车三种，常用于地铁、城际轨道等线路较长、设站数量多、发车频率较高的轨道交通（图 7-7）。

1）交错停站模式

交错停站模式是各种提速运营模式中唯一一种能够在复线条件下应用的，既不影响高发车频率和线路总体运能，又能够提高列车旅行速度的方式（图 7-7a）。交错停站模式中，整条线路上的车站分为 A 站、B 站和 AB 站；线路上运营的列车则分为 A 车和 B 车两类：A 车只停靠 A 站和 AB 站；B 车只停靠 B 站和 AB 站。通过 A 车和 B 车的交错发车，实现不同站点运能的调节以及线路旅行速度的提升。其中，所有经过 AB 站的列车均停站，站点的运能最强，A 站和 B 站则交替停站，运能较低。

选择交错停站模式应考虑以下因素：A 站和 B 站到发客流量较低，对停站需求较小；A 站和 B 站的乘客总量要大致相等，以保证两类列车的负载基本平衡；A 站和 B 站的总数相等，以保证 AB 类车站的发车间隔均一。交错停站只能用于发车间隔短（低于 5~6min）的线路上，避免乘客在 A 站或 B 站的候车时间过长。同时，需要对列车的运行情况进行严格控制，一旦有列车晚点，将对线路的运输能力产生较大负面影响。

2）分区停站模式

在大城市主要输送中心区与郊区之间的通勤客流轨道线路，宜采用分区停站模式。该线路在运营上被分成两个以上的区间，除了少数列车仍采用站站停方式外，其他列车只在其对应的服务区间中站站停，在其他区间则不停（图 7-7b）。分区停站模式适用于从中心区向郊区放射的客流走廊，绝大部分客流需求分布在各郊区站点周围以及中心区的一个或几个车站。该线路可以只有两条轨道（正线），但是在

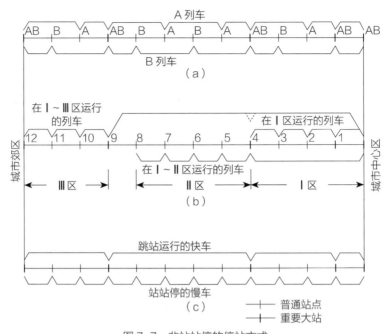

图 7-7 非站站停的停站方式
（a）交错停站方式；（b）分区停站方式；（c）快慢车停站方式

每个区间的终点站需要配有交叉摆渡线或第三条折返轨道用于完成折返作业。线路客流必须相对稳定，以便给各个区间制定恰当的发车间隔。但是，采用分区停站模式不能达到该线路的设计运输能力，因为与标准停站方式相比，其每小时的最大发车频率较低。在划分区间时，要确保各个区间的车站数量以及各区间的客流量是相等的，以便获得更好的服务水平以及允许分区之间的列车互换运行。

分区停站模式可以获得更快的运营速度，节省大量的旅行时间，并降低车辆的磨损消耗。但是，这一模式降低了分区之间的服务水平，甚至取消了分区之间的服务，因而只适用于线路客流主要从多个车站上车，到达一个或几个市中心车站的情况。分区停站对市中心到郊区车站之间的通勤客流有利，但对沿线其他类型的出行往往是不利的。同时，线路设计运输能力要高于实际需求，尤其是在郊区区间。各分区的终点站必须均建有折返设施。

3）大站快车模式

大站快车模式是较常用的方式，也称为快慢车模式，既提供沿线所有车站停站服务，同时又提供只在主要车站上停站的快速运输服务（图 7-7c）。在线路运营中，车站被划分为小站（用 L 表示，只有慢车停站）和大站（用 X 表示，慢车、快车均在该站停车）。当线路的正线轨道数仅有 2 条时，线路无法实现越行，快车将受限运行，即后发的快车的时间间隔需要满足之前发出的慢车能在快车追上之前，在所有车站停站。为了实现快车越行，通常会在大站增设越行线，即大站的轨道数量增加到 4 条。当越行线采用外包岛式站台设计时，还可以允许快车慢车同时到站，方便乘客在两种线路之间进行换乘。实现大站快车模式运营的理想条件是线路全线设有 4 条正线轨道，但这无疑会大大增加建设成本。在线路客流存在明显潮汐特征的情况下，也可采用 3 条轨道正线的方案，其中中间轨道在早晚高峰时根据客流情况需要变换开行方向。但这一方案会给车辆调度和停放带来困难，实际应用很少。

需要注意的是，与站站停的标准运营模式相比，停站模式调整可以提高列车的旅行速度，减少车辆磨损消耗，并使得运能在各车站与需求的匹配度提高。但是，停站模式调整明显增加了运营组织调度的难度。尽管通过减少停站次数可以缩短部分乘客的在车时间，但同时也增加了另一部分旅客的候车时间和总出行时间成本。需要综合评估这一调整对公交出行吸引力的影响。此外，停站方式的变化容易给乘客造成困惑，对运营机构来说需要加大对车站类型、列车类型、停站方式等相关信息的宣传工作。一般来说，新线开通时采用交错停站运营模式，对乘客来说比较容易接受；而对于一条已经成熟的线路，改变运营模式与乘客的使用习惯会产生矛盾，难度相对较大。

（4）运能加强措施

为了使运能能够得到合理高效的配置，在线路基础设施基本建成的基础上，可以根据客流需求变化，从线路通过能力和运输能力两方面，从运力资源的角度采取措施，实现运能的扩大与加强。

1）线路通过能力

在线路通过能力方面，主要的方法有以下几种：

① 增加新线；

② 改造线路平纵断面；

③ 客流量较大的中间站修建侧线；

④ 客流量较大的中间站修建站台；

⑤ 使用新型车辆；

⑥ 改进车辆设计；

⑦ 采用先进的列车运行控制系统等。

2）列车运输能力

在提升列车运输能力方面，可采取的措施主要有以下三个方面。

① 增加列车编组。采用该措施能较大幅度提高输送能力，如线路如果采用 6 辆编组，行车间隔为 2~3min，实际开行 26 对列车；若采用 8 辆编组，行车间隔为 3min，可实际开行 20 对列车。但列车扩大编组受到站台长度、运营经济性等因素制约，同时大编组形式加大了行车间隔，延长了乘客等待时间。

② 采用大型车辆。车辆定员由车辆的座位数与站位人数组成。站位面积为车厢面积减去座位面积。我国目前站位人数按 6 人 $/m^2$ 计算。显然，车辆尺寸大小是决定车辆定员的主要因素。

③ 优化车辆内部布置。在车辆尺寸一定的条件下，将双座椅改为单座椅，或将纵向布置的固定座椅改为折叠座椅，可以增加车辆的载客人数。改为折叠座椅后，在运营高峰时间可翻起座椅，增加车内站立人数，同时也提高了全体乘客的平均舒适度。

7.5 轨道交通的站点设计

车站是轨道交通线网设施系统中比较复杂的一种建筑物，是供旅客乘降、换乘和候车的场所，同时也供轨道列车停靠，在轨道交通线网中发挥着网络节点的作用。站点设计既要充分考虑它作为场所，与服务范围内的周边城市街区的关系；同时又要兼顾它在整个线网中，对客流分布所起到的联通和疏解作用。

轨道交通的车站设计首先应保证旅客使用的方便与安全。车站空间应具有良好的通风、照明、卫生、消防等必备设施，给旅客提供舒适、清洁的候车环境。车站空间应能容纳主要的技术设备和运营管理系统，保证城市轨道交通的安全运行。车站内的辅助设施包括自动扶梯、直升电梯、旅客引导、售检票系统等。需要注意的是，车站的服务能力和水平，可以对轨道交通线路和网络的运能起到一定的调节作用。在正常情况下，车站可以通过提高乘客进出车站的便捷性，缩短旅客进站时间，保证线路运能。而在线路客流过高或出现故障的时候，则可以通过限流、排队等减缓进站措施，协助线网的客流疏导。

其次，作为当前城市大量人流集聚和频繁使用的场所，轨道交通站点具有一定的公共空间属性，一些大型枢纽站点已具备城市公共中心的特征。国外一些城市已经开始尝试在站点设计时，赋予轨道交通车站除交通功能以外更多的城市服务功能，在大型车站增加商业服务设施和公共服务网点。需要注意的是，这一设计导向必须以保障轨道交通车站的基本交通功能为前提，尤其在我国城市空间紧凑、客流集中的情况下，要谨慎处理商业空间可能对车站交通空间的安全、客流集散等基础功能造成的影响。

此外，轨道交通车站是城市公共空间的延伸，因此站点设计应充分考虑地方特色和文化内涵，成为建筑艺术整体的有机组成部分。一条线上的各车站在结构和建筑艺术上，既要有共性，又要有各自的个性和标识性。车站入口附近常设置有醒目的站点标识，往往成为代表一座城市风格的重要符号。

7.5.1 轨道交通车站分类

轨道交通车站是乘客出行的出发、换乘与终止点。可以有不同的分类方法。按照线路布线空间位置情况，可分为地面站、地下站和高架站。而按照运营组织特点，可分为中间站、越行站、折返站、换乘站、联运站、枢纽站、首末站、车辆段和停车场等。

1）中间站：是仅供乘客乘降车之用的车站，在轨道交通线网中最为常见，数量也最多。尤其是在轨道交通建设发展初期，线路数量少，交叉点数量不多。其设施要求相比其他各类车站都要简单。

2）越行站：是在一条轨道交通线路上允许实现车辆越行的站点。在分快慢车运营的线路上，为了快车运营不受慢车限制，就需要设置允许快车超越慢车的区段，通常越行区段都设置在站点位置，具有越行功能的站点就属于越行站。越行站除了两条轨道正线外，需要增设一条以上的越行线。

3）折返站：也称为区域站，车站设有折返设施，允许列车在站点完成折返作业，具体可分成站前折返和站后折返两种方式。该车站除了两条轨道正线外，还需要增设折返需要的交叉摆渡线，或是增设一条尽端式的折返线，后一种情况也允许作为短时间停车使用。通过折返站可以在与之邻接的两个区段上组织不同密度的行车，一般至市中心区的区段密度较高，而至郊区的区段密度较低，这也是折返站又被称为区域站的原因。

4）换乘站：指轨道交通线网中有 2 条或 2 条以上线路交叉，并具备线路间相互换乘条件的站点。站点除了像中间站，需配备供乘客上下车的站台，以及进出站的楼梯或电梯之外，还需要配备供乘客由一条线站台转至另一条线站台的设施，并组织站内客流。通常，乘客在不同路线之间换乘，在不离开车站付费区的情况下，无需另行购买车票，车费按总乘坐里程计算。

5）联运站：指单向具有一条以上停车线的中间站，各站台之间可用天桥或隧道相连，因此亦可起换乘站的作用。具有中间站和换乘站的双重功能。一般在线路上每隔几个中间站便会设一个联运站。

6）枢纽站：通常指大型的换乘站。在城市客流集中地区，通常有多条地铁线路经过，3 条或 3 条以上轨道交通线路交叉的共同站点，上下车和换车的乘客很多，通常就可称为枢纽站。枢纽站除了轨道交通之间的换乘外，通常还需要考虑与其他交通方式的接驳，如常规地面公交线路、出租车、公共自行车或共享单车等，是多方式换乘的大型站点。

7）首末站：是位于线路起讫点处的车站，除了供乘客乘降车外，还需服务于列车折返及停留的需要，因此首末站一般设有多股停车线。后续当线路延长后，首末站可转换为折返站或中间站使用。

8）车辆段：轨道交通车辆段分为检修车辆段和停放车辆段（简称"停车场"）。检修车辆段配备了必要的停车线及检修设备，列车可以在这里进行试运转、段内编组、调车、停放、日常检查、一般故障处理和清扫洗刷，还可以进行车辆的技术检查、月修、定修、架修和临修等作业。停车场是一种简易的车辆段，其与检修车辆段的差别是线路数目较少，检修设备也较少，因而不能进行定修、架修和月修等技术作业。

7.5.2 轨道交通车站的空间设施构成

一般来讲，轨道交通车站通常包括5个基本部分：①站台，即供乘客乘降轨道交通列车的场所；②站厅，为乘客提供售检票服务和各系统设备集中设置的场所；③主要服务设施，包括楼扶梯、无障碍电梯、站台安全屏蔽门等；④出入口和通道，是供乘客出入车站的空间，出入口和通道的数量、位置及形式将直接影响客流的聚集和系统运行的效率；⑤通风道和地面通风亭，风亭、风道是地下车站因通风需要而设在地面的附属构筑物，其布置应满足车站通风需要并与城市环境相协调。为了更好地分流乘客，站台和站厅通常采用分层设置的方式。

具体而言，作为车站主体的站厅部分，根据功能的不同，通常在设计中分为乘客使用空间和车站用房两个空间分区。

1）乘客使用空间

乘客使用空间由非付费区和付费区两部分组成。非付费区是乘客购票并正式进入车站前的活动区域，主要分布在站厅层。一般应有较宽敞的空间，设有安检处、售票处、问讯处、进出站通道和电梯，在符合人流疏散和安全的前提下，可设置一些小型的商业服务网点，方便旅客。付费区是乘客需要购票、检票后方可进入的封闭区域，含站台层和站厅层的一部分，与非付费区采用物理隔离方式分隔，包括站台、楼梯、自动扶梯、补票处、卫生间等，在换乘站还需设置通向另一线路站台的换乘通道。乘客使用空间是车站设计的重点，设计时要注意乘客流线的合理组织，以保证乘客方便、快捷地出入车站。

2）车站用房

车站用房包括运营管理用房、技术设备用房和辅助用房三部分。一般分设于站厅和站台的两端，中间为服务旅客的站厅公共区。运营管理用房是车站运营管理人员为了保证车站具有正常运营条件和营业秩序而设置的办公用房，主要包括站长室、行车值班室、业务室、广播室、会议室、公安保卫室和清扫室等；技术设备用房是为保证列车正常运行、保证车站内环境条件良好和在灾害情况下乘客安全所需要的用房，主要包括通风与空调用房、变电所、车站综合控制室、防灾中心、通信机械室、自动售检票室、冷冻站、配电室等；辅助用房是为了车站内部工作人员正常工作生活所设置的用房，主要包括卫生间、更衣室、休息室、茶水室、储藏室等。车站用房应根据运营管理需要来设置，各车站尽可能减少用房面积，只配置必要的房间，以降低车站投资。

7.5.3 轨道交通车站的站台与线路布置

（1）中间站的站台与线路布置

中间站的站台与线路布置相对比较简单。按照站台与线路布置方式的不同，可分为三种基本类型：站台位于上、下行线路之间的站台布局称为岛式车站；站台分成两个并分别布置在线路两侧的称为侧式车站；在线路之间和两侧均设置站台的车站称为岛侧式车站，如图 7-8 所示。

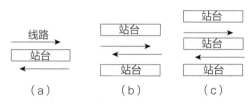

图 7-8　不同站台布局类型的车站示意图
（a）岛式车站；（b）侧式车站；（c）岛侧式车站

岛式站台位于上、下线路之间，可供上、下行线路同时使用。在站台两端或中部有供旅客上下的楼梯至地面或站厅层，当升降高度大于 5.5m 时，一般要设自动扶梯。当车站深埋时，岛式站台不用设置喇叭口，但若是为浅埋则需要设置。

侧式站台位于线路两侧，线路一般采用最小间距在两站台之间通过。当区间线路为浅埋或高架时，因区间和车站处的线间距相同，故不需修建喇叭口；当区间线路为深埋时，由于区间两条单线隧道间要保持一定间距，此间距大于车站线间距，因此在车站两端需要修建渡线室，以便把车站处的最小线间距加宽到区间线间距（图 7-9）。

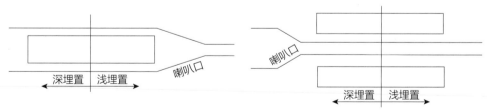

图 7-9　岛式车站（左图）和侧式车站（右图）线路连接及喇叭口设置

岛式站台与侧式站台设置方式各有优缺点。从运营方面看，岛式站台的主要优点有：

1）站台面积可以更充分地利用，因为当一个方向的乘客很多时，可以分散到整个站台宽度上；而侧式站台则不然，它会出现一个方向的站台很拥挤、另一方向的站台尚未充分利用的不利情形。因此，两个侧式站台的宽度之和一般大于一个岛式站台的宽度。

2）所有的行车控制都集中在同一站台上，故运营管理比较方便。

3）对于乘错方向的乘客的折返也较为方便，若为侧式站台，则乘客折返时必须通过前厅或跨线设施转换。

4）连接站台层和站厅层的自动扶梯或楼梯可集中设置，减少相关设备的数量。

5）当车站深埋时，岛式站台不用设置渡线室和喇叭口；当车站的顶棚为拱形时，站厅的最高部分正好在站台上方，故站厅在建筑艺术处理上较好。而用侧式站台时，站厅的最高部分位于线路上方，视觉效果受到影响。

当轨道交通站点为地下站点时，岛式站台具有较多优点，因此国外城市新建的地铁车站，绝大多数都采用这种形式。如莫斯科地铁中除1座侧式站台以外，其余车站都采用了岛式站台。北京地铁1、2号线及上海轨道交通1号线的绝大部分车站也都采用岛式站台。

而当轨道交通车站为地面站点或高架站点时，修建侧式站台则较为有利的。当车站位于地面，站台上必须安装雨篷，站台外必须设围墙。在这种情况下，没有必要修建过渡线间距的喇叭口，同时将乘客从站台上疏散出去也没有什么困难。当车站位于高架桥上时，将两条线路放在当中，可以使最大荷载位于桥梁结构的中间，便于增加结构稳定性及节省造价，旅客从两侧到站台也较方便。

（2）越行站的站台与线路布置

设置在复线上的越行站主要服务于同方向列车的越行，主要业务包括办理正线各种列车的通过，待避列车进出到发线、停站待避。客货共线铁路的越行站必要时还办理反方向列车的转线，也办理少量的客、货运业务。越行站应铺设到发线，并设置通信、信号及旅客乘降、办公房屋等设备。在城市轨道交通中，越行站主要用于快慢车模式下，慢车避让快车。

越行站一般应采用横列式布置，其主要优点是站坪长度短，工程建设成本小，节省定员，管理方便，到发线使用灵活，站场布置紧凑等。

在站点建设用地空间比较充裕（如建设在郊区的地面越行站）的情况下，可在两条轨道正线两侧，分别增设1条到发线，形成4线布局，以便双方向列车都能同时待避。在站台两端咽喉位置，两正线间应各设两条摆渡线，布置成"八"字形。特殊困难条件下，每端可各设1条摆渡线时，渡线应朝向运转室，并应预留铺设第二条渡线的位置。交叉摆渡线养护维修不便，故仅在站坪长度受限制时采用（图7-10）。

图7-10 越行站站台与线路布置示意图

当站点建设用地空间较为紧张的情况下,增设的两条到发线与轨道正线之间可以不设站台。快车利用慢车停靠到发线的时候,从正线通过实现越行。这种情况下,无法实现快车和慢车同时进站停靠,主要用于仅慢车停靠的站点。

(3)折返站的站台与线路布置

折返站的服务能力是影响轨道交通运输能力的关键环节,区域站、首末站的折返能力的大小直接影响整个系统的运输能力和效率。列车在站点的折返作业分成站前折返和站后折返两种,相应地,采用两种折返方式的车站之间,站台与线路布局也有所不同。

1)站前折返

站前折返如采用侧式车站,站前道岔距离车站端部距离很近,能够保证具有较大的折返能力。但是由于列车交替使用两个股道,乘客很难选择进入哪侧站台,此种站台形式会延长乘客的候车时间。而且在客流量大时,上下车乘客共用一站台,客流组织比较混乱。由于以上缺点,站前折返几乎不会采用侧式车站。

岛式车站则可以避免乘客选择站台,无论列车停在哪一股道,进入岛式站台的乘客都可以顺利乘车。由于岛式站台的宽度一般在10m以上,线间距至少为13m,站前道岔区距离站台相比侧式车站大大增加,列车在道岔区的干扰时间长,折返能力因此低于侧式车站。为了提高折返能力,通常尽量减小岛式站台宽度,或者站前道岔选择合适号码以提高列车进站速度。如果折返站客流量比较大,上下车乘客共用岛式站台,客流流线在站台上交织严重,行人移动速度受到限制,不利于安全管理。

为了克服大客流折返站采用岛式站台的上述问题,可采用一岛两侧双线折返站的布局形式(图7-5)。中间岛式站台作为上车站台,两侧式站台作为下车站台,此种组织方式不但客流流线清晰,避免大量人流交织,也可以缩小中间岛式站台宽度,缩小线间距,从而保证折返能力。北京地铁亦庄线宋家庄站处于亦庄线与市区线网接驳节点上,客流量很大,受换乘和工程条件影响,选择上述形式的站前折返。

2）站后折返

采用站后折返方式的折返站需要增建专门的折返线路，如灯泡线或正线外的第3条尽端式折返线（图7-11）。站后折返方式中站台既可采用侧式站台，也可采用岛式站台，两种布局方式对折返效率没有明显影响。

图7-11 区域站（折返站）示意图

（4）线路分岔站点的站台与线路布置

在轨道交通线网中，存在一种线路分岔的情况，即一条轨道交通正线在某一站点位置，分出一条支线，这一情况尤其适合于从市中心往城市郊区的放射式线路，提高轨道交通线网的服务覆盖范围。位于线路分岔位置的站点，可以在两个方向上接车和发车，这给站台和线路布置带来新的要求。

图7-12所示为一种最常用的正线和支线布局方式。在这种叉式枢纽站中，轨道有两处在同一平面内交叉。因列车从同一车站出发，故A点没有撞车危险，而当列车经过B点后便进入了自动闭塞区间，故B点的交叉亦无危险。

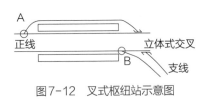

图7-12 叉式枢纽站示意图

7.6 国际大都市轨道交通线网建设案例

具体内容扫描二维码7-1阅读。

二维码7-1

第 8 章

公交优先与交通整合

城市交通系统是由多种交通方式组成的相辅相成的综合体系。公共交通作为这一有机整体的重要组成部分，同样需要其他多种交通方式的辅助和配合才能发挥出最优效能。因此，公交优先并非只要单独发展公共交通，甚至否定其他城市交通方式，而是要以公交优先战略为抓手，扭转当前小汽车交通过度增长的态势，重新回到以绿色交通主导、多种交通方式相互补充的均衡发展状态。

因此，处理好公共交通和其他城市交通方式之间的关系，是落实公交优先战略的关键问题。以地方政府主导的公共交通建设不仅涉及交通基础设施，同时也是对城市空间布局、功能组织和公共空间使用的干预。在此过程中，公共交通和其他交通方式的关系也得到了改变和调整。公共交通建设发展对加强城市交通系统的一体化具有积极作用。在落实公交优先战略过程中，要充分发挥公共交通整合的作用，通过公共交通主体骨架整合各种交通方式，并在整合过程中逐步确立公共交通的主导性地位。

本章首先从公共交通系统内部的方式整合谈起，随后分别从路网和枢纽这两个关键性空间的规划设计讨论交通整合，最后从空间使用的角度，论述公共交通的接驳换乘体系构建。

8.1 公共交通线网的整合优化

城市公共交通建设是一个渐进发展过程。我国许多城市的公共交通发展都经历了从无到有、从单一方式到多种方式的不同阶段。因此，为了使城市公共交通系统作为一个整体发挥出最大的效能,一方面要注意不同建设阶段之间的衔接调整,另一方面要注意各公共交通工具构成的子系统之间的整合优化。

在各种公共交通方式的相互关系中,常规地面公交和轨道交通的整合优化最为重要,对提升城市公共交通系统的整体运行效能影响最大。从西方城市公共交通发展历史来看,有轨电车、地铁等轨道交通的出现早于公共汽电车。我国的城市交通在中华人民共和国成立后仅存少量的常规地面公交,轨道交通是在现有常规地面公交的基础上建设起来的。轨道交通作为城市公共交通的骨干体系,其线网是依据城市总体规划制定的远期规划目标指引下,通过客流走廊预测而进行统一布局的,尽管线网建设在推进的过程中虽会因城市用地的改变进行局部调整,但总的线网格局是基本稳定的。地面常规公交线网的布局不同。常规地面公交线网是随着城市的发展逐步形成的,线路走向的选择依据的是现状或近期城市用地开发的需要,服务于当下。由于常规公交相比轨道交通在线路调整上的灵活度更大,因此,在轨道交通建成后,为了更好地整合公交资源配置,调节好轨道交通和常规公交的关系,通常需要对部分常规公交线路走向进行布局调整。然而,需要注意的是,常规公交线路除受城市用地、轨道交通线路建设的影响,还与乘客的出行习惯息息相关。从尊重使用者出行习惯的角度考虑,公交线路宜只做局部微调,或通过新增线路、局部改线等方式进行区域性调整,避免推倒重来的重新布局与乘客习惯不相适应,造成公交客流流失。

8.1.1 公交线网整合优化的目标与原则

(1)整合优化的具体任务

经过常规地面公交系统的客流培育,达到一定标准后通过建设轨道交通进行提质升级是公交优先发展的策略路径。在完成轨道交通线路建设后,常规地面公交线路需要进行适当的优化调整,以协调两者关系并加强两者间的相互衔接与配合。特别是与轨道线路并行重复的常规公交线路调整,是轨道线路投入运营后必须进行的步骤。同时,面对功能定位的转变,尤其是大中运量公交网络系统化后,多式联运将成为常态,乘客完成一次出行通常需要使用多种不同的交通工具,地面公交网络的调整优化思路需从"以线路满足出行"转变为"以网络服务需求",整合全网资源提供服务,扭转市民"一式直达"或"一站直达"的观念。受轨道交通建设影响,常规地面公交线网应从以下两个方面进行优化调整:

1)加强与轨道交通线网的衔接融合

轨道交通属于大中运量公交系统,沿线为公交客流集中走廊,亦是原先地面常规公交运力投放的重点部分。当大中运量公交线路建成运营后,其沿线周边的常规地面公交线路需要及时调整,根据不同情况具体包含两种方式:

①与轨道交通平行的地面公交线路：梳理大中运量公交线路沿线的常规公交线路，找出平行或并行关系的线路，结合客流特征确定其中需要撤销或优化的部分，提出调整方案。

②与轨道交通接驳的地面公交线路：以大中运量公交站点为核心，在合适的服务范围内，尽可能增加常规地面公交的接驳服务，并在运营时间上与轨道交通进行衔接。

2）常规地面公交系统自身的提档升级

轨道交通开通运营将分流一部分公交客流，对常规地面公交的运营带来一定的影响。但从国内外轨道交通城市的经验看，尽管轨道交通发挥着城市公共交通主干网的作用，但单独依靠轨道交通系统，并不足以满足城市居民的公交出行需求，轨道交通系统需要常规地面公交系统的辅助和补充。虽然大中运量公交系统吸引了一部分公交客流，常规地面公交仍可保持一定的客流规模。常规公交系统的调整优化除了要考虑与大中运量公交网络的有机融合外，还需要充分重视自身的提档升级，通过扩展系统服务范围、提升系统服务水平，挖潜新需求、发展新用户。具体任务包含两个方面：

①建立多层级网络：改变常规公交线路同质化、扁平化的现状，根据不同的功能定位，将常规地面公交线网进行等级化，拉开公交干线和公交支线的差别，明确不同公交线路的空间服务范围差异（区域性线路、局域性线路和社区短驳线路等）、功能差异（补充型线路、接驳型线路等），通过建立多层级的网络系统，突出"网络服务"的理念，提升常规公交的整体服务水平。

②综合提升运营服务质量：与轨道交通相比，常规地面公交在运营调度上灵活度较高。尽管运送速度低于轨道交通，但因其在地面上行驶，相比于地下行驶的轨道交通具有更好的乘行体验，常规地面公交站点与周边城市空间的关系也更为紧密。因此，在线网优化调整过程中，要充分考虑常规地面公交的相对优势，综合提升服务运营品质。如：加强地面公交站点与周边商业服务设施的协调布局，改善候车体验；通过智慧交通手段，实现动态调度管理，发展需求响应式公交；加强交通信息化建设，方便公交乘客组织制定出行计划等。

（2）整合优化的总体目标

综合上述公交线网整合的任务，公交线网的整合优化有三个抓手，一是公交线路的调整，二是公交枢纽站点的体系构建，三是和城市功能组织及用地布局的协调。由此，城市公交线网整合优化的总体目标应包括以下三个方面：

1）促进融合、提高效率：完善常规地面公交与轨道交通的一体化衔接，进行系统资源重新配置和整合优化，明确低中高运量公交线路的梯级设置、服务范围及功能定位，提升公共交通线网整体运营效率。

2）枢纽锚固、层次分明：以枢纽站点为锚点，一方面加强公交线路之间的换乘衔接，另一方面加强与城市中心功能组织的协调配合。以分区分级为依据，构建层次分明、功能清晰的多层级公交客运枢纽，发挥交通节点对城市中心发展的支撑作用。

3）空间统筹、供需匹配：加强公交线网、站点等基础设施的集约化建设，加强公交基础设施与城市空间的融合，改善公共交通出行的空间体验；线网调整结合城市用地布局和功能组织，推动城市空间结构的完善与优化。

（3）整合优化的基本原则

城市轨道交通基础设施的建设耗时较长，轨道交通线网的形成需要一个较为漫长的过程。这一过程中，常规地面公交线网也需要相应地进行动态调整，因此，城市公交线网的系统整合并非一蹴而就，也需要一个循序渐进、不断优化的过程。在此过程中，地面常规公交网络的优化与调整应当遵循以下几项原则：

1）公交出行的客流需求是公交网络的优化调整的基础。对地面常规公交线网的优化调整，必须以客流需求变化的分析及预测为基本依据。

2）明确常规地面公交与轨道交通的定位及相互关系。当轨道交通建成后，应确立轨道交通网络在公交系统中的骨干作用，以轨道交通作为公共交通的服务骨干线路。地面公交线路应围绕着轨道交通线路布置。在轨道交通网络未能覆盖的区域内，地面公交担负着公共交通系统的骨干作用；在轨道交通网络覆盖的区域内，地面公交作为一种接驳方式为轨道交通集散客流服务。

3）地面公交网络的优化调整应分区、分层开展。调整过程中，应保持客流需求与不同层级的公交网络功能一致。

4）尊重公交乘客的出行习惯。由于地面公交网络有着较强的历史延续性，网络的优化调整会对市民出行产生直接的重大影响，因此地面公交网络的优化调整必须慎重，遵循"循序渐进"的原则。对于历史客流量较大的地面公交线路，在优化调整过程中应给予优先保留。

8.1.2 公交线网整合优化的差异化策略

常规地面公交与轨道交通系统间的线网整合优化，与单一常规公交线网或轨道交通线网的优化调整的考虑方式有很大不同。相对而言，常规地面公交线路调整的灵活性较大，因此，两网的整合优化通常需要常规地面公交线网主动做出调整，根据轨道交通线网布局进行功能定位和线路走向的优化，轨道交通突出以"线"为特征的通过性，常规公交则发挥以"面"为特征的可达性，形成以轨道交通为骨架或主体、地面常规公交为补充和辅助的、有序衔接、分工明确的一体化公交网络。

（1）公交线路整合方式

整合优化之前，常规地面公交与轨道交通线路之前的关系有并行、相交以及无关系三种。其中，无关系的常规地面公交线路基本不受线网整合的影响。对于前两种关系的线路，在两网融合过程中，根据常规地面公交与轨道交通定位关系的差别，具体线路整合方式有以下三种情况：

1）轨道主导模式：在常规地面公交线路与轨道交通线路存在大部分并行重复的情况下，如果明确该线路走向应以大中运量公共交通为骨干，发挥其快速、高效的优势，引导支撑城市高强度的发展轴线，那么，常规地面公交线路就应采取全线撤销或调整走向的策略。

2）复合通道模式：在城市的主要客流走廊上，即便存在常规地面公交线路与轨道交通线路大部分并行重复的情况，但为了同一走廊内为市民提供差别化、多样化的公交服务，发挥轨道交通与地面公交互补功能，常规地面公交线路仍可全线保留，并与轨道交通线路共同构成复合型公交通道。

3）接驳衔接模式：对于与轨道交通线路相交的常规地面公交线路，应加强地面公交对大中运量系统的补充、喂给功能，通过站点枢纽设施的整合，实现两网的一体接驳衔接。在地面公交线路调整中，通过线路走向或站点调整增加地面公交与轨道交通的换乘接驳。此外，针对轨道交通的首末站点，组织安排放射布局的地面公交接驳线路，使得轨道交通服务得以延伸。经过优化调整后的整合公交线网布设情况如图8-1所示。

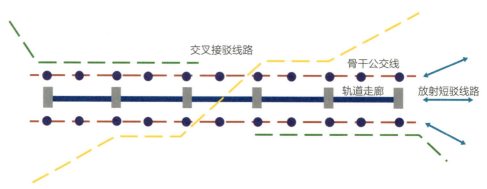

图8-1　优化调整后轨道走廊公交线布设示意图

（2）并行线路的调整策略

由于轨道交通是在常规地面公交客流培育基础上建设的，因此，轨道交通覆盖的客流走廊势必为原先常规地面公交的重点服务地区。因此，建成后轨道交通线路与原常规地面公交线路并行是非常普遍的现象。这一并行状况又分成全线并行和部分并行两种情况。在这样的走廊上，常规地面公交的重复系数较大，并行线路较多。

轨道交通建成通车后，这些与轨道并行的地面公交线路的优化调整是公交线网整合的主要任务。

全线并行的常规地面公交线路的优化调整策略　　　　表 8-1

全线并行	策略
	策略一：全线取消撤销完整的公交线路，包括线路走向与沿线站点
	策略二：调整走向调整部分线路走向，调整部分取消原站点，结合新走向添加新站点
	策略三：全线保留对线路走向不做调整，可根据周边用地情况新增站点

1）全线并行的优化调整

与轨道交通全线并行的常规地面公交线路，根据其服务功能不同，可分别采取三种不同的优化策略（表 8-1）：

①全线撤销：当地面公交线路与并行的轨道交通服务定位完全一致时，原地面公交线路的服务完全可以纳入新建轨道交通线路，原地面公交线路无继续存在必要，在不影响居民公交出行习惯的前提下可全线撤销。

②线路走向局部调整：在客流需求最大的线路段，保留常规地面公交部分线路，继续与轨道交通并行，相互补充共同承担大客流需求，保留段一般不超过 3 个轨道交通站区间；其他部分则调整线路走向，延伸覆盖次一级客流走廊，调整部分取消原站点，结合新走向新增新站点。局部调整后，原先完全并行的地面公交线路兼具轨道交通接驳线路的作用。

③全线保留：轨道交通作为快速公交系统，相对于地面公交，一般站距较大，站点较少。当与轨道交通并行的地面公交其服务功能重点是加密对周边用地的覆盖，增加公交可达性时，可对地面公交线路进行保留，甚至加密站点，形成复合功能的客流走廊，以满足市民多层次、差异化的出行需求。同时也作为轨道交通线路突发情况时的应急替代线路。

2）部分并行的优化调整

与轨道交通线路仅为部分并行的常规地面公交线路，根据其服务功能可有以下 4 种优化策略：

①缩短线路：当地面公交线路与轨道交通并行段提供的服务可被轨道交通替代后，通过缩短并行段线路走向，使之转为接驳轨道交通的线路。

②拆分线路：与缩短线路目的相同。当并行段位于地面公交线路中段，在取消并行段的同时，根据线路实际情况，可两端适当延伸，变成两条衔接轨道交通的接驳线。

③线路走向调整：通过调整与轨道交通并行段走向，减少重复，增加其他廊道公交服务，将原先完全并行的地面并行调整为衔接轨道交通的接驳线路。

④全线保留：与全线并行策略一致。

8.1.3 公交线网整合优化的阶段性策略

由于轨道交通建设成网需要耗费较长的一段时间，轨道交通所能发挥的作用也呈现阶段性的特征，在不同阶段上，常规地面公交与轨道交通的相互关系也不相同，因此，公交线网整合优化应根据不同阶段的具体情况采取不同的策略。

（1）轨道交通线路仅为骨架阶段

当轨道交通网络尚未成熟前，公交服务分区仅有部分被轨道交通线路覆盖时，轨道交通线路仅能承担局部公交骨架的作用，轨道交通的运输能力尚无法满足全部的公交出行需求。轨道交通覆盖的薄弱地区仍需要利用常规地面公交干线提供主要的公交服务，同时，还需要常规公交次干线在相邻、相近服务区域之间运输乘客，公交支线在服务区内承担出行服务。在此情况下，城市公交线网应针对实际需求，由不同层级的公交线路提供服务，公交线网整合优化策略根据不同线路的情况也有所不同。

1）跨区出行客流强度高的公交服务区域由轨道交通网络提供快速服务，其余未被轨道交通网络覆盖的公交服务区域，长距离、有速度要求的公交出行服务由常规公交快线提供，中长距离、有运量要求的公交出行由常规公交干线提供；中长距离、客流强度不高的出行需求则由公交次干线提供。

2）从空间关系分析，与轨道交通线路并行的常规公交线路其功能是缓解轨道交通运营压力，与轨道交通线路相交的常规公交线路则是用以扩展轨道交通线路服务范围。

3）从功能层次上划分，常规公交网络由常规公交快线、常规公交干线、常规公交次干线、常规公交支线构成，根据各自功能也可进行组合提供跨区出行服务。

（2）轨道交通网络成为主体阶段

当城市轨道交通线网发展足够成熟，成为城市公共交通的主干系统，线网密度足以覆盖所有的高强度客流走廊后，轨道交通与常规地面公交之间更多是分工合作的关系。轨道交通承担跨区的中长距离出行服务，地面公交则服务于区域内部的短距离出行需求。在轨道交通与地面公交的一体化网络中，这两类服务中的乘客出行特征与网络特征有所不同：

1）为了更好地服务于乘客的跨区出行，以轨道交通线路作为出行服务的主要干线，地面公交线路则作为轨道交通的延伸提供接驳服务，增加网络的可达性，减少乘客的步行距离。常规地面公交线路需要将公交车站的乘客集中到轨道线路上，同时将乘客从轨道车站疏散到各个公交车站。乘客的出行路径可能出现四种情况：①乘客出发点与目的地皆距离轨道车站不远，可直接乘坐轨道交通线路；②轨道交通出行两端都需要公交支线接驳，此时乘客路径为公交支线→轨道交通线路→公交支线；③当乘客出发点到轨道交通车站需要公交支线接驳时，则乘客的路径为公交支线→轨道交通线路；④当乘客目的地到轨道交通车站需要公交支线接驳时，则乘客的路径为轨道交通线路→公交支线。这时公交网络的服务质量与两网一体化衔接程度密切相关，精细化设计的换乘设施以及运营管理有效对接都可以缩短换乘时耗，提高网络服务水平。

2）当乘客的出行起讫点都在区域内部时，由于出行距离短，乘客更关注网络服务的便捷性与可靠性。公交支线网络应加强网络对客流集散点的覆盖，提升网络可达性，同时应用智能化调度手段，提供定时服务，提升网络的可靠性。

8.1.4 构建多模式一体化公共交通系统的规划案例

上述内容重点讨论了城市常规地面公交和轨道交通线网之间的整合优化，这是城市公共交通系统内部整合的关键问题和常见问题。但需要注意的是，地面公交和轨道交通实际上是城市公共交通两个类别的统称，分别包含了多种不同的公共交通工具。以方式类别进行说明阐述有助于抓住主要问题，说明一般性的规划原则和策略。但是，实际上城市公共交通系统的整合，应当是各种公共交通工具构成的各个子系统之间的整合。

随着我国城镇化向区域化扩展，居民日常出行的空间范围也不断扩大，出行距离的差异越来越大，单一类型的交通工具难以满足这一变化，不同距离的出行需要使用与之相匹配的交通工具。而从供给的角度看，城市公共交通工具的种类也日益丰富，不同的公共交通工具具备与其技术特征相对应的适宜服务的空间范围，如轨道交通不仅包括城区范围内使用的地铁、轻轨和有轨电车，还包括市域或城际出行使用的市郊通勤铁路、磁悬浮列车、城际铁路，甚至是国家铁路网中的高速铁路。从居民出行特征来看，大量的高频次出行是中短距离的出行，长距离出行对多数人来讲是偶发的。依据出行需求构建的公共交通体系中，公共交通方式的服务距离和服务频率存在一定的相关性。服务距离由高到低的公共交通工具依次为高速铁路—城际铁路—地铁/轻轨—快速公交（BRT）—常规地面公交—公共自行车或共享单车

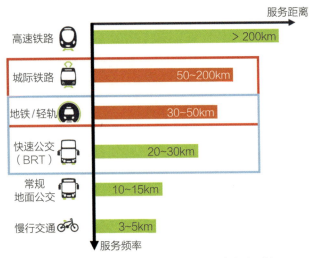

图 8-2 不同交通方式服务距离和服务频率对比

等慢行交通,而以上各公共交通工具的服务频率则相反,根据出行需求呈由低到高变化(图 8-2)。

为了满足居民出行的多样化需求,城市公共交通系统的规划建设需要统筹考虑多种公共交通工具的功能和作用,并加以合理组织整合,形成多模式一体化的多层次公共交通体系。以下结合上海和厦门两个案例城市的相关规划加以说明。

(1)上海城市总体规划

《上海市城市总体规划(2017—2035 年)》于 2017 年 12 月 15 日获得国务院批复原则同意。规划明确了上海至 2035 年并远景展望至 2050 年的总体目标、发展模式、空间格局、发展任务和主要举措,为上海未来发展描绘了美好蓝图。

规划明确提出以"交通—空间"的联动发展构建并支撑开放紧凑的空间体系。以区域交通廊道引导空间布局,以公共交通提升空间组织效能。完善由区域城际铁路、城市轨道、中运量公交等多种模式构成的公共交通系统,推进 TOD 发展模式。充分发挥公共交通复合廊道对城镇体系的支撑和引导作用,强化公共交通枢纽对核心节点、重要地区的集聚带动效应,突出轨道交通站点周边的土地复合利用,培育多中心功能体系,推进城市功能整合和布局优化,降低居民出行距离,提高城市运行效率。

首先,规划突出了以交通骨架引导城镇空间布局的思路。通过构建"枢纽型功能引领、网络化设施支撑、多方式紧密衔接"的城市交通网络,推动"网络化、多中心、组团式、集约型"的大都市区空间体系形成。

其次,规划强化了城市综合交通建设中的公共交通优先战略。鼓励绿色出行,加强城市路网和轨道交通线网建设,进一步完善以公共交通为主体,各种交通方式相结合的多层次、多类型的城市综合交通体系。以公共交通为主导,实现上海市域 1h 交通出行可达。提高公共交通服务水平,确立公共交通在中心城机动化出行中的主导地位。至 2035 年，公共交通占全方式出行的比例达到 50% 以上，绿色交通出行比例达到 85%。其中，中央活动区作为低碳出行实践区，公共交通出行比例达到 60% 以上，个体机动化交通出行比例降低至 15% 以下。加强轨道交通网络支撑，确保主城副中心均有至少 2 条轨道交通线路直接服务。研究新增线路预留快慢线功能的可行性。至 2035 年，中心城轨道交通站点 600m 用地覆盖率达到 60%。

最后，推动公共交通出行方式多样化，完善公交导向的低碳交通模式。构建由铁路、城市轨道、常规公交和辅助公交等构成的多模式公共交通系统，形成以大容量轨道交通为骨架、常规公交为基础、多种方式为补充的公共交通结构（图 8-3）。

1）轨道交通

强化"一张网、多模式、广覆盖、高集约"的规划理念，建立由区域城际铁路、轨道快线、城市轨道、中低运量轨道等构成的轨道交通系统，形成城际线、市区线、局域线 3 个层次（表 8-2）。10 万人以上新市镇轨道交通站点的覆盖率达到 95% 左右，轨道交通站点 600m 用地覆盖率主城区达到 40%，新城达到 30%。

①城际线：形成由 21 条左右线路构成的市域公共交通骨架，规划总里程达到 1000km 以上。规划 2 条联系重要交通枢纽、重点功能区和 2~3 条深入中心城内部、贯穿主城区重要客流走廊的轨道快线。建立 9 条主城区联系新城、核心镇、中心镇

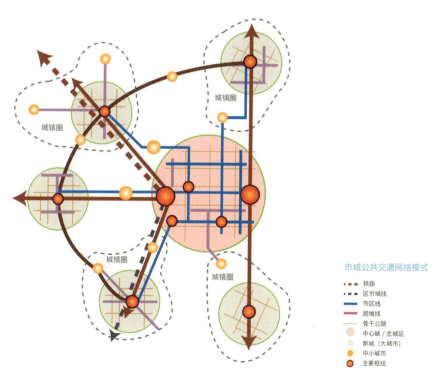

图 8-3　上海市域多模式一体化公共交通网络
资料来源：上海市城市总体规划纲要概要．

及近沪城镇的射线，新城与主城区之间的公共交通出行比例提升至80%，枢纽之间的轨道交通出行时间缩短至40min以内。在新城、核心镇和中心镇之间构建10条左右联络线。通过市域枢纽节点转换和部分区段的跨线直通运行，实现多模式轨道交通系统之间的互联互补。

②市区线：在主城区规划25条、总里程1000km以上的市区线，其中中心城轨道交通线网密度达到1.1km/km² 以上。适度加密中心城北部、东部地区网络，加强对发展潜力地区和沿黄浦江等主要客流走廊的轨道交通服务，研究新增线路的快慢线复合功能，在中环附近预留环线运行条件，实现重要交通枢纽、市级中心之间30~45min互通可达。围绕轨道交通枢纽及站点提升公共活动功能，加强轨道交通沿线新建和更新项目的控制和引导，加强土地集约、综合利用和立体开发。

③局域线：在市域构建1000km以上的局域线网络。在嘉定、青浦、松江、奉贤、南汇、金山、城桥、惠南等城镇圈构建以中运量轨道和中运量公交等为骨干的局域公共交通网络，并沿主要客流走廊构建城镇圈之间、主城片区和城镇圈之间的骨干线路。

轨道交通网络功能层次一览表　　　表8-2

系统模式		功能定位	设计速度（km/h）	平均站距（km）	设计运能（万人/h）	规划里程（km）
城际线	城际铁路/市域铁路/轨道快线	服务于主城区与新城及近沪城镇、新城之间的快速、中长距离联系，并兼顾主要新市镇	100~250	3.0~20.0	≥1.0	≥1000
市区线	地铁	服务高度密集发展的主城区，满足大运量、高频率和高可靠性的公交需求	80	1.0~2.0	2.5~7.0	≥1000
	轻轨	服务于较高程度密集发展的主城区次级客运走廊，与地铁共同构成城市轨道网络	60~80	0.6~1.2	1.0~3.0	
局域线	现代有轨电车、胶轮系统等	作为大容量快速轨道交通的补充和接驳，或服务局部地区普通客流、中客流走廊，提升地区公交服务水平	—	0.5~0.8	0.5~1.5	≥1000

资料来源：上海市城市总体规划文本（2017—2035）.

2）常规公交和辅助公交

主城区完善公交专用道系统，整合提升常规公交线网服务水平，常规公交站点500m用地覆盖率100%。提高公共交通管理运营水平，干线公交线路平均运营速度达到20km/h左右。发展班车、轮渡、定制公交等辅助公交模式，建立水上公共交通及旅游观光交通网络。

城镇圈优化常规公交线网,加强对内部客流走廊的覆盖,构建新城、核心镇和中心镇镇区的公交专用道网络,实现常规公交站点500m用地覆盖率达到90%,居民15min以内接驳进入市域轨道交通网络。

3)交通枢纽体系

在对外交通方面,构建国家级、区域级和城市级三级交通枢纽体系。在城市交通方面,布局市域枢纽和大型换乘枢纽两级客运枢纽(表8-3)。

①市域枢纽:结合城市级对外客运枢纽、主城区多模式轨道交通转换节点,以及新城、核心镇和中心镇的城际线转换节点,形成50个左右市域枢纽,承担主城区与城镇圈之间的城际交通转换功能。

②大型换乘枢纽:在主城区和城镇圈结合公共活动中心设置大型换乘枢纽,承担轨道交通多线路的换乘和地区客流集散功能,包括主城区轨道交通三线及以上换乘站,新城、核心镇和中心镇的镇区两线及以上轨道交通换乘站。

市内主要客运枢纽功能层次一览表　　　　表8-3

枢纽等级	功能定位	主要交通方式
市域枢纽	承担主城区与城镇圈之间的城际交通转换功能	轨道城际线、市区线、局域线,无轨电车、常规公交、自行车等
大型换乘枢纽	承担轨道交通多线路的换乘和地区客流集散功能	轨道城际线、市区线、局域线,无轨电车、常规公交、自行车等

资料来源:上海市城市总体规划文本(2017—2035).

(2)厦门市城市交通发展战略规划

厦门市于2014年成为全国"多规合一"试点城市,2017年被列为全国15个城市总体规划编制试点城市之一,2018年,国土资源部确定在厦门市开展新一轮土地利用总体规划编制试点。在此基础上,厦门市于2019年上半年启动了《厦门市国土空间总体规划(2019—2035)》编制工作,并于2019年10月起,开展《基于国土空间体系的厦门市城市交通发展战略规划》研究工作,为后期综合交通体系规划的编制做准备。

交通发展战略规划结合区域一体化发展趋势,对接《厦漳泉城际轨道交通线网规划》和《国土空间总体规划》,提出加快城市轨道交通建设,以高铁站点和城际枢纽支撑城市中心节点,构建由高速铁路、城际铁路、地铁和BRT组成的多层级主干公共交通体系,形成城市空间结构支撑骨架(图8-4)。

1)各层级主干公共交通的时效目标

交通发展战略规划明确了城市公共交通体系多层级、多模式的一体化协作模式,制定了各层级主干公交的功能定位和时效指标。

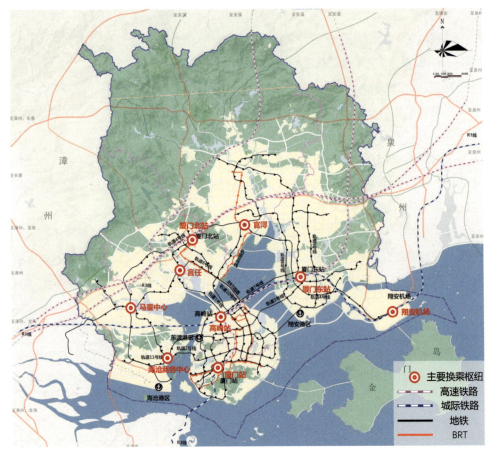

图 8-4　高铁、城际、地铁和 BRT 构成厦门市多层级主干公共交通体系
资料来源：《厦门市城市交通发展战略规划》文本.

①高速铁路：适宜 200km 以上的中长距离出行，主要服务厦门至全国范围内主要城市的出行需求。时效目标：3h 可达广州、深圳等城市；4h 可达杭州、武汉等城市；5h 可达上海、西安等城市。

②城际铁路：适宜 50~200km 范围内的城市群内部出行，主要服务厦门至省域及闽西南、厦漳泉区域内主要城市的出行需求。时效目标：0.5h 可达泉州、漳州等城市；1h 可达福州、龙岩等城市；2h 可达宁德、三明等城市。

③地铁系统：适宜 30~50km 范围内的都市圈内部出行，主要服务厦门至周边协调区及市域内各组团之间出行。时效目标：各组团之间依托公共交通 30min 可达。

④快速公交 BRT 系统：适宜 20~30km 范围内的市域内部分组团之间出行。时效目标：各组团之间依托公共交通 20~30min 可达。

⑤常规公交及慢行交通：适宜 15km 以内的城市组团内部出行。时效目标：组团内依托轨道站点实现 15min 生活圈。

2）轨道交通

以"岛内全域直达，岛外重点可达，各组团间可达"为目标规划建设地铁网络，适度规划建设市域快线解决部分跨组团、副中心间的联系需求，形成市域快线、城区普线结合的轨道交通骨架网。考虑国土空间规划不确定性和城市发展弹性，对外围重要交通走廊做规划控制预留。

通过轨道交通引导出行结构优化。轨道交通承担公共交通主体功能。至2035年，本岛及跨岛轨道占公交出行比例力争达到60%，全市域轨道占公交出行比例力争达到45%~50%。

3）常规地面公交

在轨道交通承担公共交通主体的公共交通体系中，常规公交定位为轨道交通的衔接、补充和加密。基于轨道交通骨架网络，合理优化布局公交线网，建立多样化、高品质、高效率、广覆盖、有吸引力的常规公交网络。2025年，全市建成区公交站点（含轨道交通）300m半径服务覆盖率力争达到65%；2035年，全市建成区公交站点（含轨道交通）300m半径服务覆盖率力争达到75%。

常规地面公交的提档升级策略具体包括：

①多样化：丰富公交线网功能层次，建立快线、干线、支线、微循环线等多层级体系。

②高品质：鼓励社区公交、定制公交、专线公交、高峰快线等个性化、品质化公交形式，提升常规公交品质。

③高效率：地铁与常规公交相互协调、优势互补，形成高效便捷的城市公共交通网络，提升公共交通出行效率。

④广覆盖：利用轨道走廊释放的公交运能填补公交薄弱区域。发挥常规公交的客运接驳和运能补充作用，提升常规公交线网密度和站点密度，提升公交覆盖面和可达性。

⑤强吸引：着力优化公交设施规划建设和管理，提升公交服务水平。营造良好的换乘条件，缩短出行时间、提升舒适度，提升公共交通吸引力。

8.2 公交优先和城市路网规划

城市道路网是供各种交通工具运行、承载各类交通运输活动的空间基础。除路面交通方式外，地下交通方式（如地铁）的线路，通常也尽可能布设在城市道路沿线，以方便工程建设和后期维护管理。因此，城市道路网的布局特征对城市公共交通线网规划具有决定性的影响。在城市路网的规划设计阶段，就应当兼顾公共交通线网组织运营的需要，为公交优先发展奠定有利的空间基础。

另一方面，城市道路空间是由多种交通方式共同使用的，不同方式对道路空间特征均有各自的要求。因此，城市道路网规划设计应当兼顾各种交通方式的需求，促进多种交通方式的均衡发展。从公交优先的角度考虑城市路网规划的协调配合，是要借助道路空间整合各类交通方式的作用过程和基础上，确立公共交通的优先地位。

8.2.1 公交优先与城市路网密度

城市地面公交线网依附于城市道路网，因此，城市的路网密度与地面公交的线网密度之间存在紧密的相关性。城市路网密度是地面公交线网密度的上限，即地面公交线网密度不大于可行驶公交车的道路网密度。在道路网密度低的城市，为了保证较高的公共交通服务容量，公交线网的重复率往往很高。因此，提高公交线网和站点覆盖率（亦即公共交通的可获取度），首要前提就是要保证满足公交行驶条件的一定水平的道路网密度。

（1）总体情况

结合我国城市目前实际情况，参照常规的万人公交拥有率对各参数取一般值，可以推导出满足公交需要的最佳城市道路网密度约为 3.0~3.6km/km^2。过去由于我国城市的支路建设标准低，难以在支路上布设公交线路。现阶段我国新建的城市支路宽度有了明显提高，部分支路宽达 24m 以上，足够布设公交线路，但仍应以公交支线为主。总的来看，公交线网密度稍低于城市道路网密度，两者比例宜保持在 0.6∶1~0.9∶1 之间，差别不宜太大。

（2）不同功能区之间的差异

城市不同功能区域的社会经济活动不同，包括公共交通在内的交通运输需求也存在差异，因此，不同城市功能区之间的路网密度也应有所差别（表 8-4）。

1）城市中心区：城市中心区是各类功能活动集聚的地区，也是公交需求强度最大的区域。从公交优先的角度，通过公交站点覆盖率推算中心区公交路网密度应不小于 4km/km^2，而由最佳公交线网密度确定的公交路网密度应在 3.0~3.6km/m^2 之间。假设有部分公交线路布设在支路上，中心区的主次干路网密度也应达到 3.0~4.0km/km^2。目前，我国城市中心区实际的主次干路网密度普遍较高，基本可以满足公交线路的布局要求。提高支路网密度是中心区更新建设的主要任务。中心区总体路网密度应不低于 10~12km/km^2，方能满足公交站点 200m 半径范围全覆盖的要求。

2）居住区：居住区的路网布局应方便居民从家到公交站点，所用时间最好控制在 5~10min 以内。依据用地与居住区建筑物规模的计算可知，居住区级道路应与次干路同级，按街区的边长推算出间距约为 550~670m；居住小区级道路与支路同级，道路间距约为 215~342m；据此可得出居住区的主次干路网密度为 3.0~3.5km/km^2。

依据道路级配和居住小区级道路的间距可推算居住区的路网密度为 7~9km/km²。路网密度基本满足公共交通线网布设的要求。但我国许多大型居住区采用封闭式管理，大部分支路限制外部交通通行，具体测算还需要关注实际可利用的路网密度。

3）工业区：由于工业区集中了较多的工厂与企业，交通需求的规律性较强，公共交通主要为企业职工上下班通勤服务。工业区的公共交通服务水平满足国家相关规范与标准要求即可，据此推算工业区的主次干路间距应在 600~650m 之间，根据道路间距与路网密度的关系，可进一步推算出工业区主次干路密度为 3.0~3.3km/km²，总体路网密度约为 5~6km/km²。

不同城市功能区公交路网密度和城市路网密度要求一览表 表 8-4

城市功能区	公交路网密度要求（km/km²）	适宜公交线网布局的城市路网密度要求（km/km²）	
中心区	>4.0	整体路网密度	10~12
		主次干路网密度	3.0~4.0
居住区	3.0~4.0	整体路网密度	7~9
		主次干路网密度	3.0~3.5
工业区	2.0~2.5	整体路网密度	5~6
		主次干路网密度	3.0~3.3

资料来源：张泉、黄富民、杨涛等，2010：52.

8.2.2 公交优先与城市路网形态

城市路网的总体结构与布局形态与城市空间结构直接相关，通常可分为方格网式、环形放射式、带状式和混合式四种基本形式。针对不同的路网形态结构，常规地面公交和轨道交通的线网布局应有相应的差异化策略，一方面注意与其他地面交通方式的协调组织，另一方面也要关注不同空间布局形态下城市功能组织对交通出行的要求和影响。

（1）方格网式路网的公交优先策略

方格网式路网又称棋盘式，适用于平坦规整地形地区的团块状城市，新近规划的城市新区一般也多采用方格网式路网布局。这一路网形态没有明显的向心优势，城市不同区位用地的重要性、可达性较为均衡，城市交通的空间分布因此也较为均质，避免局部地段功能和交通过于集中而产生道路交通拥堵。这一路网形态同时也有较好的扩展性，对分期建设、远期的空间扩展衔接较为有利。

方格网式路网缺乏明显的中心性，但城市的功能组织不可避免地仍需要有具备综合服务能力的城市中心。因此，以方格网式路网布局的城市，在交通组织上仍要为引导形成城市中心体系服务。首先，公交线网布局应体现出向心特征。基于棋盘式的城市路网结构，地面公交线路可按照中心放射式和穿心成网式两种方式布局。

公交线路组织向市中心区或片区中心道路网集中，中心区道路公交线路的密度和重复系数应高于外围和边缘地区。其次，轨道交通线路的布设，需要将多条轨道沿不同道路引入中心区，形成多点换乘枢纽群，共同服务于城市中心的客流集散和用地开发。再次，基于方格式路网布设的公交线网，往往城市中心难以形成多线直接交会换乘的大型中心枢纽，因此，方格网式路网形态适宜发展具有多级枢纽的多样化公共交通系统。重要商务区作为客流集散和换乘主枢纽以大运量快速公交服务为主，一般客流集散点作为次级枢纽以具有公交优先路权的干线公交服务为主，其他区域发展支线公交。此外，应特别注意方格网式路网对公交线网布局的某些不利影响。这一路网形式易造成公交线路的非直线系数过高，因此，在公交线路布局时应特别注意减少过度绕行。

（2）环形放射式路网的公交优先策略

环形放射式路网常见于单中心城市。欧洲的古典城市规模不大，多采用环形放射式路网，结合大型公共建筑、广场、林荫道等构成城市主要空间骨架。现代一些单中心的大城市，也在城市路网改造的过程中，尽可能组织城市外环路，同时打通城市外围地区与市中心联系的径向交通主干道，形成环形放射式的主干交通系统。还有一些城市采用了指状发展空间策略，其交通结构也呈现环形加放射的特点。

环形放射式路网形态下，城市空间有显著的中心性，市中心的交通可达性高，各类服务设施高度集中，人流、车流集聚，符合城市功能组织的需要。进出城市中心区的径向交通需求很大。如果过度依赖小汽车交通，城市中心区将需要建设大量的道路和停车场，不利于中心土地的高效利用，且易导致中心区的交通拥堵。因此，世界各地的城市对进出城市市中心的小汽车交通均采用一定限制措施，同时通过优先建设公共交通，来满足交通出行的需求。

由于环形放射式路网客观反映了进出城市向心交通的流向特征，这一路网形式相比于方格网式路网，在公交线网布设上具有一定优势。公交线路基本可以依循道路走向并利用道路空间，采用径向线路与环向线路相结合的模式，形成"干支配合、环径结合"的多级线网体系。某些单中心城市除了主中心地区外，还有一些围绕主中心的次级中心，此时，公交线网体系应与城市中心体系高度契合，在各级中心形成多条线路交汇的换乘枢纽。发展具有核心枢纽的放射形公交骨干线和公交环线，形成围绕中心的多级换乘枢纽。

（3）带状式路网的公交优先策略

在地形起伏变化较大的地区，受自然条件限制，城市建设用地多沿山麓或河谷布置，形成带状发展格局。带形城市的中心通常不突出，但轴向发展明显，相应地，路网结构也呈现明显的带状特征，主干路沿城市空间长轴布局并成为主要交通走廊，带动两侧用地开发。

带形城市由于交通相对集中，交通产生的环境危害比较严重，公交优先发展的需求大于平原城市。为此，带形城市的公交网络应尽可能强化轴向特点，线路布局可采用沿城市主要发展方向的穿心式布局，以大运量公交走廊支撑城市运行和空间拓展。带形城市难以形成多层次的公共交通体系，但是可以因地制宜，结合公交走廊的主要交通节点，通过用地功能布局和次级公交网络建设培育次级城市中心，形成带状多中心的空间发展结构，从而达到尽可能减少长距离的通勤需求的目的。

（4）混合式路网的公交优先策略

混合式路网是由上述几种基本路网形式组合而成的。组合形式多种多样，可以是方格网式加环形放射式，也可以是带状加方格网式等。混合方式上，既可以是总体布局形态上的混合，也可以是在城市的不同区位同时存在几种类型的道路网。一般来说，大型城市或组团式发展城市的路网多呈现为混合式路网，例如，北京是方格网加环形放射式路网，兰州是链网式混合道路网络。

混合式路网决定了城市公交网络结构也是混合式的。特大城市的中心城区常以中心方格网加外围环放式路网的结构为主，公交网络相应地应当由中心高密度公交网和外围环放式公交网混合组成，前者服务于中心区内部交通和内外沟通，后者服务于外围地区间和外部新城与中心城区的联系。

混合式路网的总体规模较大，因此公交体系亦较为复杂，由多种公交方式组成，其轨道交通和常规公交都可以进行等级细分，轨道交通应有服务于中心城和外围联系的市域快线、服务于中心城内部的轨道干线和局部加密线；常规公交应有作为轨道补充和延伸的快速公交、作为地面公交基础的公交干线和各种接驳支线。

8.2.3 公交优先与道路等级分类

我国《城市综合交通体系规划标准》GB/T 51328—2018 和《城市道路工程设计规范（2016年版）》CJJ 37—2012 中，按照道路在道路网中的地位、交通功能以及对沿线建筑物的服务功能等，将城市道路分为快速路、主干路、次干路和支路四个等级。城市规模和土地使用性质的差异，对城市道路功能有不同的要求。反映在城市交通上，主要是出行方式的需求差异。为满足这些不同的出行目的和方式，城市路网不仅层次应分明，而且功能应该清晰，即各种交通工具与出行主体在各类道路应当有不同的通行优先权。

道路等级划分不仅应确定道路规划的技术标准，而且应该考虑各类道路的优先服务对象（即某种交通方式），为制定建设标准提供依据。一般而言，快速路主要为机动车服务；主干路应是公交优先的主要承载对象，还需考虑非机动车和行人穿越，兼顾机动车的通行；次干路应考虑机动车和非机动车，部分路段实行公共交通优先；支路除机动车通行外，还应充分考虑慢行交通需求。

(1) 快速路与公交优先

快速路是为车速高、行程长的小汽车交通连续通行设置的道路，一般仅在大城市、带形城市或组团型城市设置，并与城市出入口道路和城际高等级公路直接衔接。为保证快速路的通过性，两侧不应设置吸引大量人流、车流的公共建筑物出入口。

快速路不宜穿越城市中心和公共设施走廊，快速、连续的需求决定了快速路难以集聚大量的客流，因此不可能形成公交客流走廊。由于快速路路幅较宽，行人过街步行距离较长，在其上较少布置快速公交方式。但是作为组团间中长距离联系的快速通道，快速路上可以开辟组团间联系的大站快线公交。

(2) 主干路与公交优先

主干路是城市道路网络的骨架，是连接城市各主要功能分区的交通干线，以交通性功能为主。主干路两侧不宜设置吸引大量人流、车流的公共建筑物出入口。

在我国，由于前阶段"大交通"建设的惯性思维，城市主干路两侧用地布局与实际功能需要之间存在明显的矛盾。一方面，主干路被认为是道路交通可达性最高的区域，沿线集中布局了大量的公共建筑，众多的地块出入口降低了主干路的通过性。另一方面，主干路既是小汽车交通的主要通道，但是，同时由于大量城市功能的集中所带来的客流，也成为公共交通的客流走廊。主干路目前是公交优先的主要承载对象，轨道交通线路布置、快速公交和公交专用车道开辟，大多利用主干路。

针对我国城市主干道承担过多功能的现实问题，有必要对传统的主干路功能重新定位，区分公交优先型主干路和一般主干路。对于公交优先型主干路，两侧用地安排较高强度的开发，同时减小建筑物出入口到公交站点的距离，在此类型主干路上实施公交的完全优先，弱化小汽车交通的通过能力要求，保障公交的优先地位。对于一般主干路，则以保障机动车交通快速通行为主，和快速路共同构成机动车交通的道路骨架。两侧用地布局应保证一定的建筑后退，并避免把交通出入口直接面向主干路。

(3) 次干路与公交优先

次干路是介于城市主干路与支路之间的车流、人流主要集散道路，在次干路上宜设置大量的公交线路，广泛联系城内各区，次干路两侧可以设置吸引人流与车流的公共建筑物、机动车和非机动车的停车场地、公交车站和出租车服务站。

次干路是客流发生吸引的主要起讫点，但是目前一般规划的次干路在实现公交优先方面难度较大。一方面，由于次干路的路幅较窄，如果作为轨道交通走廊，道路宽度不能满足要求；另一方面，次干路一般最多为双向四车道，开行公交专用车道会不便于其他车辆行驶。因此，目前对于次干路的公交优先采用较多的方法是，在次干路上组织设置单向交通，以便开辟公交专用车道腾出一定的道路空间。

（4）支路与公交优先

支路在城市道路中占有很大比重，是次干路与街坊内部道路的连接线。有条件的支路上应设置一部分公交线路，方可保证地面公交合理的覆盖率。因此，城市支路网应当保证一定的密度，为保障合理公交线路网密度提供基础。

在支路上运行接驳公交、社区公交可以使公交充分深入到小区、街巷内，增加公交线路的服务范围。此外，还可以利用支路设置公交专用路，对居民出行和公交优先有较大的促进作用。

8.2.4　公交优先与道路横断面设计

各种公共交通方式对城市道路横断面设计有不同的要求。其中，拥有独立路权的轨道交通，通常只需要控制道路红线宽度，以满足轨道交通的布设要求；有快速公交和常规公交通行的道路的横断面形式，则需根据道路功能定位具体确定，如需设置专用车道，应和公交运行、两侧用地布局、行人过街方式等问题统筹考虑。

（1）轨道交通对道路横断面的要求

考虑到轨道交通的运行特性与工程建设等问题，轨道交通线路一般沿城市公共道路布设，与城市主次干路共用通道，并尽可能和客流主导流向一致。同时，尽量避开城市车流走廊，避免与快速路共用通道。

作为轨道交通布置的主要道路，相关主次干路应控制合理红线宽度和两侧建筑退界，预留好轨道交通线路和车站的建设空间。同时注意合理划分道路横断面，特别重视站点附近慢行交通设施、过街设施的规划建设。

（2）快速公交与道路横断面设计

运行在城市道路上的快速公交系统通常需要设置专用车道，必然会打破城市道路交通的既有平衡状态。快速公交专用车道的规划设计应尽量降低对其他交通方式的干扰，利用平行道路规划组织其他交通方式的分流疏导。

在道路横断面设计时，重点处理快速公交线路带来的空间分割问题，通过加强行人过街设施，保持线路两侧城市空间的横向联系。应提前考虑快速公交布置的必要性，为快速公交线路建设、车站建设、交叉口信号设施等预留好空间。

（3）常规公交与道路横断面设计

对有条件的城市主次干路，要尽可能推进公交专用道建设。具体设置上，应根据道路交通流量以及是否是公交优先区域等，综合判断后确定公交专用车道的道路横断面形式。

对于公交线路密集或尚未设置公交专用车道的道路，道路横断面形式应预留港湾式停靠站的建设条件。新建主次干路应预留港湾式停靠站，现状主次干路应逐步改造设置港湾式公交停靠站。

8.3 公交优先与客运枢纽建设

城市道路是城市交通整合的线性空间,而客运枢纽则是城市客运交通整合的关键节点。作为公共交通线网上的客运枢纽,不仅服务于不同公共交通系统,而且也服务于其他交通方式与公共交通的接驳;不仅具备交通集散的功能,同时也可以成为城市服务的中心。客运枢纽建设关系着公交优先与城市交通方式整合,关系着公交优先与城市中心体系的构建。

8.3.1 客运枢纽概述

(1)客运枢纽的概念

"枢纽"一词意为关键的部分(如重要地点等),起重要作用的部分(如事物的关键之处),也指事物相互联系的中心环节。其中,"枢"在古文中指决定门户开合的部件,"纽"则指提系器物的东西,合在一起说明了枢纽的两方面作用:一是通过开合进行疏导,二是通过汇集产生联系。

在交通领域,枢纽一般指各大交通通道或线路的交叉点,是交通运输网上的重要节点,也是路网客流、车流和物流的重要集散中心。枢纽既是进出交通网的主要出入口,又是交通网上不同的交通线路之间进行人员、物资转移运输的重要节点。

从全国宏观层面上看,全国对内对外交通网的节点均为城市,其中最重要的节点被称为枢纽城市。2019年国家发展改革委、交通运输部联合发布了国家物流枢纽建设名单,涵盖陆港型、空港型、港口型、生产服务型、商贸服务型、陆上边境口岸型等6种枢纽类型,上海、广州、郑州、西安等23个城市榜上有名。其中,东部地区10个、中部地区5个、西部地区7个、东北地区1个。2021年2月发布的《国家综合立体交通网规划纲要(2021—2035)》提出建设面向世界的4大国际性综合交通枢纽集群,建设20个左右国际性综合交通枢纽城市、80个左右全国性综合交通枢纽城市。其中,国际性综合交通枢纽城市包括:北京、天津、上海、南京、杭州、广州、深圳、成都、重庆、沈阳、大连、哈尔滨、青岛、厦门、郑州、武汉、海口、昆明、西安、乌鲁木齐。

在城市层面,客运交通运输网上服务于人员交通出行的枢纽就是客运枢纽,其中的大型对外交通枢纽属于综合交通枢纽。综合客运枢纽的建设近年来得到了国家和地方政府的重视。综合客运枢纽是指在城市空间范围内,将两种及以上运输方式与城市交通的客流转换场所在同一空间(或区域)内集中布设,实现设施设备、运输组织、公共信息等有效衔接的客运基础设施。自2008年以来,针对我国城市各运输方式客运站场各自为政、独立建设、互不衔接的现象与问题,将加快发展综合客运枢纽作为综合运输体系建设的切入点。交通运输部《交通运输"十二五"发展规划》

明确提出"加快综合客运枢纽建设","建成100个左右铁路、公路、城市交通有效衔接的综合客运枢纽"。为推进该项工作，交通运输部先后制定实施了《综合客运枢纽投资补助项目管理办法》，组织编制完成了《综合客运枢纽术语》《综合客运枢纽分类分级》等行业标准、《综合客运枢纽可行性研究指南》《综合客运枢纽设计指南》等技术指导文件，以上措施在"十二五"期有效促进了我国综合客运枢纽的建设发展，充分调动了各地建设综合客运枢纽的积极性，涌现了一批优秀综合客运枢纽，如上海虹桥综合客运枢纽、南京南站综合客运枢纽、广州南站综合客运枢纽、深圳宝安机场综合客运枢纽。

（2）客运枢纽的功能

客运枢纽作为城市交通设施设备相对集中的综合体，不仅对城市交通线网的运行管理发挥着重要的调节作用，同时，作为大量人流集散的场所，对城市社会经济活动组织也产生了重要影响。

1）基本服务功能：客运枢纽作为由多种运输方式所连接的固定设备和移动设备组成的整体，是城市交通运输系统的重要组成部分，有助于推动多种交通方式的集中建设，具有运输组织与管理、中转换乘和辅助服务等基本功能。

2）交通换乘功能：客运枢纽作为城市内外交通和内部交通的衔接点，是实现各种交通方式转换的场所，承担着长途、短途和城市内部交通的旅客运输任务，并通过各种交通方式间的良好衔接，提高换乘效率，缩短旅客的出行时间，为乘客节省出行成本。

3）衔接成网功能：客运枢纽作为城市综合交通体系的重要组成部分，将城市各类不同交通方式组织在一起，衔接成网，促进城市交通的一体化高效运转。通过合理的交通组织实现对外来客运车辆的引导、截流、集中管理，将城市交通的换乘集中在一个小区域内，有效促进各交通方式在城市客运运输中的合理分工，有助于引导个体交通向公共交通的转移。

4）城市服务功能：客运枢纽建设有利于促进城市开发和功能组织，由于枢纽的交通功能势必带来周边区域交通区位提升，便捷的交通联系与大量的人流集聚使得城市客运枢纽周边区域产生巨大的商业价值。综合客运枢纽一般都具有"交通枢纽+商业中心+开放空间"的多项城市服务功能，既实现了土地的综合利用，又可为旅客及枢纽附近的居民提供除交通以外的多种商业设施及公共设施。

（3）综合客运枢纽的分类

对综合客运枢纽进行分类，可以更加深入地研究客运枢纽与经济社会、与城市发展的关系，探讨各种交通运输方式在枢纽内的衔接关系，从而应用正确的规划思路，对各类客运枢纽进行有针对性的规划设计，使其各种运输设备布局更加协调，内部换乘组织更加合理。

1）根据主导交通方式分

主导交通方式是指枢纽对外的主要运输方式。按主导交通方式划分，综合客运枢纽可以分为机场型综合客运枢纽、铁路型综合客运枢纽、公路型综合客运枢纽和港口型综合客运枢纽。在各种类型的综合客运枢纽中，主导交通方式承担的大多为长距离或大运量的旅客运输任务；其集疏运方式主要包括：城市交通、市际铁路、内河航运和支线航空等，其中城市交通是最重要的集疏运方式。

2）按功能和服务对象分

综合客运枢纽按照客运枢纽的功能和服务对象可分为城市内外换乘枢纽、综合性客运枢纽和城市内部客运枢纽。其中，城市内外换乘枢纽，主要为外部运输与城市内部运输换乘服务的枢纽。如按高速公路单线路方向设立的公路客运站场基本属于这一类型，当然它也通过城市交通连接承担部分中转旅客。综合性客运枢纽是指既为外部运输与城市内部运输提供换乘服务，又为外部运输换转外部运输提供中转衔接和服务。城市内部的客运枢纽则主要服务于市域范围内的内部交通出行，是各种城市交通方式之间进行衔接和客流转换的节点。

3）按空间布置形式分

综合客运枢纽按空间布置形式又可分为立体枢纽和平面枢纽。立体客运枢纽为地上或地下多层结构形式，适用于交通方式复杂、用地受到限制的地点，同时与商业、文娱活动等设施相协调。平面客运枢纽的枢纽站设施布置在同一个水平面上，其规模视换乘需求而定。

4）按服务区域范围分

综合客运枢纽按服务区域范围可分成国家级、区域级和城市级三级客运枢纽，其中城市级又可再分成市域客运枢纽和大型换乘枢纽两级。市域客运枢纽的服务区域为整个城市市域范围，多位于铁路客运站、航空港、水运港口、公路主枢纽等对外交通出入口，吸引全市范围内的对外交通客流，在其内部设有连接组团、城市新开发区的市内轨道交通线路和常规公交线路。大型换乘枢纽设在城市组团、郊区新城靠近城市快速路位置，多以公路型综合客运枢纽为主，其服务范围可以涵盖组团或新城内所有区域。

（4）综合客运枢纽的分级

客运枢纽的建设规模主要受到以下因素的影响：①枢纽的功能定位：一般而言，客运枢纽的等级越高，所承担的功能越多，设施越齐全，枢纽规模也就越大，所需要的用地范围也就越大。②枢纽的交通需求：客运枢纽作为集散、换乘客流的聚集地，其客流量需求反映了枢纽的服务承载力，是确定枢纽规模的主要因素。③配备的相关设施：枢纽的功能定位和客流需求决定了枢纽的集散交通方式，以及枢纽内部需要配置的辅助设施和服务设施。④建设用地条件：鉴于目前城市用地资源紧张的状况，用地限制应当作为考虑枢纽的建设规模的一个约束条件。

由于客运枢纽类型繁多，功能各异，对客运交通枢纽分级目前还没有统一的标准。现有研究多是针对轨道交通枢纽、公共交通换乘场站、汽车客运站某一类的分级研究居多。综合北京、上海、广州、深圳等大城市的相关规划设计文件中涉及客运枢纽的内容，目前一般采用日集散客流量、日换乘客流量和枢纽内轨道交通和常规公交线路的条数为分级指标。据此，可大致将客运枢纽划分为 4 个等级（表 8-5），这一等级划分的建议标准是以部分交通枢纽预测值为依据，采用灰色聚类法确定的。

综合客运枢纽分级的建议标准　　　　　表 8-5

等级	类型	客流集散量（万人次/日）	换乘客流量（万人次/日）	接驳轨道线路（条）	始发公交线路（条）
特大型	综合对外枢纽	>60	>25	2~4	>20
大型	城市中心枢纽	30~60	15~25	1~3	15~20
中型	城市次中心枢纽	10~30	6~15	1	10~15
小型	一般换乘枢纽	5~10	<6	1 或者不设	5~10

资料来源：作者整理．

选取国内外一些主要城市代表性客运枢纽进行对比分析。各个枢纽的类型、设计客流集散量以及衔接的轨道交通线路、始发公交线路数详见表 8-6。各个客运枢纽的设计客流规模差异较大，主要与城市人口规模、客运枢纽类型和功能定位等有关。从客运枢纽所衔接的轨道交通线路上看，目前主要以 1~3 条轨道线路为主，城市中心区的枢纽多为 1~2 条，只有部分客流量及集散客流量较高的枢纽配备 3 条轨道线路，接入 3 条以上轨道交通线路的客运枢纽几乎没有（上海虹桥枢纽规划有 5 条线路，其中包含 1 条磁悬浮线路，目前已接入 3 条地铁线）。从设施配置情况看，客流量越高的枢纽需要配备的设施数量更多、等级越高。如始发公交线路条数的配置与枢纽的客流规模基本成正相关，客流越大，配置公交线路条数越多，并且都具有到发功能。具备对外功能的枢纽所配备的公交线路更加充足，基本在 12~20 条之间；联系新城及远郊区县的市内换乘枢纽也都配备了较充足的公交线路，基本在 10~15 条左右；位于城市中心区的枢纽受用地限制，在设施配置上主要考虑出租车车位和自行车车位，较少考虑"P+R"停车场，位于中心城区边缘的枢纽一般优先考虑"P+R"停车场的设置。

2007 年 1 月，上海市政府正式批准了由市规划局会同市交通局共同组织编制的《上海市综合客运交通枢纽布局规划》。该枢纽布局规划在市域范围内选择了 145 个枢纽站点，根据枢纽承担的交通功能和规模大小，分为 A、B、C、D 四类。其中，A 类枢纽 5 处，B 类枢纽 88 处，C 类枢纽 37 处，D 类枢纽 15 处。A 类枢纽是以航空、铁路等大型对外交通设施为主，配套设置轨道交通车站、地面公交站、社会停车场、出租车营运站等市内交通设施，共同形成的大型市内外综合客运交通枢纽。B类枢纽是以轨道交通车站为主，结合地面公交站点、出租车营运站、社会停车场和长途客运站等其他交通设施，共同形成的大中型综合客运交通枢纽。C类枢纽是以轨道交通、地面公交和机动车换乘为主体的停车换乘（"P+R"）枢纽。D类枢纽是以多条地面公交换乘站点为主体的小型枢纽。

国内外代表性城市或地区客运枢纽设计客流集散量一览表　　　表8-6

城市或地区	枢纽名称	类型	设计客流（万人次/天）	接驳轨道线路数（条）	始发公交线路数（条）
北京	西直门	对外	87	3	4
	东直门	市内	75.6	3	17
	望京西	市内	21	2	10
	西苑	市内	10	1	18
	丰台站	对外	35.58	2	11
香港	青衣站	市内	68	2	—
	九龙湾	市内	78	1	—
上海	人民广场	市内	61	3	22
	上海南站	对外	48	3	12
	虹桥	对外	110	3	30
南京	新街口	市内	30	1	—
深圳	福田	对外	35	1	22
	罗湖	对外	30	1	14
广州	公园前	市内	36	2	—
	火车站	对外	66.9	2	—
名古屋	荣	对外	75	1	25
巴黎	拉德芳斯	对外	40	3	—
旧金山	港湾枢纽	对外	30	—	—

资料来源：作者整理．

8.3.2 客运枢纽的空间布局形式

一般而言，客运枢纽内的主要交通设施包括：站场类设施、集散类设施、通道设施以及各种诱导设施等，其中集散设施与通道设施共同构成了换乘设施。客运枢纽内的设施布局形式，通常可分为平面式布局、立体式布局和混合式布局。

（1）平面式布局

平面式布局方式是指将枢纽内各种交通方式的站台设置在地面层。根据各种交通方式基础设施布置的分散程度，又可将其分为毗邻式和分离式两种类型。

1）毗邻式：是指枢纽内部各种交通方式的基础设施位置接近（相邻），在彼此之间换乘时无需占用城市公共空间。这种模式在早期建成的各类客运枢纽中应用得比较广泛。如成都的金沙客运站，其公路客运站与公交站之间仅有一墙之隔，两个车站之间采用换乘通道相连通。

2）分离式：是指枢纽内部各种交通方式的基础设施位置在不同平面空间分功能布局，一般用于超大型综合枢纽的设计，如上海虹桥枢纽，火车站和机场采用一体化站屋设计，但长途客运站则分离独立设置，两部分之间有内部接驳巴士和步行道连接。

（2）立体式布局

立体式布局是相对于平面式布局而言的。平面式布局的站台在地面层，而立体式布局的各种交通方式的基础设施则位于枢纽内的地上、地下各层，通常有2层或多层站台。目前立体式综合换乘枢纽往往以一种运输方式为主体，在主体换乘大厅内通过自动扶梯、垂直电梯实现不同交通方式之间的"零换乘"。根据枢纽内不同层面设置交通方式类型的差异，立体布局模式又可以分为分层独立式、分层组合式、综合式三种类型。

分层独立式是指在立体综合客运枢纽内，不同的交通层上只设置一种交通方式的形式。分层组合式是指在综合客运枢纽内的交通层上设置两种或两种以上交通方式的形式。综合式是指枢纽内的部分交通层上只设置一种交通方式，但在某些交通层面又布设了多种交通方式的立体布局模式。

（3）混合式布局

混合式布局是枢纽内平面式与立体式相结合的布局模式。该模式是建立在联系化、集约化的基础上，根据城市各功能空间的特性和要求，结合具体环境条件进行设计的。

早期的综合客运枢纽大多采用平面布局模式，占地面积大，步行距离长，换乘效率低。近几年建设规划的综合客运枢纽多采用立体式布局、混合式布局，既可以提高枢纽内的换乘效率，又很好地遵循土地利用的集约化原则，并有利于形成城市经济发展的新增长极。

8.3.3 客运枢纽的换乘组织

换乘是客运枢纽最重要的功能之一。枢纽的换乘组织和效率是评判客运枢纽服务水平的重要方面。对客运枢纽内部的换乘组织状况，可按多种方式进行分类和评判。

（1）按换乘的紧密程度分类

按照旅客换乘的紧密程度，客运枢纽内部的换乘模式可分为：无缝换乘、紧密换乘和非紧密换乘。

1）无缝换乘：也称"零换乘"，是指最便捷的换乘组织方式，乘客无需离开枢纽空间，在系统内部即可实现换乘，无系统外的附加走行。重庆北站就是立体化、无缝衔接的五层综合客运枢纽，地下三层分别为轻轨线、轨道交通换乘大厅、换乘枢纽人流转换大厅；地面一层为出租车、社会车辆换乘厅；地面二层为公交车、长途大巴、旅游大巴换乘中心，各层之间设自动扶梯相连。这一组织方式换乘效率最高，是城市客运枢纽的发展方向。

2）紧密换乘：是指通过专用通道实现一个系统到另一个系统的转移。上海南站采用的正是这种换乘模式，其长途客运站与铁路客运站不在同一站房内，它们之间通过一条地下通道紧密衔接。

3）非紧密换乘：是在枢纽内，由一个系统向另一个系统转移时利用了公共空间。铁路成都北站综合客运枢纽，把铁路、长途汽车客运站、公交汽车等各种交通站点布置在同一个平面内，这种枢纽换乘衔接性较差，不便于乘客换乘，而且给周边的城市交通组织也带来一定的压力。通常仅在建设用地受限制时不得已采用。

（2）按换乘次数分类

换乘模式还可以按照换乘的次数进行分类，此种划分方法主要针对对外交通方式之间的转换，可分为一级换乘和二级换乘。一级换乘是指在枢纽内部由一种对外运输方式直接换乘另外一种对外运输方式；二级换乘是指两种对外运输方式之间，需要借助第三种城市交通方式才能实现两者之间的转换，这种换乘模式称为二级换乘。

（3）按接驳工具的属性分类

乘客在枢纽内进行换乘时，可以选用私人交通或者公共交通来作为其接驳方式，据此可将换乘模式分为停车换乘和乘车换乘两种。停车换乘是指乘客使用私人小汽车到达客运枢纽，将自备车停放后，由个体交通转换为公共交通而到达目的地的换乘方式；乘车换乘是指在公共交通之间的相互转换从而完成一次出行任务的换乘方式，这是一种需要前后衔接连续性强的换乘模式。

（4）按照空间布局分类

枢纽内各种交通设施的布局形式可分为平面式布局、立体式布局和混合式布局三种，因此，换乘模式也可相应地分为平面换乘、立体换乘及混合换乘。当前，许多发达国家的综合客运枢纽基本上实现了无缝换乘和紧密换乘，而在我国由于经济条件的制约和行业发展理念的落后，只有少数地区规划和建设的综合客运枢纽实现了无缝换乘，而绝大部分地区综合客运枢纽的换乘模式均为非紧密换乘，对提升换乘效率、推动交通运输一体化有一定的不利影响。

8.3.4 客运枢纽的规划设计

（1）客运枢纽的总体布局与选址

城市客运枢纽的选址布局应充分考虑客运枢纽的等级，以及和城市中心的布局关系，一般来看，总体上可以按 3 个层级的枢纽进行空间布局（图 8-5）。

第一层级为大型的对外客运交通枢纽，如机场、高铁站等。大型的对外客运交通枢纽一般布置在城市中心外 30km 以上，机场可达到 50~60km 以上的距离，应规划设置大运量快速公共交通线路（如地铁）进行联系。围绕高铁站站点可形成城市中心，并带动新城建设。围绕机场，则可以考虑布局临空产业园区，但空港新城的居住规模一般小于高铁新城。

第二层级为地处中心城区内的部分对外客运交通枢纽。如原有的老火车站、长途客运站、由于中心城区扩大而纳入的原城市外围客运枢纽、部分有条件在中心城区设立的高铁站等。这些处于中心城区范围内的对外交通枢纽，有多条轨道交通和公交线路联系。良好的公共交通条件，使其周边街区逐步发展为城市副中心地区。

第三层级为结合城市中心和城市副中心设置的城市公共交通枢纽。这些城市级枢纽没有对外交通服务功能，但与城市中心功能契合，有多条轨道交通和公交线路接入。

上述三个层级的客运枢纽与各级城市中心高度耦合，之间也有大运量快速交通联系，分工协作，支撑起整个城市的基本空间结构。

2020 年 1 月，广州市发布面向 2035 年的《广州市交通发展战略规划》。规划对广州市的城市客运枢纽进行战略布局。中心城区的三大火车站，与城市内部的地铁网络枢纽耦合；在保障中心城区可直达的对外交通枢纽的条件上，拓展各个方向的

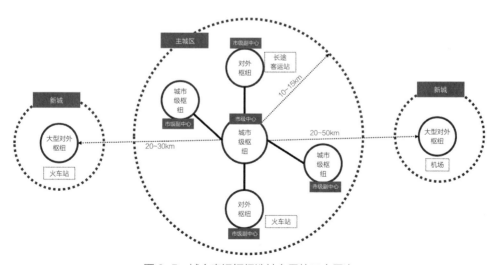

图 8-5　城市客运枢纽选址布局的三个层次

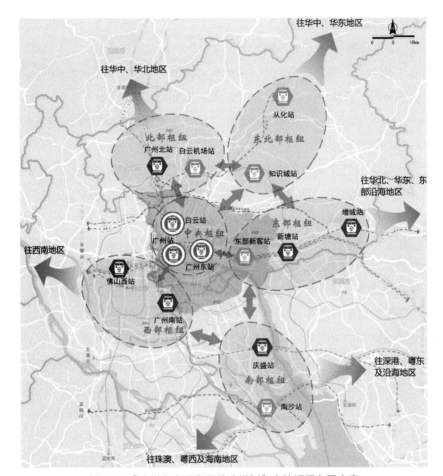

图 8-6 《广州市交通发展战略规划》中的枢纽布局方案

外围组团中心,形成五大枢纽组团。并且围绕枢纽站点,形成各个组团的城市中心结构。形成内外两个层次的无缝换乘衔接(图 8-6)。

(2)单个客运枢纽的规划设计

单个客运枢纽的规划设计应在总体布局规划的指导下,遵循所在地区的控制性详细规划各项规划控制要求,根据客运枢纽的功能定位和技术指标,进行具体设计。

1)总体步骤

单个客运枢纽的规划设计的基本设计流程包含 4 个步骤:

①用地环境分析:是进行综合客运枢纽总体布局的前提。在进行枢纽总体布局前,我们必须对枢纽所在地周围的建筑物及其他设施的布置现状,路网布置现状等进行全面的调查。这样使得综合客运枢纽总体布局规划可以与周围环境很好地融合。

②场地使用分析:对场地的使用进行分析,了解其组成内容及功能性质是进行综合客运枢纽总体布局的基础。综合客运枢纽属于交通枢纽,对其布局规划要体现

其交通换乘功能，相对弱化商业休闲娱乐功能。通常，一个综合交通枢纽功能内容组成包括：交通设施（包括轨道交通设施、公交设施、出租停车场、社会车辆停车场、自行车站点等）、商业休闲娱乐设施以及绿化小品等设施。

③场地分区：场地分区就是综合用地环境分析和场地使用分析，将用地划分为若干区域，把场地包含的各项内容按照一定的关系分成若干部分组合到这些区域之中，场地的各个区域就是特定部分的用地与特定内容的统一结合体，同时各个区域之间形成有机联系。客运枢纽的场地分区通常包括：交通设施区、商业休闲娱乐区和集中绿化区。

④建筑布置：场地分区确定以后，即可在各个分区内分别进行建筑布局。这一工作的要点是确定单体建筑以及建筑群的整体布置形式及与场地的结合形式。建筑群体的组合方式可采用行列式、周边式、对称式、自由式、庭院式等。建筑群体与场地的结合形式则包括以空间为核心的建筑围合形式、建筑与空间相互穿插等形式。

2）火车站为中心的综合客运枢纽案例：苏州火车站

苏州火车站公交首末站集中式布局，占地面积较大；北广场铁路站房前由近及远依次布置市区公交首末站、出租上客区、郊区公交首末站和长途客站，利用地下换乘通道连接。作为大型铁路客运枢纽，一般采用这种分离式布局，配合轨道交通开发，地下空间与地面流线组织，将不同功能联系起来，尽可能减少人行换乘时间。在平面设计布置中，公共交通的换乘中心处于核心位置引导客流，出租车上下客和公交换乘位置，要优先于私人交通（图8-7）。

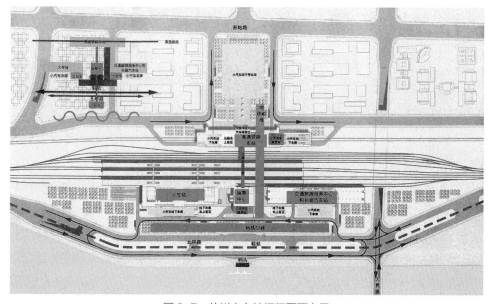

图8-7 苏州火车站枢纽平面布局

3)机场为中心的综合客运枢纽案例:上海浦东机场

综合客运枢纽的平面布局首先应满足机场核心功能区域航站楼、塔台、货运区、油库、机务维修区等。其次是对外衔接道路,过境车辆、大型和小型车辆,私人车辆和公共交通车辆分离,其中公共类交通车辆要保证停车和进出流线的优先(图8-8、图8-9)。

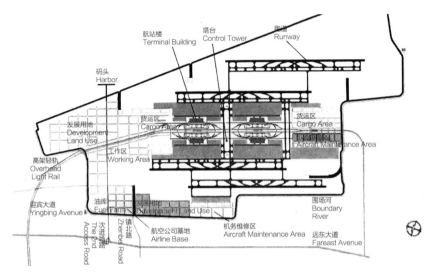

图8-8 上海浦东机场枢纽平面布局

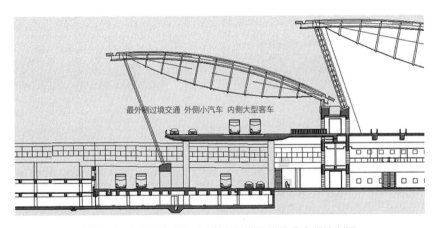

图8-9 上海浦东机场T1航站楼前出发旅客车道边剖面

4)城市地面公交枢纽案例:上海南浦大桥浦西公交枢纽站

南浦大桥浦西公交枢纽站利用桥梁引道围合区域集中设置公交首末站并形成公交换乘枢纽。樱花等绿化景观,以及桥梁立体景观与枢纽站设计完美融合,周边道路与站点线路流线清晰(图8-10)。

图 8-10　上海南浦大桥浦西公交枢纽站布局

8.4　公共交通的接驳换乘体系构建

整合公交线网、匹配城市道路、建设客运枢纽等城市交通基础设施方面的举措，都是为了打造以公共交通为主导的多模式、一体化城市综合交通系统。而为了使这一设施系统发挥出最佳性能，还需要从居民出行的使用角度，构建方便、安全、快捷、舒适、高效的接驳换乘体系。

作为唯一可与小汽车交通竞争的机动化交通方式，公共交通的最大弱点是无法提供"门到门"的交通出行服务。公交出行必须依靠其他交通方式的接驳，而接驳交通的品质和效率直接影响着公共交通出行的体验和便捷度。因此，公交优先发展离不开其他城市交通方式的支撑。而反过来，打造以主干公交系统为核心的接驳换乘体系，一方面可以强化公共交通的主导性地位，另一方面也可以推进多种城市交通出行方式的均衡发展。

基于城市综合客运枢纽组织的接驳换乘系统是最复杂、最全面的接驳换乘体系（图 8-11）。一方面乘客可以采用多种交通方式去往客运枢纽，搭乘公共交通。由于客运枢纽提供的停车换乘设施，私人小汽车也成为可能的接驳方式之一。另一方面，这一体系也为换乘旅客和到站旅客提供尽可能多的接续交通方式选择。一个优秀的综合客运枢纽接驳系统可以把几乎所有的城市交通方式整合在公共交通周围。当然，城市中存在大大小小的不同客运枢纽，小枢纽的接驳系统要简单得多。以步行接驳的普通地面公交站点是最基本的系统。

8.4.1　公交接驳换乘系统概述

（1）接驳方式及其作用

在城市交通领域，接驳是指辅助交通方式与主要交通方式之间的有效衔接，如自行车方式在某一地面公交站点与公交线路的接驳、自行车方式在轨道交通站点与

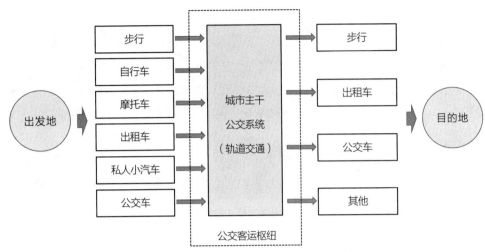

图8-11 以主干公交为核心的接驳换乘系统

轨道交通线路的接驳、常规公交在轨道交通车站与轨道交通线路的接驳等。城市公共交通接驳换乘是指满足乘客从一种交通工具转换到另一种交通工具，或从一条线路转换到另一条线路。

借助辅助交通方式的接驳，主要交通方式的服务范围得以扩大。乘客换乘轨道交通等主干公交的接驳交通方式包括自行车、摩托车、私人小汽车、出租车及公交车等。乘客所选用的接驳交通方式，主要是考虑便利性、可达性、出行时间及出行成本等因素。不同的接驳交通方式，其接驳服务范围不相同，接驳服务范围主要参数特点见表8-7。因此，接驳换乘系统拥有增强公共交通系统服务范围的功能。它将多个单独的公共交通设施（车站、车辆、通道等）连接在一起，组成部分间的动、静态连接关系，共同构成一个规模更大的连续公共交通系统，满足乘客在更大空间范围内的交通出行需求。

各种接驳交通方式的主要参数特点　　　　　　表8-7

交通方式	速度（km/h）	最大接驳半径（km）	最大服务面积（km²）
步行	4	0.67	1.1
自行车	4~14	1.8~2.3	10.2~16.6
摩托车	16~25	3.2~4.6	32.2~66.5
公共汽车	16~25	2.6~4.1	21.2~52.8
出租车	40~60	4.8~6.6	72.4~314.2
私人小汽车	40~60	6.6~9.7	138.8~295.6

资料来源：张欣、张秀媛、邹迎，2011：39。

（2）接驳换乘组织的技术要求

城市公共交通的接驳换乘体系构建是在系统工程学的理论指导下，以客流分布为基础和依据，统筹规划城市公共交通地面及地下全部路线的站点、路径及各路线之间相互衔接的最优组织方案。规划方案应以下述统筹目标为组织原则：

1）平均换乘次数少；

2）乘客在上下车前后以及在中间换乘过程中平均步行距离短；

3）节约交通出行时间；

4）扬长避短，优势互补，充分发挥各种运输方式的长处，在保证客运安全和乘用方便的前提下，使全系统总的能源消耗少，客运成本低，客运效率高。

公共交通系统中各种交通工具之间的接驳换乘组织设计需要考虑运营组织合理性，接驳组织的技术要求主要包括以下三个基本方面：

1）公交换乘枢纽等基础设施建设

客运枢纽等公交基础设施规划建设应考虑接驳换乘的便利和安全。在枢纽接驳站的设计中，交通方式间的转换空间、等候空间等基础设施要求同步规划设计与建设，这些空间应具有安全性、可识别性和方便性。设计要体现人性化，方便不同交通方式的搭乘转换。要注意无障碍交通环境建设，保障行动不便人群和残障人士的出行需求。

2）交通方式间的运能衔接与组织

交通换乘枢纽中的不同交通方式的运行时间要求进行统一协调，相互换乘的交通间要求运能匹配，运能低的交通工具能够快速地为运能高的交通工具进行客流集散，以避免换乘站的旅客滞留。

3）换乘信息服务建设

接驳换乘的发展要求具备先进的客运换乘信息服务系统，换乘信息服务系统应能满足不同层次的需要，能及时准确地采集、处理、分析、存储、传输客流转换过程中所产生的各种信息，使乘客在出行中了解何种交通工具可乘和如何选择最佳的交通工具组合以方便为旅客提供合理的行车时间与路线，方便乘客换乘。

8.4.2 常规公交与轨道交通接驳

城市公交系统内部的接驳换乘组织是最普遍的。城市公共交通系统是逐步由单一方式向多种方式发展起来的，以高层级公共交通为骨干，用相较骨干公交速度低、客流量小的公交方式来集散客流，构建内部接驳换乘系统，有利于城市公共交通系统的整合协调，提升整体效率，发挥各种公交方式的相对优势，避免内部竞争，改善公共交通系统整体资源使用效率和方式竞争力。其中的骨干公交有轨道交通（通勤铁路、地铁、轻轨等）、快速公交和地面公交干线，辅助公交方式通常为常规地面公交汽电车、社区巴士等，其中又以轨道交通与常规公交的接驳换乘系统最为常见也最为重要，是保障城市公共交通系统的协调有序运行的基础。理顺轨道交通和常规公交的关系，构建轨道与公交一体化换乘体系，常规公交与轨道交通有望实现客流的同步增长。

在轨道交通与常规公交的接驳系统中，两者的关系表现为：常规公交为轨道交通集结或疏散客流。而在保证乘客由一种方式向另一种方式转换时，常规公交的疏散功能比集结功能更为重要。轨道交通的客运特点是快捷、舒适且运量大，可实现点间的快速"直通"客运，提供快捷的"站到站"服务，只有通过输送客流才能充分发挥轨道交通最佳效能；但轨道交通不能提供"门到门"服务，它的集疏能力往往取决于所接驳的交通工具的特点、周围的道路系统疏解能力，以及周边地区的开发强度。而常规公交的客运特点是方便灵活，可将乘客送往四面八方。因此，必须有良好的接驳换乘系统，建成各种交通方式和谐统一的一体化交通系统，才能充分结合这两种交通方式的客运特点，促进各种交通方式的合理分工使用，提高综合效益，避免因不必要的互相竞争而造成的浪费。

（1）主要挑战

轨道交通与常规公交的接驳系统的构建，面临的主要挑战有：

1）公共交通基础设施的兼容性低。由于常规公交早于轨道交通建设，常规公交基础设施的功能相对单一，轨道交通与常规公交的设施利用缺少一致性。

2）公交设施的配套功能不健全。信息不能共享，调度不能协调。加强配套功能建设以及设施功能整合是接驳换乘系统建设的重点。

3）客流集散在时间和空间上不均衡。接驳换乘系统可为乘客提供高效、舒适的服务，但同时在客流的方向上和时间、空间上的服务效能应是接驳换乘系统的关键，否则由于客流的时间和空间上的不均衡性，换乘条件和效能将会发生很大变化，不利于轨道交通的投资与效能间的优化，更不能体现轨道交通的大容量、快捷性特征。尤其是轨道交通枢纽的乘客步行专用通道、清晰的导向系统、长距离的自动步行梯、自动扶梯等在高峰时，为乘客提供的服务功能越完善，乘客换乘时对城市道路、其他交通、车辆行驶的干扰就越小，城市公共交通体系、道路体系的效率发挥就越高。

（2）具体要求

为了接驳换乘系统的高效有序运行，在考虑轨道交通与常规公交的接驳换乘组织和规划时，应注意保证以下三个方面要求。

1）换乘过程的连续性

乘客进行轨道交通与常规公交之间的接驳换乘，应是一个完整的连续过程。连续性是组织接驳换乘交通最基本的要求和条件。换乘站点或换乘枢纽的位置应为旅客换乘提供多种交通工具选择及最佳交通线路的机会。保证乘客交通出行过程连续不间断，减少延误。

2）客运设备的适应性

各交通方式的客运设备（包括各种交通工具的数量、客站及枢纽中的站屋、广场、行人通道、乘降设备、停车设施等）的运输能力应相互适应、匹配。只有各出行环节的客运设备能及时地"消化、吸收"彼此的客流，各自的运输能力、容纳能力或通过能力相当时，才能实现相互间的有序对接。如常规公交运输能力太低、换乘枢纽规模偏小、轨道交通车站检票口通过能力不足等，都会造成轨道交通与常规公交之间的衔接不畅，难以充分发挥轨道交通大运量的骨干作用。

3）客流分布的均衡性

应使乘客客流均匀分布在换乘过程的各个环节里，保证换乘过程的有序和顺畅。应避免客流在某一环节滞留、集聚，影响客运设备的效能发挥。

（3）规划策略

构建轨道交通与常规公交的接驳系统，应使得公共交通网络的空间连接更加便捷和完善，使得公共交通系统的活力得以充分发挥，需要从公交站点和公交线网两方面制定衔接规划，具体规划策略包括：

1）公交换乘枢纽建设

建设轨道交通与常规公交紧密衔接的公交换乘枢纽，实现立体化衔接和"零换乘"。尽可能为客流量大的轨交枢纽站点提供衔接公交场站用地，通过立体换乘通道实现立体化接驳和"零换乘"。在不影响道路交通的前提下，合理调整轨道交通站点周边公交停靠站与轨道站点出入口的距离，如有必要设置立体步行换乘通道，缩短换乘时空距离，方便客流换乘。以枢纽站点为依托，加强公交接驳线网建设，提高地铁覆盖范围，实现周边片区与地铁的紧密联系；改善市民公交出行条件，降低常规公交与地铁的竞争，提高公交系统整体运输效率。

2）公交线网整合调整

调整轨道交通沿线客运走廊的公交线路，形成相互支援、优势互补的公共交通网络。进一步完善主要公交走廊的公交服务。接驳线网规划需改善主要公交走廊联系线路不足的问题，优化线网结构，协调不同层次、功能公交线路比例，建立轨道交通与常规公交一体化的公交网络。常规公交换乘线路调整应充分发挥公交线路的"饲喂"作用，具体调整策略包括：

①调整轨道交通沿线公交线路走向。增强轨道交通沿线垂直方向线路与轨道交通车站的衔接，重点考虑垂直方向线路站点的设置，并逐步减少平行方向公交线路。

②集中常规公交站点设置。考虑在轨道交通出入口周围增加公交站点用地，方便换乘。

③缩短换乘距离。缩短轨道交通沿线公交站点与轨道交通出入口的距离，方便乘客换乘，以增加换乘客流。

④以轨道交通站点为核心，组织短途接驳巴士。加强对大型公建、主要居住区及大型社区等客流的吸引，延伸网络的辐射。

⑤同步规划。在轨道交通线路的设计过程中，同时调整沿线常规公交线路，使轨道交通线路在建成通车后能及时与常规公交设施配套。并考虑轨道交通建设的近远期衔接。

3）运营组织的匹配协调

在枢纽建设和线网整合的基础上，各种交通方式与轨道交通的接驳换乘还需要在运行时间上进行统一协调，相互换乘的交通方式间要求运能匹配，运能低的交通工具能够快速地为运能高的交通工具进行客流集散，以避免换乘站的旅客滞留。

①换乘接续设备的协调组织：为保证两种交通方式换乘衔接的协调，要求各环节的客运设备具有一定的适应性，轨道交通的客运能力、车站站台与公交换乘枢纽的容纳能力、车站检票口的通过能力及常规公交的运输能力要相互适应与协调。

②换乘调度的协调组织：接驳换乘公交调度组织中应避免换乘时间过长。换乘时间是乘客完成轨道交通与常规公交之间的转换所占用衔接设施的服务时间，若由于换乘客流组织协调问题造成乘客在各换乘环节上滞留，导致换乘时间过长，将影响乘客换乘的通畅性和舒适性。

③接续方式运送能力的匹配：要避免常规公交的运送能力满足不了轨道交通客流的换乘需求。轨道交通的客流量一般比较大，特别是在客流高峰期，需要足够运能的常规公交进行接运，若公交车数量不足或发车间隔过长等，都将难以满足轨道交通客流的需要。

（4）案例借鉴：深圳

我国深圳市在构建轨道交通与常规公交的接驳换乘系统时，结合轨道站点布局，调整常规公交线网，提高常规公交线路及站点与轨道线的契合度。以轨道三期为例，49个地铁站点300m范围内共有310个公交站，可选公交线路达473条，占全市公交线路的49%，覆盖全市建成区范围68%。

为满足短距离出行需求，做好常规公交与地铁网络的接驳衔接，开通7条公交微循环线路，压缩了非法营运空间，提高了公交线网运行效率（图8-12）。

8.4.3 小汽车交通与轨道交通接驳

小汽车交通接驳换乘轨道交通属于典型的停车换乘。从广义来说，"停车换乘"（Park and Ride，简称P+R）指的是从低承载率的交通工具向高承载率的交通工具的转换。低承载率的交通工具包括小汽车、摩托车、自行车、电动车等，高承载率的交通工具包括公交车、BRT、地铁及其他轨道交通等。狭义的停车换乘则特指由小汽车出行向公共交通（轨道交通或常规公交）的转换，即"P+R"系统。

图 8-12 深圳公交微循环巴士（微巴）

（1）停车换乘的概念

停车换乘的概念，最早由宾夕法尼亚大学的麦克唐纳（A. MacDonald）教授在 1927 年提出。他建议"城市中的驾车人可以开车到交通拥堵边缘，把车停在一个方便的地方，然后使用其他交通工具，可能是电车，完成他的出行。""这种安排可以使驾驶者浪费时间最少、舒适度最高，同时可以减少交通拥堵。"

由此可见，停车换乘是对整个城市不同分区的交通组织来说的，它的好处在于引导小汽车换乘公共交通，减少一定规模的私人小汽车进入城市中心区，缓解中心区交通压力。它是一种随城市发展而变化，服务特定区域的交通需求管理措施。从服务的目标人群上看，停车换乘设施应该服务从城市中心区以外、公共交通服务不足的地区出行的人群，通过提供一定停车收费优惠政策，鼓励这类人群停车换乘公共交通，在提升出行效率的同时增加公共交通的吸引力。

当前，小汽车停车换乘系统通常在城市外围地区靠近轨道交通车站或公交首末站位置，设置"P+R"停车场，运用价格杠杆引导出行者把私人小汽车停放在停车场内，转乘公交交通的方式进入中心城区，以控制进入中心城区内的小汽车总量，减少私人小汽车在城市中心区域的使用，缓解中心区域道路交通压力。停车换乘系统将小汽车方式与公共交通方式有效地整合，提高了大城市中心城区对外围郊区居民的交通可达性，同时有效减少了城市中心区小汽车交通的使用，并促进了小汽车拥有者的公共交通出行。

（2）发展历程与意义

20 世纪 30 年代，英国一些大城市出于保护古城遗迹的需要，开始限制市中心的交通量，并在城市郊区临近公交或铁路车站的位置建设停车场以方便小汽车用户停车转乘公交或铁路，这是最早出现的"P+R"设施。

20世纪60~70年代，全球范围出现了投资兴建"P+R"设施的第一波热潮。伴随着郊区化进程带来的生活方式变化，小汽车交通增长迅速。由于就业岗位和各类服务设施仍集中在中心城区，郊区居民仍需每天回到市中心区上班。大量的通勤交通造成中心城区道路交通拥堵、停车空间紧张。英国牛津、莱斯特等城市在20世纪60年代兴建了一批"P+R"设施。20世纪70年代石油危机造成油价攀升，美国及西欧一些国家的大城市纷纷将目光投向了公共交通。美国继1955年克利夫兰建成首个"P+R"系统后，也在20世纪70年代兴建了一批"P+R"设施，主要吸引部分通勤客流，以减少市中心的道路拥堵、降低油费支出并扩展公交市场。

早期欧美的"P+R"设施形式多为小汽车与通勤班车、公共汽车或城际巴士（Intercity Bus Transit）的组合形式，起到交通方式间进行方式转换的平台作用。除少数城市获得成功，如英国牛津城的"P+R"系统至今仍被频繁使用，大部分"P+R"设施并没能成功地吸引足够的客流，随着石油危机的过去，在不到10年的时间内几乎都被废弃了。

在亚洲，新加坡是最早尝试兴建"P+R"设施的国家。早在1975年，新加坡就尝试在城市郊区主要交通出入干道附近建设停车场，吸引小汽车用户换乘公交快线进入市中心区，以期控制交通压力，保护城市环境。但由于停车场位置及其衔接公交系统设计不当等原因，该项政策仅运行数月即告失败。

20世纪90年代，小汽车停车换乘系统再度引起人们的关注。随着城市发展推动空间规模不断扩大，大城市区域间用地开发密度的差异越来越大。中心城区的人口密度大，交通需求高，而且分布复杂，公共交通以大容量、低资源消耗等优势成为最佳的交通方式，密集紧凑的中心城区适合发展公共交通。但是，广阔的城市郊区由于整体建设强度偏低，开发区域分散，难以组织有效的公共交通。小汽车方式则具有便捷灵活的特点，能够实现门对门的高质量服务，因此，郊区居民的日常交通出行需求主要依靠以小汽车为主的道路交通系统。如果小汽车交通仅在外围郊区使用，造成的关联问题相对较少，因此，各大城市对郊区小汽车交通采取的是适度发展的政策，并未加以限制。但是，如果郊区往中心城区上班的通勤人群使用小汽车方式，就很容易造成市中心的道路拥堵、环境污染、停车紧张等问题。通过调查分析和经验总结，人们开始普遍认识到，对于规模越来越大的城市，为了解决郊区居民入城通勤交通问题，"P+R"系统可以有效结合小汽车交通和公共交通的优点，以及两种交通方式的适用空间范围，是一种针对郊区通勤人群、改善城市交通供给的有效发展模式。英国爱丁堡在2010年实施停车换乘计划后，市中心减少了30%的小汽车出行。

近年来，随着我国个人机动化交通的快速增长，小汽车停车换乘系统也在北京、上海等特大城市得到了广泛的应用，取得了良好的效果。《北京城市总体规划

（2016年—2035年）》明确提出："加强轨道交通车站最后一公里接驳换乘通道和设施建设，规划建设一批换乘停车场（'P+R'）。"而上海市也把"有序推进停车换乘设施（'P+R'）建设运营，提供更为便利、多样化的出行服务"，明确列入2021年7月最新编制完成的《上海市综合交通发展"十四五"规划》当中。

（3）形式分类与功能

小汽车停车换乘系统由一组交通设施组成，一般包括公交车站、停车场、步行连接通道等，它实现了出行者从个体交通到公共交通的相互转换。理论上讲，"P+R"设施的潜在服务对象还可以更加广泛，可以包括步行、自行车、摩托车、合乘车、通勤班车、公共汽车、城市轨道交通，甚至飞机和城际列车等，因此，依据设施服务对象和布设区位，小汽车停车换乘系统具有多种表现形式。

按照功能定位不同，"P+R"设施可分为6类，分别是：简易型停车场、合用型停车场、合乘停车场、郊区型"P+R"、客运中心（Transit Center）和卫星式停车楼。

按照选址区位不同，"P+R"设施可以分为4类，分别是：远郊"P+R"、近郊"P+R"、中心城区边缘"P+R"和城区内的"P+R"。

按照在出行链所处阶段，"P+R"类型可简化为3种：近起点型、近终点型和区间型。

以上多种分类方法从一个侧面说明，停车换乘系统当前已经得到国内外城市的普遍应用。各种不同的分类方法都是为了针对某个方面的问题开展深入研究的需要，不同类别的"P+R"设施之间也存在着功能上的差异。

实际上，"P+R"设施从出现发展至今，人们对其功能作用的认识也在不断深化。英国是世界上最早建设"P+R"系统、经验也最丰富的国家之一，长期以来开展了大量政策分析、实证调查以及理论方法等专题研究。如伦敦大学帕克赫斯特（Parkhurst）教授通过对英国已经实施了"P+R"策略的8个城市的调查与分析，指出该策略实际效果并没有减少道路交通流量，但影响了道路交通流量的分布，从而起到均衡网络交通负荷的作用。史密斯（M. L. Smith）以剑桥为例的实证研究则发现"P+R"措施也存在一些负面效应，如增加一部分小汽车交通的无效绕行里程，高昂的建设成本以及由于大多数"P+R"设施提供免费服务导致的政府财政支出增加等问题。

（4）P+R系统的规划要点

表面上看，小汽车停车换乘系统的原理非常简单，但是，从它的建设发展过程可以看出，缺乏合理规划的"P+R"系统在实际应用中未必能发挥出预想的效果，甚至会产生负面效应。在规划建设上需要特别注意以下几方面的问题。

1）明确发展定位

小汽车停车换乘系统建设的根本目的，在于鼓励人们使用公共交通工具进入中心城区，因此，"P+R"设施应当视为公共交通的组成部分，明确其公益性的基本属性。尽管"P+R"停车场的设置在一定程度上会导致停车场周边范围内小汽车使用强度的提高，但其对减少进入中心城区的小汽车出行量的作用更为重要。"P+R"设施应由政府主导建设，同时可以引入社会资本参与运营和管理，但不宜采用完全的市场化经营。

2）合理选址布局

"P+R"停车场的选址布局是停车换乘系统能够获得成功的关键。绝大部分"P+R"设施应当布设在中心城区之外，并尽可能靠近所接驳公共交通站点。同时，"P+R"停车场在郊区的分布要根据出行需求分布，尽可能在近郊区、远郊区均衡布局，保证合理的服务半径和覆盖范围。

3）确定停车场规模

确定"P+R"停车场的合理规模也非常重要。规模过大，会造成公共资源浪费和维护成本上升，并对周边城市道路交通产生压力。而规模过小，无法满足停车换乘需求，则容易引发额外的小汽车绕行里程。"P+R"停车场的规模设定需要综合考虑多方面因素，具体包括公交站点周边用地布局、轨道交通容量、周边道路承载等。

4）精细化收费政策

采用停车换乘进行通勤的人群，需要付出额外的时间并损失一定的舒适度，为了鼓励人们使用"P+R"系统，停车收费政策是重要的激励手段。国外的"P+R"停车场通常采用低收费甚至免费政策，也有的城市将"P+R"停车收费和轨道交通票价进行联动。精细化的收费政策需要考虑以下几个方面的因素：①"P+R"停车场收费和市中心停车场收费的价格差：这是鼓励小汽车使用者把车留在郊区的重要手段，为此，在降低"P+R"停车场收费的同时，还可以考虑提高城市中心区停车场的收费标准。②"P+R"停车场与周边社会停车场的收费价格差：为了避免吸引周边短途出行人群占用"P+R"停车场，"P+R"的停车收费标准也不宜过低；研究表明，提高"P+R"的停车收费，可以扩大"P+R"停车场的服务范围。③"P+R"停车场的运营维护成本。④工作日与非工作日的价格调整：在工作日"P+R"停车收费标准的基础上，周末、节假日等非工作日的收费价格可适当降低。

5）动态评估调整

作为公共交通的延伸部分，"P+R"停车场主要布局于公共交通相对不发达的地区，但随着城市发展和轨道交通建设的推进，这些地区的公交服务可能在若干年后有所改善，而原"P+R"停车场的布局就不再合适了。因此，应针对"P+R"设施的使用情况，每隔5年左右从布局、需求、规模、效益等方面进行综合评估分析，并相应地进行规划调整。

（5）案例借鉴

具体内容扫描二维码8-1阅读。

二维码8-1

8.4.4 自行车与公共交通接驳

在我国，由于基本不允许将自行车携带上公共交通工具，自行车与公共交通的接驳换乘也属于停车换乘，即 Bike and Ride，简称"B+R"系统。

近年来，伴随公共自行车和共享单车的发展，城市居民自行车出行的比例开始有所回升，而自行车与公共交通接驳形成的"自行车＋轨道交通""自行车＋常规公交"等组合出行方式，在我国大中城市的出行方式分担率中的占比也有持续提高。数据显示，2004—2009年间，上海"自行车＋轨道交通"组合出行方式有明显的增长，在总量上明显高于"小汽车＋轨道交通"和"出租车＋轨道交通"（图8-13）。"自行车＋公共交通"组合出行方式一方面有效解决了公交站点与出行OD点之间"最后一公里"的衔接问题，有利于扩大公共交通站点的服务半径，促进公共交通的使用；而另一方面，依托与公共交通的有效衔接，也可以提升自行车这一绿色出行方式的使用。因此，自行车与公共交通有效的接驳换乘可以相互促进，获得双赢的效果，对公交优先和绿色出行均有显著的积极意义。

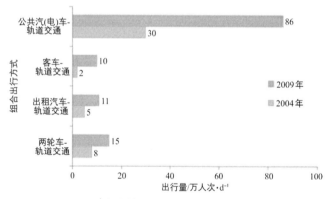

图8-13 2004—2009年以轨道交通为核心的组合出行方式增长情况比较

资料来源：陆锡明，顾啸涛. 上海市第五次居民出行调查与交通特征研究 [J]. 城市交通，2011，9（5）：1-7.

（1）"B+R"系统概述

1）"B+R"的概念及系统构成

"B+R"系统中的"B"（自行车）是广义的，包含各类非机动的两轮交通工具。除了以脚踩踏板为动力的传统自行车外，还包括虽有动力装置驱动但设计最高时速、空车质量、外形尺寸符合有关国家标准的电动自行车和助动车。除了城市居民购买的、供个人使用的自备自行车外，还包括由政府投资建设的公共自行车以及由互联网交通企业运营的共享单车和共享电单车。"B+R"系统中的"R"（Ride）易被误解为轨道交通，实际上，"R"包含了各类公共交通方式，轨道交通只是其中的一种。通过"B"和"R"的多种组合关系，可以构成形式丰富的组合出行方式，如"公共自行车+BRT""共享电单车+轨道交通""自备自行车+常规公交"等（图8-14）。

2)"B+R"的汇集段和分流段

由于我国城市大部分的公共交通工具不允许乘客携带自行车搭乘，自行车与公共交通的接驳换乘均需要停车换乘。然而，近年来随着公共自行车和共享单车的发展，自行车作为公共交通的接续方式成为可能。自行车与公共交通的接驳换乘由此可以分成两个部分：

①汇集段（"B+R"）：自行车在这一阶段作为公共交通的接入方式，出行者先使用自行车完成从出行起点（O点）到公交车站的出行，将自行车停放后，换乘公共交通完成后续行程。

②分流段（"R+B"）：自行车在这一阶段作为公共交通的输出方式，出行者乘坐公共交通到达某一站点后，再利用自行车到达出行目的地（D点）。由于这一段不能使用出行者的自备交通工具，因此，分流段的组合方式少于汇集段。部分城市允许乘客携带小型的折叠自行车搭乘公共交通工具，而轮渡由于空间较宽敞，通常允许乘客携带自行车搭乘，在这些特殊情况下，乘客可以避免停车换乘，汇集段和分流段通过使用同一自行车工具衔接起来。

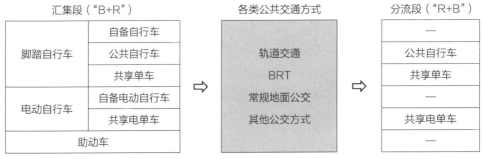

图8-14 "B+R"系统的构成

（2）"B+R"系统建设的重要意义

我国作为曾经的自行车交通大国，许多城市依然拥有较为完备的自行车交通基础设施，自行车的潜在使用人群数量巨大。作为一种紧凑、绿色、健康的交通工具，自行车与公共交通的组合可以有效促进两者的共同增长，并且对城市的可持续发展产生积极的影响。"B+R"系统的规划建设已成为近年来我国城市交通领域的一个研究热点。许多研究通过实证方法揭示了"B+R"系统建设的积极意义。

1）扩大公共交通站点的服务范围

传统的交通规划主要以步行距离来划定公共交通站点的服务半径，如"新城市主义"理论和"TOD"发展模式都提出以5min步行距离（约500m）作为界定公共交通的服务范围，其原因在于西方城市中自行车交通的使用程度非常低，居民主要以步行方式接驳城市公共交通。而我国学者的研究发现，由于自行车接驳换乘的作用，我国城市的轨道交通站点的服务影响范围在中心城区外围可以扩大到 1km 左右，在郊区甚至可以达到 2.8km。

2）全面提升城市机动性供给

我国城市人口密集，用地空间紧张，城市居民日常出行距离以短距离出行为主，适宜发展自行车交通。由于我国城市路网密度整体偏低，支路通行条件不利于开通地面公交，我国常规公交站点难以加密。而轨道交通站点布设也不宜过密。"B+R" 系统是最适合我国城市实际情况的组合方式。在大力推行公交优先发展的同时，同步推进自行车交通设施建设，即可显著提高城市机动性供给，满足大部分居民日常出行的需求。

3）提高出行效率，降低出行成本

自行车交通成本低廉，作为个体交通使用灵活，无需等候时间，对提升出行效率、促进交通公平均有积极的效果。我国学者比较分析了自行车接驳轨道交通和常规公交接驳轨道交通的时间和费用成本，发现当接驳距离在 800~1500m 时，使用自行车的效率最高；但接驳距离在 1500~2500m 时，采用自行车接驳的效率约为采用公交车的两倍。超过 2500m 才是采用常规公交接驳的合理距离范围。在城市中心区的自行车系统可以减少分流段的时间成本达 25% 以上。如果我们能在城市中心地区距轨道交通 2km 范围内提供便捷的轨道交通与自行车的换乘，将可以明显改善分流段的出行效率，进而改善整个采用轨道交通的出行效率。同时也可以让人们在到达极端拥挤断面前，通过自行车的接驳换乘到达目的地。这样还可以避免城市中心区对轨道交通的过度依赖所造成的出行环境的恶化，减少由于过度拥挤所带来的风险，提升城市公共交通网络的韧性。

（3）"B+R" 规划设计要点

自行车与公共交通接驳换乘系统的规划设计包含两个方面，首先是城市街区（尤其是公交站点周边街区）自行车整体骑行环境的优化，其次才是 "B+R" 停车场的空间布局与设计。前者是鼓励乘客选择 "B+R" 出行的关键因素。

1）自行车骑行环境优化

我国城市机非混行现象十分普遍。随着机动车数量不断增多，自行车交通空间不断受到挤压，机动车产生的尾气和噪声也影响着骑行者的健康。因此，保障骑行者的交通路权，提升骑行环境的安全性和舒适性，对自行车交通发展至关重要。

①首先，应尽可能实现非机动车道与机动车道的物理隔离，并通过设置绿化分隔带改善骑行环境，在可能的情况下，单独设置与机动车交通分离的自行车专用道路。特别是机动车交通流量大的主干路，应尽可能设置平行的自行车专用道路来取代路侧的非机动车道。

②保障自行车骑行路线的连续性。打通低等级断头路,打开大型封闭街区,允许自行车交通穿越,保障慢行交通系统网络的连贯性和便捷性。

③确保自行车道的合理密度。根据住建部《城市步行和自行车交通系统规划设计导则》,不同区域、不同级别公交站点周边的自行车道密度指标存在一定差异,城市中心区的密度指标应高于城市外围区域。根据导则,在城市一类区(一级站点)周边的自行车道密度应达到 $12\sim18km/km^2$,城市二类区域(二级站点)的自行车道密度应达到 $8\sim12km/km^2$,而在城市三类区域(三级站点)的自行车道密度应达到 $5\sim8km/km^2$。

2)"B+R"停车场的布局设计

国内外学者的研究发现,居民选择自行车换乘公共交通的行为受到多种因素的影响,其中与"B+R"停车场设置相关的因素有:自行车停车设施可获取度、停车安全、停车收费、停取车的方便程度等。据此,"B+R"停车场的布局设计应注意以下几个方面的问题:

①停车空间的选址:停车空间应尽可能靠近公交站点。研究发现,多数人的停车意愿距离为 35m,可接受距离约为 70m,因此公交站点周边 70m 范围内为停车空间的可选择范围。停车空间宜尽可能分散布置,避免穿越城市道路,并设置醒目的标志、标线,方便引导使用者使用。

②停车规模的确定:停车规模是"B+R"停车场建设的核心指标,公交站点周边非机动车停车场面积由停车最大需求量决定。停车场使用高峰通常与公交站点的客流高峰对应,最大停车数量可根据高峰小时客流量和非机动车接驳分担率确定。

③停车空间的管理:加强停车空间的管理、提高停车安全,可以有效鼓励"B+R"出行。"B+R"站点管理者应增加巡视频率,及时处置倒伏车辆,定期清理无人使用车辆。同时,强化禁停区特征,规范停车行为,杜绝乱停放行为过度侵占公共空间。

值得注意的是,近年来共享单车的兴起,推动了信息时代自行车交通的使用,也有力促进了"自行车+公共交通"组合出行方式的发展。但另一方面,共享单车也给城市道路交通安全和停车管理带来一些新问题。公交站点周边往往是共享单车占道停车的重灾区,影响了"B+R"设施的正常运转。对此,政府既要加强对共享单车投放数量的总体调控,督促运营商加强车辆调配和停车管理,同时也要针对性地对公交站点周边停车空间落实精细化管控,实行分区停车,保障自备自行车的停车空间,并将共享单车停放区设置在"B+R"停车空间的外围,靠近道路等流动性较强的区域,满足共享单车高周转率的使用特征。

(4)案例借鉴

具体内容扫描二维码 8-2 阅读。

二维码 8-2

8.4.5 步行与公共交通接驳

作为慢行交通的重要方式之一，步行交通既是最基本的城市交通方式，也是所有接驳交通方式中最末端的方式。在某些特殊情况下（如停车难），私人小汽车也不能实现"门到门"的交通服务，仍需要靠步行方式完成最后的接驳。因此，步行是城市各种交通方式之间进行转换的最基本方式，步行交通的安全、便捷、舒适、健康，是促进城市交通整体效率提升的重要"润滑剂"。而从城市空间的角度看，步行交通是几乎人人都具备的机动性能力，可以和各种社会活动紧密结合，同时也可以在过度机动化的城市空间中重新树立"以人为本"的价值导向。步行交通是一个可以给街区带来活力和品质的积极因素，人迹罕至的角落与死胡同往往容易沦落为脏乱差地区，而借助步行交通的通达则可以有效带动城市更新、注入新鲜活力。城市街区的可步行性（Walkability）的重要性和多方面的积极影响，已经得到国内外研究的广泛证实。

（1）步行接驳方式的重要性

由于我国城市高密度、空间紧凑的特征，步行在接驳换乘公共交通中发挥着非常重要的作用。研究显示，在上海轨道交通的各种接续交通方式中，当接驳距离小于800m时，步行方式占比高达76%，是效率最高的接驳方式；当接驳距离扩大到800~1500m时，步行方式占比仍高达55%，明显高于处于第2位的自行车占比（18%）；当接驳距离进一步扩大到1500~2500m时，尽管已经明显超出步行的适宜范围，步行接驳方式降为第2位，低于常规公交接驳，但占比仍有35%。可见我国城市中改善步行接驳公共交通条件的重要性。

在步行接驳公共交通的组合出行中，乘客步行至公交站点以及从公交站点步行到目的地的时耗，占整个出行时间的比例较高。以上海为例，作为上海居民出行主要选择的公交方式，常规公交出行时耗大部分在30~60min。步行是乘客到达常规公交站点的主要方式。内环以内中心城居民步行至公交站点的平均时耗为8.43min，内外环之间区域的步行时耗为8.76min；内外环之间区域进出内环的为9.45min，由此可见常规公交出行者步行到站的时间占总出行时间的比例高达15%~30%。改善这一时段步行的舒适度和顺畅度，对提高公交出行意愿，提升步行接驳公交出行方式的吸引力十分重要。

从更广泛的角度来看，在城市层面改善步行交通环境，符合发展绿色交通、倡导健康生活的目标导向。而步行人群的增加，也将直接增加公共交通的潜在使用人群。步行环境的优化改善，也会促使更多的公共交通使用者选择步行接驳方式。

（2）改进步行接驳的规划策略

目前，我国城市对步行接驳换乘公共交通仍未给予足够的重视，普遍存在的问题有以下几个方面：①换乘便捷性较差。由于换乘线路缺少整体规划组织，换乘线路过长，或需要跨越城市道路，降低了换乘对于使用者的吸引力。②换乘线路不通畅。主要体现在步行线路不连续，以及步行空间侵占导致的线路通行不畅，机动车的随意停放、城市家具的不合理布置等都直接影响了通行效率。③换乘舒适性较差。步行空间过于单调，缺少与周边建筑环境的呼应，而且缺少遮阳遮雨设施和无障碍设施。

针对上述问题，我国城市在改进步行与公共交通站点的接驳系统时，宜采用以下4个方面规划策略：

1）加强整体规划调控

由于公交站点的服务范围覆盖了大部分的城市街区，因此，改善步行接驳公共交通的条件不是一个仅与公交站点周边地区相关的局部问题，实际上已经成为整个城市步行环境提升的全局问题。要从提升城市整体的可步行性（Walkability），建设"可步行城市"（Walkable City）的战略高度，通过整体性、综合性的规划手段，系统地改善步行与公共交通的接驳条件。当然，在规划实施过程中可以采用有主有次、循序渐进的干预方法，结合公交优先战略导向，优先考虑公交站点邻近地区的步行环境提升。

2）构建立体化的步行体系

我国城市具有高密度、高强度、空间紧凑的特点，为了在保证城市机动化交通高效有序不受影响的前提下，提升步行交通环境的安全和舒适，构建立体化的步行体系、实现人车分流已被证实是行之有效的策略。在步行接驳公共交通的系统中，立体过街设施是重要的组成部分。住建部《城市步行和自行车交通系统规划设计导则》建议：过街设施距公交站及轨道站出入口不宜大于30m，最大不应大于50m。《上海市城市干道行人过街设施规划设计导则》及《重庆市城市道路人行过街设施设计导则》则建议人行过街设施与公交站及轨道站出入口距离不宜大于80m，最大不大120m。

3）完善配套设施建设

在步行系统立体化的基础上，为了提升步行舒适度，相应地应当完善自动扶梯、自动步道、垂直电梯等机械式辅助设施配置。为应对不利气候，应根据所在城市的气候特点，配建遮阳避雨设施。加强步行路径的信息引导，结合步行空间进行景观化设计，提供休憩座椅等街道家具。完善盲道等无障碍设施，满足全龄人群步行出行需求。2019年5月新加坡陆路交通管理局发布的《2040年公共交通总蓝图》中，明确把增加有顶棚的步行通道作为改善城市公共交通服务的关键举措，计划增建150km长的有盖走道，连接地铁和公交车站。

4）加强公交站点周边街区的综合开发

遵循TOD发展理念，推进"站城一体"建设，促进公交站点融入城市空间，接驳公共交通的步行通道成为与城市步行网络的无缝衔接的有机组成部分。围绕步行网络组织商业设施和公共服务设施，将步行系统打造成最便捷、强活力的生活空间。

（3）"公交＋步行"的一体化街区设计

当前，为了构建高品质的步行接驳公共交通系统，围绕公交枢纽站点的城市周边街区一体化设计正成为新的趋势。一体化街区以公交枢纽综合体为中心，按约15min步行距离确定设计范围，构建以步行为基本内部交通方式的公交导向型TOD社区。

1）差异化的步行动线设计

一体化街区内部的步行出行比例可高达80%。设计需要考虑三类人群的步行需求，分别为接驳人群、本地就业人群和休闲人群。三类人群的步行动机各不相同，需针对不同出行目的的步行动线进行设计，一方面减少到达交通站点的步行距离，提升公交竞争力；另一方面也要充分利用出站至抵达目的地间的路径，针对人群配套设置对应的城市服务设施。

接驳型人流多集聚于公交枢纽接驳服务范围内，越靠近公交站点人流强度越高。一体化街区设计首先要满足公交枢纽客流集散的功能，为接驳人群从交通枢纽换乘到公交、自行车、出租车、小汽车等其他交通方式提供足够的换乘设施。并尽量将主要的接驳流线和通勤流线安排在室内或半室内空间。对于本地就业和休闲人群来说，应结合步行交通的动机在沿线布局相应的设施，如餐饮、零售、娱乐、康体、文化、教育等，使人流流线和商业动线相重叠，相互促进形成出行有服务、商业有人气的双赢局面。

2）层次化的功能分区布局

在功能布局上可分层次设置两大区域：一是聚集区，轨道站点周边的换乘交通设施集中区，是该地区进出的必经区域；二是发散区，为聚集区外围区域，主要流线两侧宜布局以文化、康体和社区服务设施为主。一方面这些设施商业性不强，且需要较安静的区域；另一方面这类是短途通勤目的地设施和非途经性设施，市民可以有充裕的时间前往。针对这个区域的通道，注意避免产生超过30s、步行距离约40m以上的无功能空间，减少市民产生负面的探索情绪。

3）立体化的交通组织

首先，应尽量降低城市道路对街区用地的切割，一般情况下街区道路以支路和街道为主，减少次干道设置，避免主干道穿越。若无法避免主干道穿越，则结合人流动线的边界和城市功能服务合理设计立体过街通道。其次，为了保证出行流线顺畅，在一体化街区范围内，从离开轨道站点到交通换乘或出行目的地的主要流线规划在同一平面上（通常为二层平台）完成。不同平面之间通过充足的楼梯、扶梯及电梯等竖向设施进行连续衔接。步行流线沿途保证人车分流，避免穿越城市干道。

4）景观化的交通环境

打造舒适的步行空间和小尺度的休憩空间，除了沿途布置绿色植物和风雨廊道外，整体空间和色彩注意多样性，避免沉闷单调的步行通道，避免过度统一的颜色和形态。满足市民在不同时间和场景的多样化需求，提升步行体验。通过精细化的场所设计提升步行道魅力，提升市民步行体验。

（4）案例借鉴：日本多摩中心一体化街区

具体内容扫描二维码 8-3 阅读。

二维码 8-3

第 9 章

公交优先与土地利用

城市交通与土地利用的相互作用一直是规划倍加关注的重要问题。在现代城市发展过程中，一方面，城市的空间发展需要交通系统的支撑；另一方面，城市交通也不仅是独立的工程技术问题，城市的土地利用模式和空间结构会对交通量生成、交通线网布局等产生根本性的影响。19世纪以前，城市经历了长期的缓慢发展历程，一个重要原因就是交通技术比较落后，城市交通速度慢，人们的出行距离受到很大限制，客观上也导致城市以一种紧凑、甚至拥挤的空间布局缓慢地发展演化。19世纪中叶工业革命以后，尤其是1885年第一辆机械动力的汽车出现之后，交通技术的快速革新改变了城市向外扩展的速度和方式。现代机动交通方式极大促进了城市化的进程，城市空间扩张，快捷的交通促进了人口和经济活动向城市地区的进一步集聚，也给城市带来了前所未有的问题，在20世纪后期演变为以交通拥堵、能源环境问题为主要症兆的"大城市病"。

考察现代城市发展的进程可以发现，很多城市问题的产生都是忽略了城市交通与土地利用之间密不可分的相互作用关系，选择了错误的城市交通发展策略，片面追求小汽车交通带来的高速度，偏重服务于小汽车交通的道路体系建设，从而纵容了个人机动化交通的过度增长，破坏了城市交通出行结构的平衡，甚至造成城市交通出行中的"小汽车依赖"。表面上，个体出行机动化可以极大提升交通出行便利，但人们在享受小汽车交通舒适、快速、便捷的优势之余，却忽视了过度使用小汽车带来的巨大的社会、经济、交通、环境问题，并且从根源上影响城市的健康持续有序发展。

在小汽车普及之前，城市的繁荣发展曾经经历过长期的公共交通主导时期。地铁、有轨电车等公共交通系统满足了长距离大运量的交通出行需求，也对城市空间布局产生了结构性的影响，当时的城市围绕公共交通站点和线路向外发展，形成了交通与土地利用紧密结合的空间关系。这一结构关系随着小汽车的出现被打破了。在经历近一个世纪的突进式发展之后，小汽车主导的城市交通对城市土地利用和空间形态的负面影响逐渐引起了关注和批评，规划师开始前所未有地重视公共交通对于城市发展模式和社会生活的重要作用，产生了一批诸如"精明增长""新城市主义""紧凑城市""公共交通导向型城市开发"（TOD）等新规划理念，重新聚焦公共交通发展和重构"交通—土地利用"的作用关系，引导城市走向资源、环境、交通可持续发展之路。

我国的城市发展进程正经历着类似的历史变化，由于我国城市化巨大的人口基数和需求，导致在"交通—土地利用"关系上的问题愈加突出，非常有必要充分吸取前人的经验教训，避免重蹈覆辙，在实施公交优先的过程中，必须充分重视"交通—土地利用"的作用关系，创新理念引领，走出一条符合我国国情的可持续发展新路。

9.1 城市交通和土地利用的相互作用机制

9.1.1 交通技术革新对城市土地利用演化的影响

城市交通和土地利用的互动关系是现代城市规划中受到广泛关注的问题。回顾现代城市的发展历程，工业革命带来的交通技术革新，极大地提高了人们的空间机动性能力，城市向外延伸的空间范围与不同发展时期的主要交通方式密切相关。欧洲和北美的城市发展过程都可明显地反映出这一特征。但是欧美城市空间形态的演变却呈现出不同的趋势，原因就在于北美城市是由小汽车交通所主导，而欧洲城市更为倚重公共交通系统（图9-1、图9-2）。

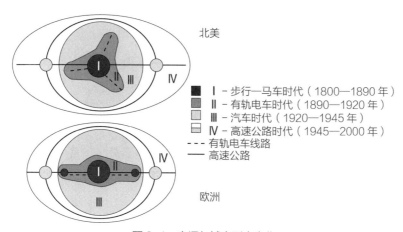

图9-1 交通与城市形态变化

资料来源：P.O. Muller, 1995.

图 9-2　美国威斯康星（左图）与瑞士卢塞恩（右图）

资料来源：网络图片.

（1）马车时代的步行城市

1850年以前，城市主要的交通方式是步行，很小一部分是依靠畜力车和船只水运。这一时期的城市被称为"步行城市"。这一时期城市的发展限定在步行45min的范围内（4~6km），因为可达性有限且可达区域高度集中，城市土地利用布局紧凑。城市的道路狭窄，城市的肌理呈现"密实"（Fine-Grained）的特点（图9-3）。

（2）有轨电车时代的早期公共交通城市

1890—1920年间，出现了现代意义的机动化公共交通——有轨电车和地铁，大大放宽了交通可达性对城市空间发展的限制，城市可以沿着轨道交通向外放射状扩展，城市用地结构出现了明显的变化（图9-4）。首先出现了一个以商业和服务业为主的更为专门化的中心，同时出现了不同宗教群体和收入层次的独立社区。由于轨道交通扩大了人们可以到达的区域范围，城市第一次出现了"郊区化"的趋势，城市开始沿着轨道交通线网呈"星形"状态向外延伸扩展10~20km，城市的空间密度有所降低。少数富人选择居住在郊区，同时也标志着城市社会分层的

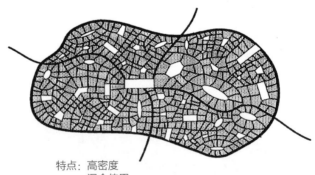

特点：高密度
　　　混合使用
　　　出行距离短，出行的起、终点高度分散

图 9-3　"步行城市"的城市形态

资料来源：Newman，1995.

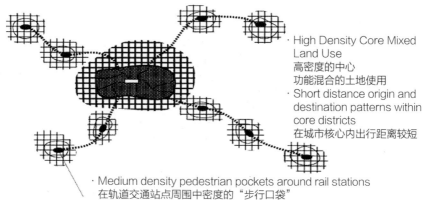

图 9-4 早期公共交通城市的空间形态

资料来源：Newman，1995.

开始。人们居住和工作聚集在铁路站点周围，形成一个个"节点"，被称为"铁路社区"（Rail Suburb），这可以视为早期意义上的 TOD 社区。例如，墨尔本最大的华人聚集地"博士山"（Boxhill）最早就是围绕 19 世纪 60 年代开始建设的城市铁路站点发展起来的，当时的规模只有几十户人家，现在已经成为一个现代化繁忙密集的城市次中心。

（3）汽车时代的小汽车城市

第二次世界大战之后，小汽车在西方发达国家得到了普及，极大地增强了个人机动化水平。小汽车普及和大规模的基础设施建设促使城市向外扩展到距离城市中心 50km 范围内，密度降为 10~20 人 /hm²，此时的城市形态被称为"小汽车城市"（图 9-5）。

历史上从未有其他一种交通技术革新对城市空间变化的影响像小汽车这样大。早期汽车还只是有钱阶层作为郊外远足的工具。当小汽车大量进入普通家庭后，促进了人口和就业岗位向郊外分散，城市改变了高密度聚集的发展形态，出现了低密度扩张的趋势。正是在这一时期欧洲和北美的城市发展途径出现了分异。为了鼓励城市中小汽车的使用，北美的石油和汽车厂商开始收购城市有轨电车系统，并且将其拆除。1938 年，通用汽车公司和标准石油公司收购了洛杉矶的太平洋电车公司，为方便汽车使用，拆除了城市道路上的轨道。从此，有轨电车对美国城市空间发展的作用消失了。但是，大部分欧洲城市仍然保留了公共交通系统，并且作为城市交通的重要方式。

在这一时期，北美和欧洲都开展了大规模的高速公路建设，只是欧洲的建设强度低于北美，而且欧洲的高速公路一般与公共交通线路走向一致。美国全面开花的高速公路建设导致了明显的"城市蔓延"（Urban Sprawl）现象，小汽车交通

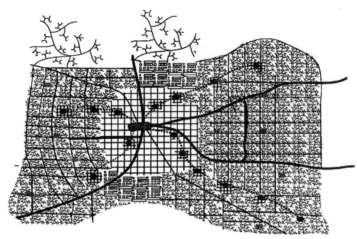

- High Density Commercial Use Core
  城市中心变为高密度开发的商业中心
- Commercial, Retail and Industrial Land Use separated and dispersed throughout metropolitan area
  商业、零售以及产业用地在整个城市区域内分散、独立布局
- Long distance origin and destination patterns highly dispersed throughout the metropolitan area
  整个城市区域内出行距离更长

图 9-5 "小汽车城市"的空间形态

资料来源：Newman，1995.

周转量（Vehicle Miles Travelled，简称 VMT）激增，引起一系列严重的社会和环境问题。城市郊区交通条件的改善使城市中心不再具有比较优势，大量的人口和就业中心向郊区迁移，形成更为分散的布局形态。这种现象被称为居民和就业岗位的"离心化"趋势。城市副中心开始在郊区出现，为了加强它们之间的联系，大城市外围开始修建环形快速路。这种空间发展模式在美国的一些大城市达到了顶峰。尽管像纽约、旧金山和悉尼等城市，放射状的郊区铁路对郊区的兴起也有贡献，但是"围绕在西方富裕城市周围的、形态统一的郊区化发展形态，主要与私人小汽车的兴盛密切相关"。

9.1.2 "交通—土地利用"的基础模型

为了系统性地分析研究城市交通与土地利用之间的相互作用关系，一些交通地理学的学者尝试构建各种"交通—土地利用"模型。加拿大的罗德里格（J-P. Rodrigue）是其中一位代表性学者，他系统分析并构建了城市土地利用与交通可达性的作用模型。

（1）土地利用

罗德里格在《交通运输地理学》（*The Geography of Transport Systems*）一书中将城市"土地利用"（Urban Land Use）定义为："反映区位的空间和行为的活动集聚，

这种活动主要包括零售业、各种管理活动、制造业和居住，他们生成交通流并为交通系统所联系"。他从地理学的角度，提出城市土地利用的两种分类方式：一类是"形态型分类"（Formal Land Use），根据土地利用的形态、边界、自然属性的角度来分；另一类是功能型分类（Functional Land Use），主要是从社会经济视角来区分，包括土地利用的产出、消耗、居住和交通属性。

相对于"形态型"土地利用类别，"功能型"土地利用类别更能体现土地利用的动态特征，这种动态特征体现为"区位"的"行为"和"活动"特性，都与交通系统密不可分。土地利用是交通需求的根源，从微观上决定了交通源、交通量及交通模式，从宏观上决定了交通结构、交通设施建设水平以及土地利用集聚的布局形态。

在影响交通系统的土地利用因素中，有三类因素的作用比较显著：规模因素，包括人口、工作岗位和住房等土地利用规模等；密度因素，包括土地利用密度、人口密度等；布局因素，包括土地利用结构、空间结构、城市中心布局等，以及土地利用混合程度。城市交通系统对城市土地利用的影响表现在，交通系统提供的可达性改变城市结构和土地利用形态，使得城市中心区的过密人口向城市周围疏散，并对城市商业中心、工业区等土地利用的功能分区，特别是土地价格产生重要影响。

交通地理学中将交通和土地利用的相互关系表达为一个闭环系统，交通和土地利用之间由可达性和活动因素相联系。交通网络直接决定可达性，可达性对土地利用的区位特征较为缓慢地产生影响。影响土地利用的作用因素主要有四个：区域需求、土地的可获得性、面积大小的吸引力以及土地空间政策。而反过来，土地利用方式直接影响购物、就业等社会生活行为的特征，这些行为特征也会受到当地的社会经济、人口和文化因素的影响，并与空间的可达性有互相作用，最终行为特征又会较为缓慢地对交通网络产生作用（图9-6）。

这种"交通—土地利用"作用模式反映到城市中，会对城市形态、城市空间结构和土地利用模式分别产生影响（图9-7）。交通设施网络及其使用特征在空间上首先表现在城市外在形态特征上，以城市道路网络为主的网络形式是决定城市形态特征的重要因素，如环形放射状路网体系、方格网体系、自由路网体系、轴线放射状路网体系；其次反映在城市空间结构上，交通出行活动的空间分布特征，如分散、集聚、密度特征等形成城市土地使用在强度、密度等特征上的差异，从而形成城市中心—边缘分异的空间结构；最后是交通行为产生的活动特征，如就业、零售、供应等的空间分布和强度、密度构成各种土地利用方式，不同的利用方式反过来又对交通行为和特征产生不同影响。

（2）交通可达性

在图论中，可达性是指在图中从一个顶点到另一个顶点的容易程度。在交通的概念中，可达性的高低受到从一个点到另一个点的交通方式、空间距离和时段的

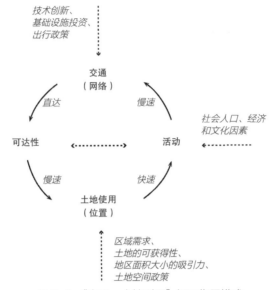

图 9-6 "交通—土地利用"相互作用模式

资料来源：Rodrigue J.P. et al，2006（作者自译）.

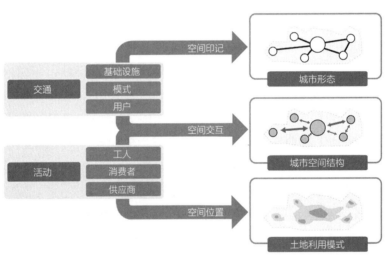

图 9-7　交通对土地利用三类作用形式

资料来源：Rodrigue J.P. et al，2006（作者自译）.

影响。这个概念有点类似于电流和电阻的关系，在电压一定的条件下，电流和电阻成反比。即便两点之间交通网络设施很好、距离也不远，但由于交通阻抗较大、通行条件不佳，那么可达性也不高。例如，A 点和 B 点都在快速路旁边，但如果 B 点并没有能从快速路进出的匝道和出入口，那么从 A 点到 B 点即便在快速路上开车很便捷，实际上 B 点对于驾车来说可达性是很低的。但如果 A 到 B 之间有公交车，或者骑行、步行都很方便达到，花费的总时间相比驾车可能还会短一些，那么对于公交车、骑行和步行来说，B 点的可达性就是高的。此外，如果早高峰时 A 到 B 比其他时段要花更多时间，那么就说明 B 点的可达性还随时间的变化而不同。所以，不同交通方式对用地的核心影响取决于可达性，而不是交通网络和方式本身。

交通可达性对土地的区位、价值的影响差异很大。例如有些购物中心虽然距离某个轨道交通站点并不远，但如果没有解决好从轨道交通站点到其的"最后一公里"可达性问题，也会极大地影响这个购物中心的客流量和价值。再比如，有的办公区选择布置在郊区，并且有一条快速路和城市中心相联系，平时交通很方便，可达性很好，但早晚高峰快速路很拥堵，这个办公区与城市的可达性就受到时段的很大影响。

9.1.3 基于"交通—土地利用"模型的城市发展路径与战略情景

"交通—土地利用"模型的构建，有助于分析总结城市空间的发展路径和发展趋势，进而制定未来城市发展可能的战略情景。

罗德里格对步行城市以来，伴随城市交通发展水平提升的城市发展路径进行了总结，其中客运交通模式（个体机动化或公共交通）是产生路径分异的关键因素（图 9-8）。20 世纪初，人们居住和工作的城市是以一种紧凑的、功能混合的用地形态组成的。传统城市形态在第二次世界大战后开始改变，原因是小汽车交通的飞速增长以及受其影响的土地利用"区划"（Zoning）准则。以美国为代表的"郊区型增长"的城市发展模式，以单一功能的形式代替了原来的功能混合密集发展形态。这一发展模式的成本非常高，表现在交通长距离出行成本、土地利用低效成本、环境污染成本；城市景观同样呈现"千城一面"，到处充斥着带状的郊区购物中心、大片的停车场、社区内部的尽端路。到 20 世纪 70 年代，世界上大多数发达国家城市基本上都完成了从非机动化向机动化转变的过程，小汽车交通在城市交通中占据优势地位，深刻地影响了城市土地利用结构和特点，城市空间大规模"无边界"扩展，土地利用表现出低密度松散的特点，城市中心弱化或者无中心，这就是"汽车依赖型城市"的发展路径。20 世纪中后期，因为能源环境危机，很多国家开始扭转这种趋势，开始努力发挥公共交通在城市发展进程中更大的作用，试图依托公共交通在不降低机动性水平的基础上走出一条新路。一些发达国家开始重视大运量轨道交通的作用，以欧洲国家和日本、新加坡为代表的国家开始建设"轨道交通城市"；而拉美发展中国家的一些城市，例如哥伦比亚的波哥大、巴西的库里蒂巴等开始探索以中低成本大运量公交建设"混合发展模式"城市。

从"交通—土地利用"模型作用下城市发展的不同路径可以看出：尽管城市交通可达性和土地利用的相互作用普遍存在，但基于这一作用关系仍存在差异化的城市空间发展模式。由于城市所处自然空间条件差异、历史发展路径差异、城市空间规模不同、主导城市交通方式不同，"交通—土地利用"作用下的城市空间形态仍具

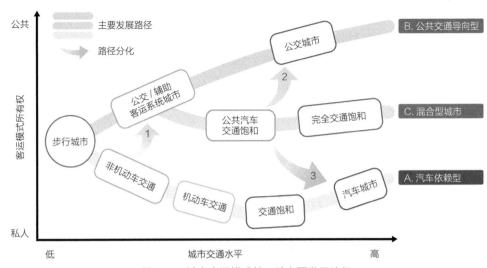

图 9-8 城市交通模式的三种主要发展路径
资料来源：Rodrigue J.P. et al, 2006（作者自译）．

有丰富的变化。各类城市空间形态都具有一定的合理性，并具有进一步优化完善的必要。基于"交通—土地利用"模型的规划干预不应当抹杀城市间的差别，将单一的模式套用在不同城市上，而应当根据城市既有的空间发展特征和交通系统条件，因地制宜地制定综合的规划干预措施。

从"交通—土地利用"模型可以看出，对城市空间形态发展的干预，不仅可以直接从空间因素入手，也可以充分利用"交通—土地利用"的作用关系从交通因素入手。"交通—土地利用"模型为规划干预提供了更加整体全面的视角。基于"交通—土地利用"模型对城市空间发展的可能情景进行战略预测，成为近年来各国城市研究的热点问题。

1977 年，汤姆逊（J.M. Thomson）提出了完善当代大城市问题的交通和土地利用战略。他针对城市发展的不同情况拟定了 5 种战略，分别为："充分发展小汽车的战略""弱中心战略""强中心战略""低成本战略"和"限制交通战略"（图 9-9）。划分这 5 种战略的依据是：①就业岗位的分布（CBD\次中心\分散于各处的就业岗位数量）；②人口的密度和集聚程度；③交通设施和交通网络结构（放射状\环状\方格网）；④交通结构（个体交通和公共交通的构成情况）。

1）充分发展小汽车战略

这一战略的原型来源于像旧金山、丹佛、底特律和盐湖城这样的城市，其城市中心较为不明显，就业岗位高度分散，居住表现为低密度的形态，道路网发达，以方格网形式为主，其中高速公路的布置间距为 6.5km，主干道间距是 1km，公共汽车系统只提供给不能使用小汽车的人。

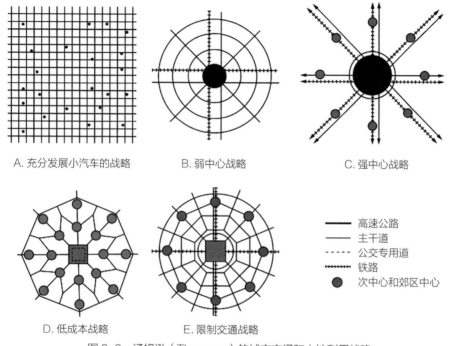

图 9-9　汤姆逊（Thomson）的城市交通和土地利用战略

资料来源：Thomson，1977；倪文彦、陶吴馨，1982.

2）弱中心战略

"弱中心"战略的城市是指小汽车交通占据城市交通主导地位并拥有很大的自由度，城市空间有一个明显的中心区（集聚了约 250000 个工作岗位）以及连通该中心的放射状的路网（有的还具有环路）和通勤交通服务。墨尔本、哥本哈根、洛杉矶、芝加哥和波士顿可以归为这一类型。汤姆逊将这种类型看作是一种不稳定的状态，既可能转变为"充分发展小汽车"类型，又可能发展成为"强中心"类型。

3）强中心战略

"强中心"战略的城市是指拥有强大就业中心的城市（中心区就业岗位数超过500000 个），并且主要城市干道和大容量公共交通线网都是向心的，巴黎、东京以及雅典可以归为这一类型。

4）限制交通战略

这一战略类型的城市在某种程度上类似强中心战略的城市，只不过放射状的道路系统被放射状的轨道交通系统所取代，这种战略限制小汽车交通的发展（至少是那些可能造成沉重社会成本的交通方式），次中心的发展被大容量的公共交通系统所支撑，虽然这种发展模式不一定需要足够高的密度，但是低密度的发展形态会造成公共交通的成本过高。伦敦、香港、新加坡、斯德哥尔摩和维也纳属于这种类型。

5）低成本战略

低成本战略对低收入国家具有重要意义。这种战略不需要大量的交通建设投入，限制大规模的公路建设和道路建设计划，最大可能地降低小汽车交通的消耗，以公共汽车作为主要的交通方式。这样的城市需要一个高密度的城市中心（500000个就业岗位），同时还需要与此相当的居住人口分布在城市中心周边适合步行的空间范围内；当城市人口超过200万时，可能需要一些次中心。

9.2 "交通—土地利用"模式的转变

将"交通—土地利用"模型应用于分析实际的城市发展演变，可以观察到在小汽车出现和普及前后，存在两种不同的城市发展路径。在小汽车出现以前，公共交通是城市中最主要、最便捷的机动化交通工具，辅助以步行等非机动化交通方式，城市空间布局紧凑连续、土地用地混合，主要城市功能围绕公共交通线网和站点布局。在小汽车普及之后，城市中个人机动化交通快速增长，重要性超过公共交通成为主要城市交通方式，城市空间开始向郊区无序蔓延，出现了低密度、功能分区布局的城市新区，城市的中心城区也在小汽车交通的影响下失去了紧凑、复合的布局特征，土地利用带来交通出行距离的增加，又进一步加剧小汽车交通的增长，导向"小汽车城市"。在这个前后变化中固然有城市交通——小汽车出现并普及的重要作用，但城市规划思想和范式的转变是最根本的影响因素。本节从城市中心城区内部和郊区新区两个方面，在不同空间尺度上剖析"交通—土地利用"的模式选择对城市空间发展以及城市交通带来的根本性影响。

9.2.1 传统城市中的路网与土地利用

在小汽车出现以前，生活居住和社会活动主要集中在城区，城市郊区很不发达。城区中的道路网络是城市交通的基本载体，公共交通、步行等各类交通方式都需要依托这一系统。在中微观空间尺度上，"交通—土地利用"的相互作用就体现在城市路网与用地布局的关系上。

（1）传统城市的道路网络与土地利用特征

相对于小汽车普及后形成的"汽车城市"，我们把此前的城市统称为"传统城市"。传统城市的整体机动性水平较低，机动化的交通方式只有公共交通，大量的交通出行依靠步行等非机动化方式或者是畜力车等简单的机械化交通工具。除了少数城市拥有的地下铁路以外，各种交通方式均需要依靠城市道路这一交通基础设施系统。在传统城市中，道路网络不仅是城市交通的基础支撑，需要满足不同交通方式使用者的出行需求；而且也是决定城市功能空间布局的重要结构，形成了基于道路系统的紧凑的土地利用模式。

传统城市的道路网络主要有两种类型。一种是以讲究轴线、对称、结构、界面、尺度等形式美原则为特征的古典主义路网和城市形态，代表城市有法国巴黎、英国伦敦等，林荫道串联城市广场构成了城市空间的主体结构（图9-10）；另一种则是从实用性角度考虑，以方格路网为代表的现代理性主义风格的结构形式，代表城市有西班牙巴塞罗那和美国纽约的曼哈顿（图9-11）。尽管两种路网的形态类型有差异，但都和城市用地布局模式关系紧密，依托城市道路网络，城市用地空间形成了紧凑密实的街区肌理、混合化的功能使用、扁平化的密度分区、连续性强的沿街界面，城市形态有利于多种不同交通方式的组织和使用。需要注意的是，小汽车城市往往也会采用方格网形式的路网布局，但是却明显缺乏传统城市中与土地利用之间的紧密关系。

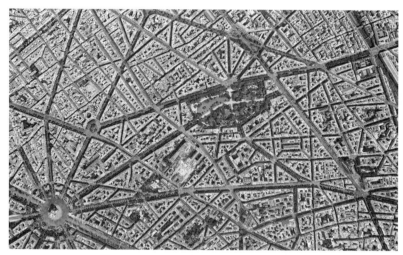

图9-10　巴黎古典主义的路网和城市形态
资料来源：网络图片.

图9-11　巴塞罗那的方格网道路结构和城市形态
资料来源：网络图片.

传统城市的空间形态说明了城市交通与土地利用之间可以构建起紧密的关系，道路网络对城市空间布局形态具有"结构性"的影响。一方面，道路两侧地块的开发建设与道路空间之间存在密切关联，典型的案例如巴黎奥斯曼改建中建立起来的林荫道街廓开发控制。沿着林荫道两侧的建筑不仅有总体的高度控制，而且对建筑立面的贴线率、建筑层高、建筑色彩材质等均有严格的管控。另一方面，传统城市中的城市道路空间容纳了多种不同的交通方式。公共交通作为其中的一种，也依托于城市道路网络之上。即便是地铁系统，由于早期的地铁建设采用的是大开挖回填技术，因此大部分线路仍沿公共道路布局。多样化的交通方式及其使用者的频繁使用，加强了城市道路网络的结构性作用，也促进了两侧城市用地的混合利用。城市道路不仅具有交通功能，常常也成为集中了多种社会活动的街道空间。

（2）功能主义的城市道路网络规划

1933年发布的《雅典宪章》（The Athens Charter）是现代城市规划理论的经典文献之一，对"二战"后的世界各地的城市规划建设产生了深远的影响。作为国际现代建筑协会（C.I.A.M.）制定的关于城市规划的纲领性文件，《雅典宪章》集中反映了当时以柯布西耶（Le Corbusier）为代表的"新建筑"学派理性功能主义的规划思想。

《雅典宪章》对城市交通规划的主要影响突出体现在两个方面。首先，它将城市纷繁复杂的功能概括为"居住""工作""游憩"与"交通"（Circulation）四大基本活动，在此基础上，提出根据城市活动对土地使用进行划分，即城市功能分区布局的原则。《雅典宪章》提出的城市四大功能实际上也是交通和土地利用相互作用机制的一种功能主义的总结。"居住""工作""游憩"对应了城市土地利用的主要类别，城市规划既要完成三大活动位置和面积方面的分区布置，同时还需要建立一个联系三者的交通网，以确保这些地区间的日常活动可以最经济的时间完成。这一旨在改善现代城市空间秩序的基本布局原则，改变了传统城市中土地利用混合的特点，客观造成了交通出行需求的增加。

而另一方面，《雅典宪章》又非常关注城市交通功能的保障，将交通提升为城市的四大基本活动之一。从功能主义的角度看，强化城市交通功能也是实现功能分区布局的客观需要。新兴的现代机动化交通工具（有轨电车、汽车等）为提升城市交通功能创造了有利的技术条件，但是传统城市的道路空间不适应这些交通工具的使用，进而阻碍了城市交通功能的提升，为此，《雅典宪章》倡导将城市道路网络作为单纯的交通空间分离出来，并构建全新的道路系统规划。因为旧时代留下来的传统城市的路网宽度不够，交叉口过多，局部放宽、改造道路并不能解决问题。新的道路系统应当突出交通功能，并按照车辆的行驶速度进行功能分类。《雅典宪章》彻底解除了城市道路空间与两侧用地空间之间的紧密关系。城市道路不再是建筑空间布局的依托与参照，而解脱出来的道路空间可以更专注地服务于交通功能需要，满足现代交通工具行驶速度对道路空间特征的要求。在柯布西耶看来，"峡谷般的带人行道的街道应该消失""街道意味着混乱的交通"，而"拥有速度的城市将获得成功"。

功能主义的城市道路网络规划彻底打破了传统城市中道路与用地布局之间的紧密关系。1931年柯布西耶发布的"光辉城市"（La Ville Radieuse）规划方案成为现代城市规划和建设思想的集中体现。"这是一座完全消除了传统城市中的街区、街道、内院这样一些概念的城市"。城市被宽阔的道路划分为400m间距的格网，12~15层锯齿状拼接的住宅楼布局其间，所有路口都采用互通立交，每隔100m设置一个集中停车场与住宅楼相连；所有住宅楼底层全部架空，主干道路也全部架空建设，整个地面100%都留给行人和绿地、沙滩；办公和商业区域与住宅区相分离，通过高速公路相连；60层高的办公楼每隔400m布置一座，各个方向都与高速公路相连，每座可容纳12000个工作岗位；办公楼的底层同样是架空的，把地面和屋顶全部留给绿地和沙滩；工厂区分布在与商业区相对的方向上；还有大学和体育场，它们被安排在另一条轴线的远端，远远离开城市。所有这些都严格按照功能区分，全部都通过高架的城市道路、地面铁路和地下铁路联系在一起（图9-12）。柯布西耶曾竭力向巴黎、里约热内卢、阿尔及尔等世界各地的大城市推广他的"光辉城市"规划模式，其中就包括他为巴黎市中心区改造提出的著名的"伏埃森方案"（Le Plan Voisin）（图9-13），他要充分利用现代交通工具的速度优势，对那些在他看来拥挤不堪的传统城市的街区街道，用大扫除的方式进行现代化的功能革新。但终因"光辉城市"模式过于激进而应者寥寥。一直等到1951年柯布西耶受聘负责印度东旁遮普邦首府昌迪加尔（Chandigarh）城市总体规划时，才有机会将他的一些规划思想付诸实践。

（3）小汽车导向的城市规划建设

尽管柯布西耶倡导的功能主义只是现代城市规划理论众多分支中的一支，但因其强调功能、效率和实用的规划设计原则，非常契合战后恢复重建的现实需求，因此，功能主义规划理论在许多国家的重建规划中得到采纳和运用，成为最具影响力和代表性的现代城市规划理论。这一规划理论对交通速度的重视和追求，为小汽车城市的出现埋下了伏笔。

在《雅典宪章》及其他多本著作中，柯布西耶都表达了对现代交通工具的迷恋。在他看来，城市交通技术进步为根治传统城市的功能性问题创造了条件。充分利用现代交通工具的速度，可以将混乱不堪的城市功能从过度拥挤的传统街区中疏解出去，从而建立起城市与自然、城市不同功能分区之间新的秩序。柯布西耶虽然没有直接倡导基于小汽车交通的城市，他提及的现代交通工具也包括有轨电车等公共交通，但是，在他提倡的按照交通速度划分优先等级的道路体系中，显然服务于小汽

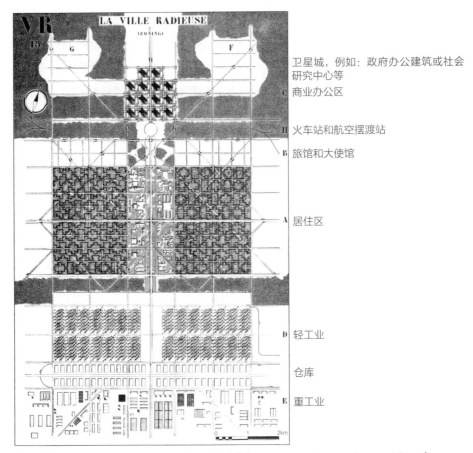

图9-12 勒·柯布西耶的"光辉城市"（La Ville Radieuse, General Plan）
资料来源：网络图片.

卫星城，例如：政府办公建筑或社会研究中心等
商业办公区
火车站和航空摆渡站
旅馆和大使馆
居住区
轻工业
仓库
重工业

图9-13 勒·柯布西耶为巴黎中心改造提出的方案（Le Plan Voisin）
资料来源：网络图片.

车交通的高速公路拥有更高的交通等级。小汽车交通因其在效率、舒适、功能上的优势，也自然成为城市道路交通功能强化的主要服务对象。"二战"后城市重建期间，也是小汽车工业蓬勃发展的时期，在追求个人自由的社会主流思想推动下，小汽车大量进入普通家庭，最终成为小汽车交通导向的城市规划建设的重要推手。

战后许多城市的规划建设仍然是以城市道路网络为出发点来构造城市空间布局形态，但是考虑方式与传统城市已经有了本质差别。城市道路网络的规划设计主要考虑的是服务于小汽车交通组织的交通功能需求，而不再是多种交通方式（包含公共交通方式）使用者的实际需求。城市道路空间与用地空间布局之间，也不再具有传统城市那种紧密的"图底关系"。

1957年规划建设的巴西新首都巴西利亚（Brasilia）是小汽车导向的城市规划建设的典型案例（图9-14）。巴西利亚规划既是现代城市规划史上的一座丰碑，同时也饱受诟病。对于旅游至此的游客来说，这是个充满惊喜的城市。而对于生活于此的居民来说，巴西利亚光鲜外表之下，更多的是漫长的通勤时间、拥堵、生活不便的无奈。人们惊叹于"飞机造型"的路网和城市形态，却难以理解城市"宏大叙事"背后的规划含义；城市僵硬的功能分区、缺乏人本尺度的空间环境都为后续出现的问题埋下了隐患。其主创规划师科斯塔（L. Costa）很早便意识到了小汽车将极大地改变城市生活，因而在设计中将巴西利亚打造成了一座汽车的城市，高速路网甚至与整个巴西相连。但规划之中仅仅考虑了机动车辆通行道路和高速公路，大量高速公路散布在城市中，宽阔的主干路缺乏人气、也缺乏能让公众聚集的街道，没有繁忙的街角和道路两旁充满生气的橱窗商店。这座城市里连合适的会客场所都没有，市民们通常只能约客人们在家中见面。"以车为本"的土地使用特征由于城市人口的迅速增长，城市交通拥堵问题日益严重。

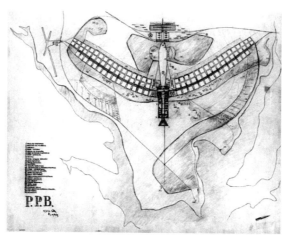

图9-14　巴西利亚总体规划方案
资料来源：Frascá M. et al, 2019.

澳大利亚首都堪培拉的规划建设也存在同样的问题。与巴西利亚一样，堪培拉也是一个完全按照规划建设起来的新城。1911年4月，澳大利亚联邦政府举行了新首都规划设计的国际竞赛，美国建筑师格里芬（W. B. Griffin）的方案获一等奖（图9-15）。他借鉴了美国华盛顿规划，从构图上看结构清晰、中心突出、生态优美、路网对土地的划分尺度也比较合理，当时被认为是一个传承传统、布局合理、特色突出、具有古典主义美学内涵的规划方案。但经过长时间的建设发展于20世纪70年代基本建成。但由于居住密度过低，用公共交通承担大部分客运交通的设想难以实现，最终沦为小汽车交通导向的城市，市中心主要建筑布局零散，被大片的停车场分隔；城市人口的集聚能力一直不高，当时规划的人口是50万，并且按100万预留余量，但目前人口仅有40万左右（图9-16）。

在城市规划中，通过道路系统构建整体空间结构、引导土地利用和功能安排、组织建筑空间布局有其合理性。以柯布西耶为代表的现代城市规划理论先驱们正是关注到了"交通—土地利用"之间的紧密关系。为了解决传统城市因土地利用密度过高、混杂无序等，阻碍现代城市功能的提升却又难以改变的问题，选择从道路交通入手，通过改善城市交通的速度与效率，进而实现城市功能疏解和功能分区布局。但是，由于过于强调城市道路交通的效率提升，以至于忽略了城市居民出行的多样化需求，忽略了城市公共交通的重要性和其他交通方式的使用需

图9-15 堪培拉遵循古典主义美学的道路系统和城市形态

资料来源：The Griffin Legacy.

图 9-16 堪培拉市中心大面积的停车场
资料来源：网络图片.

求，将城市道路系统变成基于小汽车通行便捷性的系统，进而导致小汽车交通导向的土地利用规划，走上了"小汽车城市"为特征的"交通—土地利用"发展轨迹。美国社会哲学家芒福德（L. Mumford）对功能主义的城市方案提出尖锐批评："此方案就是'停车场里的建筑'，'高耸的大楼之间的空地成了人们避之不及的荒地'。"

9.2.2 小汽车交通导向的城市蔓延

第二次世界大战后，伴随经济复苏和战后重建，全球范围的城市化也进入快速增长阶段。大量的人口涌入城市，社会经济活动也向城市地区集聚，传统城区难以容纳发展需求，在小汽车交通普及的推动下，城市郊区迅速发展，城市空间扩张成中心城区和郊区新城两大部分。

（1）城市发展的郊区化

西方发达国家进入工业化后期，原有城市趋于饱和并急剧蔓延，包括环境、交通、地价等因素的不断恶化和一系列社会问题的出现使得居住和工业用地到主城区以外寻找空间，出现了城市的分散化发展趋势，这就是城市发展的郊区化（Suburbanization）。

"郊区化"是人口、就业岗位和服务业从大城市向郊区迁移的一种离心扩散过程。以城区人口呈现绝对数量的负增长而郊区人口正增长迅速作为城市郊区化的标志和最典型的特征。郊区化是西方发达国家普遍经历的城市发展过程，基本可以归纳为以下四个发展阶段：

1）人口居住郊区化：西方国家工业化后期出现了"大城市病"，导致了一些富有阶层迁往郊区居住，他们白天到市中心上班，晚上回郊区休息居住，这种郊区特有的居住功能被形象地称为"卧城"，这是大城市郊区化发展的初级阶段。

2）制造业郊区化：20世纪中叶，郊区提供大面积廉价的土地供迁出企业扩建或新建以及灵活、快速、安全的汽车运输迅速发展的结果。随着中心市区那些难以承受高昂地价和环境成本的工厂企业的外迁，与它们有联系的小厂也跟着外迁，从而掀起了工业郊区化浪潮。

3）零售业郊区化：市中心商业以超级市场或购物中心的形式向郊区和居民地带延伸其服务范围。随着中心城区工商业的郊区化，郊区"卧城"的规模、功能以及居民的生活方式均发生了巨大的变化，郊区逐渐成为中产阶级工作、生活和居住的重要场所，但与中心城区仍具有紧密的联系和依赖关系。原来功能比较单一的"卧城"开始演变为半独立的卫星城镇。

4）服务业和办公场所郊区化：20世纪60年代以来，零售、旅馆、科技教育、文化娱乐等服务性行业大规模向郊区扩张，交通通信和网络技术超速发展推动了高级住宅和办公楼的郊区化发展。半独立性的郊区卫星城镇高度产业化，城市功能多元化趋势明显增强，逐步演变成具有相对独立地位的"边缘城市"，成为城市扩散进程中新的集聚中心和边缘经济增长极，双向吸纳着中心城区和农村居民来此就业居住，城市郊区化进入成熟阶段。

也有学者将城市发展的郊区化概括为如下四个阶段：萌芽阶段——表现为富有阶层首先搬入郊区；形成阶段——表现为大量中产阶层开始搬入新的郊外开发区居住，但仍要每天到市中心工作、购物和娱乐；发展阶段——表现为居住郊区化、工业郊区化、办公郊区化；成熟阶段——表现为郊区的自立程度越来越高，由单一的居住功能变成具有各种城市功能的就业中心。

（2）"交通—土地利用"模式对郊区化的影响

"二战"后受经济发展、城市重建、住房安置等现实压力推动，城市向郊区扩展成为必然。城市的郊区化发展是城市工业大发展、科学技术进步、市民环境意识增强等综合因素的结果。其中，城市交通技术进步产生了机动化交通工具是郊区化的必要条件。而"交通—土地利用"模式的差异，也形成了不同的郊区化结果。欧洲和美国的郊区化除了在土地利用形态上有巨大差异之外，交通方式转变对郊区化的巨大推动作用也有所不同。

以英国为代表的欧洲采取的是"公共交通＋高密度混合功能"的郊区新城模式。英国由于最早完成了工业革命，郊区化历程也开始得较早，郊区化表现为一种主动的政策选择，被称为是"自上而下"的郊区化过程。通过有计划的卫星城镇、新城建设，为城市内部居住条件恶劣的工人阶层提供大量高质量的出租房屋，从而保证大部分郊区内的土地和乡村不受蚕食和侵占。典型案例如英国的哈罗新城（图9-17）。英国的这种表现为"高密度、均质型"居住社区的郊区化模式影响了大多数土地资源相对紧张的地区，例如香港等。这种郊区化模式与"新城建设"的发展历史密切相

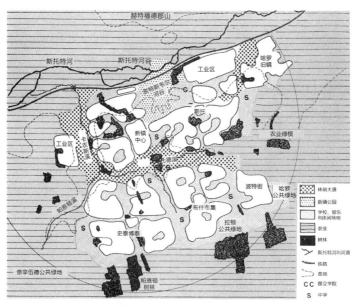

图 9-17　哈罗新城以"邻里"单元为基本结构的组团式发展
资料来源：Harlow Council. Harlow： Master Plan Heritage，2019.

关，到后期已经更多地表现出城市战略规划的一种主要策略，成为构建城市区域化"多中心开敞结构"的重要措施：各个新城通过导入相关产业，实现就地"居住和就业的平衡"，相互之间以大运量公共交通系统作为主要联系，从而把城市规划和区域规划有机地结合起来，把有限的资金精准投入，实现人口和用地的中高密度发展。

美国是世界上郊区化最明显的国家，以美国为代表的北美郊区化则受到经济刺激政策和汽车工业发展的双重影响。与英国模式不同，美国的郊区化更多地表现出"低密度自发蔓延"状态，具有"自下而上"的过程特点。由于美国经济高度自由化，城市的发展与投资的变化表现出强烈的正相关关系。政府的政策选择与私人投资相吻合，汽车产业发展和对于高速公路的投入是美国郊区化最直接的推动力。"二战"中恢复的各国经济无一例外地采取了"扩大内需"和创造就业以及安置住房的政策，开始大规模地投资修建公路网络等基础设施，美国更是如此，美国州际高速公路建造法案、联邦住房部提供低息房屋贷款担保等政策催生了大规模的郊区化进程。美国从 20 世纪 50 年代中期开始，修建了 8.8 万 km 的高速公路，全美公路总长度达到 630 多万公里，是铁路运营里程的 65 倍。美国高速公路总里程约占世界高速公路总里程的一半，连接了所有 5 万人以上的城市。小汽车交通"门到门"的特点也促进了"投资的自由化"，郊外廉价和充足的土地成为吸引投资者的主要力量。城市就在各种有利于郊区化的因素影响下在郊区迅速蔓延开来，例如洛杉矶的城市人口有 1450 万，而市中心仅有 300 万人，其余 1100 万人扩散到 5180km^2 的市域范围内，形成 210 个市，各市之间通过高速公路连接，形成"多中心"甚至是

图9-18　加拿大卡尔加里（Calgary）的低密度郊区
资料来源：Urban sprawl in northwest Calgary, Alberta.

"无中心"的城镇空间分布形态。在郊区的一些高速公路互通立交的周边，出现了完全依赖于高速公路的郊区化城市购物中心，在其周围发展出低密度均质化住宅区。华盛顿邮报记者加罗（J. Garreau）于1991年在他的《边界城市：生活在新的边界》一书中将其定义为"边界城市"（Edge City）。北美城市的郊区化以高速公路、小汽车交通模式主导、低密度单一功能住宅三重叠加要素为特征，对土地利用模式、生态系统、农业体系、环境质量等都构成巨大的负面影响（图9-18）。

（3）城市蔓延与小汽车依赖

郊区化是对城市人口增长向郊区扩散、用地规模向郊区扩展的一种客观现象描述，而"城市蔓延（Urban Sprawl）"概念就是一种对依赖小汽车、低效增长的郊区化的学术界定，于20世纪70年代在美国最早被提出。城市蔓延是指城市郊区化过程中，随着城市人口大幅向外发展，侵占城市边缘的乡郊地区并形成低密度、单功能，且通常依赖小汽车的社区的过程。美国式的郊区化是最为典型的城市蔓延，城市郊区的用地增长多以高速公路为依托，低密度且没有明确的形态和规则，"就像马赛克一样"拼贴而成，互相之间的联系和整体性都很弱。

城市蔓延概念形象地界定了郊区化过程中出现的一种消极的"交通—土地利用"模式，它的主要特点可以概括为四个方面：①低密度：低密度的土地利用形态是其最具标志性的特征。②分散化：不连续的、"蛙跳式"（Leapfrog Development）的用地扩展形态、单一功能的土地使用（居住、商业、公共设施互相分离）、与中心城区发展缺乏有机联系。③小汽车化：公路和汽车主导的交通模式，道路网络缺乏体系化，尽端路特征明显，缺乏公共交通服务。④破碎化：农田、生态空间被零散切割，行政管理不成系统（图9-19）。

为了避免学术概念泛化，不能笼统地单凭直观感观来判断城市蔓延的程度，一些研究尝试运用定量方法对城市蔓延进行测度和标定。有美国学者以"居住密度"

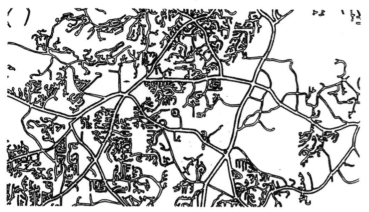

图9-19 城市蔓延典型的破碎路网形态
资料来源：马强，2007.

为核心指标来定量描述城市蔓延，提出了"蔓延指数"（Sprawl Index）的方法，并将城市蔓延分为未蔓延（Non sprawl）、持续型蔓延（Sustained Sprawl）、增长型蔓延（Growing Sprawl）、下降型蔓延（Decreasing Sprawl）四种类型。未蔓延是指在前后两个时间段内城市的发展低于之前确定的标准；持续型蔓延是指在前后两个时间段内城市的发展始终高于确定的标准；增长型蔓延是指前一时间段城市的发展低于确定的标准，而在后一时间段城市的发展高于确定的标准；下降型蔓延则正好与增长型蔓延相反。另有学者尝试用若干量化指标来标定城市蔓延，包括密度（Density）、连续性（Continuity）、集聚度（Concentration）、紧凑度（Compactness）、中心性（Centrality）、聚核性（Nuclearity）、多样性（Diversity）、邻近性（Proximity）等。

城市蔓延作为一种低密度的、非连续的、依赖小汽车交通的开发建设模式，是以大量消耗农田、林地等自然资源为代价，严重损害了环境、经济、社会等各方面的利益，给城市空间结构带来了负面影响，具体表现在：

1）导致交通出行对小汽车交通的依赖。受个体机动化交通快速舒适、灵活等特点的驱动，城市蔓延在原有紧凑型的中心城区外，不断跳跃向四周蔓延，城市空间呈现出"星云状"、低密度的无序形态，居民日常交通出行距离很长，却难以组织有效的公共交通，只能完全依赖小汽车。原本是象征自由的交通工具，最后变成限制选择的唯一可能。极为单一的交通出行方式使得交通系统非常脆弱，居民往往要忍受长时间的交通拥堵而别无办法。周而复始的高强度机动化出行也显著增加了城市交通在道路安全、能源消耗和环境污染等方面的负面影响。

2）对生态与人文环境造成不可挽回的破坏。城市蔓延以高速公路为依托，不断蚕食农田、林地、森林、湿地等用地空间，阻断自然水系、绿廊等生态网络，严重破坏生态环境，使大气与水环境质量下降，侵蚀了富有地方特色的乡村景观和人文风貌，最终影响城市生活环境品质。

3）降低公共服务设施利用水平。一方面，城市中心区原有的市政服务设施空置未能得到充分利用；另一方面，大量社会资源流向新区，重复建设公路、上下水道等市政设施，浪费社会资源。

4）加剧城市中心区衰败。随着中产阶级和蓝领阶层的外迁，以及产业与工作岗位从中心城区转移，减少了中心区的就业机会，严重降低了中心区的税收，就业岗位和人口空间分布不相匹配，造成城市中心区空心化，用地空置，活力减退。

5）造成社会阶层进一步分化。在城市蔓延的过程中，不同收入的居民选择在各自不同的郊区社区中居住，增加了社会阶层之间的空间隔离，改变了传统城市社会混合的空间特征，加剧了社会阶层的分化与离异。即使在同一住区内，由于缺少公共活动空间，减少了人们交往的机会，邻里关系冷漠，社会认同感缺失。

应该认识到，随着城市化进程不断推进，人口、资源要素和社会经济活动进一步向城市地区集聚，城市的空间扩展和增长是一个必然的过程。并非所有的城市向外扩张都属于负面的"城市蔓延"。事实上，产生城市蔓延现象的内在机制是一种消极的"交通—土地利用"模式。首先，小汽车交通的快速发展是促成城市蔓延的重要因素之一，但是，城市交通推动的郊区化不一定就导致城市蔓延。北美的城市蔓延与地方政府大肆建造高速公路、推动远郊开发不无关系。而欧洲的许多大城市同样经历了小汽车交通快速增长的过程，但在郊区化进程中，有效地通过发展公共交通网络，抑制小汽车交通的过快增长，避免了小汽车交通导向的用地开发模式。其次，土地利用的规划管控也是避免城市蔓延的重要方面。北美城市的郊区化过程中选择了追随市场的政策导向，"投资的自由化"促进了远郊廉价和充足的土地的低密度开发。这一土地利用模式反过来又强化了小汽车交通的重要性，进而形成小汽车交通导向、低密度用地开发相互促进的"交通—土地利用"作用机制。而欧洲城市则对土地利用采取了较为严格的规划管控，城市开发主要沿公共交通走廊布局，强化了"交通—土地利用"模型中公共交通的作用，有效抑制了小汽车的过快增长。由此可见有效的土地利用规划管控对支持公交优先的重要作用，而选择合理的"交通—土地利用"模式，则关系到城市空间的持续健康发展。

9.3 对小汽车交通主导土地利用模式的反思

20世纪是城市化进程狂飙突进的世纪，人们在享受工业化、城市化、小汽车交通等带来的巨大成果红利时，也感受到城市不断增长所带来的生态、交通、住房、社会等诸多问题，反思和改进城市发展模式的思考和呼声一直没有停歇。20世纪60年代，环境保护意识开始在全球范围兴起，1972年6月5日联合国召开了"人类环境会议"，提出了"人类环境"的概念，通过了《人类环境宣言》并成立了联合国环境规划署，为80年代可持续发展理念的产生奠定了基础。在城市规划领域，功能主义的规划思想受到了批评，众多学者对小汽车交通主导的土地利用模式进行了研究和反思。

9.3.1 小汽车交通导向下的恶性循环

小汽车交通导向的城市发展模式面临的一个常见问题就是道路交通拥堵。交通拥堵不仅使得小汽车快捷高效的优势丧失殆尽，严重影响了社会经济的平稳运行和居民正常的生活秩序，也造成了额外的能源消耗和更为严重的环境污染。在应对这一城市顽疾的过程中，许多城市都认为交通拥堵主要是由于道路基础设施的供给满足不了交通需求造成的，因而采取了不断增加道路建设投资的措施，结果收效甚微甚至适得其反。

针对这一问题，早在1962年，美国布鲁金斯研究院知名交通经济学家当斯（A. Downs）就指出小汽车交通建设导向存在严重的不可持续问题。他在认真研究了小汽车交通需求与基础设施供给的关系后，与汤普森（J. M. Thomson）共同提出了关于高峰时期交通拥堵的"当斯—汤普森悖论"（Downs-Thomson Paradox），也被称为"当斯定律"（Law of Peak-Hour Expressway Congestion）。根据这一定律，交通需求总是趋近或超过交通设施的供给能力。新的道路建设在短期内固然改善了通行状况、降低了出行时耗，但同时也诱发产生了新的交通需求，很快基础设施带来的便利就会被新增的交通需求所抵消；而大量投资转移到道路建设后，造成公共交通和其他城市交通方式可获得的投资不断萎缩，公共交通和其他城市交通方式的退化又进一步推高了小汽车交通需求；于是经过一段时间之后，新道路基础设施又恢复了原来的拥挤水平，甚至陷入更加恶化的交通状况。因此，通过增加道路基础设施供给并不能缓解城市交通拥堵。

事实证明，许多以个人机动化交通为发展导向的城市，最后都出现了"当斯定律"所描述的结局。表面上看，小汽车交通的确具有快捷、舒适、灵活、门到门等的优势，但处于高密度的城市空间环境下，小汽车交通尾气污染、占用空间等缺点也非常明显，而它高速度的特点也并不适合大多数的城市环境，城区主干路上的平均车速通常也只有40km/h左右。但是，由于大交通思维方式的影响，一些城市在城市交通中单一地偏重小汽车交通基础设施建设，不仅打破了原本多种交通方式的均衡状态，而且诱发小汽车数量的迅速增加。城市空间是有限的，道路基础设施建设需要较长的一段时间，最终基础设施的增速必定落后于小汽车交通的增速，从而导致城市道路交通陷入更为严重的拥堵。在高峰拥堵时段，小汽车的通行速度已无优势可言，交通时耗延长、交通状况不稳定等都不利于城市正常的功能运转，最终还导致交通能耗增加、环境污染加剧。

除了在设施建设上优先发展外，城市交通的小汽车发展导向还体现在用地空间布局上的偏向。在考虑城市的功能组织和用地布局时，将城市交通简化为小汽车交通，各项设施的安排和使用都只考虑使用小汽车交通的出行者，而忽略了使用其他城市交通方式出行者的便利性，尽管城市交通调查数据明确显示，后者的数量要明显高于使用小汽车交通出行者的数量。小汽车交通导向的城市发展模式进一步加剧了小汽车交通的增长，并将城市引入了对小汽车的过度依赖的恶性循环。

德国交通研究机构 TUMI（Transformative Urban Mobility Initiative）用一张图示清晰说明了交通设施建设和土地利用规划的小汽车交通导向所导致的两个恶性循环（图 9-20）。当城市道路交通量增加出现交通拥堵时，不科学的交通决策往往凭直觉判断，误以为通过增加设施建设可以缓解交通拥堵，从而将投资集中于用于小汽车交通的道路设施建设上。新的道路设施短期内的确可以降低交通拥堵，但是却会传递错误信号，鼓励更多的人使用小汽车交通出行，刺激交通结构向机动车主导的方式倾斜。同时，新的道路设施建设传递到城市用地规划决策，推动了城市空间蔓延，拉长了出行距离，形成个人机动化导向的土地利用模式，城市功能布局更加依赖小汽车交通，其他城市交通方式被边缘化。小汽车交通新的增长很快抵消了基础设施建设的短期效果，城市交通拥堵再度出现，城市功能的正常运行组织受到严重影响……这种恶性循环不断演化，不仅造成更严重的环境污染，产生更多的交通事故，而且导致城市的社会分化，直接伤害了城市的可持续健康发展。

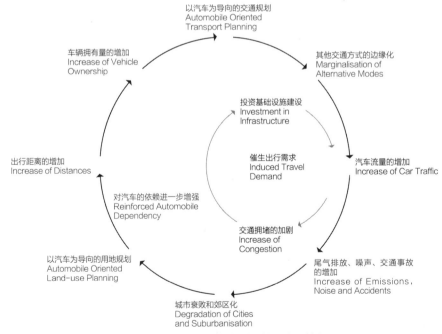

图 9-20　小汽车交通导向引发的两个恶性循环

资料来源：TUMI（作者自译）.

大量的调查研究和城市发展实例都证实了上述小汽车交通导向城市发展的两个恶性循环。而为了城市的健康运行和持续发展，就必须跳出以个人机动化导向的"交通—土地利用"模式，同时从供给和需求两方面入手，才能根治交通拥堵。一方面，要转变供给观念，从单纯增加服务于小汽车交通的道路基础设施，转向增加公共交通等其他交通方式的基础设施建设，通过发展可替代小汽车出行的多种交通方式，并适当限制小汽车交通使用，来缓解城市交通拥堵，改善提升城市交通功能。另一方面，要向传统城市借鉴学习土地利用模式，通过紧凑、高密度、混合使用的空间布局，从源头上减少城市交通出行需求，减少对小汽车交通的依赖。

9.3.2 以公共交通为导向的"精明增长"

北美的城市蔓延导致了非常严重的环境和社会问题，引起全社会普遍关注。地方政府开始着手采取规划措施来抑制城市蔓延，主要体现在三个方面。首先，有观点认为城市蔓延的原因主要是原有城市中心衰落、吸引力不足才导致了城市在郊区的蔓延，因此可以通过加强城市中心区公共设施的服务能力抑制城市蔓延。不少城市颁布了加强公共设施供给的法令（即 Adequate Public Facilities Ordinance，简称 APFOs）以实现内聚式发展，在原有城市中心区通过土地盘整、提高公共服务设施的水平和质量吸引人们继续在本地生活和居住。第二种措施认为城市中心外围缺少阻止城市蔓延的措施，应通过规划围绕城市中心城区的"环形绿带"（Greenbelt），并严格规划管控来限制城市蔓延和保护开放空间。第三种措施则提出了划定"城市增长边界"（Urban Growth Boundary，简称 UGB）的规划手段，来控制建成区域避开需要保护和限制的区域，例如生态敏感区域和开敞空间等。

随着研究的深入，人们逐渐发现单靠以上限制性措施或单纯增加公共服务并不能有效改变城市蔓延加剧和城市中心区衰落的趋势，尤其是不能有效扭转小汽车交通主导、公交分担率持续下降、城市道路交通持续拥堵等现实问题。最后的共识是必须回到"交通—土地利用"模式调整，通过城市规划范式的转变，向公共交通主导的城市发展模式转型。

（1）"精明增长"的规划理念

20世纪70—90年代，美国规划界逐步形成共识，提出了"精明增长"（Smart Growth，也译作"睿智型增长"）的规划理念，并开始构建相应的理论体系。2000年10月，美国规划协会（APA）联合60家公共团体建立了"美国精明增长联盟"（Smart Growth America），正式推出了"精明增长"理论体系，认为应当在新的增量发展和增进原有存量发展之间取得平衡，既要恢复原有社区、城市中心的活力，又应当促进增量发展采取紧凑集中的中心布局形态和公共交通导向的土地开发模式，并且将开敞空间和环境设施的保护置于与空间增长同等重要的地位，实现农田和开放空间保护、存量复兴、增量发展三者共赢。"精明增长"策略提出的规划原则包括：

1）推进符合精明增长理念的战略规划。

2）创造更加"自平衡"的社区。通过协调的土地布局，使各种功能互相接近，以此降低平均出行距离。增强社区的场所精神。在物质环境中创造协调、令人骄傲的社区环境，包括具有吸引力的公共空间，高质量的建筑设计以及反映社区特色的自然元素，并且保证高标准的维护和保养。

3）鼓励注重发展质量的紧凑开发。鼓励更高密度的土地开发，尤其是围绕公交站点和商业中心，将每个建筑基地的占地面积、建筑后退、停车需求和街道尺度降低到最低程度。将边缘地区的开发集中转换到中心地带，通过高质量的设计解决高密度开发带来的相应问题。

4）鼓励"组团"式开发形态。控制每个组团单元开发规模，鼓励"填充式"开发。通过将新增开发安排在已有区域内降低出行距离，鼓励步行、骑自行车和使用公共交通，使得各种活动保持近距离的联系。调整公共投资，使得新的投资不放在开发新区域和占用绿色空间，鼓励已有设施的重新使用和废弃土地的开发。

5）鼓励公交导向的城市开发。通过税收等刺激政策鼓励设施集聚到公共交通站点周边。通过创造高密度的、功能混合的有公共交通联系的"节点"来鼓励步行和公共交通，将商业设施集中在这些节点内，限制位于公路干线旁边的商业设施开发。

6）保护绿色开敞空间。

7）实行交通需求管理（TDM）。通过交通需求管理降低整体机动交通流量，鼓励高效的交通方式，包括停车管理和道路收费、削减通勤出行、鼓励多人合用车辆等。鼓励互联互通的道路网络，避免尽端路式的道路网络。将道路宽度保持在最低程度，尤其是在居住区和商业中心，采用交通管理手段和"交通安宁"措施保证宜人的交通环境。提高非机动交通方式的交通条件。通过改善人行道和过街设施提高步行和骑自行车的交通条件，提供街道服务设施，例如行道树、雨篷、座椅、步行照明设施等。

8）鼓励将混合布置的住宅类型，在公共交通枢纽附近增加中低收入住宅供应。

"精明增长"策略的核心是创造一种更加协调均衡可持续的"交通—土地利用"作用机制，并不排除小汽车交通，而是在公共交通优先发展的基础上降低人均车公里数（VMT）和土地的蔓延发展状态。将小汽车交通作为一种和其他交通方式平等的方式来看待，提升步行、公共交通等其他交通方式的重要性，使人们意识到城市交通是一个综合体系，汽车交通只不过是其中的一部分，通过三个层面的措施达到"精明增长"的目的：①在土地开发政策层面，通过交通与土地开发的整合，鼓励紧凑的、高密度的和混合式的土地开发以及提供多交通模式选择来减少对于小汽车交通的依赖和需求，降低人均车公里数（VMT）；②在规划设计层面，通过采用交通安宁措施和设计理念，限制汽车行驶速度，增加步行设施，改善步行环境，增加街道的连通性，在道路设计中将机动车的需求与人行和公共交通的需求平等地考虑，创造安全、舒适的街道空间，鼓励街道两侧步行化的用地开发，以公交站点为中心进行局部地区土地规划设计，创造舒适便捷的公共交通使用环境；③在管理层面，基于交通需求管理（TDM）的相关措施，例如鼓励拼车出行和小汽车共享、道路通行收费制度等。

（2）"精明增长"的城市实践

"精明增长"的规划理念提出后，在美国引起了积极的反响。各层级政府相应出台了相关的政策，产生了一定的效果。波特兰和盐湖城这两个代表性城市将"精明增长"原则引入规划编制，通过实践推动城市发展中"交通—土地使用"模式的转型。

20世纪90年代起美国波特兰开展了"精明增长"相关的系列研究《土地利用、交通和大气质量》（The Land Use, Transportation and Air Quality Study，缩写为LUTRAQ），在美国城市规划史上具有里程碑意义。该研究计划把重点放在城市增长方式和交通发展模式的关系上，目标是建立土地使用、交通、空气质量相关公共政策和规划措施之间的协调关系。从1990年至1997年相继出版了11个专题技术报告，包括土地使用和交通模型分析、城市设计以及实施公共交通导向城市开发的市场可能性等。

该研究计划重点针对波特兰西部地区，根据不同的增长模式提出了两种城市增长方案。一种是"公路增长方案"：新建高速公路交通走廊、扩张其他公路网络，并以此为依托引导城市增长；另一种是"LUTRAQ方案"（"建立土地使用、交通、空气质量之间的联系"），重新安排家庭和就业岗位的分布，65%的新增家庭和78%的新增就业岗位被布置在三类公共交通导向城市开发区域之内，分别是大型的混合发展的中心、城市型公共交通导向城市开发节点和社区型公共交通导向城市开发节点，并为这三类公交导向开发区域提供轻轨、快速巴士等多种类型的公共交通系统。通过对比分析，LUTRAQ方案相对修建高速公路的增长方案具有明显优点。根据测算，独自驾车的工作出行能够降低22.5%；而公共交通、步行、自行车的出行比例则上升了27%；早高峰时间机动车交通周转量（VMT）下降了10.7%；在30min以内到达工作地点的通勤出行增加了21%；碳氢化合物和一氧化碳排放量均可降低6%，温室气体排放可降低7.9%，能源消耗量也下降7.9%。

LUTRAQ研究给政府决策产生了重大影响，直接促使地方政府放弃了新建高速公路的计划，也为后续的规划编制奠定了良好的基础。更为重要的是影响俄勒冈州政府修订了规划条例，条例要求州政府和各级地方政府推进紧凑的、步行化和公交友好的城市发展模式。

随后,波特兰编制了面向 2040 年远期目标的《交通和土地利用规划(Portland Region 2040)》。规划将严格控制城市蔓延作为主要目标,并在此目标引导下提出了系列规划策略和措施,包括:

1)设置严格的增长边界 UGB：严格控制城市的扩散,强化增长管理措施,特别是严格控制增长边界。

2)基于公交优先的增长结构：将轨道交通和一般公交系统的服务能力提升三倍。将人口和就业岗位的增长集中在规划的公共交通走廊附近,2/3 的工作岗位和 40% 的居住人口将被安排在各个中心和常规公共交通线路和轻轨线路周围。通过交通需求管理技术,例如停车收费、补贴公共交通和拥挤收费等手段最大化地提高现有公路系统的使用效率；增加土地利用密度,持续改变低密度独栋住宅供应政策。

3)严格保护农业空间和生态空间：将增长边界范围内 14% 的土地用于绿色生态空间。

4)采取公共交通导向的城市开发模式：增加开发密度、采用功能混合的土地开发方式,鼓励在各个公交导向开发组团内部实现居住人口和就业岗位的平衡,利用合理的土地利用方式缩短出行距离,从而鼓励步行和自行车等出行方式。

5)良好的城市设计。街道和建筑的设计要面向行人的需求,而不是小汽车,创造高质量的公共活动空间以鼓励人们尽量步行和使用公共交通。

与波特兰类似,美国盐湖城于 1998 年启动编制了名为《展望犹他》(Envision UTAH)的战略规划,有多家非营利机构联合参与。这项规划进行了四种情境预测,包括几乎完全依赖小汽车交通的发展模式,以及几乎 90% 的增长形态由步行及公共交通导向的社区组成"紧凑型"的发展模式。预测分析显示：如果采取"小汽车导向"的增长模式,今后 20 年城市范围将增加约 1047km^2；如果采取后一种公共交通主导的"紧凑型"的增长模式,城市用地则只需增长约 217km^2(图 9–21)。

9.3.3 新城市主义

相比于侧重于城市宏观层面的"精明增长"规划理念,另一个针对"交通—土地利用"模式转变的规划理念"新城市主义"(New Urbanism)于 20 世纪 80 年代几乎同时也出现在美国,并且更侧重社区和中微观层面的空间规划。

"新城市主义"亦称为"新都市主义",也是针对郊区无序蔓延带来的城市问题而形成的一个新的城市规划及设计理论。主张借鉴第二次世界大战前美国小城镇和城镇规划的优秀传统,创造和重建丰富多样的、空间紧凑的、适于步行的、混合使用的邻里社区,对建筑环境进行重新整合来取代郊区蔓延的发展模式,形成完善的都市、城镇和乡村布局。"新城市主义"的理论体系包括两大分支,一是"传统邻里社区发展理论"(Traditional Neighborhood Development,简称 TND)；二是"公共交通

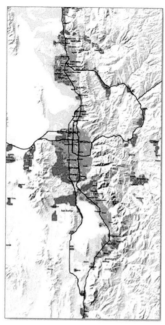

方案 A　　　　　　　　方案 D
小汽车导向型　　　　公共交通导向型

图 9-21 《展望犹他》规划情景对比

资料来源：网络图片（作者自译）.

导向的城市开发理论"（Transit-Oriented Development，简称 TOD）。两者相辅相成，关系紧密。

新城市主义思想起源于 20 世纪 80 年代，1993 年在美国亚历山德里亚召开的第一届新城市主义大会标志着新城市主义运动的正式确立。1996 年在美国南卡罗莱纳州查尔斯顿召开的第四届大会上通过了《新城市主义宪章》（*Charter of New Urbanism*），首次完整表述了"新城市主义"的理念、内涵、手段和意义，使之从一个口号式的规划思潮转化为对规划实践的指导，表明新城市主义理论体系的成熟。

（1）区域层面

新城市主义十分重视区域规划，认识到许多城市问题（如公共交通系统、税收区划与分担、环境污染治理等）只有上升到区域层面，通过制定整体性策略才能得到有效解决。在这里，区域是一个大城市区或是由几个毗邻大城市区连接而成的区域，散布着大小不等的市镇和村落。为了保障和促进整个区域的经济活力、社会公平与环境健康，新城市主义提出区域规划要点有：

1）首先承认城市增长的必然性，容许其增长；

2）建立永久性乡村保护区（带），确保其今后不会被城市发展所侵吞；建立临时性乡村储备区（带），以备将来高质量的城市发展之用；

3)明确设定区域性廊道(铁路、高速公路、水道、绿带、野生动物通道等),作为区域内不同地方之间的联系纽带或分隔界线,形成区域基本架构;

4)以区域性公共交通站或大的交汇点为中心组织空间开发,形成节点状布局、整体有序的网络结构;

5)在与中心市区毗邻的边缘区段,应按照城市内部邻里街坊的模式组织空间开发。而在更远的外围地区,则按照镇或村的模式进行,每个镇或村都有各自清晰的核心与边缘,基本功能齐备;

6)注意住宅开发量与当地工作机会、教育设施条件之间的就地平衡,也注意这些要素在区域内不同地方之间的平衡。

新城市主义运动的核心人物卡尔索普(P. Calthorpe)为阻止小汽车交通导向、低密度开发的城市蔓延,提出了一种基于轨道交通引导的区域增长结构(图9-22)。其核心是以区域性公共交通站点为中心,以适宜的步行距离 [1/4mile(约2/5km)或步行 5min] 为半径,取代汽车在城市中的主导地位;在这个半径范围内建设中高密度住宅,提高社区居住密度,使每英亩 1 个居住单元增加到 6 个单元;混合住宅及配套的公共用地、就业、商业和服务等多种功能设施,以此有效地达成复合功能的目的。从区域层面整合公共交通与土地使用,构建"公共交通主导的发展单元"。

(2)城镇层面

在城镇层面,新城市主义反对僵化的、绝对的功能分区,尤其反对尺度巨大、功能单一的区划。倡导每个城镇街区的功能多样化,使各个街区具备独立成长能力,并成为有机的城市细胞。为此,新城市主义城镇规划的 4 项基本原则包括:

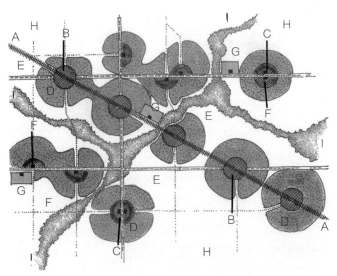

图 9-22　轨道交通引导的区域增长结构

资料来源:Peter Calthorpe, 2001.

1）紧凑性原则。要生成有活力的社区，足够的人口密度是基本前提，因而要有足够的容积率和紧凑度。这样也可以提高土地与基础设施的利用效率。

2）适宜步行的原则。步行对营造城市社会生活非常关键。为了支持步行与公共交通出行，减少私人汽车出行，应该将各种公共活动空间和公共设施布局于公交站点的步行距离之内，而公交站点与住宅区中心点之间的距离也应该在步行范围之内。通过适宜步行的空间设计，减少对汽车的依赖，有助于消解汽车造成的种种负面效应。

3）功能复合原则。要在邻里街坊内或以公交站点为中心步行距离为半径的范围内，布置商店、服务、绿地、中小学、活动中心以及尽可能多的就业岗位，以便支持步行和公交主导的生活方式。同时也以这种多样性增强街坊社区的活力与魅力，从而吸引人们外出步行、介入社会生活。

4）可支付性原则。通过紧凑性开发，提高土地以及基础设施的使用效率与效益、降低开发成本，并浓缩了税源，有助于政府负担基础设施与公共服务的投入。通过在社区中提供多种类型不同价格的住宅，让更多不同阶层的家庭都有可能支付得起。

卡尔索普在为菲律宾马尼拉市的"绿色之城"（Green City）进行总体规划时，就贯彻了上述的基本原则。他放弃了先进行道路网规划、再进行用地规划填充的传统规划方法，试图从源头就转变"交通—土地利用"模式。在系统分析区域生态体系、发展条件等问题的基础上，大胆制定"公共交通引导"城市发展的设想，根据人口分布和建设密度的变化趋势，首先规划一个以轨道交通为骨干的公共交通网络，以此组织城市的各类中心，并在轨道交通站点周边采用TOD模式布局街区，组织土地利用的结构、比例、密度和功能，最后，再根据地形地貌和物流等发展需求和条件规划区域的道路系统，并且与公交网络错位布局（图9-23）。

（3）街区层面

为了确保新规划理念和原则能够在实践中得到具体落实，新城市主义尤其关注街区层面的空间设计，通过TND和TOD的相互融合、相互支撑，实现"人性化尺度""美感""安全""舒适""有情趣"等关键目标。

新城市主义设计的城市街区以不规则的格网式道路为骨架，每个街坊的尺度控制在周长600m左右。为减少车流量和增加社区的可步行性，社区内街道宽度控制在7~10m，平均车行速度控制在15~20km/h，容许路边停车；保证沿街步行道有足够的宽度，并留出一定的建筑后退，与人行道、沿街停车带交织在一起共同构成城市街边公共活动空间；并设计一些门廊、凉篷、露台、台阶、屋檐出挑等建筑细节，以提高街边公共活动空间品质；减少地上大面积停车场，改用地下停车以及沿街边停车的方式；减少房屋周围的草地面积，建筑物应将正面、门、窗开在临街一面，而车库、垃圾桶必须安置在背街。

图 9-23 依托公交网络的菲律宾马尼拉的"绿色之城"（Green City）

资料来源：Peter Calthorpe Associates.

新城市主义不仅在空间设计上学习传统城镇，在环境氛围上也极力给予体现。设计上以人为本，力求营造一个生活便捷、步行为主、俭朴、自律、居住环境与生态环境宜人的社区，重建社区认同感和社会纽带。通过巧妙布局各种社会、文化、宗教场所、商店、公交中心、学校和城镇行政机构，为居民提供聚居场所；四通八达的步行道，增加人与人之间的交往，减少了对小汽车的依赖程度和相关开支；高效率的土地使用模式有助于保护开敞空间、减少空气污染；别具匠心的邻里特征和个性，避免景观像复制品似的到处出现。新城市主义成功地将多样性、社区感、人性化等传统价值标准融入了当前的现实生活环境。

需要指出的是，新城市主义倡导步行与公共交通，但并不排斥汽车出行，并不否定汽车在现代生活中的必要性。对于如何安排汽车出行、如何连接街坊与其他功能区、如何组织城市道路系统，他们有自己的见解。新城市主义反对那种"树枝状"的道路结构，因为这种结构运输效率低下并且会造成主干道上交通压力过大而易导致交通堵塞。他们推崇的是传统市镇沿革已久的那种"网格状"的道路系统，因为这种系统一方面便于紧凑化布局，另一方面可以提供灵活多变的出行路线选择，疏解干道上的交通压力，从而减少堵塞而提高运输效率。新城市主义也不赞成将高速路及大型立交桥引入市区，因为这些交通元素对于城市的形态、结构、功能具有强烈的切割、阻隔、肢解效应。高速路与立交桥在市区内的纵横交错，将极大地损害城市环境的宜人性、破坏城市生活与公共活动氛围，而最终导致城市的"荒凉化"。

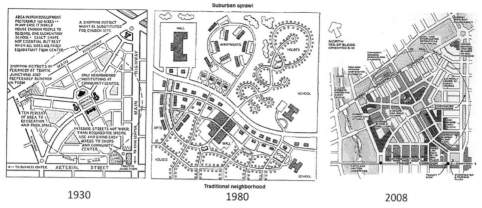

图 9-24　邻里单位结构在不同时期的演化
资料来源：Yunmi Park et al, 2015.

正确的做法是将这些交通元素布置在城市边缘，与城市处于"相切"的位置关系。

新城市主义是一种根植传统、以人为本、放眼未来的规划理念，充分吸纳了"邻里单位"等社区规划的经典模式并予以改进（图 9-24），而且充分发展了公交优先理念、可步行街区、小尺度街道网络等诸多人本主义的规划设计理念，与精明增长理论形成在规划尺度上的有效互补。"新城市主义"规划思想既是对特色丰富的欧美传统城镇形态的一种致敬，又是融入交通技术更新的面向未来的规划指引，对"公交导向型"的土地利用模式的产生和发展起到重要的引领作用。

9.4　公交导向型土地利用模式

无论宏观尺度还是中微观尺度的城市增长，公共交通作为城市机动化交通的另一种选择，都在其中发挥着核心的作用，是转型、优化原有小汽车依赖型的"交通—土地利用"模式的关键，而重新构建一个"公交导向型城市开发（TOD）"模式也成为实现精明增长等新规划理念的关键抓手。

在系统阐述 TOD 理念之前，首先要澄清两个早期出现的相关概念："临近公交系统的开发"（Transit-Adjacent Development，简称 TAD）、"公交联合开发"（Transit Joint Development，简称 TJD）。1990 年美国通过了《清洁空气法案》，次年又通过了《提高公路运输效率法案》，以此来提高人们对公共交通的关注，并呼吁减少小汽车的使用。在公共交通回暖的大背景下，美国政府和开发商逐渐意识到轨道交通系统可提高周边土地价值，因此轨道交通站点周边的土地开发受到重视。尤其在郊区段的公交站点周边，布置了大片的停车场和一些商业服务设施，以方便大家开车到达换乘公交进城，这就是"临近公交系统的开发"。TAD 在土地利用上体现为低密度、功能单一等特点，在形态、密度、土地使用的混合性、街区路网等方面都不够完善（图 9-25）。

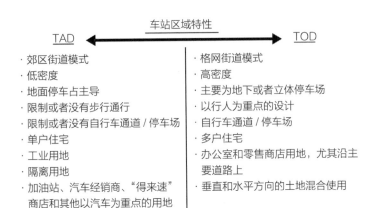

图 9-25 TAD 与 TOD 的车站区域空间特征比较
资料来源：作者自绘．

TJD 是对 TAD 概念的发展和改进，主要目的在于借用公交站点提供的可达性便利开发房地产，以此来平衡公交系统的建设资金投入。科夫（L. E. Keefer）最先对 TJD 的发展理念进行了系统性总结，并将其定义为：紧邻公交服务设施和站点设施，并利用其市场和区位优势进行的房地产开发。可追溯最早的 TJD 项目是 1959 年新纽泽西城的高架铁路项目，以通勤铁路站点为中心进行的联合开发，随后，在 20 世纪 80 年代的美国公私合营站点开发项目中被大量应用，圣地亚哥、华盛顿以及波特兰市中心均有实施案例。但这种开发模式过分强调轨道交通站点周边土地开发的经济收益，而忽略了公共交通自身及周边社区的发展，这并不属于真正的 TOD 模式，主要属于整合公共交通或其他公共服务设施的房地产开发行为。

TAD 和 TJD 概念的提出均早于 TOD，与后者相比，TAD 和 TJD 都缺乏交通和土地利用之间更系统深入的思考和梳理，但是，这一时期的公共交通与土地的联合开发为后续的 TOD 实践操作提供了经验基础，包括如何协调交通部门、规划管理部门及开发商等不同利益相关者的关系。

9.4.1 TOD 的概念解析

公交导向型城市开发（Transit-Oriented Development，简称 TOD）是以公共交通优先发展为导向的一种城市土地利用开发模式的简称，具体表现为以公共交通站点为核心，在适合于步行的空间尺度范围内（一般以 10min 步行范围内），构建紧凑的空间形态、混合的功能构成、较高的使用强度、适于步行的街道尺度和友好的开放空间。

普遍认为，最早是美国建筑规划师卡尔索普（P. Calthorpe）在他 1993 年出版的《新一代美国大都市地区》一书中，对 TOD 的规划理念进行了系统和完整的阐述。在该书中，卡尔索普提出了基于公共交通系统的理想城市空间结构。

（1）TOD 的基本结构

卡尔索普在两个空间层次上阐述了这一理想结构。首先，在城市整体结构层面，城市公共交通走廊（Transit Boulevard）代替高速公路，进行中心之间的联系。他将半径为 1/4mile（约 2/5km）的邻里（Neighborhood）作为城市的基本组成单元；根据城镇级别的不同，4 个邻里围绕一个中心构成半径为 1/2mile 的城镇；在此基础上构建 3 级公共中心体系：城市中心（Town Center）、城镇中心（Village Center）和邻里中心（Neighborhood Center），各中心通过不同级别的公交线路进行联系，从而构成多中心、地理单元内部适合步行、地理单元之间通过公共交通联系的城市结构，同时发挥公路交通货运优势，将工业用地布置在靠近高速公路的地区，并且在城市中心之间利用开敞空间相分隔（图 9-26）。

在城市街区尺度上，卡尔索普认为，区域内每个 TOD 节点由于现状条件和地理位置的不同，承担的作用不同，可以分为"城市型 TOD"和"社区型 TOD"两种类型。"城市型 TOD"是指位于区域公共交通网络中主干线，将成为区域中较大型的交通枢纽和商业、就业中心，具有更高的发展密度，同时规模也更大，一般以步行 10min 的距离或 600m 的半径来界定其空间尺度。根据卡尔索普的阐释，一个典型的城市型 TOD 节点应当由以下几种用地功能结构组成：公交站点、核心商业区（Commercial Core）、办公区、开敞空间（Open Space）、居住区和"次级区域"（Secondary Area）（图 9-27）。每一个"TOD"必须拥有一个紧邻站点的多种用途的核心商业区，同时也使公交站点成为一个多种功能的目的地，从而增强它的吸引力，实践表明，人们

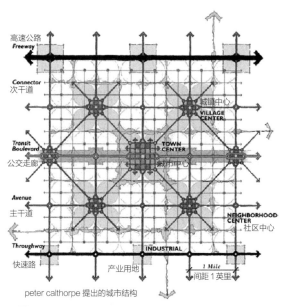

图 9-26　Peter Calthorpe 提出的 TOD 城市结构

资料来源：Peter Calthorpe, 2001.

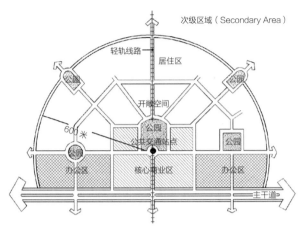

图 9-27 城市型 TOD 节点的空间结构

资料来源：Peter Calthorpe，1993.

将因为公交站点同时也成为购物和公共服务的中心而更为乐意选择公共交通上班。核心商业区的位置和规模应当由市场需求调查决定，同时鼓励商住混合建筑以使商业区成为"全天候"（Round-the-Clock）的公共中心，避免那种传统城市中心夜晚缺乏人气的现象再度出现。利用公共绿地与广场强化公交站点与商业区的核心地位，保证自行车与人行通道与之便捷地联系。为了改变居住与就业岗位分离带来的大量的"钟摆式"通勤交通的压力，TOD 强调居住与就业岗位的平衡布局，同时办公区紧邻公交站点布置鼓励人们更多地依靠公共交通解决长距离的工作出行，保证公共交通系统的使用效率。

TOD 内部的各项功能围绕着相应的开敞空间展开，为人们提供良好的交往空间，这种开敞空间包括公园、广场、绿地及担当此项功能的公共建筑。必须保证人们能够不受干扰地使用这样的设施。虽然 TOD 鼓励高密度的土地使用，但同时不排除多种层次的住宅选择，而且，为更大范围的人口服务也有利于 TOD 内核心商业区的发展以及提高公交站点的服务人口，所以，紧邻 TOD 的外围低密度发展区域也是必要的，这些区域被称为"次级区域"（Secondary Area）。"次级区域"指不适于在 TOD 内部发展但也是城市所需要的用地类型，密度相对较低，同时更适合于不愿意放弃以小汽车作为主要出行方式的人们。如果公交站点一侧由主要的干道阻隔，那么为了避免大量的穿越这条干道的交通，在干道与公交站点相对一侧发展"次级区域"也是必要的，这种情况下，TOD 将呈现半圆形态。同时必须注意的是，易于与 TOD 内核心商业区形成竞争的商业、公共设施不宜在"次级区域"内设立。

（2）TOD 的规划原则

卡尔索普提出的 TOD 概念包含了土地利用混合、公交导向、步行化和多样性等基本特征。随后，瑟夫洛（R. Cervero）带领的研究团队对 TOD 的规划原则进行了系统性的实证研究，并提出了 TOD 规划的 3D 原则——密度（Density）、多样性（Diversity）、合理的设计（Design），即通过较高的开发强度保证公共交通所需的密度，配合基于传统价值观的步行导向空间设计和土地混合使用，满足人的多样化选择。TOD 的空间尺度应当使日常活动能够在轻松的步行范围内完成；尽可能多的活动应当安排在车站周围步行空间范围内；TOD 的位置和特点应该与更大范围内的公共交通网络相吻合；车行道、人行道、自行车道应当共同构成一个互联互通的交通网络，使各个目的地都置于宜人的交通网络之中，通过合理的空间划分鼓励步行等低速交通方式，抑制机动车的使用。区域的土地利用结构应当与区域的公共交通网络相匹配。

普遍认为，公交导向型发展（TOD）概括起来应该具有以下四个特点：

1) 公交站点周边适于步行的尺度空间与站点之间更为紧密的关系，这个尺度不宜过大，应该是行人步行较为舒适的范围，一般认为在 600m 左右，在此范围内的街道和开放空间要适合步行的活动，而不是机动车。

2) 这个空间尺度内的土地利用功能突出公共服务设施较为集聚的服务中心（Activity Center），同时要有一定的功能混合度（Mix-Use），包括办公、商业、酒店、公寓、公园等。

3) TOD 的形态和空间尺度应该维持较高密度和较为紧凑的内部肌理，同时要通过城市设计等工具提供良好的公共空间设计，具有一定的公共艺术性。

4) TOD 要有助于改善内部交通结构，鼓励更多人使用公共交通之外，还要改变人们到达公共交通站点的方式，从停车换乘（Park+Ride）转变为步行换乘（Pedestrian+Ride）和自行车换乘（Bicycle+Ride）。

（3）TOD 的分类

随着 TOD 理念的传播和关注度上升，规划实践中的应用形式也越来越丰富，TOD 的概念内涵也呈现出一个不断演进丰富的过程。在卡尔索普提出两个基本 TOD 类型的基础上，后续的多项研究又提出了更多类型的 TOD 开发模式。

怀特和麦丹尼（S.M. White & J.B. McDaniel）将 TOD 相关的开发模式进一步分为六种类型：①单功能走廊：指沿着公交走廊的对公交依赖较强的单功能（如办公或零售）集中。②多功能走廊：指在交通走廊内的一个或多个地块的多功能集中。③新传统主义开发：主要是注重在设计上的开发，旨在创造具有小地块、窄街道、后退较少并具有前院和停车场的房子的街区。④公交导向开发：在公交站旁的紧凑多功能的开发。⑤村落概念：在中心绿地或公共空间旁的独栋住宅开发。⑥郊区开发：一般为 150hm² 和 7000 居民，具有完善详尽的设计准则但较少的功能限制。

迪特玛和奥兰德（H. Dittmar & G. Ohland）从区域功能定位的视角，将研究案例汇总提取出 TOD 分类指标，并将其分为六个类型：①城市中心区（Urban

Downtown）TOD：将住房、道路、学校、公园和各种办公、零售和娱乐服务设施整合入街区，公共交通的可达性在 5~10min 的步行距离内，为城市居民提供了方便、适用和有活力的街区生活。②城市近郊区（Urban Neighborhood）TOD：围绕着城市中心区的延伸区域，主要为就业者提供居住、购物服务，由有轨电车和地铁提供交通服务。它是组成一个紧凑和公交友好区域的主体，可以串联形成区域公交走廊。通过多样化设计，城市近郊区 TOD 可提供大量支持健康步行模式的高密度廉价住房，并通过较高的公交频率，提高居住者对整个地区的就业和娱乐设施的可进入性。③郊区中心（Suburban Center）TOD：随城市中心的发展逐渐成为一个就业中心，但它们仍需与城市中心联通，同时也需要发展与新城之间的交通网络。这些卧城正逐渐演化成为具有高档购物设施和与其他临近郊区具有公交联通的地区。④郊区边缘（Suburban Neighborhood）TOD：主要位于轻轨和快速巴士线路旁，可连接郊区中心或城市中心。在其公交站点旁可以布置高密度的多户公寓和一些为街区和通勤者服务的零售业，在较远的距离外则布置郊区传统式的独栋住宅。⑤邻接公交区（Neighborhood Transit Zone）TOD：是位于公交站点（巴士、路面电车或者轻轨）旁的以居住为主，以零售和办公为辅的街区。⑥通勤小镇中心（Commuter Town Center）：是大都市地区外的一个相对独立的社区，由轻轨或巴士连接城市中心。其 TOD 模式可以将站点附近地区发展为主要的街道中心，布置相应的街区零售业、专业办公以及多户住宅。

　　事实上，随着 TOD 概念和应用的发展，可以根据所依托公交线路的等级不同、服务能力差异、区域中重要程度等多个角度做出更全面更系统的分类，综合各项研究成果，可以作为 TOD 分类的依据包括：

　　1）从公共交通运量运速上分：基于大运量快速轨道交通（快轨）的 TOD、基于中运量轨道交通（轻轨、BRT、有轨电车）的 TOD、基于常规公交（公共汽电车）的 TOD。

　　2）从公共交通运载工具上分：轨道交通型 TOD、BRT 型 TOD、常规公交型 TOD。

　　3）从公共交通服务的空间尺度上分：区域级 TOD、城市级 TOD、组团级 TOD、社区级（生活圈级）TOD。

　　4）从公共交通服务的密度上分：高密度 TOD、中密度 TOD、低密度 TOD。

　　5）从公交站点的服务能力上分：枢纽型 TOD、中心型 TOD、普通型 TOD。

　　值得注意的是，从更多角度进行 TOD 分类并不是为了分而分，加强 TOD 分类的研究，一方面是对 TOD 理念认识的深化和补充，避免陷入单一化、模式化的 TOD 实践应用；另一方面，也说明 TOD 在不同条件和环境下，具有不同的构成特点以及作用方式。

9.4.2 TOD 的评价标准

成立于1985年的"交通与发展政策研究院"(Institute for Transportation and Development Policy,简称ITDP)是一个重要的国际性交通研究机构,总部位于纽约,是一个非政府非营利性机构。旨在为全世界尤其在发展中国家推广可持续发展、经济和环保的绿色交通方式,在推动创新型城市机动性政策与实践方面具有权威性的影响。2007年,ITDP发布了《公共交通发展导向的评价标准》,这一标准不只是针对某些TOD节点地区,而是对公交发展导向如何在城市空间整体层面上实施落实的全面的技术指南。该评价标准全面提出了8个方面的规划策略和评估指标,具体包括步行、自行车骑行、连接、公共交通、功能混合、密集、紧凑、转变,对公交都市建设具有重要参考价值(图9-28)。

(1)步行(WALK)

对于短距离出行而言,步行是最自然、经济、健康和清洁的模式,也是绝大部分公共交通出行的必要辅助。因此,步行是构建可持续交通的基础。活跃热闹的步行路径和街道,沿途布置着便利人们的服务和资源,这可使步行成为一种愉悦而富有成效的出行方式。同时,步行是一种积极的运动,可以锻炼身体,改善健康。步行对环境条件高度敏感,使步行更加吸引人的关键评价指标有三个:安全、活跃和舒适,即安全和完整的步行网络、充满生气和吸引力的步行环境、舒适宜人的步行环境。

图 9-28　ITDP 提出的公交导向发展评价标准
资料来源:ITDP, 2007.

（2）自行车骑行（CYCLE）

自行车骑行是零排放、优雅、健康、经济的交通方式，不仅效率高，而且节省空间和资源。同时，它也是一种点对点的出行，线路和时间如步行一样灵活，但可到达的范围和速度又接近许多地方的公交服务。自行车和其他体力型交通（如三轮车）激活了街道，并大大增加了公共交通的覆盖范围。促进自行车骑行的主要评价指标包括：安全和完整的自行车网络；充足安全的自行车存放空间。

（3）连接（CONNECT）

步行和骑行的便捷路径需要一个高度整合穿越小街区的路径和街道的网络。这对于步行和公共交通站点的可达性尤为重要，因为它们容易被绕行的路径所影响。致密的网络提供了多样的路径选择，使步行和骑行更丰富有趣。密集的街道转角、较窄的道路宽度、较低的车速及大量的人流激活了街道活动和地方经济。行人渗透性比机动车渗透性更大的城市肌理可以提高非机动车交通和公共交通的优先级。连接的评估指标包括：步行与骑行路径简短、直接、多样；步行与骑行是否比机动车出行更便捷。

（4）公共交通（TRANSIT）

公共交通网络连接和整合了城市的各个部分，其中大运量公共交通服务的便捷性是衡量公共交通服务水平的重要指标。大运量公共交通包括快速公交和轨道交通，这是TOD标准的基本要求。大运量公共交通的角色至关重要，它是高效、公平的城市交通，支持高密度和集约的开发模式。与此同时，支撑城市交通需求和大运量公交的平稳运行，还需要种类多样的其他公共交通系统的支持，包括常规公交、有轨电车和出租车等。公共交通方面的核心评估指标是大运量公共交通站点的步行可达性：应在靠近站点处建设更高密度的功能型项目，使更多的人更便捷地到达站点；项目与大运量公共交通站点的最大距离不应超过1km，步行约15~20min；在公共交通站点1km以外的项目不能纳入TOD范围。

（5）功能混合（MIX）

如果在较小的区域范围内可以混合各种互补的功能和活动（如居住、工作和零售商业），并保持平衡，那么许多日常的出行距离便可缩短，并可依靠步行完成。而且，不同功能与活动的高峰时间不同，也可以使得街道更有活力、更加安全，创造充满生气的宜居环境。来往通勤的交通流如果趋向平衡，交通系统运行效率也可以提高。住宅价格的多样性使职工可以住在接近工作地的地方，同时防止较低收入居民被安置到城市边缘。而这部分居民往往更需要经济的公共交通，如果他们居住在城市边缘，也容易使他们变得依赖机动车出行。因此，功能混合的目的在于达成土地功能混合和居民收入混合的平衡，评估标准具体包括：提供多元互补的使用功能，缩短出行距离；缩短较低收入群体的通勤距离。

（6）密集（DENSIFY）

通过集约密集的城市形态吸纳城市增长，鼓励城市竖向发展（密集化），而非横向发展（空间蔓延）。沿公共交通走廊的高密度发展可以支持高质量、高频率和连通性好的公共交通服务，并有利于产生更多的资源用于公共交通系统的改进和扩张。由公共交通引导的发展密度可以营造热闹的街道，保证站点区域充满生气，且安全宜居。高密度发展带来了人流，支持广泛的休闲服务，使地方商业蓬勃发展。正如许多世界上最著名、最受欢迎的社区所印证的，高密度的居住往往具有较高的吸引力。制约密集发展的因素只有日照要求、空气流通的需求、公园和开放空间的供给以及自然、历史和文化资源的保护。通过高密度的空间发展，强调支撑高质量公共交通和地方服务的居住和非居住密度，具体的评估指标可聚焦在高密度住宅与商业支撑高质量的公交和服务。

（7）紧凑（COMPACT）

保证城市空间的紧凑和连续性是组织城市空间密集化发展的基本手段。在布局紧凑的城市或地区，不同的活动和功能都分布在便利的位置上，最大限度地减少出行距离、时间和能耗，并把不同功能相互作用的潜力发挥得最好。集约的城市出行距离更短，需要较少大规模、高成本的基础设施，有助于提高后者的规划和设计标准。而且，优先提高已建成区域的密度，还可以保护自然环境免受占用。紧凑城市的两个具体评估指标是：鼓励高密度高效地使用已经被开发的而现在被闲置的用地，尽可能在现有的建成区内落位开发项目；城市中便捷的短距离出行。

（8）转变（SHIFT）

上述7个规划策略有助于明显降低日常生活中私人小汽车的出行需求。步行、自行车和大运量公共交通的使用变得更方便，而且中等运量的公共交通和对空间要求更低的汽车共享也可以作为补充。城市空间资源数量少、价值高，而这些原则和目标可以把不必要的道路和停车空间转换成社会和经济效益更高的用途。最后这一交通模式转变策略的核心评估指标是：机动车所占用的空间最小化。

9.4.3 TOD 的场所营造

ITDP 的 TOD 评价标准基于"城市交通—土地利用"的作用模型，全面提出了公交导向城市开发建设的规划原则和策略，并针对各个策略的关键性措施和评价指标进行了系统化的构建，对指导我国公交都市创建和多样化的 TOD 发展具有重要借鉴价值。上述 TOD 的规划策略、设计原则和具体措施体现了一种更为全面和整体的"城市交通—土地利用模型"，围绕可持续发展目标，对城市交通系统尤其是公共交通系统建设和城市功能布局、空间组织之间的相互作用关系，作出了新的诠释和理解。

公交导向型城市开发既不是单一地利用城市公共交通建设推动城市开发，也不是单纯通过房地产开发为公共交通建设筹集资金，而是充分利用"城市交通—土地利用"的双向互动作用，具有更加全面的目标指向的综合的城市建设开发模式：一方面，充分利用城市用地空间特征对交通方式选择、交通行为的影响，规划建设有利于公共交通优先发展的空间结构和用地布局，公共交通在城市交通中的地位和作用是否得到提升，可以作为评价TOD成败的根本指标；另一方面，尽管公共交通发展是TOD的核心目标，但公交导向型开发也不能简化为围绕公共交通系统的设施建设。通过关注人的实际需求、出行行为和步行特征，TOD纠正了以往城市交通空间以车为主体的规划设计逻辑，将城市交通空间与公共空间衔接融合，将交通行为与社会活动相关联，将TOD节点与周边社区发展相结合，从而恢复了"以人文本"的规划设计导向，并且更加关注城市交通空间的综合品质和社会功能。评价TOD开发成败的另一个方面是：是否对城市空间品质有积极影响并带动促进周边社区的发展。

从根本上说，公交导向型城市发展体现了城市交通规划的范式转变。交通和城市用地空间不再被视为相互分离、前者为后者提供技术支撑的两个系统，而是被视为一个叠加融合的整体。TOD研究的最具代表性的学者瑟夫洛在其新著《超越机动性》一书中就提出，交通规划的新范式是围绕场所的全局思考：以交通可达性为切入点，将有活力和吸引力的"场所营造"（Place-Making）作为交通规划和交通空间设计的重要目标。

这一新的范式建立了交通规划设计与场所营造的关联性，交通空间不再仅仅是服务于交通运输任务的技术设施，交通可达性成为提升场所吸引力和活力的重要因素。这一规划范式的转变可以从前述的TAD与TOD的根本差异中得到体现。在早期公共交通站点建设开发阶段，很多位于郊区的轨道交通站点服务的区域较广，为了利用这一优势而建设了"P+R"停车换乘系统，轨道交通站点周围600~1000m范围内为大面积的停车场所覆盖，并配置了一些基本的公共服务和商业设施。这种发展形态未能通过主动的规划干预，引入高密度混合模式的城市开发，对周边社区形成有活力和吸引力的场所，只能称之为TAD而非完善的TOD。近年来，一些国家开始遵照TOD的规划设计原则，通过"场所营造"的设计策略和措施，将很多TAD地区的大片停车场改造成为城市功能和活力中心。例如，澳大利亚墨尔本市就在其TOD发展准则中提出基于"场所营造"的TAD地区改造计划（图9-29）。

"场所营造"是当前城市空间规划设计的重要议题。"场所"不同于单纯的"空间"，它是物质空间与人互动的产物。人通过经验和心理感受，可以将一个毫无意义的空间变成有意义的场所。一个好的场所是能为人们所注意的，是具有可辨识度且方便

让以汽车为基础的中心更为出色

典型的汽车基地中心

同一个中心——本可以的面貌

图 9-29 墨尔本 TOD 发展准则中对 TAD 地区的改造指引

资料来源：Department of Infrastructure，Victoria，2002（作者自译）.

使用的，人们愿意在此停留并进行各种社会活动。而"场所营造"则不止于物质空间的设计建造，更加注重于"场所"的形成过程，因此更加关注人在空间中的实际需求、行为特征和心理感受，并以此作为空间设计建造的出发点。为了指导 TOD 节点空间的场所营造，美国 TOD 研究院（Transit Oriented Development Insititute）系统提出了 7 项规划设计策略：

1）充分利用与公共交通站点的临近性。TOD 对城市最大的带动要素就是公共交通站点周边 600m 左右半径内空间的影响力，也就是 5~10min 步行的空间范围。

在这一空间范围内创造适宜步行和自行车通行的舒适安全环境，是 TOD 能否成功的关键因素。

2）精心设计的高品质公共空间。优质的公共空间是高质量城市生活氛围的必要支撑，从城市的中央广场到小尺度的邻里公园，都是与建筑空间相辅相成的城市空间构成语汇。TOD 周边步行尺度范围内要努力与尺度宜人、建筑围合界定的公共空间紧密结合，营造尺度宜人、空间聚合、环境舒适的以人为本的公共空间，成为交通枢纽周边吸引人们社交的城市各空间尺度板块的中心。

3）功能混合与土地混合使用。在 TOD 周围鼓励各种功能的融合与协同，将更好地促进宜人街区和步行环境的形成，商务、零售、各类专营店、酒店、住区、行政办公等功能紧凑地布置在公交站点周边适宜的范围内，使公共交通站点周围成为各种日常功能的集聚中心，不但可以鼓励人们更多地使用公共交通，而且将极大地唤醒城市的活力和宜居性。

4）舒适安全精致的步行尺度空间。TOD 要在空间细节处理上注重步行优先的设计导向，充分发挥混合功能的设施设置、空间尺度的宜人化，降低机动车对 TOD 周边环境的影响，布置"无车化区域"（Car-Free Zone），使 TOD 成为步行者的活动天堂。

5）鼓励 TOD 周边沿路建筑底层空间的商业化。引导 TOD 周边布置适合步行尺度的沿街小商业带、特色零售商店、咖啡街区、整齐退界的沿街建筑界面，TOD 与沿街活力商业带的结合几乎是所有 TOD 联合开发取得成功的法宝。

6）TOD 街道空间的美化和绿化。TOD 周边街道要坚持林荫道、小尺度、人本尺度的道路横断面设计要求，鼓励慢行交通和安宁化街道空间的设施特点，例如缩窄化交叉口、鼓励路边停车带等。

7）减少和隐藏停车设施。停车换乘"P+R"曾经成为风靡一时的措施，但新型的 TOD 却鼓励减少这类大面积公交站点周边的机动车停车场，尽量增加自行车停车设施和空间，可以设置停车楼等隐蔽化停车设施，并与公交站点周边的公共建筑结合布置。

9.5 公交导向型城市开发案例解析

具体内容扫描二维码 9-1 阅读。

二维码 9-1

第 10 章

公交优先与交通公平

城市交通拥堵、环境恶化已经成为全世界绝大多数大城市所共同面对的交通问题。为解决城市交通问题，促进社会公平与城市的可持续发展，需要制定合理的交通政策保证城市交通系统的良性运行。联合国"人居三"会议将可持续发展作为主题，讨论并签署了《新城市议程》，为城市的可持续发展设定了新的全球标准，《新城市议程》中提到要为所有公民提供基本生活服务，并确保公民机会平等且不受歧视。东京、纽约、伦敦、香港、上海、深圳等国际化大都市的城市发展规划也纷纷提出了公平和可持续的发展目标。城市交通也应做到公平与可持续，为城市发展提供良好的环境。其中的城市公共交通对交通公平具有关键的影响。如何寻找一个变量并用于衡量交通公平，对于城市的健康可持续发展同样有着重要意义。

10.1 交通公平与公正城市

当前，城市化已经成为中国城市发展的主题，城市化的典型特征表现为城市规模的不断扩大，城市副中心或新城区的大量规划建设，流动人口和服务业从事人员的显著增加，城市基础设施的大量改造与施工，居民出行距离尤其是通勤距离的显著增加。快速城市化进程将会影响居民的出行方式选择、出行成本等，进而决定居民的出行效率与交通公平，并对整个城市的社会经济发展产生重大影响，在一定程度上加剧了对交通弱势群体的社会排斥。改善城市交通公平性的一项主要内容就是有效减少对弱势群体的社会排斥现象，实现社会的公平正义，促进城市的健康发展。城市交通公平作为建设公正城市的重要内容之一，受到越来越多的学者关注。

10.1.1 公平正义与城市发展

（1）公平正义的基本概念

公平的概念来源于西方的政治哲学领域。回溯到古希腊时期，公正（Justice）被看作一种主要的个人的美德（Virtue）而存在。时任雅典城邦的第一任执政官梭伦（Solon）通过立法改革，将"应得"的观念与"公正"联系起来，自此公正便成为一个具有明确的社会意义的概念。柏拉图将其定义为个人按照他的才干做适当的工作。在后续的哲学思想演变过程中，产生了古典自由主义、功利主义、洛克式自由主义、罗尔斯主义等公正理论。

西方政治哲学中的公正概念衍生出其他领域对公平正义的关注，经过长时期的发展，各个领域中的学者对于公平做了进一步定义，形成了在经济领域、法律领域、税收领域、社会领域等多个领域的相关概念。例如经济领域中的公平包括机会公平、结果公平、效率公平、规则公平等多种公平。机会公平主要指分配过程中的机会均等，让每一位成员能够均等地参与竞争即为公平；结果公平则是更加看重收入产出的平均分配程度，结果均等即为公平；规则公平则更加看重分配规则的公正与否，法律领域上代表着法律面前人人平等，税收上更加注重纳税人能力与纳税数量的公平。社会公平强调服务供给中的公平和平等目标，着眼于不同社会群体之间的平等和公正性，强调应该满足不同社会群体之间的多样化需求。

在遵循借鉴前述公平正义理论特别是罗尔斯主义的基础上，国内学者提出了针对中国现实的公正理论。具体分为人身权利均等分配、教育和社会保障等基本物品（Primary Goods）的均等分配、其他物品的功利分配以及国家层面的社会和谐四个层次。在此基础上，构建了中国转型期社会背景下的城市规划公正框架。

（2）公正城市

当前，社会公正已成为城市规划和发展的重要议题。在《2003年人类发展报告——千年发展目标：消除人类贫困的全球公约》和《2004年世界发展报告：让服务惠及穷人》中，均涉及社会公平性的问题。2005年的世界社会发展峰会将可持续发展社会定义为"3E"，即经济（Economy）、环境（Environment）和公平（Equity）。社会公平正义成为支撑城市可持续发展的三大目标之一。我国的《中华人民共和国城乡规划法解说》中，明确了城乡规划是维护社会公正与公平的重要依据，具有重要的公共政策属性。

公正城市已成为未来城市的发展重要主题之一。以纽约、伦敦、东京、上海为代表的这些国际化大都市已经非常关注城市发展中的公平正义问题，在城市发展导向上已经进入追求社会公平的阶段。纽约、伦敦和东京在城市规划战略层次均强调规划政策对所有社会群体的公平正义。在公共设施规划上，纽约强调所有人都应公平公正地享有资源和服务，伦敦强调所有人平等的生活机会，东京强调针对弱势群体做到"福利完善",其共同点在于都将满足各类人群的多样化需求作为城市发展的基本导向(表 10-1)。

三大国际大都市战略规划中的发展导向　　　　表 10-1

城市	城市发展导向	相关设施导向
纽约	建设一个富强而公正的纽约	使得所有人能够公平、公正地享有资产、服务、资源和机会,包含早期教育、一体化政府及社会服务、健康舒适的社区生活、医疗服务等
伦敦	给所有人提供平等的生活机会	伦敦需要更多的、更高质量的社会基础设施去满足人口增长和多样性的需求
东京	建设成为一个福祉先进、福利完善的城市	分别针对婴幼儿、老年人、有医疗卫生需求的市民、残疾人配置设施和提供服务

资料来源：作者根据资料整理.

1)纽约

2015 年 4 月,美国纽约发布了《一个纽约——规划一个强大而公正的城市》(OneNYC: The Plan for a Strong and Just City),在这个面向 2040 年的新发展规划中,针对城市生活成本不断提高、收入不平等不断加剧、核心基础设施不断老化、环境质量难如人意等发展问题,通过广泛调查和征求市民的意见,提出了"繁荣发展、公平公正、可持续性、富于弹性"四项发展愿景目标。其中,繁荣发展指人口增长、不动产发展、就业增长、工业部门增强;公平公正指在资产、服务、资源、机会上的平等,能让所有的纽约人展现他们的潜力;可持续性指减少温室气体和废弃物排放、保护水和空气质量、清理棕地、增加公共开放空间等,提高居民和未来子孙的生活水平;富于弹性指城市抵抗破坏性事件的能力。与前 4 版规划相比,新规划引入了更多的新视角和新方法,在关注增长、可持续发展、弹性发展之外,更加关注了城市发展中的不平等问题和区域发展平衡问题,突出加强了规划在引领市民和团结城市机构共同设定宏大愿景上的作用。

2)伦敦

2016 年,为了应对世界经济危机对英国带来的影响,伦敦市政府颁布了《伦敦规划:伦敦空间发展战略:2011 版的调整与增强》(The London Plan: Spatial Development Strategy for London, Consolidated with Alterations since 2011),强调可持续的发展,对住房的建设容量、能源消耗、污染排放和停车标准等内容依据新的规范进行调整。2016 年的新规划在可持续发展理念的基础上提炼出"生活品质引领"这一更高定位,聚焦以人为本的理念,突出体现社会公平公正,加强了对社会弱势群体的关注。具体相关内容包括如下三大策略:一是要求伦敦未来所有住房建设都必须符合"终生社区/终生住宅"（Lifetime Neighborhoods/Homes）的建房标准，且其中的10%应该设计成可使用轮椅或是轮椅使用者易于习惯的房屋类型；二是完善健康与社会关怀设施，尤其是在供给不足的区域和有特殊需要的地方，提供高质量的健康与社会关怀；三是包容性的环境，要求所有位于伦敦的新建开发计划应达到可用的以及包容的最高标准，并支持包容性的设计原则，并从经济、社会、环境三大领域提出目标和相应的发展重点。

3）东京

日本东京在修订原规划的基础上，于2014年发布了《创造未来——东京都长期愿景》规划，作为构建"在成熟中不断成长的"社会体系所需的东京都政策中的大方针。正面指出了东京都所面临的少子高龄、人口减少以及首都直下型地震威胁等各项挑战，提出了切实可实现的规划目标，还制定了详尽的城市战略和政策指针，并对各项工作提出了明确的指标和建设时间表。该规划是政府开展全局性工作、协调各职能部门的纲领性文件。规划将"建设成为一个福祉先进、福利完善的城市"的理念融入整个城市总体规划，在城市战略5（将东京建设成为一个福祉先进城市）、城市战略6（将东京建设成为一个世界领先的全球化城市）、城市战略7（留给下一代一个环境丰富、基础设施充实的城市）等多项战略内容中，都针对公正城市的建设提出了具体的规划策略和措施，包括推进多样化的工作方式；推进人们日常使用的公共空间及公共设施的无障碍化，建设满足社会需求的任何人均可安全、放心地在街上行走的环境；建设一个可以安心生活的社区环境，构建一个区域性综合关爱系统等。

4）上海

2017年12月，国务院批复并原则同意《上海市城市总体规划（2017—2035年）》。该规划是上海市政府针对以上海为中心的大都市圈制定的总体发展指导文件。总体规划以"卓越的全球城市"为总体建设发展目标，突出强调建设"公平的城市"分目标，全面落实以人为本的发展理念，从人的需求出发，构建覆盖城乡、公平均等的公共服务体系，营造更加便利舒适、充满关怀的人居环境，不断增强全体市民和国内外来沪人士的归属感、认同感和幸福感，共同享有上海的发展成果。打造"15分钟社区生活圈"是该规划提出的一项创新策略。通过合理的空间布局调整，确保在15分钟的步行距离范围内，就能够解决市民在社区里基本生活，乃至工作、休闲、学习等需求，构建面向未来的、集工作、休闲、学习、创新需求在内的复合社区、有机更新社区和开放共享社区。使社区成为改善城市生活，提升城市竞争力的基本单元。

（3）我国城市的交通公平问题

近年来，中国经济的迅速发展和城市化的快速推进彻底改变了国家的综合国力和城市面貌，但随之而来的环境恶化、社会矛盾等问题也十分突出。在这个发展过程中的关键节点，中国已经用世界第二大经济体的事实显示了自己的发展效率，也使得天平另一端的"公平"问题浮出水面，繁复庞杂的城市化过程中牵涉环境、经济、社会等多方利益，往往成为公平性诉求的焦点。

在城市交通领域，与我国快速城镇化进程相伴随的是以私人小汽车增长为特征的个人机动化。汽车产业急速膨胀、相关交通基础设施建设加速推进，一定程度上鼓励了私人小汽车的普及和使用，挤压了步行、自行车、公共交通等绿色、低成本交通方式的使用空间，一定程度上造成了城市交通的公平性危机。因此，从新时期我国社会主要矛盾的变化可以看出，在交通领域我国社会现阶段存在的不公平问题，突出表现为城市居民对良好的交通出行环境的需求与城市交通供给的不平衡、不公平之间的矛盾。

公平公正是现代城市规划的核心价值观，城市交通系统是建设公正城市的重要手段。当代中国城市在城镇化和机动化的叠加效应下，交通出行对于不同人群都产生了巨大的社会分异作用，而且这种分异作用进一步加剧了住房、教育、医疗、就业等领域的不公平现象，对城市规划师在交通系统领域的决策提出更高的要求。从公平视角下探讨城市交通，将侧重寻求一种更为合理的价值取向，据此对城市的物质空间布局、价值分配机制进行优化，从而在实践中可以更全面地制定相关规划和公共政策，营造更为和谐、更具社会关怀的城市。城市公共交通系统作为承担社会公平公正职能的公益性事业，其优先发展对推进公正城市建设具有鲜明的战略意义。

10.1.2 交通公平的研究进展

作为城市交通领域体现公平正义原则的核心问题，"交通公平"在20世纪中叶得到西方学者的普遍关注。

在美国，城市交通公平的研究始于"二战"后，当时也是美国城市化伴随机动化飞速增长的时期。数据显示，1950—1970年，美国的城市人口增长了71%，城市用地增长了176%；几乎同期（1950—1972年）美国家庭拥有小汽车的比率从52%增长到79%，家庭拥有2辆及以上小汽车的比率从7%增长到30%。在这种私人机动化主导城市交通的发展态势下，无车人群的机动性能力急剧下降。夹杂着当时的种族等问题，高失业率的黑人被质疑是"不适当且浪费的"交通系统的牺牲品。在此背景之下，城市交通公平开始成为城市规划及相关学科的研究主题。例如，西方有研究从经济学领域借鉴帕累托效率（Paretian Efficiency）等理论对城市交通的最优价格进行探讨，交通带来的经济福利、时间价值等概念也得到了分析。

（1）交通公平的3种类型

美国独立研究机构维多利亚交通政策研究所创始人利特曼（T. Litman）首次较为系统地构建了交通公平的内涵。他认为交通系统必须向每个社会个体提供公平地参与社会活动的机会，交通公平是社会公平的基本要求。基于这一认识，他进一步提出了交通公平的三种基本类型：横向公平、考虑不同社会等级和收入差异的纵向公平以及考虑出行需求和能力差异的纵向公平，并在一系列实证研究中选取不同的交通政策进行影响评价，包含机动车收费、公共交通基金以及交通管制等。

根据利特曼对交通公平内涵的界定，具体包括以下3种类型：

1）横向交通公平，即不考虑个人或者群体间的出行能力和出行需求的差异性，都能够享受公平的出行机会及出行成本与效益。也就是说，每个人都应公平地享有交通资源，公平地承担出行成本，并在交通涉及的其他方面也受到公平对待。这要求城市交通需求与管理政策要避免某一个人或群体的出行凌驾于其他个人和群体之上，每一个出行者都应获得和他们的付出一致的效益。

2）考虑不同社会等级和收入差异的纵向交通公平，即考虑具有不同社会等级和收入差异的个人或群体间的出行能力和出行需求的差异性，城市交通需求管理政策应该考虑不同群体交通成本支付能力的差异性，为其提供可支付的交通方式以及特殊服务，以保障弱势群体不承担过多的额外出行成本（如经济费用、环境污染等）。

3）考虑出行需求和能力差异的纵向交通公平，即不同个体或群体在交通出行过程中，不同的出行能力和出行需求应该享受到的公平。交通系统应为那些具有无障碍需求的个人或群体提供人性化的服务和便捷的设施，如向残疾人提供无障碍交通设施。

（2）交通公平的时—空维度

其他一些学者则分别从时间和空间两个维度，对交通公平类型采用了不同的划分方式，分成时间公平性和空间公平性：

1）时间公平性是指交通活动中的时间要素对出行带来的影响，包括时间的公平分配、交通资源在时间尺度上的公平分布，公平在时间维度上的可持续性；

2）空间公平性则侧重考虑了交通活动中的空间要素对出行造成的影响，既包括交通资源在空间上的均衡分布，也包括空间本身作为一种资源在交通活动中的公平分配。

（3）交通公平的多学科视角

当前，交通公平研究已经引起了广泛的关注，不少学者从跨学科角度展开研究，研究视角包括会学、经济学、地理学以及管理学。

1）社会学视角的交通公平研究将重点放在社会不同阶层在城市中机动性或可达性的差异上，认为合理的交通规划能够减小城市不同群体之间可达性与机动性的差异，确保交通公平性，从而减少社会排斥与犯罪等社会问题。

2）经济学视角关注交通出行的成本与效益、分配之间的关系，通过对不同交通方式的成本效益与分配差异分析来研究不同交通方式或者不同群体的交通公平性，成本效益分析法、基尼系数与洛伦兹曲线是常用方法，前者关注出行成本的耗费与产生的效益之间的关系，通过分析研究，提出减少出行的外部成本的相关措施；后者关注交通设施资源在人口中累积的百分比，以此来研究交通资源的分配是否合理。

3）管理学视角下的研究重点是分析城市交通政策实施对城市交通管理带来的影响，尽可能使得城市交通安全、通畅、公害最小、效益最大。地理学从可达性和空间公平的视角分析不同区域层面交通基础设施地理空间配置的公平性，重点关注区域均衡的问题，研究公共服务设施、就业以及区域交通资源的合理分布等问题。管理学通过分析城市交通政策制定的影响来分析交通公平性。

多学科、多视角的相关研究拓展了交通公平的概念，程序公平、合理期望、形式平均、内容平均、平等的选择、回报合理、权利以及需求等方面的内容，也被纳入了交通公平的内涵之中。

10.2 可达性及其测度方法

资源的分配，利益的协调，是解决任何社会问题的实质性内容，公交优先也不例外。为了扎实有效地确保公交优先，保障全社会的交通公平，需要更新城市交通研究的方法和工具。传统的基于四阶段法的交通预测模型只限于评估道路系统的供需平衡关系，偏重评价交通系统的效率，很难真正用于公交系统对于评价满足服务对象需求、促进社会资源公平合理分配的需要。当前，我国城市正处于转型发展时期，城市交通建设和发展越来越强调资源分配的平衡以及对每个人出行需求的响应，而非单纯地追求效率。因此，现阶段落实实施公交优先战略，就需要从公平公正的角度，探寻一种更为以人为本、反映问题实质的工作方法。

交通作为联系城市各个功能空间区块的媒介，可达性是衡量交通运行绩效的重要指标。前述关于交通公平的许多研究虽然关注的侧重点各不相同，但是大多数研究均是基于交通可达性的深化研究。由此可见，可达性是衡量交通公平的重要指标，借助可达性的分析方法可以有助于提升公交优先实施中的公平性。

10.2.1 可达性：衡量交通公平的重要指标

瑟夫洛在《公交都市》一书中强调了"城市与公共交通和谐共生"的重要性。而城市形态与公共交通服务是否契合所反映的，其实就是公共交通线路城市所延展的区域是否都有较高的契合度，使得城市每个地区都有大致相同的公共交通可达性。保障公交优先，不得不去比较公交与小汽车之间的所处地位的优劣。如何使得公交相对小汽车来说更具吸引力，需要考虑社会、心理、经济、环境等多方面的要素。

因此，我们需要一个较为全面的指标来比较公共交通与小汽车的差异，找到减少差异的平衡点。

可达性是反映城市交通服务水平的一项指标，本身就具有公平性的特质，结合居住、就业、设施分布等方面对可达性进行相关性分析更能反映城市交通的公平性问题。不同交通方式之间的可达性水平是不同的，缩小各交通方式之间的可达性差异可以很好地解决城市交通方式之间的公平性问题；不同区域之间的可达性同样存在差别，合理的交通规划将交通资源均衡地分布在区域中能够解决区域交通资源的公平性问题；不同群体之间的交通出行方式是不同的，所花费的出行成本也不同，通过政策实施，保障弱势群体的交通出行权益可以确保城市不同阶层公平地享受城市的各项服务设施或者出行权益，促进社会公平。因此，可达性与公平性是紧密相关的，在一定程度上可达性可以反映公平性。

1959年，美国学者汉森（W. G. Hansen）在用重力方法研究城市土地利用时，首次提出"可达性"（Accessibility）的概念，并将其定义为：区域或城市交通网络中每个节点间的互相施加作用的大小。作为一个关联城市交通系统与土地利用的重要指标，可达性是一个类型多样、相对复杂、应用广泛的概念，与之类似的还有易达性、通达性、可及性等指标。可达性指标指某一地点通过不同交通方式可以获得空间上分布机会的难易度。而易达性表达的则是区域内某个居民点到城市中的各个兴趣点（例如城市中心、商业活动中心、公共服务设施、交通枢纽等）的便利程度。通达性主要用于表现全部城市范围居民出行的便利程度，从侧面表现城市道路网络密度、道路网分布布局的合理性、道路网络管理服务水平等多方面的情况。

从地理空间的层面来讲，可达性可以分为三大类，分别是基于空间阻隔的可达性、基于机会累计的可达性以及基于空间相互作用的可达性。

1）基于空间阻隔的可达性：是较为简单的一种可达性模型，以图论可达性为基础，研究空间网络中各个节点之间相互联系的空间阻隔，空间网络中两点之间的阻隔被称为相对可达性，空间网络中一点到其他所有点之间的空间阻隔称为综合可达性。空间阻隔的计算最初是欧氏距离，但地理环境的限制使得欧式距离不能真实反映两点之间的空间阻隔，因此交通网络距离成为衡量空间阻隔的主要指标。后来随着信息网络与交通技术对距离的不断超越，出行时耗成为衡量两地之间空间阻隔的重要指标，除此之外还包括经济花费、阻抗衰减等对可达性的衡量。

2）基于机会累计的可达性：将研究视角放在城市居民发展可获得的机会，将可达性定义为城市居民以居住地为出发点，乘坐某一种或几种交通方式，在一定的时间阈值内所能够接触到的发展机会的数量。这类可达性计算的值与基于空间阻隔的可达性值相反，值越大，表明可以接触的机会越多，那么可达性就好，但由于时间阈值的不确定性，对于研究的结果带来相应的不确定性变化。但模型考虑了居住地域就业地的空间分布数量,因此对于研究空间上的就业可达性具有重要的借鉴意义。

3)基于空间相互作用的可达性:该模型是借鉴牛顿万有引力的思想提出的,此方法将可达性定义为出行者从出发地到达活动目的地的难易程度,它不仅受到两点空间阻隔的影响,还受到活动地点规模大小的影响。

综上可见,可达性指标主要受到三方面因素的影响:土地使用、交通设施和个体人群。其中土地使用包括就业、商业、公共服务设施等和其位置、规模、强度;交通设施包括交通需求、交通供给;个体人群主要指个体需要、能力及其他属性等。

在公交优先中引入可达性的理念,从研究尺度看,可达性应包含:点尺度下的公交站点周边慢行接驳系统及建成环境影响下的站点可达性;线尺度下,大容量快速公共交通系统导致的隧道效应和可达性内外差异性、点到点不同交通方式提供的可达性比较;面尺度下,以交通分析小区或空间网格等为基本研究单元的反映不同区位不同方式的可达性研究等。

10.2.2 可达性测度方法

自1959年汉森以重力方法开创了可达性研究后,1960年加里森(W. L. Garrison)最早将图论理论引入可达性研究,并得以广泛应用。1981年,基布尔(D. Keeble)等发展了经济潜力指数来描述欧洲公路可达性。可达性测度的技术方法日臻完善与成熟,交通可达性分析方法为规划师和决策者整合空间规划与交通规划提供了重要的评价工具。目前交通领域主流的可达性测算方法有距离法、机会累计法、等值线法等。

(1)距离法

距离法是目前最简单、直观的可达性测算方法,即用空间距离作为可达性测度指标,所需要跨越的空间距离跨度越小,则可达性就越高。按照研究对象的不同,用距离法测度可达性主要分为总体可达性及相对可达性:前者采用某点到其他所有兴趣点的距离总和变现和衡量该点的可达性的大小;后者则利用两点之间的空间距离来度量两点之间的可达性情况。虽然距离法没有将距离衰减以及各点因规模大小产生吸引力大小不同影响可达性等因素的影响考虑在内,但因为该测算方法简单快捷,能够广泛适应有明显区位差异的两点之间的可达性比较。

(2)机会累计法和等值线法

基于距离法的不断演进,在距离法的基础上又分别发展出了机会累计法和等值线法。

机会累计法是指在设定某一个出行成本(距离、时间、费用)的前提下,将从某地点出发能到达的公共活动地点和接受公共服务、就业等机会总和的多少作为可达性指标,这里的机会可以是就业、医疗、商业、教育、体育、娱乐活动等兴趣点和活动的参与，每个"兴趣吸引点"（Point of Interest，简称POI）包含一种或者多种社会活动。在一定出行距离或者出行时耗内获得的机会越多，可达性水平就越高。

等值线法是按照不同时间、费用成本划分出若干等级，然后分别计算不同成本等级区域内可到达的兴趣点总数量，每个区域等级中的兴趣点数量越多，可达性水平则越高。

累计机会法和等值线法从根本上来说都是通过测算某地通过一定成本的交通出行能够到达活动兴趣点的多少以评价比较可达性水平，但是容易忽略度量点和兴趣点之间的互相吸引力及其作用效应的距离衰减影响。

（3）重力模型法

重力模型法的研究思想主要来源于传统物理学中的万有引力定律，1940、1950年代斯图尔特将万有引力定律中的势能公式引入公共服务设施的吸引力评估。重力模型法通过计算某一地点外所有公共服务设施对到该点的施加的吸引力势能总和，来评价该地点的可达性水平。吸引力水平随空间距离增加，存在线性或者非线性衰减，因此重力模型法的重点在于准确地建立了吸引力施加点对需要测度可达性地点的作用力随距离衰减的状况。常见的距离衰减模型主要有线性、指数、对数、幂函数、混合函数等，距离衰减模型的确定需要根据实际计算的难易程度以及研究区域内各方面要素的具体情况确定。和万有引力定律相同，重力模型法一方面考虑了各吸引点对测度地点的吸引势能总和随距离衰减的现象，同时也考虑了吸引点规模大小对测量可达性水平的影响：吸引点的规模越大，被度量地点所受到的吸引作用力也越大；同时离吸引点的距离越近，可达性水平也越高。

（4）概率法和频率法

概率法基于距离法和重力模型法，在使用距离作为可达性指标的同时，考虑前往某兴趣点的概率问题，并将前往兴趣点的概率作为权重进行计算，对单纯以规模和距离作为计算的修正，使测度可达性过程更加符合实际情况。概率法部分克服了传统的重力模型法的两方面不足：可达性的评价结果难以用自然语言表达，并且由于兴趣点数目不一导致在对多个方案进行比选时计算结果无法比较不同。

频率法与概率法比较类似。不同之处在于，前者将居民前往某兴趣点的频率作为计算可达性的权重，对兴趣点吸引力的大小进行修正以更加符合实际情况。

（5）时空法

瑞典著名地理学家哈格斯特朗（Hägerstrand）于1970年代提出时间地理学概念，用以研究在不同条件下人的时空行为特征。基于时间和空间维度时空法测度可达性时，主要从出行者个体的角度研究某一特定时间空间关系下个体能够到达的时间、空间区域以及可供选择的活动机会来测度可达性大小，测算方法主要有时空棱镜法。时空棱镜法的具体测算又分为两种：一种是用时空棱镜的体积大小表达可达性大小，在时间一定时，时空棱镜的体积越大，个体能够参与到的活动机会就越多，可达性则越好；另一种是以时空立体棱镜内的商业、就业、公共服务设施等数量的大小来作为评价指标。两种计算方法选取不同角度，适用于不同情况。

（6）效用法

效用法主要借用效用理论的研究方法，从微观经济学中的消费者原理拓展而来，在其创立之前，已有的可达性测度方法都不同程度地带有主观主义或者经验主义特点，缺乏系统的理论支撑，而效用法以经济学的视角，把个人的出行活动视为一种消费活动，并将此种消费行为通过交通体系、城市用地中获得的全部收益作为评价个人可达性大小的标准。应用效用法关键在于计算个人 i 在出行目的地点 j 能够获取的总体收益 V_{ij}，把总体收益去除出行成本和时间成本后，剩下的就是个人能够获得的最终收益 U_{ij}。通过时空法与效用法的叠加，出行前后整个过程中的交通影响因素和社会经济影响要素被纳入计算之中，并且直接建立起可达性水平与个人出行活动行为之间的联系。

（7）成本栅格法

成本栅格法是将空间划分成一定尺寸的网格，每个网格都有一定的属性和数据，用以对该网格内空间进行一定程度的描述。空间栅格可以用来进行叠置、切割、相交等空间计算操作。为了反映出行过程中每个空间网格所需要花费的时间/费用成本，对每个网格可以赋予一定的时间/费用成本值，用来计算出行过程中的最短路径。常用的是 Dijkstra 最短路径算法，将栅格模拟成图上的节点，分析到周围节点的总成本。每个栅格的属性值表示其"成本"（Cost），即表示在该栅格区域通行时所花费的时间成本。

成本栅格法是城市规划、地理学领域常用的一种方法，与距离法相比，考虑了空间阻碍作用的影响，操作简单，且精度可以根据需要进行调整，缺点是网格的划分容易导致与现有、自然、建筑等边界不符，需要人为地进行识别和调整。

（8）拓扑法

前述的几种方法都是基于几何网络搭建起的可达性测度方法。从不同的解决问题和不同的解决思路出发，以实际交通出行中使用的几何网络——主要是城市道路网络为依托，测度并评价可达性水平和连通度。但是，有一些交通出行使用的网络的几何特征并不明显，比如航空运输网络、城市地铁线网、快速物流网络、街区和场馆内部各空间连接中的通视度等，此类交通出行更多地涉及各点之间换乘次数对可达性的影响，拓扑距离相比起几何距离就更重要，点和点之间的几何距离可以被弱化，而节点的个数和连通度更能影响实际出行的时间和其他成本。由于测度指标以及指标所采用的计算方法的不同，一般把基于拓扑网络的可达性测度方法，分为矩阵法和空间句法分析两种方法。

矩阵法主要通过计算整体可达矩阵和最短路径矩阵来评价某节点或者整个交通网络的可达性情况。计算某节点的可达性指标通过计算某节点 i 前往所有其他节点 j 的直接和间接道路的总数，即为拓扑距离的总和 d_{ij}，并可得到各个节点的相对可达性指标 A。整体可达性矩阵由网络的邻接矩阵推导而来，最短距离矩阵则能够从交通网络连通性矩阵计算得到。

通过空间句法研究可达性主要依据空间句法理论中的道路形态研究分析因子来度量可达性。该方法以空间分割形成的各个独立的空间作为节点，转换整个交通网络为空间联系网，基于图论的研究运算方法进而建立一系列有关形态分析的因子，如节点深度、连接度、局部集成度以及整体集成度等，来描绘不同水平上空间网络结构特点。空间句法评价可达性的方法能够集成各吸引点绘制空间连接图，借以实现空间句法的功能扩展，根据吸引点的吸引程度的不同赋予连接线不同的权重，对于建筑设计、城市规划、园林与景观设计等多个领域中测度某一点或某一地区的区位条件具有重要的作用。

（9）调用在线地图 API

传统的可达性研究方法需要考虑出行过程中的大量影响因素，很难用简单的一两种交通方式或者简单化的方法去还原真实场景，并且城市交通活动具有动态性，用静态的方法去度量可达性无法反映道路拥堵时段和自由流时段下的可达性差异。过于复杂的现实场景和需要大量的城市基础信息使得单纯依靠地理信息系统实现接近现实出行状况的测算难度极大，而在线地图的 API 接口（Application Programming Interface，应用程序编程接口）则提供了一种有效的解决途径。

国外基于谷歌（Google）地图 API 的线路规划工具做了大量研究。有学者通过将出发时间设定为早上 7 点，获取高峰时段出行成本，发现居住在公共交通可达性较低的地区多为低收入人群。还有研究通过收集学校和学生居住地的经纬度，将信息输入谷歌地图，选择不同出行方式进行线路规划，从而获取出行时耗、费用、具体线路等信息（图 10-1），来确定学生上学的可达性。此外，有学者研究学生上学的可达性与碳排放量的关系，可达性的计算则是基于谷歌地图、Bing 地图和 Open Street 地图等多种开放地图 API 数据，收集比较得出出行成本，最终将不同出行方式与出行的碳排放量进行相关性分析。

目前，国内主流的在线地图服务商如百度地图、高德地图等都会提供 API，在线地图本身提供点对点的出行查询功能，可以通过编程批量调用方式获得出行方式、换乘方式、路线、费用、拥堵情况、运营时间等数据。基于开放地图 API，设计城市可达性分析软件，通过出行点确定创建等时线。

为了能够真实反映出行的实际时间、费用成本，在研究交通可达性时需要考虑全部出行过程中每个环节所产生的成本。例如在公交出行中，到公交站点的步行

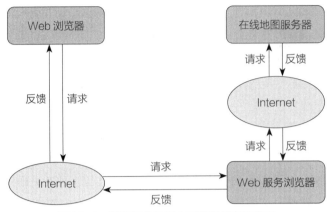

图 10-1　基于开放地图 API 获取信息示意图

时间、等候时间、换乘过程中的步行和等候时间等。这需要借助实际反映这些过程的模型来完成,并且能够将出行过程中的动态变化,诸如公交班次间隔时间、道路拥堵状况、道路施工情况等考虑在内。利用在线地图商提供的 API 接口,结合其他各类可达性测算模型进行评价,能够利用新技术方法提高分析评价的可靠度。基于地图开放 API 获取出行数据具有以下优点:首先,就交通基础设施的数字化而言,在线地图具有更新快、数据准的特点,相比于传统基于卫星图人工数字化或者遥感解译得到的数据精度更高;其次,在线地图的车速数据来自车载 GPS,呈现了实际的出行速度,比根据不同等级给道路赋车速值来计算出行时耗要更为准确,且可以比较不同时段、不同出行环境下的出行时耗的变化;再次,基于在线地图的服务,可以爬取不同出行方式的可达性,并且在公共交通可达性测度中考虑了出行全过程。

综上,基于不同原理和研究需要,各种可达性测度方法具有不同的适应性,上述方法的优缺点比较见表 10-2。

可达性分析方法比较　　　　　　　　　表 10-2

方法	简述	优点	缺点
距离法	直接用距离作为指标	测算简单、清晰	未考虑距离衰减和路径成本
机会累计法/等值线法	一定出行成本可以获得的机会数	从机会获得的角度,更加关注机会平等	距离的确定和等值线的划分具有主观性
重力模型法	利用空间衰减模型计算该点以外施加势能总和	考虑距离衰减作用的影响	衰减模型的选取影响结果
概率法和频率法	将前往或使用频率作为权重标准	考虑使用频率影响	需要进行使用频率调查,可靠性受影响
时空法	利用个体能到达的时空区域以及活动的可选择度衡量可达性	同时考虑时间空间因素	计算时空棱镜体积较复杂

续表

方法	简述	优点	缺点
效用法	测算出行收益与成本，得到净收益作为评判标准	将可达性水平与个体出行行为直接建立起联系	计算复杂，数据来源多样，准确度要求高
成本栅格法	将空间网格化并赋值，决策成本较低的路径	简单直观、计算简单，适用性广	无法考虑换乘、多种交通方式、路网、路况等多变复杂环境的影响
拓扑法	通过计算最短距离矩阵与整体可达性矩阵得到节点和网络的可达性水平	计算矩阵直接简单，考虑节点影响	路径的时间成本被忽略，需要先对路径成本进行考察
调用在线地图 API	利用在线地图路径规划工具大批量点对点可达性分析	反映实际，多种交通方式组合，显示时间和经济费用，出行成本获取比较精确	要求对抓取的大量数据进行筛选和处理

10.2.3 案例：调用在线地图 API 分析不同交通方式的可达性

本节主要以昆山为案例，详细阐述通过调用在线地图开放 API 获取出行时耗数据，分析测度不同交通方式的可达性，比较公共交通和小汽车交通可达性的空间分布特征差异。

昆山是江苏省辖县级市，地处江苏省东南部，上海与苏州之间，北至东北与常熟、太仓两市相连，南至东南与上海嘉定、青浦两区接壤，西与吴江、苏州交界。根据《昆山城市总体规划（2017—2035）》，将市域划分为城市集中建设区、西部阳澄湖旅游度假区、南部水乡古镇旅游度假区三大片区，城市集中建设区按照培育核心、分区均衡发展，形成"一核两翼三区"的空间布局，其中一核指中环以内的城市核心区，两翼分别为西部副城和东部副城，三区指花桥商务城、北部新城以及南部新城。

本研究将范围界定在城市集中建设区以内，按照"一核两翼三区"的空间结构分为六大片区。片区内部交通小区按照控规单元进行划分，然后控规单元内部按照昆山市集中建设区内基站分布进行泰森多边形划分，以基站单元作为最小的研究单元（图10-2）。本节通过获取研究范围内的手机信令数据，对手机信令数据进行了处理，包括降重、乒乓数据与漂移数据处理等数据清洗，最终获得581366条出行数据。接着，以手机信令数据获得的 OD 为基础，基于高德地图编程爬取路径规划 API 下的出行时耗和出行距离数据，作为本节可达性评价的基础数据备用。

在得到出行时耗数据与出行人次数据后，可达性模型根据空间阻隔的可达性理论，两点之间的出行时耗可以衡量起始点之间的相对可达性，而空间一点到其他所有点的出行时耗则为综合可达性。本节基于相对可达性的数据与出行量数据，构建研究区域内基站研究单元的平均可达性。

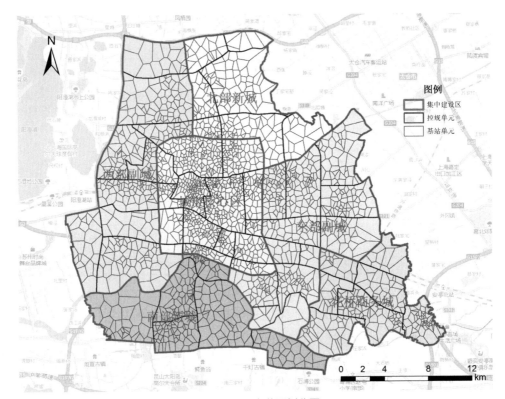

图 10-2 研究范围划分图

基于巴蒂（M. Batty）提出的出行阻抗思想，如图 10-3 所示，假设空间中有一个出发点 O_1，从出发点出发共有 6 个目的地，分别是 D_1、D_2、D_3、D_4、D_5、D_6，出发点与每一个目的地之间的相对可达性即为对应的每一条出行 OD 的出行时耗，分别为 $T(O_1D_1)$、$T(O_1D_2)$、$T(O_1D_3)$、$T(O_1D_4)$、$T(O_1D_5)$、$T(O_1D_6)$，每一条出行 OD 对应的出行量为 P_{11}、P_{12}、P_{13}、P_{14}、P_{15}、P_{16}，那么对于出发点 O_1，其加权平均可达性为：

$$A=\frac{P_{11}\cdot T(O_1D_1)+P_{12}\cdot T(O_1D_2)+P_{13}\cdot T(O_1D_3)+P_{14}\cdot T(O_1D_4)+P_{15}\cdot T(O_1D_5)+P_{16}\cdot T(O_1D_6)}{P_{11}+P_{12}+P_{13}+P_{14}+P_{15}+P_{16}} \quad (10-1)$$

推广到更一般的情况，假设空间中有任意一点出发点 O_i，从出发点出发共有 j 个目的地，分别为 D_1，D_2，…，D_j，每条出行 OD 对应的出行时耗分别为 $T(O_iD_1)$，$T(O_iD_2)$，…，$T(O_iD_j)$，每一条出行 OD 对应的出行量为 P_{i1}，P_{i2}，…，P_{ij}，那么对于出发点 O_i，其平均可达性可表示为：

$$A=\frac{\sum_{j=1}^{n}(P_{ij}\cdot T(O_iD_j))}{\sum_{j=1}^{n}P_{ij}} \quad (10-2)$$

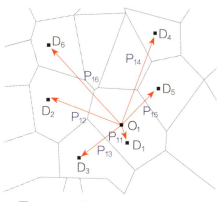

图 10-3　平均可达性模型构建示意图

本节研究的出行人次为早高峰出行,因此平均可达性可以衡量昆山市集中建成区早高峰期间所花费的时间总成本在所有出行人口中的平均分配问题,所有基站单元的可达性之和即为早高峰期间研究区域内城市交通出行的时间成本花费。

从公交和小汽车的平均可达性分布直方图来看(图10-4、图10-5),公共交通可达性均值大于等于0.8h,大部分基站单元的公共交通可达性值集中在0.6~1.1h之间;小汽车可达性均值大于等于0.24h,大部分基站单元集中在0.2~0.35h之间。从可达性的空间分布来看(图10-6、图10-7),公共交通可达性在空间上呈现出由城市核心区向周边地区递减的分布态势,且由核心区沿S224省道与G2京沪高速已经初步形成了带状延伸态势,城市核心区、张浦、花桥成为公交可达性水平较高的三

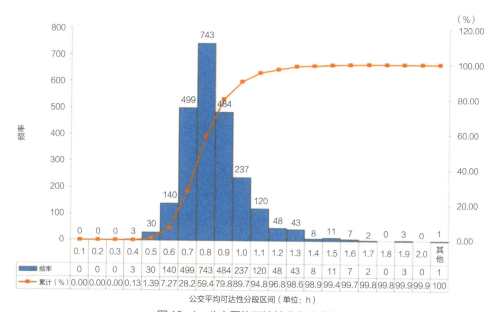

图 10-4　公交平均可达性分布直方图

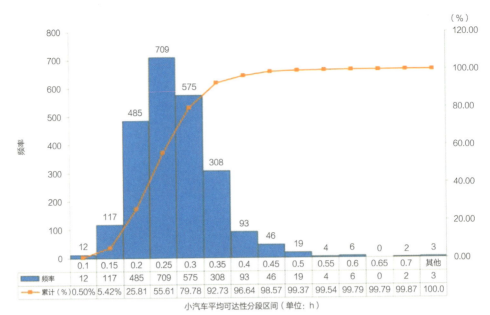

图 10-5 小汽车平均可达性分布直方图

个中心地区，可达性水平与公交线网的密度呈现正相关。小汽车可达性水平与公共交通呈现相反的空间分布态势，由城市核心区向周边地区逐渐递增，核心区可达性水平低与老城早高峰的交通拥堵相关。

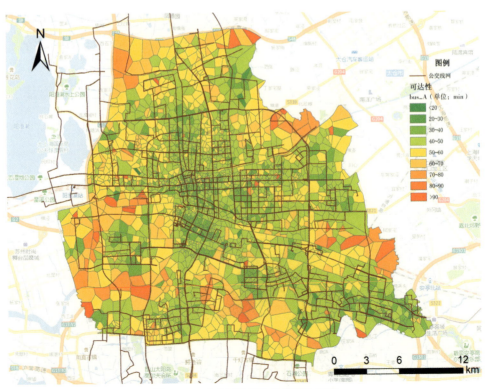

图 10-6 公交平均可达性空间分布图

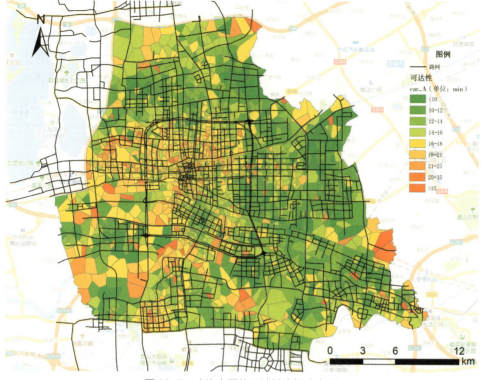

图10-7 小汽车平均可达性空间分布图

10.3 公平性及其测度方法

社会学与经济学是较早并深入开展公平性研究的学科,逐步形成了较为系统的公平性评价方法。经济学中,洛伦兹曲线与基尼系数是最常用来测度不公平的指标之一,其可以测度整体资源分配的公平性。泰尔指数同样作为经济学中衡量不公平的指标,其良好的分解性可以解释不公平产生的原因,因此在衡量区域经济或者资源的差异时,成为比基尼系数更常用的指标。

国内外学者已经将基尼系数与洛伦兹曲线引入交通公平性评价,研究了交通资源在社会分配中的公平性。泰尔指数更多的是研究区域的发展差异,近些年被运用到公共服务资源(如医疗卫生资源)的社会分配。目前基于基尼系数、洛伦兹曲线、泰尔指数的研究,衡量的均是资源在社会中的公平分配问题,较少从交通出行的角度进行公平性研究。本节从综合交通出行时耗的角度,说明交通公平及其测度方法。时间作为一种有限资源,其社会分配状况体现公平性问题,因此,综合交通出行时耗可以作为衡量交通公平性的重要指标。

10.3.1 公平性测度方法

对于交通公平性评价的相关模型除了基本的公交竞争指数外，也较多引入经济学与社会学的公平性研究方法。经济学中，洛伦兹曲线与基尼系数是最常用来测度不公平的指标之一，可以测度整体资源分配的公平性，泰尔指数作为经济学中衡量不公平的指标，其良好的分解性可以解释不公平产生的原因，因此在衡量区域经济或者资源的差异时，成为比基尼系数更常用的指标。以下是对相关模型的介绍。

(1) 基于公交竞争指数的公平性模型

公交优先战略是促进公共交通出行方式竞争力的重要举措，由于城市交通出行方式的多样性，城市居民选择不同交通出行方式来最小化个人的交通出行成本（包括时间成本、金钱成本等），根据可达性分析，以出行时耗成本为衡量标准，小汽车出行方式是最小化个人成本的优选，公共交通出行方式处于劣势地位。当城市所有居民均选择小汽车交通出行方式时，带来的外部性成本，如交通拥堵、空气污染等使得整个城市的交通出行无法达到最优，反而更加低效，对于其他交通方式出行的个体也是不公平的。因此城市管理者需要通过科学的规划，制定合理的政策、提供良好的服务与建成环境来确保交通出行方式结构的合理，其中最重要的一点就是降低公共交通与小汽车交通出行的成本差距，为公共交通出行提供更多便利，使得更多人愿意选择公共交通方式出行，确保公共交通在与小汽车竞争时不处于过度劣势地位。公共交通竞争指数是衡量公共交通与小汽车交通可达性差距的一项重要指标，将其定义为公共交通可达性与小汽车可达性的比值，公式如下：

$$K=\frac{A^{bus}}{A^{car}} \quad (10-3)$$

式中，K 为公共交通竞争指数，A^{bus} 与 A^{car} 分别是公共交通可达性与小汽车可达性。K 值大小用来衡量公共交通与小汽车交通的竞争优势，在一定程度上可以衡量公共交通的公平性：K 值越大表示公共交通出行的成本越大，公共交通相比于小汽车竞争力越弱，城市各类交通出行带来的不公平越大；K 值越小表示两种交通方式出行的成本差异越小，交通出行方式结构带来的不公平越小。由于公共交通与小汽车两种交通方式的本质差异，公共交通难以达到小汽车的出行效率，但我们可以通过规划、政策等缩小公共交通与小汽车的差距。

(2) 基于洛伦兹曲线与基尼系数的公平性模型

洛伦兹曲线是指一个国家或地区中，人口累计百分比与收入累计百分比之间形成的一种线性关系，基尼系数是以洛伦兹曲线为逻辑基础的判断分配平等程度的一项指标，实为洛伦兹曲线中实际收入与绝对公平线之间的面积与绝对平等线以下面积的商值。从洛伦兹曲线与绝对公平线的关系来看，基尼系数是实际收入分配的洛伦兹曲线与收入绝对平等曲线之间的面积与绝对公平线右下方面积之比。基尼系数是一个 0~1 之间的值，越趋近于 0 表示收入分配越趋于平等。联合国开发计划署等组织对衡量收入不平等的基尼系数进行了规定（表 10-3），将低于 0.2 表示高度平均，0.2~0.29 表示比较平均，0.3~0.39 表示相对合理，0.4~0.59 表示差距较大，0.6 以上代表差距悬殊。通常情况下，基尼系数 0.4 作为收入分配察觉警戒线。

国际基尼系数划分区段　　　　　　　　　表 10-3

基尼系数区间	<0.2	0.2~0.29	0.3~0.39	0.4~0.59	>6
所属区段	高度平均	比较平均	相对合理	差距过大	差距悬殊

运用基尼系数衡量收入分配差距的思想，将其运用到交通出行时耗成本的分配上，可以衡量城市中交通出行成本在人群中的分配差距。首先，将个人出行时耗按照从小到大的顺序进行排列；然后对总人口进行等距分 n 组，每组占比为 $1/n$；作出累计时间随着累计人口增长的曲线图，即为洛伦兹曲线图；基尼系数为成本洛伦兹曲线与绝对公平线之间面积与绝对公平线以下面积的比值 $G=A/(A+B)$（图 10-8），根据几何法，基尼系数的具体计算公式可以表示如下：

$$G=1-\frac{1}{n}\left(2\sum_{i=1}^{n-1}W_i+1\right) \qquad (10-4)$$

式中，n 表示分组个数，W_i 表示第 i 组累计的人口百分比对应的累计时间百分比。

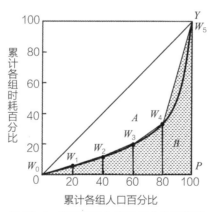

图 10-8　基尼系数与洛伦兹曲线示意图

（3）基于泰尔指数的公平性模型

泰尔指数与基尼系数是经济学中测度不平等度的两种指标，基尼系数从整体上测度不公平的程度，但是对于不公平产生的原因没有较好的解释性。泰尔指数弥补了基尼系数的不足之处，其分解性对于差距产生的原因有了较好的解释，它不仅可以测度个人之间的差距，还能从空间的视角来研究区域的不公平。但是泰尔指数不像基尼系数一样有明确的划分标准,泰尔指数的计算值没有绝对意义,只有相对意义。

泰尔指数最初由泰尔(Theil)利用信息论中的熵概念得来。熵是由德国物理学家克劳修斯于1865年提出的,用来描述一个系统内在的混乱程度,后来信息论之父香农提出了信息熵的概念,本质是平均信息量,用来描述信源的不确定性。假设某一事件A发生的概率为p,收到一条确定消息证实该事件的发生,那么此消息包含的信息量为$h(p)$,已经证明信息量与概率p满足对数函数,即$h(p)=-\log(p)$。所以,在考虑一个完整系统的信息量时,就要考虑所有信息的平均信息量。假设系统中有n个事件,其对应的发生概率分别为p_1,p_2,$\cdots$,p_n,($p_1+p_2+,\cdots,+p_n=1$),那么系统的平均信息量为各事件信息量与相应概率乘积之和,即:

$$H(X)=\sum_{1}^{n}p_i \times h(p_i)=-\sum_{1}^{n}p_i \times \log(p_i) \quad (10-5)$$

将信息理论中的熵指数概念用于收入差距的测度时,可将收入差距的测度解释为将人口份额转化为收入份额(类似于洛伦兹曲线中将人口累计百分比信息转化为收入累计百分比)的消息所包含的信息量。那么用于衡量出行成本的差距测度时,可将出行成本差距测度解释为将人口份额转化为成本花费份额的消息所包含的信息量,即:

$$T=\frac{1}{n}\sum_{i=1}^{n}\left(\frac{y_i}{\bar{y}}\log\frac{y_i}{\bar{y}}\right) \quad (10-6)$$

式中,y_i表示第i个体的出行时耗成本,$\bar{y}$表示所有个体的平均出行成本。对于分组数据,泰尔指数公式可以表示为:

$$T=\sum_{k=1}^{k}\left(W_k \log \frac{W_k}{G_k}\right) \quad (10-7)$$

式中,W_k表示第k组成本花费占总花费的比重,G_k表示第k组人口占总人口的比重。

泰尔指数具有良好的分解性,在测度分组样本的不平等时,可以衡量组内差距与组间差距对总差距的贡献,解释不平等出现的原因。泰尔指数T可分解为组间差异T_b和组内差异T_w。比如说在测度我国区域经济发展的不均衡性时,就可将之分解为地带间的不均衡性和地带内的不均衡性。先在省级层面上计算各省份人均GDP的泰尔指数,可以发现,省级差异还是比较大的。接下来将大陆31个省份分成东、中、西部三组地带,那么,可以计算三组间人均GDP的泰尔指数,此即为组间泰尔指数;还可以就每一组分别计算组内省份间人均GDP的泰尔指数,利用各组的份额将它们加权平均,得到组内泰尔指数。结果或许可以表明,各省份间人均GDP的差异性,主要来自东、中、西部三地带间的差异(即组间差异),而在每个地带内部,省份间的差异性并不大。城市中不同空间的交通公平性分解类同此理。

分解后的泰尔指数公式为：

$$T_b = \sum_i^I \left(W_i \log \frac{W_i}{G_i} \right) \tag{10-8}$$

$$T_w = \sum_i^I W_i \left(\sum_{i=1}^J W_{ij} \log \frac{W_{ij}}{G_{ij}} \right) \tag{10-9}$$

$$T = T_w + T_b \tag{10-10}$$

式中，T 表示总体差异，T_b 表示城市各区之间可达性的差异，T_w 表示城市各区内部可达性的差异；I 表示城市的区数量；G_i 表示第 i 区出行人口占城市总出行人口的比重；W_i 表示第 i 区可达性占城市总的可达性的比重；G_{ij} 表示第 i 区中，j 交通小区中的出行人口占 i 区的总出行人口的比重；W_{ij} 表示第 i 区中，j 交通小区的可达性占 i 区总可达性的比重。该模型具有良好的可分解性，它可以衡量组间差异与组内差异对总差距的贡献，在交通可达性的公平性评价中可以探究不公平出现的空间位置，对交通规划的优化完善起到指导作用。

10.3.2 案例：城市交通公平性评价

具体内容扫描二维码 10-1 阅读。

二维码 10-1

第 11 章

公交优先的建设运营

城市公共交通的优先发展除了要有完备的硬件设施，并与城市用地空间布局规划协调配合外，还需要有适宜发展的公共政策环境。城市公共交通首先是一种公益性的公共服务，是城市居民基本交通出行权利的保障。同时，城市公共交通也涉及市场经营行为，公交运营的经济可行性是确保公交优先持续发展的基础，公共交通的建设运营机制则是维持经济可行性的政策和制度保障。在展开相关讨论之前，我们首先要从整体上认识到城市公交建设运营机制的复杂性。

　　首先，城市公共交通的运营机制不是一成不变的，本身是一个顺应社会经济发展而不断调整完善的过程。从城市公共交通发展历史来看，小汽车交通的出现是公交运行机制发生彻底改变的分水岭。在小汽车出现之前，公共交通曾是城市中最主要的机动化出行方式，也是最快捷的出行方式，充足的市场需求催生了公共交通行业并保证其经营具有稳定的盈利空间，因此，当时公共交通的建设和运营并不需要政府扶持，市场化的运营机制甚至可以为政府创造收入。但随着小汽车交通的出现和迅速增长，公共交通在效率和舒适度等方面的竞争中处于相对劣势，公交客流流失，城市交通出行结构失去平衡。政府的干预和补贴成为保持和促进公共交通使用的必要条件，优先发展公共交通也转化为政府用于应对城市交通拥堵以及其他关联城市问题的策略工具，公交运营机制因此发生了彻底的变化。

　　其次，城市公共交通的运营机制没有统一的模式，城市之间只有多样化差异化的运营机制设定才有可能适应不同城市的政策背景、实际状况和发展需求。各个城市的历史发展情况不同，社会经济水平差异，所面临的现实问题多样，地方治理及政策环境各具特点，在城市公共交通运营管理上的做法必然有所差异。

有长期从事公交运营机制和政策研究的学者发现，世界各国的城市公交运营机制如此丰富多样，以至于难以进行准确的分类。但是，市场和政府的关系和角色分工是公交运营机制的核心问题，据此，或可以将纷繁复杂的公交运营模式大体上分为侧重市场发起和偏向政府发起两大类型。在两种类型中，政府的作用都是必不可少的。在前一类型中，政府的主要职责是监管；而在后一类型中，政府则需要更多地发挥主导作用，通过财政补贴等激励手段，扶持城市公共交通的发展。

11.1 我国城市公交运营机制概况

改革开放以来，城市公共交通的建设发展得到了各级政府的高度重视。我国陆续出台了一系列与城市公共交通相关的政策性文件，用于指导并推进全国各地的公交优先战略实施。除了在设施建设方面的具体举措建议，这些政策性文件也对公共交通发展的保障性机制作出指导。在国家层面的政策方针引导下，我国各地城市公交的运营组织经历了多轮改革，总体上可以概括为"从政府主导到市场主导，再回到政府主导"的过程。

上海是我国公交建设的领先城市，在公交改革方面也一直是积极的推行者。上海公交改革的经验往往具有示范效用，随后为全国其他众多大中城市所效仿，甚至还被推广到其他公用设施领域的改革。由于上海的公交改革的体系化较强，可以较为清晰地体现出我国各阶段的公共政策导向。因此，结合改革开放以来上海公交改革的历史回顾，可以帮助我们较为系统和全面地了解我国城市公交改革所走过的历程以及当前公交运营机制的基本情况。

11.1.1 我国城市公交运营改革历程：以上海为例

（1）1949—1984年：福利制公交服务

从中华人民共和国成立到改革开放初期，我国城市公交发展的整体水平停留在一个较低水平。只有少数大中城市可以提供公共交通服务，除北京、天津两市有地铁外，其余城市均只有常规的地面公交汽电车。作为城市公用设施的组成部分，这一时期的城市公交服务直接由隶属于政府部门（通常是城市交通局）的国营企业运营，公共交通建设和运营的所有资金均由政府承担。

相对而言，这一时期我国上海的城市公共交通服务水平处于全国较好水平。1908年3月5日，第一辆有轨电车从上海静安寺驶出，开往外洋泾桥上海总会（现广东路外滩），标志着上海近代公共交通的诞生。1949年上海刚解放时，全市只有934辆公共汽车和电车，公交线路44条，运营线路总长仅352km。1950年3月，上海市公共交通公司成立时，英商、法商运营的公交公司还未退出。1951年9月，在政府扶持下,上海最大的出租汽车公司祥生汽车公司被批准公私合营。1952年11月,军管会征用英电,12月成立上海市电车公司。1953年11月,上海市人民政府代管法电,成立上海市沪南水电交通公司。上海公交工人自力更生、奋发图强,于1951年造出了全国第一辆无轨电车,1957年制造了全国第一辆国产公共汽车。1953年7月1日,上海电车公司开辟21路无轨电车环城线路取代了1路圆路汽车线,创造了新中国成立后全国第一条使用国产电车车型和架空设备线路的记录。1954年9月,浦东地区的3家华商私营企业被批准公私合营,成立上海市浦东公共交通公司。随后,其他民营的中小型公共交通企业也完成了公私合营。

1958年7月,新的"上海市公共交通公司"成立,囊括了被征用、代管的英电、法电和公私合营企业,全市的电车、公共汽车以及附属工业单位实行统一经营管理。随着经济恢复和城市扩展,上海公交行业进入新的发展时期。截至1965年底,全市公交车数量增至2282辆,约是1949年的2.5倍;线路118条,约是1949年的2.7倍。上海公交系统已在全市逐步形成了市区、主要工人新村与工业区、车站、码头间的通宵公共交通线网。不仅为大批"三班倒"职工提供了上下班的方便,而且还填补了工人新村和新发展工业区公交服务的空白。新辟郊区公交线路41条,形成由市区向郊县和卫星城镇辐射的公交线网。

"文化大革命"期间,上海公交遭到严重干扰,投入明显不足,10年中乘客增长了50.4%,但公交车辆仅增加了13.8%,运能仅增长17.4%,乘车难矛盾非常突出。

从体制上来看,这一时期我国城市基本采用了苏联的公共交通建设运营模式。公共交通行业统一由地方政府的下属企业调度管理并负责运营,公共交通的基础设施建设、车辆维护与更新等被列入城市建设计划,严格遵守计划经济下的公共预算管理。政府为单位职工通勤提供价格低廉的公交月票,公共财政则为公共交通运营亏损实行全额补贴。

(2) 1985—1995年:市场化改革启动期

1985年,国务院批转城乡建设环境保护部《关于改革城市公共交通工作报告的通知》(国发〔1985〕59号),揭开了我国城市公交改革的序幕。针对当时我国城市"乘车难"的现实问题,通知要求"根据公共交通的实际情况,加快改革步伐,把城市公共交通搞活"。在对城市公交综合治理提出具体建议的同时,通知对公交运营体制提出了多方面的改革建议。一般认为,该文件对启动我国的公交市场化改革具有里程碑的作用,对随后30年的地方性公交政策具有根本性的影响。其中最重要的建议有以下三个方面:

1)明确公共交通是"服务性的生产部门",要求各地公交运营企业的经营完全实行独立核算,自负盈亏。全国实行承包责任制。这为随后的国有公交企业实行政企分离提供了政策条件。

2）提出"改变城市公共交通独家经营的体制，实行多家经营，统一管理。以国营为主，发展集体和个体经营"。国营企业内部实行多种形式的经营承包责任制，而集体和个体则通过"全民所有制下的个人承包"参与公交运营。

3）提出"要按价值规律办事，对不合理的运价要做适当调整"。对非国营企业经营的运价，采取"优质优价"的原则，而且价格可以根据季节不同在一定范围内浮动。

早在国务院通知发布之前，上海自1983年起就已经在出租车行业试点改革。打破由少数单位经营的状况，全民企业、集体、个体、中外合作、中外合资和股份制出租汽车企业得到发展，成果显著。1986年，全市有全民所有制出租汽车公司122家、集体企业203家、个体经营299家、合作企业4家，各类出租汽车数量由改革前1982年的750辆迅速增加到改革后的7493辆。

国务院通知发布给上海的公交改革提供了政策依据和支持。1988年，上海启动了第一轮以"管办分开"为特征的公交改革。原上海市公交公司改制为独立核算的"上海市公共交通总公司"。撤销分公司建制，形成总公司、公司、车队三级管理格局。在此基础上，进一步改变公用事业仅由国有企业垄断经营的体制，发展多家经营。一方面吸引行业外的国营企业参与公交运营，1991年与上海市出租汽车公司等14家企业合资组建"上海巴士实业有限公司"；另一方面则通过社会企业联营或推行个人承包经营，吸收非公资本的参与。其中规模较大的有两家：一是1988年1月与振华汽车服务公司合办的小公共汽车客运业，二是同年3月与中国康华实业有限公司上海分公司共同组建的"上海康华公共交通公司"。

第一轮公交改革给上海公共汽电车交通行业注入了活力，上海市公交总公司也一跃成为全国最大的公共交通企业。1991—1995年间，市公交总公司共新辟线路97条，延伸54条，调整205条。1995年末，市公交总公司有职工87065人，营业车7453辆，市区、郊县、省市际的线路501条，公交线路总长度达到2.88万km，日均行驶里程93.50万km，日均客运量1324.78万人次。与此同时，上海还发展了由非公企业承包运营的多种形式的专线车，填补公共公交线网的不足，适应不同层次乘客的需求。截至1995年底，经营专线车的企业数量达到147家，专线公交有468条。

（3）1996—2001年：市场化改革推进期

公交供给量的迅速增长并没有给上海市公交总公司带来相应的利润增长，相反，由于国营体制的僵化，上海市公交总公司在应对私营承包经营者的市场竞争中常常处于被动，公司运营陷入亏损。从1992年起，上海市政府每年对公交总公司进行固定的财政补贴。但公共财政的扶持也没能扭转国营公交公司的经营状态，公司亏损逐年扩大，政府财政补贴数额也从1992年的2.5亿元猛增至1995年的8亿元。

为了及时遏制国营公交企业的亏损，引入竞争机制，1996年1月1日起，上海市政府启动了城市公交的"三制"改革。在体制上，撤销大一统的市公交总公司，其所属13家运营单位全部实行独立核算，并依法成为具有法人资格的营运单位，形成多家经营的客运市场竞争格局；在票制改革方面，全市公交取消沿用几十年的公交月票，推行每张 0.5 元的普票，对沿用三十多年的公交低票价实行较大幅度的调整；在运营机制上，着手建立运营调度、安置分流人员、经营者任用、机务管理、行政管理、合理分配、多元经营和人才资源开发等 8 项机制，使公交运营管理水平和经营效益得到提高。

这一主要针对国营公交企业的改革迅速取得成效。改革后两年内，国营公交企业新辟运营线路 128 条，运营车辆发展到 1.5 万辆，全市公交运营线路达到 1100 多条，增长 1 倍多；仅 1997 年全行业就更新运营车辆 1000 多辆，其中空调车 600 辆；并大量投入运营后置式无人售票车、IC 卡公交车，提高了劳动生产率。与此同时，国营公交运营企业的经营状况也得到明显改观。改革之初，上海市政府给出了三年转亏为盈的时间表，决定三年后全面取消对国营公交企业的财政补贴。事实上，1996 年用于全市公交的财政补贴较 1995 年就减少 5.32 亿元；1997 年公交企业再度减亏 1.75 亿元，13 家运营公司多数实现收支平衡，并有部分公司开始赢利。改革取得明显成效。

上海公交的"三制"改革因此被视为城市公用事业改革的成功案例，其改革经验不仅被拓展到自来水、燃气、市政等其他公用事业的改革中，也为许多大中城市效仿，成为当时全国公交改革的示范样板。

（4）2002—2007 年：市场化改革成熟期

2001 年 12 月 11 日，原国家计委印发《关于促进和引导民间投资的若干意见的通知》，提出"鼓励民间投资以独资、合作、联营、参股、特许经营等方式，参与经营性基础设施和公益事业项目建设，鼓励和引导民间参与投资供水、污水和垃圾处理、道路、桥梁等城市基础设施项目建设"。次年 12 月，建设部发布《关于加快市政公用行业市场化进程的意见》，重申"开放市政公用行业投资、建设、运营、作业市场，建立政府特许经营制度，保证公众利益和公共工程的安全，提高市政公用行业的运行效率，促进城市市政公用事业发展"。这些国家部委的政策性文件，肯定了前一阶段市场化改革的成果，传递出继续深化改革的信号，打消了社会资本的疑虑。市场化改革进入成熟期。

这一时期市场化改革的标志性事件有两个。一是 2002 年 4 月，成都公开拍卖 6 条公共汽车线路为期 8 年的特许经营权，共吸引到 4500 万元社会资金，在全国首次实现了公共汽车线路资源的市场化配置；二是 2003 年 4 月，温州五马汽车出租公司收购十堰市公交集团，以 3816 万元获得了十堰市公交公司 68% 的股份，剩余股份为原单位职工持有，组成新公司"十堰市公交集团有限责任公司"，每年出资 800 万元买断十堰市已开通的 23 条公交线 18 年的经营权。

这一时期也是外资公交企业大举进入内地市场的时期。继香港冠忠巴士集团、澳门新福利巴士公司之后，九龙巴士分别在2002年和2003年进入深圳和无锡公交市场，随后拓展到北京、大连、天津等城市，新加坡的康服德高公司则占据了大半个沈阳市场。而成都、昆明、南京、南宁、合肥、泰州等地城市公交都有外资的介入。仅广州一市就集中了新福利、新穗、冠忠、白马巴士、珍宝5家外资公交企业。

特许经营制度的建立是城市公用设施改革由粗放式进入精细管理的重要标志。2004年3月，建设部以第126号令正式颁布了《市政公用事业特许经营管理办法》（简称《办法》），该办法于2004年5月1日起正式实施，凡属市政公用事业的城市供水、供气、供热、公共交通、污水处理、垃圾处理等行业，都依法实施特许经营。《办法》共计31条，规范了市政公用事业市场的准入、特许经营权的实施程序、特许经营协议的内容、特许经营双方的权利和责任、特许经营权的变更和终止行为、协议双方的法律责任等方面的内容，包括市政公用事业市场准入和清除制度、特许经营权招标投标制度、项目运营中期评估制度、紧急情况下临时接管制度、公众监督制度。《办法》提出"根据不同市政公用行业的特点、规模、经营方式等因素，各地可自主确定特许经营的期限，但最长期限不得超过30年"。

在这一政策背景下，上海于2001年启动第二轮公交改革。本轮改革的主要目的在于纠正上一轮改革中出现的一些问题，在公交运营企业内部建立现代企业经营制度和奖罚机制，加强公共的行业监管。经过了1996年的改革后，上海公交市场供需矛盾得到根本缓解，国营公交企业扭亏为盈，但由于市场上公交运营企业过多（1998年，各类公交运营企业数量超过150家），给公共监管带来了很大的难度，市场上出现了无序竞争，部分线路票价昂贵，私营线路片面追求效益，存在安全隐患等问题。

为此，新一轮改革首先从公交运营企业的整合归并入手。由于市场上为数众多的公交运营企业规模各异，企业性质也很不同，有国营企业、私营企业、集体企业、中外合资企业等，整合归并是个难题。上海市政府决定通过股份制上市公司这一平台，依托三家大型的国有控股上市公司大众、强生、巴士对各家运营企业的公交运营业务进行股权收购，一方面可以集中资源，方便集中管理，另一方面也使得社会资本在公交市场上的投入仍然得以保留。经过这一轮股份制改革后，上海市常规公交的市场集约化程度明显提高，巴士、大众、强生三大集团的公交企业占有市场份额分别达到50%、28%、6%，境外和其他社会资本控股企业占16%。全市公交运营企业的数量也迅速由1996年的151家降至2007年的43家。

为了完善公交行业管理，上海提出转变政府职能，对相关政府机构也进行了改革。2005年，上海撤销了公共交通、出租汽车、轨道交通等分散的业务管理部门，合并组建为市交通运输管理处，实行统一的大行业监管，加强公交全行业管理。进一步理顺政府主管部门、行业投资公司和公交营运企业各自职能定位及相互关系。市交通主管部门从"办公交"转向"管公交"，集中精力加强对公交发展战略、专业规划、产业政策的研究和实施。市交通局所属常规公交营运企业按产权关系相应划归各集团公司管理。

与此同时，建立扶持政策，改善公交经营环境。设立"公交专项"，强化政府对公交发展的调控手段。从市财政或专项资金中每年拨出1.5亿元，交投集团每年拨出5000万元，定向用于引导和调节公交行业发展，帮助解决常规公交企业历史形成的富余劳动力包袱；对于企业为适应城市发展和环保要求，发展清洁能源车辆、完成政府指令性项目等，给予一定的政策补偿。

（5）2008年以来：回归公益性改革

进入21世纪后，我国大中城市的交通发展发生了新的变化。随着小汽车进入普通家庭，城市中小汽车交通量猛增，带来了大气污染和道路拥堵等现实问题。由于运营成本不断上升，公交客流流失，市场化公交运营企业与公共监管之间的矛盾加剧，市场化改革的副作用开始显现。地方政府的财政收入状况明显改善，对民生问题也开始重视，有能力对公用设施加大财政投入，城市道路交通建设成为政府投入优先考虑的领域。这些背景条件的变化，都为城市公交发展建设提出了新的要求，也为新一轮公交改革创造了契机。

2004年3月，建设部发布《关于优先发展城市公共交通的意见》（建城〔2004〕38号文件），提出用5年时间基本确立公共交通在城市交通中主体地位的发展目标。2005年9月，国务院办公厅转发了建设部、发展改革委、科技部、公安部、财政部、国土资源部联合发布的《关于优先发展城市公共交通的意见》（国发〔2005〕46号文件），公交优先发展战略明确成为国家战略。2006年建设部对117个城市的调查显示，66个城市在公交场站建设以及车辆、设施装备和配置更新方面得不到政府资金和政策支持，占被调查城市的56.4%。为了进一步强调地方政府在落实公交优先战略上的责任，2006年12月建设部联合国家发改委、财政部、劳动保障部发布《关于优先发展城市公共交通若干经济政策的意见》（建城〔2006〕288号，以下简称《意见》），《意见》要求"坚持以政府投入为主，将城市公交发展纳入公共财政体系。城市公用事业附加费、基础设施配套费等政府性基金要向城市公交倾斜"；"对于实行低票价以及月票，老年人、残疾人、伤残军人等减免票政策形成的城市公交政策性亏损，城市政府应给予补贴。成品油价格调整影响城市公交增加的支出，由中央财政予以补贴。由于政府指令性任务所增加的支出（如新能源汽车），经城市政府主管部门审定核实后定期进行专项经济补偿"。在此基础上，《意见》提出"鼓励社会资本参与城市公交的投资、建设和经营，通过特许经营制度，逐步形成国有主导、多方参与、规模经营、有序竞争的格局"。

在此政策背景下,北京率先启动了以回归公交"公益性"为基本导向的新一轮公交改革。2006年12月18日,北京出台《关于优先发展公共交通的意见》,明确在加快轨道建设的同时,对地面公交系统进行全面提升改造,对公共交通施行设施用地、投资安排、路权分配、财税扶持的"四优先"政策。并计划自次年起,加大地方财政投入用于支持公交发展。除一部分用于支持城市轨道交通建设外,相当重要的一部分将用于地面公交运营补贴,包括对公交集团经营的月票有效线路给予运营亏损补贴、IC卡折扣补贴和燃油涨价价差补贴等。以此为条件,大幅度降低北京公交的票价,以提高公交出行的分担率。取消月票,包括空调车在内公交线路的基础价下调为1元;地铁采取一票制,统一为2元。公交普通IC卡乘公交打4折,学生卡打2折;低保对象在购买交通IC卡时还可以享受到每月10元的补助。北京成为我国公交票价最低的城市。改革后,北京市政府每年用于城市公交的财政补贴逐年上升(图11-1),成为回归公益性公交改革的代表性城市。

在上海,随着经济社会快速发展和市民生活水平不断提高,以及成功举办2010年中国上海世博会的特殊要求,公交发展又面临着新的问题和挑战,亟须通过进一步深化改革予以解决。一是轨道交通和城市建设的跨越式发展,公交线路的配套、调整尚显滞后;偏远地区和城乡接合部地区群众的出行问题尚未从根本上解决,行业服务和保障能力有待进一步提升。二是行业监管和规范制约尚不够到位,对公交扶持的长效机制尚不完善,政府支持的力度有待进一步加大。三是公交企业数量尽管已经减少,但从总体看仍显偏多,企业经营成本不断增加,负债率居高不下;部

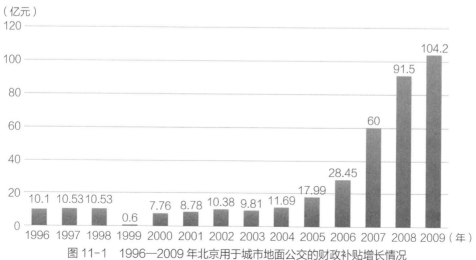

图11-1　1996—2009年北京用于城市地面公交的财政补贴增长情况

注：其中2008年和2009年补贴不含地铁划拨部分（分别为7.9亿元和15.2亿元）。

资料来源：依据历年北京财政预算及结算数据及公开资料汇总得出．

分公交企业片面追求投资回报，一线职工收入偏低，司售岗位缺乏吸引力，企业经营和管理方向有待进一步明晰。

2008年1月上海市委常委会第31次会议明确：要进一步突出公交行业的公益性，完善行业公益性和运作市场化相结合的机制，加大政府投入力度，不断提高服务质量。当年3月市政府批转《进一步深化本市公交改革的方案》，公交行业第三轮改革正式启动。第三轮公交改革的主要任务包括：

1）深化体制改革，完善市场经营格局。贯彻国务院关于公交行业"国有主导、多方参与、规模经营、有序竞争"的总体要求，深化产权制度改革，以巴士公交等资产从上市公司退出为突破口，逐步实现骨干公交企业国有控股，发挥国有资本在公交投资、建设和营运管理中的主导和支撑作用，形成保障公益性要求的产权制度；按照相对区域经营、提高市场集中度、促进有序竞争的基本思路，推进形成浦西、浦东、郊区等3大相对区域经营格局。

2）提升服务能级，全面提高供应水平。以迎世博为契机，提高公交服务供应的均衡性，完善并有序实施公交线网三年优化调整方案，公交线网实现与轨道交通有机衔接，保障市民有需求的冷僻线路。提高公交服务供应便捷性，加快公交客运枢纽和专用道建设，加大节能减排力度，加快更新公交车辆等。

3）强化政府监管，规范市场行为。修订完善地方性法规《上海市公共汽车和电车客运管理条例》，从制度上保障公交发展；推进实施公交成本规制，统一核算制度，明确成本构成、约束标准、监审程序以及违规处理等要求，对营收和相关资源性收入等建立相应监控措施；与此相配套，建立由市分管领导牵头的推进公共交通优先发展联席会议制度，同时履行公交成本费用评价委员职能，邀请社会专家参加，评估企业经营状况，提出政府扶持意见。完善公交补贴政策，鼓励加快车辆更新，政府对换乘优惠、老年人非高峰免费乘车等惠民措施，以及要求企业承担社会福利性项目和完成指令性任务，实施政府购买公共服务。

4）加强企业管理，充分调动职工积极性。强化企业内部管理，加强一线车队建设和现场管理。强化职工职业道德和业务培训。改善公交职工福利待遇，保障其合法权益；公交首末站点配套相应设施，改善一线职工的工作和生活环境。公交营运企业经营者收入与一线职工收入相挂钩，并保持在合理比例内。

2009年3月，巴士股份重组方案得到国家证监会正式批准，巴士公交等资产从上市公司退出，上海公交基本实现骨干企业国有控股，发挥国有资本在公交投资、建设和营运管理中的主导和支撑作用。至2010年末，全市共有线路经营权资质的独立核算公交企业35家，其中国有企业数量占比近70%，基本奠定国有企业在整个公交运行体系中的基础地位，形成保障公益性要求的产权制度。

2010年世博会前，形成"浦西、浦东、一区一骨干"经营格局。浦西以久事公司为主体，成立巴士公交集团，整合后下辖 9 家企业；浦东新区以区政府为主导，成立浦东公交公司，整合后下辖 4 家企业；郊区依托各区（县）政府，组建嘉定、松江、闵行、奉贤、青浦、崇明、金山七个区（县）国有控股的公交骨干企业。

经过新一轮改革，上海公共交通发展势头良好，公交营运服务水平稳步提升。2010 年，全市公交日均客运量达 769 万人次，较改革前有所增长。公交服务均衡性、便捷性、经济性和安全环保性明显提高，为世博期间交通运行提供良好保障。公交线网不断优化，2009 年，全市新辟、调整公交线路 282 条，其中新辟社区巴士线路 25 条；公交线网逐步实现与轨道交通有机衔接。至 2010 年末，全市公交营运线路达 1165 条，较 2008 年净增 107 条。2009—2010 年，共计更新投放 5700 多辆公交车，车容车貌明显改观；全市空调车比例达到 96.7%，全市有 14820 辆公交车安装使用车载智能化系统。同时，政府监管得到加强，扶持力度加大。2009—2010 年，公交市级财政扶持资金支出合计 71.90 亿元，超过改革前的补贴水平，其中车辆更新补贴 32.08 亿元、优惠换乘 13.72 亿元、老年人免费乘车 7.09 亿元、油价补贴 18.15 亿元、其他政府购买服务 0.86 亿元。同时，各区（县）对所属区域内公交发展的投入力度也不断加大，2009—2011 年 3 年间，共投入 13.9 亿元，尤其是浦东新区对公交投入达到 6.8 亿元。2010 年，全市公交行业一线职工平均收入为 46292 元，较 2008 年增长 25.8%，基本与全市职工平均工资水平持平。巴士公交集团和浦东公交公司（两家企业市场份额达 85%）等国有骨干企业驾驶员平均收入高于市平均收入 17%。

11.1.2　对前阶段我国公交改革的总体评价

（1）前阶段我国公交改革的总体特征

综观改革开放 40 年来我国公交改革的整体历程，可以认识到以下几方面的总体特征。

首先，改革的外部环境变化明显。改革开放以来，我国的城市面貌发生了翻天覆地的变化。城市人口持续上升，生活水平不断提高，居民的生活方式和出行习惯也发生了彻底的改变。不同时期城市公交运营中存在的问题也有很大的差异，这决定了在不同阶段城市公交改革的内容和目标也有差异。以上海为例，五个阶段公交改革所重点解决的问题是不同的。1988 年改革的主要起因是公交供给严重不足导致的群众"乘车难"问题，1996 年则重点解决国营公交企业的亏损问题，2001 年的改革主要是针对运营企业数量太多导致的公共监管问题，2009 年改革则主要是为纠正市场化改革中出现的一些偏差，回归公交的公益性。由此可见，尽管 1988—2001 年的改革总体上都是市场导向的，但各阶段的具体目标还是有所差异的。这反映了公交改革对实际问题的适应性。我国城市发展的不稳定状态，决定了公交改革的政策导向是灵活变化的。缺乏稳定的和具有前瞻性的公共政策引导,也使得前阶段的各项公交改革措施缺乏连续性,改革成本偏高。

其次,在公交改革的各个阶段,中央政府的相关政策发挥了重要的导向性作用,尤其是公交改革的措施取向上,中央文件往往成为地方改革的主要政策依据。由此可见,公交改革的政策性特征非常明显。与之相比,我国在城市公共交通方面的立法比较薄弱,对公共交通的一些根本性问题缺乏明确的法律界定,这也使得中央政策在地方实施的过程中出现一些偏差。作为全国层面的政策,中央政府的相关通知和意见往往具有"一刀切"的特点,很难具体考虑到不同地区、不同城市的情况差异。政策的出台主要考虑到当时的问题,本身存在阶段性。加上地方交通规划对公共交通考虑不足,公交改革难以结合地方实际条件和发展规划进行系统化的部署。

再者,从前阶段的公交改革可以看出,公交的运营体制已经引起从中央到地方各级政府的关注。在相关的政策文件中,不仅对公交的建设发展提出意见,更重要的是,对公交运营和管理方面的改革建议占了更大的篇幅。这也说明各级政府开始认识到"软件"的改革和优化与"硬件"的设施建设相比,对落实公交(优先)发展具有同等的效用。尤其是在对既有的常规地面公交的改革过程中,运营体制往往成为问题的焦点。

(2)公交改革的积极作用

总体来看,前阶段的一系列公交改革对促进我国城市公共交通的发展,深化相关认识,积累政策经验具有积极的作用。

首先必须肯定的是,公交改革对我国的城市公交发展建设起到了明显的推动作用。我国城市公交的运营车辆数是反映公交供给的一个重要指标。根据相关统计年鉴,1978—2008年间,我国公交运营车辆总数增长了近10倍(图11-2)。截至2011年底,全国公交车、电车、轨道交通运营车辆已达到412590辆,基本解决了城市"乘车难"问题。

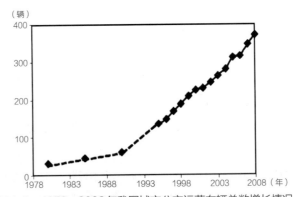

图11-2　1978—2008年我国城市公交运营车辆总数增长情况

在数量增长的同时,我国城市公交的服务质量和服务水平也得到了明显改观。除了常规地面公交外,大多数大中城市都基本形成了由大容量快速交通(轨道交通或 BRT 快速公交)为主干、出租车为辅助的多方式的公交体系,公共交通服务也从中心城区延伸到农村地区。智能交通、电子车票等信息技术的应用,也明显改善了乘客的公交出行体验。

在思想认识上,公交优先发展已经成为全社会的普遍共识。历次改革的政策文件中,均反复强调了城市公交具有社会属性。结合我国城市建设和人口密度普遍较高的现实情况,解决城市交通供需矛盾问题,必须优先发展公共交通。近年来出现的雾霾天气、城市拥堵等问题,进一步提高了公众意识对公交优先的觉悟,为后续的公交建设发展创造了十分有利的社会条件。

此外,前阶段改革也逐步明确了地方政府在公交发展建设问题上的责任和权力。首先,作为公用设施的组成部分,地方政府有责任向所有市民提供安全、便捷、价格合理的公交服务,承担公交发展规划、公交运营组织等工作,并为公交建设和运营维护提供稳定的财政支持。其次,历次改革都强调了公共监管的必要性,即便是在市场化改革的背景下,政策文件仍然强调了公共交通不能完全商业化,必须纳入地方政府的监管。历次改革中,地方职能部门也相应有所调整,总体上公交规划建设和日常运营的调控能力得到了加强。

(3)改革尚未理顺的问题

前阶段的公交改革也暴露出一些至今没有理顺的问题。首先,我国的公交发展建设缺乏法律保障。从历次公交改革可以看出,国家政府出台的政策性文件成为地方决策的主要依据。然而,政策性文件本身是针对某一时期的主要问题而制定,本身既缺乏系统性又缺乏延续性,而且国家层面的政策往往"一刀切",没有考虑到各个城市现实情况的差别和特殊性。政策性文件本身形式多样,上有国务院或各部委颁发的通知和意见,下有地方政府或职能部门制定的规章或规范,政策发布主体的多样性,削弱了这些行政规章的权威性。对涉及公共交通发展建设的一些关键性问题,这些政策性文件也难以给出明确的界定,实际上,这也是造成公交改革导向不断变化调整的主要原因。

其次,在地方层面上,公交发展建设是一个与多部门相关的问题。由此导致的相关决策权往往也分散在发改委、交通局、住建局、财政局、公安局、环保局等多个部门,各自为政,缺乏有力的统筹衔接,削弱了政府的监管和调控效力。地方政府对公交发展建设缺乏系统研究和指导长期发展的统一规划,政策措施的延续性差,直接影响了行业的稳定发展。

最后,由于我国大中城市在改革前基本上都已经有了公交服务,历史上形成的国营公交运营企业就成为改革过程中回避不了的问题。在我国的大中城市中,地面公交经过一段时期的发展建设，线网格局以及相关的设施已经基本成型，公交服务的供给组织也基本稳定，硬件方面可以进行的公共干预有限，因此，软件的运营管理就成为公交改革的主要切入点，而公交运营企业则成为改革的主要对象。从前阶段的历次改革不难看出，我国的公交改革实际上主要是围绕国营公交企业改革进行的，改革并没有对整个公交行业的发展前景、作用和地位、相关配套政策等作出整体设计。受此限制，对公交运营企业的一些基本问题，改革也没有给予回答。政府对市场化和公益性保有"非此即彼"的二分立场，对国有企业和私营企业的关系问题，政策上也还没有形成明确的导向。虽然经过多次改革，但公交运营企业的实际财政状况却一直不够透明。尽管在改革的各个阶段中，政策体制发生了较大的变化，但公交服务的实际承运人却是基本稳定的，换言之，尽管运营企业的数量、性质发生了明显改变，但其中的员工（司机、维护人员、管理者等）却是基本稳定的。这一现象一定程度上是由公交行业本身的特点决定的。公交运营企业属于劳动密集型的企业，其中巴士司机占了非常重要的比例。而作为城市基本的公共服务，公交运营对服务的稳定性有较高的要求，司机不仅要具备良好的驾驶技术，同时还要熟悉线路情况以及周边的城市环境，了解公交运行的基本规律。人员的基本稳定是保证公交运营质量的前提条件。缺乏公交运营经验的企业很难参与市场竞争。此外，作为"历史运营商"的国营公交企业往往都有庞大的员工数量，人员转移安置成为公交改革必须要重点解决的难题。纵观四十多年的公交改革历程，其中很大程度上是针对公交运营企业的改革，特别是针对历史形成的具有垄断性质的国营运营企业的改革。简言之，是企业改革代替了行业改革。公交改革的总体设计和政策措施，并没有和行业发展规划以及与其他城市政策统一起来进行考虑，一定程度上制约了公交改革的成果和绩效提升。

11.2　国外城市公交建设运营模式借鉴

优先发展城市公共交通并非只是我国采取的政策，而是许多工业化先发国家的共同选择。这些国家具有较长的公共交通发展历程，也较我国更早经历小汽车交通过度发展带来的城市问题，并在优先发展公共交通应对这些问题上积累了较丰富的经验。本章以英国、法国、德国、韩国及其代表性城市为例，全面阐述各个国家和城市公共交通建设运营模式的多样性和特色做法，学习借鉴通过机制创新、模式创新推动公共交通优先发展的成功经验。

11.2.1　英国伦敦的自由竞争模式

在城市公共交通政策研究和改革方面，英国是全球各国中的先行者。几十年来，英国中央政府在公交运营机制上推行了系列改革，作为英国最重要的城市和首都，伦敦市政当局也致力于持续完善大伦敦地区的城市公共交通政策和管理。伦敦的公共交通经历了由公有化到私有化，再到政府授权委托经营，最后形成良性自由竞争机制的发展过程。

（1）英国伦敦公共交通的发展沿革

英国有着悠久的公交历史，大约从1930年起，政府就开始对公共交通实施干预。并在20世纪中叶以后，基本形成国家或地方政府主导的管理模式，公共交通的经营主要交由一些大型国有企业承担。在20世纪70年代初，政府开始对公交进行补贴，并在最大的7个省级市设立了负责总体协调的客运交通行政管理部门。尽管如此，城市公共交通仍普遍陷入了票价上涨、客流下降的恶性循环，财政补贴不断上升的趋势难以得到有效遏制。当时的英国政府判断，之所以出现这种问题，是由于国有公交公司的垄断性经营阻碍了运营效率提高导致的，并因此决定从公交经营机制入手实施改革。

1984年，伦敦地区通过地方立法，决定在公共交通线网内，对竞争性路线实行经营许可制度。同时，为了保持票价和服务体系的整体性，以伦敦地区交通公司作为委托人，采取"成本合同"的方式，对各条线路的经营展开统一招标，中标经营者按合同规定提供服务，并获得规定的收入。合同规定：委托人伦敦地区交通公司承担所有经营风险，并拥有公交线路票款的全部收入；中标经营者若不能满足合同规定的服务质量要求，则会受到相应的警告，直至最终被取消经营权。

1985年，一项新的交通法案在英国议会获得通过。该法要求私有化公交公司，并明确提出将政府手中的经营管理权下放给公交企业，建立公平竞争的公共交通市场，由市场来决定票价。并且，除了必要线路的亏损外，政府对其他线路经营不善导致的亏损不再予以补贴。但没有想到的是，改革实施后，由于公交市场竞争过于激烈，大部分企业独自分散经营的效益较低，重新组合的趋势又随之出现。到1995年前后，英国全国公共交通市场份额的53%逐渐集中到了6家大型公交企业手中。

放松管制实行公交经营私有化后，公交企业大力降低运行成本，提高了劳动生产率。而票价的提升，虽然使公交的单次运营平均收入增加，但乘客数量却大幅减少，城市交通出行中的公共交通分担率持续下降。2004年，英国交通部发布了题为《公共交通——更为明智的选择》的政策性文件，鼓励人们出行使用公共交通工具，公交改革进入新的阶段。

（2）伦敦公共交通的管理机构

1933年，"伦敦市客运交通委员会"成立，负责统一管理公共交通事务。1970年，伦敦公共交通的管理事务由市政府下辖的"伦敦交通署"接管。2000年7月，伦敦交通局（Transport for London，简称TfL）成立，作为管理大伦敦地区交通运输系统的政府机构，下设三个部门分别管辖伦敦地铁、伦敦铁路和伦敦的路面交通运输。虽然伦敦交通局的职责范围涵盖了大伦敦地区包括货运交通在内的所有交通运输事务，但从各部门的业务内容来看，公共交通的运营管理占据了其中的绝大部分，包括常规地面公交、地铁、通勤铁路、轻轨、有轨电车、出租车、航运等公交系统的投资建设和运营管理等，也包括街道管理和道路收费管理，以及落实市长制定的交通政策、编制交通规划、拟定交通治理方案。在公共交通方面，除了公共交通系统规划建设外，伦敦交通局还负责制定公共交通的服务准则和运行时刻表、规定紧急应对措施、提供交通实时信息查询等工作。

2000年，伦敦还同期成立了"伦敦交通服务乘客委员会"。该委员会由伦敦市议会提议设立、成员由伦敦市议会任命，主要负责监督城市公共交通服务质量。委员会需要认真对待公交乘客的投诉，并独自对公交系统进行调查，还要与公交调度员之间保持联系，以此对增加或减少公共交通站点进行决断。委员会所有相关的会议都要向市民公开，公众可在其网站上提交意见，并且还能了解委员会调查项目的进展情况、做出的决定以及得出的结论。

（3）伦敦公共交通经营权与所有权分离

伦敦公共交通将经营权与所有权分离，通过将经营权完全市场化的方式，引入市场竞争、提高效率。而各公交设施的所有权仍归政府所有，政府应为公交企业提供一定的资金支持，以维持公共交通的持续运营。

以常规地面公交为例。伦敦政府在保留公交设施所有权的情况下，将公共交通服务整体外包给伦敦公共汽车公司负责统一经营，并由后者规划行驶路线、制定公交服务等级、监管运营质量、维护车站和其他辅助设施等，其中包括制定具体的服务标准，如路线的详细规划、起始点和终点、车辆停靠点、首末班车时间、公益性线路的发车间隔、其他路的服务半径、公交车数量、车辆的大小和类型等。随后，伦敦公共汽车公司再分别通过招投标的方式，将公交线路二次外包给其他私营企业按既定的服务标准运营。在与各私营公司签订合同后，伦敦公共汽车公司也负责起监管后者运营服务的工作。为了更好地帮助政府安排补贴计划，每年要对约50%的线路运营情况进行评估。此外，为了杜绝长时间承包某条线路运营可能带来的效率降低问题，伦敦公共汽车公司每年还要重新对20%的公交路线进行招标，引进新的公交企业，淘汰低效企业。

（4）伦敦公交运营的监管与激励机制

在政府监管方面，伦敦公共交通建立起了以"舒适度"为核心的乘客满意度评价体系，每年选取36000名乘客进行乘客满意度调查，涉及服务质量相关的20个方面的问题；每年完成25000左右人次随车人员匿名检查，覆盖约80个评测指标，此外还包括对安全和事故的审核报告、服务的准点率等。通过将评价结果与合同延续相挂钩的做法，将公共监管转化为公交服务质量提升的动力。

另一方面，对伦敦公交运营企业的激励则主要通过承包经营合同中的"质量奖励"条款来实现。通常，承包经营合同的期限为 5 年。但如果公交运营企业提供的服务质量超过合同中设立的服务标准，政府会依据合同相关条款进行奖励，承包经营合同的期限可以获得 2 年延长期。

（5）伦敦公交运营机制的实施效果

随着公交运营机制的逐渐完善，消费者越来越认可伦敦的公交服务。据英国的新闻媒体报道，近几年伦敦公交的运营情况有了明显改善，公共交通的安全性、可靠性和运行效率等均得到明显提升。而随着客流量上升，车票的价格并未上涨，反而有一定程度的下降，同时道路上公交车辆拥堵的情况也基本消失，公交运营的矛盾得到极大缓解。伦敦公共交通重新成为受市民喜爱的方便的出行方式。另一方面，逐渐完善的城市公交管理体制也进一步规范了各公交运营企业的经营行为。使得当前伦敦的公交网络在运营与管理上更有秩序且不失活力，各个公交线路之间既有公平的竞争，又相互补充合作，保障了城市公交服务的平稳、安全和畅通。

11.2.2 法国巴黎的公共交通代理运营模式

法国是最早提出公交优先理念的国家。其首都巴黎是世界上最早建设城市公共交通系统的城市，也是当前公共交通网络最发达最完备的国际大都市之一。经过长期的历史发展，当前法国城市公共交通运营形成了一套颇具特色的"代理运营公共服务"模式（法语为 Délégation des Services Publics，简称 DSP），将由政府直接提供公交服务转变为了政府购买专业化的公交服务。

（1）"代理运营公共服务"模式

法国各地的公交运营模式并不统一，各个城市可以根据各自的实际情况选择适合的公交运营模式，甚至可以选择多种不同模式共存的组合模式。总的来看，法国的公交运营模式分成两种：

1）政府直营模式（法语为 en Régie）：即政府对包括城市公共交通在内的公用事业，采用直接经营管理模式。在这一模式中，政府的采购价格是预先约定并且固定不变的，而且服务运营过程中所有的运营风险及其造成的财务亏损均由政府承担。例如：巴黎中心城区及近郊区的地面公交线路、有轨电车和大部分地铁线路均由政府直属企业"巴黎市公共交通总公司"（Régie Autonome des Transports Parisien，简称 RATP）负责运营和管理。除巴黎外，法国还有一些中小城市也选择采用政府直营的模式。

2）"代理运营公共服务"模式（DSP）：在这种模式中，负责城市公交日常管理和实际运营的企业大多是私营企业或混合所有制企业。政府以代理合同的方式，委托这些企业替代政府承担公交的日常运营管理和维护工作。运营企业不仅要完成约定的任务,而且还要积极地提高运营绩效,比如缩短公交班次间隔、提高日均客流和票务营收等,运营企业获得的报酬将根据公交服务运营的实际效果有明显浮动。

目前,代理运营模式是法国城市公共交通的主导模式,全国约有70%的公共交通网络采用这一模式。需要注意的是,代理运营模式只是一种运营管理模式,对运营企业的属性有很大的包容性,国营企业也可以与政府签订代理运营合同。

代理运营模式接近于政府机构授权的特许经营。即由政府或代表政府的部门准许特定企业在一定期限内使用公共财产,享有经营某种特许业务的权利。公用事业的特许经营制度是政府部门(经营权发租方),将公用事业的经营权租给专业化机构(可以是私营机构也可以是公立机构),政府获得租金收益,而经营方则通过对用户收取报酬等方式,对所承租的公用事业进行开发管理,自负盈亏,并承担经营风险。在法国,城市公共交通采用这一模式运营是基于以下的基本认识:公共交通的基础设施应当保证公有,而公共交通的经营权也应当永远归国家所有。如果私营企业经营公共交通没有时间的限制,将会造成一种对公共资源经营的垄断,而降低公交运营效率。所以,代理运营模式不能简单地看作是所有权和经营权的分离,而是政府对经营权的租赁,所有权和经营权的实际所有者仍都是政府。这一模式也可以视为是政府向企业的购买服务模式,因为服务具有公益性属性,所以政府需要出资购买,但是,服务的供给与保障不一定非得由政府或国有企业直接来做。

需要注意的是,代理运营模式必须要有健全的管理机制和法律保障,来抑制该模式过于沉迷于提高运营绩效,而有失公益性的情况发生。委托代理合同是这一模式的核心,尤为重要。政府和企业通过充分协商订立代理合同,明确代理运营公共服务的范围和年限。在合同中,地方政府还可与代理人设定运营服务质量的标准和绩效目标,通过监督和评估代理人的运营效果,施以奖罚。如果服务运营效果超出预期目标,代理人将获得相应的奖励,反之则需要向政府支付约定的罚金。政府完全可以利用代理合同里的这些条件公开招标,促进市场充分竞争。说到底,公共交通服务质量最终仍由市场来检验。乘客的投诉、建议既可以向代理运营企业反馈,也可以向负有监管职责的政府监管部门反馈。这样,政府就拥有更多的信息去有效监管,甚至是在最初选择运营企业的竞争阶段,政府监管部门就可以引入公众参与,来共同选择最为满意的运营企业。此外,政府和企业如何分担经营风险也是委托代理合同中的关键性内容,通常有两种模式:第一种是全部风险模式,即代理运营企业对公共交通的经营管理完全自负盈亏,承担全部风险;第二种是部分承担风险模式(也叫有限风险模式),即代理运营企业与政府共同承担风险,或只负担建设与运营过程中的技术风险。大部分城市的公共交通委托代理合同都采用第二种有限风险模式。

(2)法国的公交运营企业

从法国两种主要的公交运营模式可以看出,公共交通服务的实际提供者包含了不同属性的企业,可以是政府直属的国营企业,也可以是私营企业、公私合营企业,甚至地方政府也可以通过代理运营合同,允许社团或协会组织来运营公共交通。多样化的运营模式打破了国有企业的垄断经营,避免对公交运营企业非公即私、公交运营政府主导或市场主导非此即彼的惯性思维,允许多种形式的非公经济体参与公交运营(表11-1)。在相同条件的政府监管体制下,政府直营与代理运营两种模式同时运作,形成公私共同竞争的局面,积极发挥了市场在资源配置上的能动作用,使得公交既保证公益性,又能兼顾运营效率和服务质量。经过一段时间的市场竞争,法国出现了一批成规模、专业化程度高的公交运营企业,如 Transdev 和 Keolis 已成为全球规模最大的两家城市公交运营企业,可以在全国乃至国际市场上灵活调配技术资源,改变了单座城市办公交企业容易遭遇的技术瓶颈,有力推动了城市公共交通运营管理专业化水平的提升。

法国巴黎大区以外各省的公共交通运营企业情况　　表11-1

企业属性	数量（个）	百分比（%）
政府的市政部门直接管理	1	0.6
合同代管企业	10	6.3
公私合营企业	31	19.5
国营企业	18	11.3
私营企业	99	62.3
总数	159	100

资料来源：吴红. 城市公共交通服务供给制度分析[D]. 武汉：武汉大学，2005.

法国的行政区划分为大区、省和市镇三个层次,其中巴黎大区在法语中又被称为"法兰西岛"(Ile de France),是法国17个大区中经济实力最强的,2017年的GDP总量占全法国GDP总量的30.95%。巴黎大区面积12011km^2,人口约1200万,下辖1281个市镇,其中巴黎城区面积105km^2,人口超过200万,是规模和经济实力最强的市镇。作为法国首都地区和欧洲大陆的经济中心城市,巴黎大区的公共交通对国家安全、经济发展、社会稳定等具有特殊的战略意义,公交运营管理具有明显的特殊性,但是,整个大区的公共交通网络运营仍然采用了多元化的模式,形成了多种形式的非公经济体参与公交运营的格局。

首先,巴黎大区的公共交通运营组织由国有企业主导。组建于1949年的"巴黎市公共交通总公司"(RATP)是巴黎市政府直属的国营企业。承担的公交业务量占巴黎大区的80%左右。该公司的董事会由27人组成,其中政府代表9位、员工代表 9 位和相关法规规定出任的代表 9 位。RATP 拥有 16 条地铁线路、2 条区域轨道快线（RER）、2 条快速公交线路、314 条普通巴士线路；拥有 3555 节地铁和 1027 节快速铁车辆、105 辆电车、4293 辆巴士；拥有 40000 余名雇员；年运客人次 26 亿以上。

巴黎大区处于第二位的公交运营企业是"法国国家铁路公司"（Société Nationale des Chemins de fer Français，简称 SNCF）。组建于 1937 年的 SNCF 是直属于法国中央政府的国有企业，1989 年设立了巴黎大区公共交通部门，负责运营巴黎郊区的通勤铁路以及另一部分区域轨道快线（RER），既和 RATP 展开公交运营竞争，同时两者也共同构成了国有企业绝对主导的市场格局。SNCF 负责管理运营 1352km 铁路线和 400 个车站、3828 节车厢、19000 余名雇员，年运客人次约 5.47 亿。

然而，除巴黎城区及近郊以外的近千个市镇的公共交通服务，则由 89 家私营公交企业负责运营。为了统一服务、规范管理，这些企业于 2000 年 10 月合并组建了"巴黎大区专业运输联合会"（OPTILE）。这一私营企业联合体主要在巴黎近远郊区提供常规公共交通服务，共有公交线路 950 条、车辆 3634 辆，雇员 5100 名，年运客人次约 2.55 亿人次。

尽管有多个公交运营企业共存，巴黎大区城市公交系统的整体性非常强，不同交通方式之间的换乘也很便捷。特别是在轨道交通站点附近配合建造有小汽车和自行车的停放点，配设有公共汽车停靠站，公共交通网络无缝衔接十分方便。这与政府的严格监管分不开。

（3）政府在公共交通建设运营中的责任与权利

法国公交运营模式和公交企业属性的多样性，离不开政府对公交市场强有力的监管。

首先，法国通过完备的立法，对政府的行为和责任进行规范。例如，1791 年颁布的《阿拉尔德法》中，就有条款明确市镇政府对公用事业的经营，拥有自由选择公有化或私有化的决定权。而在 1998 年颁布的《萨班法》中，又专门规定委托运营项目必须实行公开招标竞争。在公共交通的代理运营委托过程中，政府应遵循的基本原则包括：①保证公共交通的收支平衡；②通过代理运营模式，政府和企业双方应建立良性持久的合作关系；③风险分摊需要均衡，收益也要合理共享；④政府要认真考察代理方，即公交运营公司的信誉；⑤确保公交服务供给的连续性、公平性，同时还要能够适应不断变化的市场需求。同时，也明确了地方政府对公共交通建设发展负有责任，应保证对公共交通给予必要的财政补贴。政府委托企业承担公益性服务的供给，就应当相应地为企业分担经济负担。除地方政府外，法国中央政府同样也会通过专项资金的方式，对各个城市的公共交通建设给予必要程度的财政资助。

其次，除了明确政府的责任外，法律也明确了政府在公共交通建设发展上所拥有的权利。为避免公共交通运营被市场控制，法律保障了政府在公交行业中的主导性地位。明确公交设施的公有属性，即所有权归属于政府；保证政府对公交行业的控制力，即监督权在政府；保证政府对公交市场的管理，即政府要能干预公交票价、并享有在特定情况下单方面中止代理运营合同的权力。政府在行使权力时也要注意方式。应当给予运营企业合理的利润，给予企业一定的生存和发展空间。政府不能滥用手中的权力，应当充分发挥市场配置的效率优势，只在企业偏离了既定初衷时才应当出面予以制止。

在公共交通监管的具体落位上，巴黎大区积累了较为丰富的经验。一方面，巴黎大区成立了"巴黎大区公共交通管理委员会"（STIF）作为统一的公共交通监管机构。该委员会属于国家级的公共交通管理机构，负责管理大巴黎地区的全部公共交通。委员会的人员组成是中央政府及相关部委代表17位、大区代表5位以及省、市级行政区代表12位（图11-3）。该委员会的主要责任是：规划交通路线；规定合理的服务形式及挑选适宜的运营商，并与被选择的运营商签订合作合同；协调2个国有公司和89个私营公交企业在巴黎大区的公共交通服务，例如"交通税管理、重要基础设施的协调和项目审批、公交系统使用情况的调查评估、服务质量提升、公共交通相关专题研究的资助等"。

另一方面，巴黎大区还在2001年建立了"公共交通合作委员会"，其地位、成员任命的条件以及组织、出资程序等均由相关法令规定。该委员会主要负责公交服务的供应和质量、票价引导，并为大区内公交的未来发展提供相应的咨询服务。工

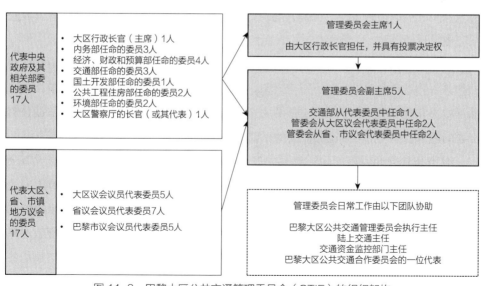

图 11-3 巴黎大区公共交通管理委员会（STIF）的组织架构

资料来源：作者自绘．

会组织、公司、相关的商会和其他组织,以及乘客等代表共同组成委员会的主要成员。该委员会还负责举荐一位会员,来作为巴黎大区交通管理委员会的顾问。

(4) 票价管理

公交票价政策涉及公交使用者的出行成本、公交企业的运营收益以及政府划拨的公交补贴,是关系公交优先的核心问题。经过多年的经验积累,法国在公交票价的制定中形成了几项基本原则:①市议会拥有制定公交票价政策的决定权,票价机制及修订需要经过议会讨论确定;②票价的制定要遵循收支平衡的原则,并考虑服务人群的数量变化、当前运营形势变化,以及地方税收情况等实际因素的影响,如需解决政府投入资金的回报情况,那么测算时还要考虑政府设施使用税和附加税等因素;③要定期进行票价变动调整和企业经营情况复核,四到五年一次为宜。如果政府和企业双方无法达成价格协议,可以成立一个三人委员会对复核结果进行仲裁。合作双方每方各自推选一位,再由已选定的两位委员共同推选第三位委员。

巴黎大区多样化的票价制度具有一定的代表性。首先,巴黎大区的公交系统采用统一的票务系统,无论是国有企业运营的线路还是私营企业运营的,无论是地面公交、有轨电车还是轨道交通,甚至是水上巴士,都采用统一的公交车票,即"一次性通票"。同时,为经常使用公交的本地居民发行周票、月票与年票等"长期通票"。购买长期通票相对于一次性通票的折扣力度非常大,表面上看发行长期通票会降低公交运营企业的票务收入,但实际上,方便而低廉的价格鼓励了更多市民选择公共交通出行,单次乘车收益的降低被多次乘车的收益弥补,是双赢的结果。针对特殊的弱势群体,购买长期通票还可以享受不同程度的优惠。此外,巴黎大区作为全球最具吸引力的旅游目的地,还对旅游者推出了日票、两日票、三日票、五日票等更灵活的票种,鼓励游客进行观光游览时也能优先选择公共交通出行。

(5) 财政扶持政策

为保障城市公共交通的可持续运营,法国政府制定了较为全面的财政扶持政策,除了中央和地方政府提供的公共补贴之外,还通过制度设计要求社会企业支持公共交通的运营,体现出全社会办公交的思路。

城市公共交通税制度是最典型的代表。1973年法国通过立法确定,当城市公共交通服务区内的人口总数超过30万人时,政府机构就有权决定在该区域内征收"城市公共交通税"(Versement Transport,简称VT)。1974、1982、1999年的法律又陆续将这一人口门槛降至10万人、3万人和1万人。城市公共交通税的征收对象是位于城市公共交通服务区内的、雇员数超过11人的大中型企业,征收基数是各企业的工资总额。如果企业为雇员提供通勤班车,则可以申请免征此税。法国是目前工业化国家中唯一征收城市公共交通税的国家,其最高征收税率由国家议会统一规定，但征收与否、实际征收税率则由各地方政府决定。在同一个城市公共交通服务区内的不同市镇，VT 的征收率可以不同。目前对征收上限的规定为：人口总数为 3 万~10 万人的城市公共交通服务区不得高于 0.55%；人口总数超过 10 万人的（巴黎大区除外）不得高于 1%，如果该地区需要建设地铁和轻轨，这一征收上限允许放宽到 1.75%。这一税收政策使各地方政府有了稳定的可以自主支配的财政资金来源，同时也鼓励中小市镇组合成联合体，以扩大城市公共交通服务区，达到法律规定的征税人口门槛。

在全国立法之前，巴黎早在 1971 年就率先开始试行征收公共交通税，并且税收办法与征收范围屡经调整，从 1991 年起，征税区域也由最初的巴黎城区扩大到整个巴黎大区。公交税以总工资乘以公司所在区域的税率（如巴黎城区的交通税率为 2.4%）为标准计算。据统计，税收收入的 90% 以上都用于填补公交公司的运营成本，剩余不到 10% 则用于各项其他支出。公交税由巴黎交通管理委员会按月发放给 RATP、SNCF、OPTILE 等运营商，这一举措成为巴黎公交企业弥补亏损的重要途径。还需提及的是，自 1982 年开始，巴黎大区除对企业征收公共交通税之外，还规定企业等用人单位要为购买月票或年票的员工，报销一半的月票或年票费用。这一举措对鼓励民众选择公共交通，减少使用私家车产生了非常积极的影响。每年月票或年票使用者约为 200 万，其中近 2/3 可以获得半价报销。这一举措实际上也提高了社会企业对公共交通运营的资金支持力度。

法国的公共交通税并不足以支付全部的公共交通运营维护成本。为了保证公共交通的公益性，法国城市公交采取了低票价的政策，公共交通税不足部分，最终由政府财政补贴。总的来看，法国城市公共交通运营的票务收入约支付公交运维成本的 37%，公共交通税约支付 30%，剩余的 33% 靠政府补贴。巴黎大区的情况略有不同，社会企业通过缴纳公共交通税和公交长期通票报销，成为公共交通运营维护的主要出资人，明显超过了政府补贴和票务收入。2001 年，巴黎大区公交维护与运营成本为 59.8 亿欧元，其中票务收入占 32.1%；社会企业缴纳公共交通税占 35.8%，企业主通过报销间接支出的金额占 9.4%，两部分合计为 45.3%；远高于当年国家财政在公交经营成本上分担的 14% 和地方财政分担的 8.6%。为了加强收支平衡预测的准确性，巴黎大区的公交企业每三年要编制修订一次企业规划，包含公司的各项收支预算及每一项运营维护工作安排。再由巴黎交通管理委员会负责审核票价收入和公交税补贴之后的财务情况。由于首都地区的特殊性，政府补贴中包含中央政府补贴且占大头：通常由中央财政补贴 70%，大区地方财政负担 30%。2001 年之后，为保障补贴的落实，政府对巴黎大区交通管理委员会进行了改革，中央政府开始对公交企业的核心部门派驻税务人员，进行经常性检查，以确保国家的财政补贴得到有效使用。

11.2.3 德国公共交通的公共交通联盟运营模式

德国是世界上城镇化水平非常高的国家之一。人口密度居于欧洲前列,但人口的空间分布相对均匀,绝大多数居民生活在 50 万人口以下的中小城市。城镇空间布局呈典型的城市群或城市连绵带形态,城市群或城市连绵带内的城镇之间距离较近而且关联十分密切,缺少像巴黎大区那样以大城市为核心的集中型的大都市地区。高度发达的城镇化水平、相对均衡的人口分布、典型的城市群空间格局以及紧密的区域间联系与交流等,使得德国的城市交通超出了传统以城市行政区划为边界的空间范畴,与城市群交通乃至跨区域远程交通高度融合。城市公共交通服务方式不仅依靠城市范围内的地铁或轻轨(U-Bhan)、有轨电车(StraBenbahn)、公交汽车等,也依靠州际、城际范围的高速铁路(ICE)、城际快速铁路(IC)、地区快速铁路(RE)、地区铁路(RB)、市郊快速铁路(S-Bhan)等跨区域的多种运输方式共同完成城市公共交通服务供给。

基于这一城镇发展的特点,德国的城市公共交通企业数量多,规模小,为了更好地满足城市居民大量跨区域交通出行的需求,从 20 世纪 60 年代开始,德国一些城市密集地区开始通过建立"公共交通联盟"(Verkehrsverbund)的方式,推动区域公共交通网络的一体化运营。1996 年颁布的《公共交通系统区域化法》,推动了公共交通联盟的进一步普及发展(表 11-2)。截至 2003 年,德国共组建有 57 个城市公共交通联盟,还有 3 个在计划中。其中,莱茵—鲁尔公共交通联盟(VRR)的规模最大,它由 24 个城市和地区参加,28 家单位联合经营,服务范围 5000km²,服务人口达 730 万,有 800 条公共汽车和火车运行线路,11000 个车站,每天投入运营的公共汽车和列车 5300 辆,日客运量高达 400 万人次。

德国主要的公共交通联盟及概况　　　　表 11-2

序号	公共交通联盟名称	德文名称及缩写	地方政府数量（个）	公交企业数量（个）	服务范围（km²）	服务人口（万人）
1	莱茵—鲁尔公共交通联盟	VRR	24	28	5000	730
2	莱茵—美茵公共交通联盟	RMV	26	—	14000	490
3	汉堡交通联盟	HVV	8	28	5600	300

(1) 德国城市公共交通的总体管理架构

在德国,公共交通是相对于私人交通而言的,凡是公开为社会大众提供运输服务的运输方式都属于公共交通范畴。对于其中的城市公共交通,德国建立了较为完善的法律法规体系,并明确规定:城市公共交通与自来水、电力、燃气等一样,同属社会公益性事业,不以营利为目的,发展城市公共交通是地方政府的基本职责。

自 20 世纪 70 年代以来，德国先后颁布出台了《客运交通经济法》《公共客运法》《公共市郊客运法》等一系列法律法规，用以指导城市公共交通的建设与发展。1996 年颁布的《公共交通系统区域化法》最具代表性，该法是在德国交通私有化改革大背景下出台的，明确了各级政府在城市公共交通发展中的职责和义务，对于德国城市公共交通发展具有重要作用。

德国的行政体制主要分成联邦政府、州政府和市镇三个层级。在城市公共交通领域，联邦政府主要负责战略框架层面对城市公交的总体建设发展提供政策指导，并通过"协议委托"等方式将管理的具体职责交给下级的州和市镇。联邦政府层面的交通、建设与城市规划等部门，主要负责立法及相关规范、标准的制定，同时，为地方政府层面特定的公交设施建设，划拨专项资金予以资助。州、市镇层级的政府则是公共交通建设与运营的具体决策者，负责自身行政管辖范围内的公交规划建设、组织管理、资金保障，以及制定相应的规章制度。

除决策层的各级政府外，公共交通行业协会作为政府与公交运营企业之间沟通协调的中介组织，对德国城市公交的运营管理起到了重要作用（图 11-4）。德国全国各类交通运输协会总计已经超过 1200 家，作为政府与市场沟通的桥梁与纽带，在政府与市场、政府与企业之间扮演着"上传下达"角色，为加强各级政府之间、政府与公交企业之间、各个公交企业之间的沟通协作发挥了积极作用。很多行业协会直接承担着政府赋予的参与城市公共交通协调管理、规划咨询、标准制定、决策支持等具体事务。例如，德国交通企业协会（VDV）承担着整个国家交通基础设施技术规范、行业统计标准以及城市公共交通规划框架性指导意见等制定，并为各级政府以及会员企业提供相应的咨询服务。还有一些行业协会受政府委托，直接承担本地城市公交运营管理中的部分日常事务，如市场营销、设备采购、人员培训、协助

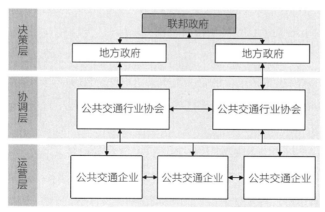

图 11-4　德国城市公交的总体管理架构

资料来源：樊一江，任虹，杨杰. 德国城市公共交通发展的经验与启示 [J]. 综合运输，2011，(8)：51-60.

财务核算、参与票制票价制定、负责协调企业间票款收入分配等方面的具体职能。行业协会积极参与城市公共交通发展的具体事务，大幅提高了政府的工作效率，极大地提升了政府对城市公共交通发展的宏观调控能力。

（2）德国的公交企业和"公共交通联盟"

德国的公共交通联盟分为三种类型。第一类是由多个公交运营企业联合组成的，被称为企业型公共交通联盟（Unternehmensverbund）。这一类联盟没有政府部门参与。早期的公共交通联盟多为这一类型。它的缺点显而易见，通常会将公共交通运营的经济利益置于公共服务之上（如不来梅—下萨克森公交联盟 VBN）。第二类公共交通联盟是由公共事务的承担者——各级政府组建的任务承担型公共交通联盟（Aufgabenträgerverbund），这种模式下的公共交通联盟更注重公共交通的"公共服务功能"，有利于提升公共交通运营维护的专业化水平，有利于从长远角度保障符合大众需求的公共交通服务（如 RMV 交通联盟）。第三类则是面向未来的新型的"交通运输联盟"（Mobilitätsverbund），它以公共交通服务为核心，但不再局限于公共交通领域或公共交通企业，而是乘客出行的整个交通链，纳入共享单车、共享小汽车、交通 APP 运营商等其他领域的运营企业，打造以顾客（乘客）为中心的新型交通出行服务。

1965 年，由多家公共短途客运公司组成的"汉堡交通联盟"成立，这是德国首个城市交通联盟。汉堡一带的公交乘客可以使用一张车票在已经协调好的非常紧密的交通网中搭乘由不同公司运营管理的公共交通工具。1996 年，在公开的、法定的协议基础上，三个州以及五个区的政府作为股东共同出资，成立了全新的"汉堡交通联盟股份有限公司"（HVV GmbH），并建立了由政府层、管理层、运行层组成的管理组织结构。其中，政府层由联盟所涉及的三个州和五个区的政府组成，它们是公共交通建设运营的责任承担者，负有服务保障和资金扶持的责任。管理层就是由参加联盟的各个政府入股组建的汉堡交通联盟公司，它作为政府所承担责任的执行机构，对短途公共交通的运营维护进行管理，具体包括组织交通运营企业参加运行，预先规定参与联盟的各个交通企业的经营范围，协调组织这些企业之间的有序竞争。运行层则由参加联盟的 28 家交通企业组成，这些企业为乘客提供实实在在的铁路、公路、水上运输服务。管理层与运行层之间通过商谈签订的合作合同或协议结成法律关系。

从参加汉堡公共交通联盟的 28 家企业情况可以看出德国公交企业的一些特点。首先，28 家企业的主营业务不完全相同，各有专长。有的是城际铁路、有的是市内公共汽车、有的是城市地铁、有的是水上轮渡、有的是快速列车、有的是夜间交通。其次，各家企业的经济属性也不相同，有国营企业、私营企业和公私合营企业，有的是股份公司、有的是有限责任公司、有的是合伙制公司等。总的来看，德国的公交企业以私营企业（或私有化股份主导的股份公司）为主。此外，各个公司所服务的地域范围也各有不同，而且没有一家公司的服务范围是覆盖整个联盟区域的。而经过公共交通联盟的整合，得以形成一个服务范围达 5600km²，服务人口 300 万，工作日日均客运量达 170 万人次的一体化公交服务网络。

（3）政府、企业及公共交通联盟的角色分工

在德国，除国家铁路仍由联邦政府负责管理外，短途公共交通服务（如地方铁路、地铁、轨道交通、公交汽车等）均归属地方政府（州政府和市县）的事务范畴。联邦政府一方面明确了城市公共交通作为社会公益性事业的基本属性，另一方面也制定了城市公共交通实行市场化运作的政策导向，通过适度竞争不断提高公共交通服务质量。而且，德国的城市公共交通市场是开放的，允许非德国的公交企业参与城市公共交通运营合同的竞争。

地方政府是城市公共交通的建设主体和管理主体。城市范围内的交通运输基础设施由地方政府负责规划和建设，对经过城市的州际交通运输线路设施的规划与建设，地方政府仍具有较高的"话语权"。而在城市公交管理方面，地方政府则几乎不直接参与城市公共交通的组织运营，而是采用特许经营的方式，委托给公交企业进行市场化运营。在一些人口较少的城市地区，存在政府直接委托给公交企业进行运营的情况，其中的公交企业多数为私营企业。大多数情况下，地方政府都会选择相互合作，共同出资设立公共交通联盟公司的做法，然后再通过这一联盟公司委托给公交企业进行运营维护。不论哪种委托模式，其经营主体的选择都必须严格按照市场化的招标流程，中标的公共交通企业必须严格遵照合同约定，提供完成相应数量和品质的公共交通服务。由此可见，德国的公交运营模式基本属于政府购买服务模式。地方政府不直接参与城市公共交通具体的运营与组织，但在招标时便对企业所提供的城市公共交通服务数量与质量提出详细要求，并在运营过程中对企业进行严格的监管和考核。

公共交通联盟有限公司的成立，使得政府和企业的角色任务更为清晰。政府主要负责公共交通发展的目标制定、行政支持、财政补贴等政策制定，公交企业则可以专注于运营服务、车辆维护等技术问题。政府和公交企业两者之间剩余下来的大部分协调和管理工作，都交由公共交通联盟有限公司代替政府来完成。从 GmbH 的字面上看，公共交通联盟是按照公司组织形式成立的机构，类似于美国的有限责任公司，但很明显这一由多个政府发起并合资成立的公司并非以商业经营为目的的企业型公司，而更接近于一种获得政府授权的联合管理机构。通过公共交通联盟这一运营机制，公共交通的主要管理权实际已从政府手中分离出来，这也是适合德国城镇化特点的一种机制设置，因为城市公共交通在德国更准确的表述应该是短途公共交通，早已超出了一城一镇的管辖范围，单个市镇政府甚至于州政府不具备管辖区

域化公共交通的合法性,而委托公共交通联盟有限公司进行管理,就可以实现管辖范围与公共交通服务区的高度契合。

对于企业和市场来说,德国的公共交通联盟发挥了很好的市场调节作用。它除了作为政府与企业间沟通的桥梁外,还承担着"企业议会"的作用,担负起企业之间的协调人角色。避免了在市场化过程中,私营企业之间因追求经济利益而过度竞争的问题。例如,斯图加特地区的公交公司有100多家,其中参与公交联盟并通过进行统一票款收入分配的公交企业就有41家,近一半的企业因参与合作而避免了无谓的竞争。

公共交通联盟有限公司的具体工作有很多,主要包括制定计划、规划生产、负责营销、经营财政等。其中最为核心的任务就是区域公共交通的一体化,即推动公共交通服务区域范围内各个公共交通系统的整合。具体包括三个方面的统一:①统一票务系统:在整个交通联盟的公交网络上统一票制,统一定价,实现不同交通运营企业间的"一票制"通用和换乘优惠,简化乘客购票过程。②统一服务组织:统一编制不同公交系统的服务时刻表,改善不同公交线路之间的相互衔接,减少公交出行所需的换乘时间。③统一规划建设:根据公交出行需求的空间分布,统一规划公交线路和换乘枢纽,保证基础设施网络的互联互通,优化网络整体服务能力,增加对服务区内公交薄弱地区的服务覆盖,减少重复的或者不必要的公交线路以减轻城市路面交通压力。公共交通联盟除了完善和推进区域公交一体化程度外,通常还承担以该区域整体的公交形象面对乘客进行市场推广,开展区域的公交市场研究和相关交通调查、接受乘客对于公交服务方面的投诉建议等工作。公共交通联盟有限公司的优点在于:较政府机构更为灵活,而较企业又更为关注社会民生,并非常好地适合了德国城镇化发展以中小城镇为主的特点,因此在德国取得了成功并得到普遍应用。

(4) 公交票制和财政补贴

德国联邦政府法律明确规定,地方政府对保障城市公共交通这一社会公益性事业负有责任。当城市交通建设发展出现困难时,政府财政应当予以必要的补贴。公共补贴主要包括建设层面的补贴和运营层面的补贴。

在公共交通建设方面,地方政府可以得到联邦政府的资金补助。某些特殊类型的建设项目,来自联邦政府的资助甚至高于地方政府的投入。地方政府(含州政府和市镇政府)是城市公共交通基础设施的建设主体和投资主体,在道路、轨道线路以及枢纽等建设方面,地方政府可以得到联邦政府的资金补助,一般的补助额为项目总投资额的50%~75%,特殊项目甚至可以达到90%以上。

在公共交通运营维护方面,德国的城市公共交通主要采用按区域计价和按路程计价两种方式,其中城市范围内的公共交通基本都采用按区域计价的方式,在同一区域内所有运输方式的票价是统一的。德国相关法律明确规定"当公共交通企业由于执行指令性任务，而该任务又不允许企业通过票价收入来弥补费用支出时，企业应得到经济补偿"。由于德国公共交通受政府指导和管制实行低票价政策，城市公共交通企业的运营总体处于亏损状态，其票务收入平均占总运营维护成本的50%~80%，亏损部分一般由地方政府财政予以补贴。补贴形式多样，有直接的政府财政补贴，也有与自来水、电力、燃气等能源类项目的交叉补贴，还有"一事一议"的专项补贴等。以德国的莱茵—美茵公交联盟为例，1995年，政府补贴约占公交公司总收入的51%；2000年，这一比例提升为58%。而在斯图加特地区，当地最大的公交公司SSB，2001年的公交经营总收入中，票务收入仅占公司营收的39.3%，当地政府补贴了约37.9%。

在德国也存在极少数尚可盈利的公共交通企业，政府允许这类企业有一定的利润空间，一般为2%~3%，超额部分需要上交给政府。在部分地区，地方政府每年会对城市公共交通服务完成情况优秀的企业予以资金奖励，以更好地激励企业提高公共交通服务品质。

11.2.4 韩国首尔公交的准公营制运营模式

韩国首都首尔是世界第十大城市，也是韩国的政治、经济、科技、教育、文化中心，面积约605.25km^2。首尔都市圈是世界五大都市圈之一，形成于20世纪70年代，由首尔特别市、仁川广域市和京畿道以及水原、城南、东川豆等城市构成，土地面积11726km^2，总人口2300万，约占韩国总人口的一半，是世界上人口密度极高的城市地区之一。从20世纪60年代到90年代，首尔人口由244.5万增加到1060万，以首尔为中心的京畿道地区人口增长最为显著。根据韩国统计局预测，京畿道人口将从2013年的1214万增至2032年的1347万。

首尔都市圈人口规模的持续增长推动了郊区化进程，随之也带来交通出行需求的快速提升。20世纪中后期，首尔的城市交通面临与我国许多城市相似的困境与挑战。随着生活水平的提高与出行距离的增长，私人小汽车赢得了城市居民青睐，小汽车保有量从1970年的6万辆猛增至2003年的278.2万辆。一方面，个人机动化交通出行需求急剧攀升，带来严重的道路交通拥堵；另一方面，公共交通的供给能力和服务水平不断下滑，公共交通分担率持续下降，政府补贴却连年增加。面对城市交通发展困境，2004年首尔启动了全面的公交系统改革，整合公共交通资源，推进公交优先发展战略。经过十余年的建设发展，取得明显成效，首尔市的公交出行分担率达到了75%，公交的交通事故减少了26.9%，并且城市环境得到明显改善。首尔成为世界公认的"公交都市"的典型案例，得到了国际权威机构的肯定和赞赏，2006年获得了"国际公共运输协会革新政策奖"，对我国城市公共交通的建设发展具有重要的借鉴参考价值。

（1）韩国首尔公共交通发展的概况

首尔公共交通发展历程可以大致分成以下三个阶段。

1）1953年至20世纪80年代中期：公共交通发展起步阶段。1953年，首尔于开通了第一条公共交通线路。随后的三十多年，首尔的公共交通服务主要由私人企业负责运营。这些私营企业对公交的路线规划、运营安排、服务标准等拥有绝对的自主权，政府只保留了票价的制定权，过于宽松的政府管制导致了市场的过度竞争。这一时期，政府却仍要对私营公交企业发放财政补贴，以避免私营企业破产造成公交供给下降。在公交发展起步阶段，虽然政府避免了在基础设施和车辆上的投入，但私营的公共交通服务质量较差，并存在三个明显问题：一是企业间争抢客源，引发严重的恶性竞争；二是公共交通线网整合性差，难以发挥网络功能；三是公交企业常以拒绝提供公交服务为要挟，迫使政府增加财政补贴。

2）20世纪80年代中期至2003年：公共交通市场萎缩阶段。到20世纪80年代中期，随着私人小汽车猛增，道路交通拥堵的加剧，常规地面公交汽电车的运行准点率更是难以保证，服务质量明显下降。加上地铁的建设，地面公交的客流急剧下降。2002年，在地铁、公共汽电车、小汽车、出租车4种出行方式中，地面公交汽电车出行占比由1980年的68%下降到27.6%。市场萎缩导致部分经营者退出公共汽电车服务领域，公共汽电车运营企业数量明显减少。但是，首尔市向常规公交汽电车运营企业发放的财政补贴却不降反升，由1999年的900万美元增加到2002年的1.1亿美元。

3）2004年以来：公共交通改革和优先发展阶段。2004年7月1日起，首尔开始实施全面系统的公共交通改革。这次改革是一次深刻的整合性改革，主要对象是首尔市的常规地面公交系统。通过推行可持续发展的理念，政府加强了整体调控，力求实现管理创新，并指导市场适度竞争。改革为常规地面公交的运营创建了"半官方运行"的准公营制模式。经过改革，政府逐步收回了常规地面公交线路规划、服务标准、运营计划等运营管理决策权，在彻底改革公交票制的基础上，建立和完善了政府补贴和服务质量监管机制，实现了公共交通规制政策的根本转变，促进了地铁和常规地面公交之间的有效整合。并将新技术应用引入地面公交运营，建立了全套的公共交通管理信息系统，推进了公共交通运营的智能化建设。

（2）首尔的公交优先策略与实施情况

首尔都市圈的公共交通网络主要由地铁和常规地面公交组成。在公交改革过程中，对两个系统采取了差异化的发展策略。

1974年8月，首尔开通了第一条地铁线路，全长仅7.8km。经过多年持续建设，截至2009年地铁总长度已经增至286.9km。目前，首尔共有1号线至9号线9条地铁主线路，以及机场线路、中央线路等5条支线线路，另外，还有多条线路在修建中。

这些线路服务首尔和周边的首都圈，大部分在地下运行，约 30% 的线路在地上行驶。首尔地铁是世界上最繁忙的地铁系统之一，日客运量达 800 余万人次。

首尔地铁实行有竞争条件下的官办官营模式。地铁线路由政府负责出资建设并为政府所有，线路的运营维护则由两家或两家以上的运营企业通过招标方式获得经营权，已经开通运营的地铁线路目前均有国有企业负责运营：其中，首尔地铁公司（SMSC）负责 1 至 4 号线，首尔快速城市轨道交通公司（SMRT）负责 5 至 11 号线的运营。在官办官营模式下，地铁采用福利性的低票价政策，同时两家运营企业之间也建立起了相辅相成、互相竞争的体制，客观上提高了企业的主观能动性。适度竞争有效促进了服务质量方面的改善（如开通文化艺术列车提升形象），也促进了设备的更新和新技术的应用。地铁运营企业享有一定的优惠政策，如地铁系统获得不动产和注册方面是免税的，也不用交纳企业所得税、城市建设税和营业税。然而，目前首尔的地铁运营处于亏损状态，需要政府财政补贴或通过发行债券的方式募集资金。由于地铁建设以及后期的运营维护成本巨大，政府面临巨大的财政压力，因此，如何有效地利用常规地面公交系统，就成为地方政府实施公交改革、落实公交优先战略的关注重点。

改革前，首尔的常规公交通服务主要由私人企业负责运营。基于这一实际情况，公交改革对常规地面公交运营总体上仍延续市场化导向，但是明显加强了市场调控力度以指导市场适度竞争，创建了"半官方运行"的准公营制公共交通运营模式。截至 2007 年底，首尔共有地面公交运营企业 68 家，其中 4 家为改革后成立的新企业，日均客运量约为 550 万人次。政府虽然保留了私营的公交运营企业，但收回了各条公共交通线路在服务标准、运营计划等运营管理方面的决策权，采取竞争与协商相结合的方式，对既有线路网络进行重新规划和调整。各公共交通企业按照"自主选择，公开透明"的原则，各自组成协调机构，根据政府规划自行协商调整，并征求政府主管部门意见，在此基础上签订共同遵守的"运营协议"，最后报政府主管部门批准后付诸实施。对新辟线路则通过竞争性招标选定经营企业。

新的常规地面公交线网规划旨在构建一个"以线路连接为导向的地面公共交通系统"，形成一个不同线路各司其职、换乘枢纽衔接整合的高效便捷的多层次线网结构。2004 年公交改革之前，首尔市区内的公交车分为中心线、坐席型和小区循环型三种类型，改革后重新调整了公交车编号和运行线路设计方案。首先，将首尔市区划分为 8 个区域并分别标号（图 11-5），随后，根据不同公交线路行驶的空间范围，分成以下 4 类并用不同颜色进行标识：①公交干线（蓝色），为行驶在主干道和公交专用道上，连接城市各区域中心的、跨区域运营的公交主干线路；②公交支线（绿色），在区域内主要为地铁或公交干线输送转乘旅客的短途辅助性线路；③市郊快线（红色），连接市中心与各郊区卫星城的线路；④公交环线（黄色），在市区内环形运

图 11-5 首尔市地面公交的区域划分

资料来源：于晓萍. 首尔市城市公共交通系统管理模式的经验借鉴与启示 [J].
综合运输，2015（8）：47.

行的循环公交线路。乘客根据车身颜色和车身上标记鲜明的英文字母 B、G、R、Y（系 4 种颜色的英文打头字母）及编码，就可以很容易地识别确认自己应乘坐的线路和公交车。首尔市的地面公交线路每年可调整 4 次，线路调整必须获得专门的线路审查机构的批准。公交改革将长距离或迂回重叠线路作为调整重点，在不产生公共交通空白区的前提下，首尔市逐步取消了约 100 条低客流线路，整合后的地面公交线路数为 462 条，线路平均长度有所降低，公共交通运行的稳定性大大提高。

在此基础上，首尔加快了公交专用道的建设，并将公交专用车道从 219km 增加到 294km。公交专用道有两种。一种是在高峰时段供支线公共交通车辆使用的沿道路右侧开设的路侧式专用道，另一种则是首尔独具特色的"中央式公交车专用道"。中央式公交车专用道设在道路中央双向行驶，并配有岛式中央公交车站和路口公交优先信号系统。首尔市政府明确规定：凡单向车道数 3 车道以上、公共交通车辆流量达到 150 辆/h 以上的道路，应建设中央式公交车专用道。中央式公交车专用道全天 24h 专供公交干线、市郊环线和公交环线使用，在站距设计、车站选址、人行横道设置、信号灯设置等方面，充分考虑了人性化的需求，能最大限度地满足出行需要。设立专用道等于赋予公交车优先权，公共汽车在专用道内畅行无阻，运送速度自然加快。根据规划，首尔市计划建设中央式公交车专用道 191.2km，覆盖 16 个客运通道，2007 年已建成 73.5km，覆盖 8 个通道，有效提高了地面公交车辆的运行速度和公共交通服务的可靠性。

最后，公交改革还注重新技术的应用，引导智能公共交通发展。依托 GPS 全球卫星定位系统，为科学调度车辆建立了全新的公交指挥调度系统，对公交车辆进行追踪定位，对运营车辆的位置、速度和燃料使用情况进行有效的监控，并及时向乘客提供信息服务。向驾驶员提供交通信息，告知他们与邻近的公共汽车之间的距离，以帮助他们更合理地调整方案，防止速度过快，使同一路线两辆车之间始终保持较为合理的距离。

（3）首尔的公共交通管理机构

加强公共监管是首尔公交改革的核心，组建全新的公共交通管理机构是确保公交改革各项措施顺利实施的重要步骤。

首尔大都市交通局（Metropolitan Transportation Authority，简称 MTA）是大都市区政府的交通主管部门。大都市交通局是根据 2005 年 2 月的《地方政府法》而成立的政府机构，由首尔政府、银川政府、京畿政府等省级政府联合组建。成员由首尔政府、银川政府、京畿政府等地方省级政府派出，共约 50 名。大都市交通局的目的是加强首尔市及相邻地区交通领域的协调和合作力度，以更加有效地解决首尔大都市区交通系统存在的问题。主要职责包括创建以公共交通为核心的大都会交通系统，修改调整大都会区的交通政策，研究交通需求管理政策等。

与此同时，还成立有"大都市交通局委员会"（MTA Committee），由大都市交通局部门负责人、交通领域专家、地方议会成员、建设交通部负责人等人员组成，共有 15 名，其中首尔政府推荐 5 名、京畿政府推荐 5 名、银川政府推荐 3 名、建设交通部 2 名（含建设交通部推荐的专家 1 名）。大都市交通局委员会的职责包括修改大都市交通局协议、决定或修改大都市交通局的重要方案、批准大都市交通局财政预算等。

除政府部门之外，行业协会也在公共管理中发挥了积极的作用。为协调各方利益，顺利实施公共交通系统改革，首尔于 2003 年 8 月成立了"地面公交系统改革公民委员会"（Bus System Reform Citizen Committee，BSRCC）。该委员会在推进公共交通改革中发挥了巨大的作用，它主要以仲裁方和协调人的身份，代替政府负责协调各方利益关系。2004 年，公共交通改革顺利实施后该机构撤销，取而代之的是"首尔市市民政策委员会"。首尔市市民政策委员会由政府相关部门、相关市民团体、企业和行业专家组成，下设"巴士政策分委员会""路线调节分委员会""服务设施改善分委员会""经营合理化分委员会"等多个分委员会。公共交通车辆广告收入划归这一公共交通协会统一管理使用。公共交通协会在首尔公共交通系统运作中具有举足轻重的作用，任何针对公共交通系统的政策调整都必须通过该委员会的同意。一方面，公共交通协会在企业中具有相当高的权威，代表企业利益，既受公共交通企业委托与政府协商企业的利润率和补贴标准；另一方面，公共交通协会又是政府与企业之间的桥梁，并受政府委托负责企业间利益的平衡和票款的清分。政府由此既规避了直接平衡企业利益的矛盾，又降低了公共成本，提高了行政监管效率。

（4）首尔常规地面公交的"准公营制"运营模式

作为首尔公交改革的主要对象，常规地面公交在改革后形成了"半官方运行"的准公营制运营模式，其核心特征可概括为"一个导向、两个分离"，具体说就是"以市场化为导向、坚持管运分离和收支分离"。

首先，在常规地面公交的运营管理模式上，首尔结合现实情况，选择了与地铁官办官营模式完全不同的政策导向，采用政府管制与竞争性招标相结合的市场化运作机制。改革后保留了所有参与公交运营的私营企业，截至2007年没有发生一家私营企业因经营不善而退出市场的情况。政府对一些确实经营不善的企业，通过实施年度线路调整，新辟一些优质线路交由这些企业运营，而把原先经营困难的线路从这些企业手中置换给经营良好的企业。后期，政府将尝试根据招投标服务合同要求，建立线路和企业的退出机制，但不会责令私营企业退出市场。

通过推行准公营制运营模式，首尔的常规地面公交实现了管理和运营的分离。全市常规地面公交的运营仍由公交企业负责，但涉及公交运营维护的管理事务的决定权，则回收到政府主管部门手中，成功组建颇具特色的政民联合的城市公交运营体系。准公营制公共交通运营模式既保障了公营制优点，即公共交通的公共性和公交服务的稳定性，又发挥了民营制运营效率高的优势，实现了公营制和民营制的优势互补，构建了合理的地面公交路线体系并提供了高水准的出行服务。在形成科学合理的运营模式的同时，首尔市政府还制定了公共交通服务质量的考核标准，同时为加强对公交运营服务的监管，完善了由第三方行业监管机构、社会公众广泛参与、信息监管平台相结合的公共交通服务质量监管机制。

伴随公交准公营制的建立，首尔推行了公交企业收支两条线分开的管理模式。通过对公交企业经营收入采取统一管理的模式，从公交线路的招投标以及运营服务质量的考核等两方面出发，形成收入管理和服务监督的整合。收支分离的模式为首尔首都圈的公交票制改革创造了条件。在上调基础票费的情况下，推行地铁与地面公交之间的免费换乘。为了平衡地铁与公交汽车之间的利润分配，建立了票务收入共同管理制度。即票款收入不再进入公交企业各自的账户，而是统一由公交行业协会共同管理收益金。之后，再按各自的运营比率，为每个公交企业发放公交服务补贴金。首尔实施公交企业收支分离的管理模式之后，既实现了对公交经营收益金进行集中管理，减少了公司各自管理资金的成本，又加速了资金周转，提升了资金的利用效率。而另一方面，也增强了公交企业财务的透明性，构建了统一的公交企业财务管理制度，对企业资产进行更高效管理的同时，还能避免企业虚报运营收支差额，骗取财政补贴的现象出现。

（5）公交票制与票价管理

在公交票价管理上，首尔市议会依法授权给市政府，根据社会经济发展状况变化，每两年可对城市公共交通基准票价调整一次。票价调整一般由企业协会向政府管理部门提出申请，经审核后向议会主席报告，最后由首尔市长批准执行。尽管审批流程中不需要市议会批准，但为了减少阻力，市政府通常会事先征求市议会的意见。2004年公共交通改革时确定的单一基准票价为800韩元，2007年上调至900韩元。

公交票制是首尔公交改革的重要内容之一。改革统一了轨道交通和常规地面公交的费率和票务系统，同时根据市内地面公交线路长度大多数不超过10km的情况，建立了基础票价和等级票价相结合的票制。新票制实现了地面公交与地铁的统一收费，并将原有"一票一乘"的收费方式调整为按距离划分的"一票多乘"的收费方式。13岁以上的乘客使用智能交通卡（T-money卡）搭乘地面公交乘距在10km以内时，实行单一基础票价900韩元；乘距超过10km后，则实行每超过5km以内增加100韩元的等级票制；期间可免费换乘4次，每次换乘间隔有效时间不超过半小时。因此，理论上说，900韩元基础票价可乘坐10km，可换乘4次，累计换乘时间2小时。地铁票制略有不同，使用交通卡搭乘地铁乘距在12km以内时，实行单一基础票价900韩元；乘距超过12km但不足42km时，每6km增加100韩元；乘距超过42km后，每12km增加100韩元。地面公交换乘地铁或地铁换乘地面公交，按照地面公交计价标准收费。例如，使用交通卡乘坐地铁13km后，30min内换乘地面公交又乘坐了5km，总乘距18km，应支付1100韩元，其中含基础票价900韩元，增加的8km则须支付200韩元。

新票制同时考虑到了对不同群体实行不同的折扣票价政策。首先，对7~12岁的儿童，基础票价从900韩元调整为400韩元；对60岁以上老人乘车的实行免票政策；对在校学生实行7.5折的票价折扣。此外，乘客可以选择用智能交通卡或现金支付票款。为了推广交通卡等新型电子计票系统，对使用现金购买单次车票的乘客不仅需要加收100韩元，而且还不能享受免费换乘的优惠。目前首尔市民使用交通卡乘车比例已达92%。

公交运营企业的票款收入由两部分构成。由乘客现金购票获得的现金票款收入由各公交企业自行收讫。票款收入中使用交通卡支付的部分，则通过交通卡公司和公交企业统一结算。结算原则按照所乘车辆的公里数分配清算。其中，70%票款收入3日内结算给企业，其余30%票款则根据该线路运营服务完成情况，在次月8日前结算拨付。

智能交通卡、GPS技术、公交管理系统（BMS）的广泛应用，为这种基于里程的收费票制提供了技术支撑，同时也方便乘客购票和改善公交出行体验。新的票制以出行距离为计价依据并提供一定时间内的免费换乘，有利于细分乘客群体，有效地鼓励人们选择公共交通出行，在平衡公交企业的运营收入和运营成本的基础上，实现社会效益和经济效益的整体最大化。新票制实施后，首尔市公共交通客流经过短暂下滑后迅速回升，新票制实施2个月后，地面公交的日均客流量同比增加9%，地铁的客运量在改革前后基本保持不变。地面公交中支线、短距离乘客的数量增加明显，有效发挥了公共交通的线网功能。特别是换乘优惠政策实行后，乘客换乘比例从22.94%上升到38.2%，增加了15.26%，使得首尔的公交客运网络的服务水平得到明显优化和提升。

（6）财政补贴与激励政策

在市场化运营的总体导向下，为了维持常规地面公交的持续、有序、平稳运营，政府的财政补贴是非常重要的调控手段。在首尔公共交通改革初期，公交企业的票务收入仅占运营成本的80%，此外广告收入约占5%，15%的运营成本需要靠政府补贴补足。改革之后，广告收入不再列入企业营收，政府补贴上升到20%，重要性更为明显。

经过测算，在首尔公共交通的运营成本中，人员薪资约占60%、交通燃油支出约占30%、其他费用约占10%。可见燃油支出是地面公交运营的主要成本。为了鼓励公交运营企业增加并保持发车频次，提高服务供给，首尔市政府制定了以每百公里运营成本为依据的补贴发放机制。先由交通管理部门、公交协会、专家等组成审查机构对各条公交路线进行确认，然后，再推算出每条线路的全年平均的每百公里成本，最后再结合每条路线的实际情况与公交公司协商议定双方都接受的补贴数额。

在燃油补贴的基础上，首尔市政府另外制定了两种补偿机制，以确保公交企业获得一定的经营利润。首先，确定了公共交通运营企业的基本利润率，约为3.75%。这个基本利润率非常重要，一方面要保证市场对投资公共交通运营维护的兴趣，以及公交企业再生产能力建设的需要；另一方面要考虑公共财政补贴的承受能力。这个基本利润率事实上把大部分的经营风险转移到了政府，即政府财政补贴对质量达到约定标准的相关运营企业进行担保，保证每年均能实现基本的营收利润率。随后，首尔市政府还向公交企业提出了1.25%左右的考核利润率。考核利润实际上是一种奖励措施。它是指公交企业在提供公共交通服务的过程中，由政府的交通管理部门同当地的公交协会，对达标的企业进行排名，对排名靠前的企业给予基本利润补偿以外的利润奖励，即考核利润（其中包含合理成本补贴）。政府设立考核利润的目的，主要是为保证当地公共交通的服务质量。不过值得注意的是，对两种利润的数值大小与名额多少并非固定值，而是取决于每年各方商议的结果，且各种外部因素也会对补偿利润大小产生影响，如经济危机、燃油涨价等。2007年，当时首尔的68家运营企业中，排名前48位的企业都获得了考核利润，即再加上基本利润后其总利润均达到了5%。而排名靠后的20家企业只得到了基本利润3.75%。2007年，首尔市政府补贴公共交通企业总计700亿韩元（约合人民币4.9亿元），其中成果奖励部分约占25%，为175亿韩元。2008年，首尔市政府把奖励部分的成果利润比重提高到了30%，以此作为激励企业提高服务质量的重要手段。

政府的公交补贴还包括一些间接项目。例如，对公交企业购置清洁能源公交汽车，政府给予每辆1亿韩元的补贴。政府还对公交枢纽站点的建设和更新提供资金，并允许社会投资通过后期的站点广告等运营收入获取收益和回报。

11.3 城市公共交通的投资建设

从城市公共交通供给的角度看，供给全周期可大致分为设施建设和运营维护两个阶段。这两个阶段所需要的资金投入情况有比较明显的差异。前期的设施建设阶段主要涉及公交线路规划、基础设施建设（如公交场站、轨道、公交枢纽、停车场、维修厂等的建设）、公交车辆和设备购置以及因新建线路需要的连带基础设施改扩建工程等。这一阶段往往需要大量的资金投入，但这种建设投入是一次性的。因此大部分城市除了公共财政支出外，主要的建设资金通常会通过贷款方式来筹集，然后通过后续的经营收益逐步偿还。在后期的运营维护阶段，尽管日常的运营与维护成本所需的资金投入数额较小，但这一开支却是长期性的，只要公共交通服务还在运营，就需要相应的资金投入来保障和维持，主要涉及公交服务日常运营的人工成本、设备设施维护成本以及运营车辆更新成本等。表面上看后者的资金需求明显小于设施建设阶段，但如果公交运营长期亏损，这一长期成本日积月累，对地方政府财政仍会产生沉重负担。此外，经过较长一段时间运营后，公共交通基础设施老化严重，超过了日常维护能够修复的程度，就需要对基础设施和车辆进行比较彻底的改造升级，所需的资金投入往往也很大，接近于新建设施的建设成本，其投融资模式也更接近设施建设阶段的模式。

11.3.1 公共交通建设的三种基本模式

从我国城市公交发展历程和国际城市经验看，公交优先离不开公共财政的资金支持。为了保证城市公共交通的公益性，大部分城市公共交通的所有权都归政府所有。地方政府在公共交通建设发展上，承担着不可推卸的责任。地方政府是公共交通的建设主体和管理主体。随着城市交通需求不断增长，地方政府所需承担的责任也越来越大，公共财政压力随之增加。城市公共交通建设的投融资问题成为制约公共交通优先发展的瓶颈。各个国家和城市结合公交运营机制，创新城市公共交通的建设模式，探索利用社会资本和发挥市场配置作用的差异化路径。根据建设主体的不同，目前城市公共交通的建设模式大致可以分为政府主导建设、市场主导建设、政府与市场合作建设三种情况。

（1）政府主导的建设模式

政府主导建设是当前最普遍的情况。政府通常不会直接参与建设，而是委托下属的大型国有企业负责，但建设资金来源基本都是公共资金或由政府担保获得的贷款。这一方式有利于公交设施建设严格遵循既有规划，并便于与城市用地规划等其他公共部门的政策协调，可以最大程度保证公共交通建设的公正性和公益性。

但是，单方面的政府主导建设对公交优先发展也存在一些不足。首先，公共交通发展受政府财力制约。尤其是一些经济欠发达地区的城市，公共财政难以满足公共交通建设的资金要求，导致公交建设滞后于实际需求。其次，政企间信息不对称，造成政府前期的建设决策远离实际需求。政府部门对于公共交通的建设投入信息掌握较好，但却不了解公共交通运营、维护等需要持续跟进的经营性行为，容易造成前期建设与后期运维脱节；再次，政府主导的城市公共交通建设需要多个部门合力完成，由于公共交通网络的特殊性，常常存在跨行政区划建设的问题，往往由于牵涉不同的地方政府、参与决策部门繁多，彼此间难以协调，造成整体运行低效；最后，还应警惕政府在价值取向上的"经济人"偏好，由于各级、各区政府存在行政级别与管理区位的差异，容易出现当地政府只顾及自己的"一亩三分地"的"相对公共利益"，难以从整体公共利益的最大化的角度思考问题。

（2）市场主导的建设模式

市场主导的建设模式是指公共交通建设基本依靠非公共资金的情况，可以是某家私营企业负责投资建设，也可能是由多家企业组成经济成分较为复杂的联合体（Consortium），共同承担公共交通项目的投资建设。市场主导模式并不意味着政府完全缺席，市场的建设行为首先要遵循政府的规划要求和建设质量要求，并处于政府的监管下进行。这一模式的优点在于动员市场资金投入具有公益性质的公交行业，减轻了政府公共财政的压力；另一方面，市场在某些要素的配置上具有灵活高效的先天优势，更加贴近需求和后续的运营管理。例如，在国外成功完成前期建设的投资联合体中，往往都会包含一家专业化的公交运营企业。

但是，单纯由市场主导的建设模式也存在一些问题。首先，市场逐利的本性易造成局部公交建设缺失，导致整体的绩效降低。私营企业的投资建设行为往往集体趋向效益好的热门线路，而对客流量低的冷门线路缺乏兴趣，造成城市公交建设局部过剩和局部缺失并存的"市场失灵"现象。其次，过度依赖市场投资容易导致经营垄断，市场不再具有提高效率的动力，趋向通过操控价格来实现利润最大化。甚至会利用交通出行作为社会刚性基本需求的特点，反过来要挟政府索取高额财政补贴。最终背离了利用市场机制提高效率、降低公共财政负担的初衷。

（3）政府与市场合作建设模式

为了避免单一政府或市场主导模式造成的问题，综合发挥政府与市场两者的优势，政府与市场合作建设就成为许多国家和城市探索的方向。

政府与市场合作最直接的模式就是共同组建项目公司一起作为建设主体。股份制改革是在我国最经常被采用的模式。首先，对原国有公交企业进行股份制改革，然后通过向市场开放的方式，吸引社会资本和私营企业通过购买股份的方式向改制后的公交企业注资，政府作为股东之一保留其在公交企业中的股份，由此形成公共交通建设运营的政府与市场合作平台。例如，2004年11月，广州市第一公共汽车公司进行改制，由民营企业宏佳公司持有广州市第一公共汽车公司50%股份。同样，在深圳市，香港九巴入股深圳公交，招标改组后的深圳巴士集团股份有限公司国有股占55%，九巴（深圳）交通有限投资公司占35%，其他民营投资者占10%。上海2001年启动的第二轮公交改革也主要是围绕股份制的企业改革。

股份制公交企业既可以保留政府对城市公共交通一定的控制权，又打开了公交建设的投融资渠道，表面上看，弥补了政府或市场独自承担建设投资的一些不足。但在实际运作过程中，由于政府和市场双方股东对企业发展目标存在根本差异，公交企业经营不以营利为目的，而股份制企业又是市场化程度很高的公司组织形式，给企业的日常管理带来较大的困难和压力。公交企业容易出现经营亏损，需要公共财政补贴，存在使用公共资金来保障少数私营企业股东盈利的制度性冲突。为了规避这样一些问题，政府参股的股份制公交企业最后不得不选择追求利润的市场化取向，对保证城市公共交通的公益性带来不利影响。

由此可见，公司合营的股份制企业虽然可以暂时缓解在公交建设发展上的资金压力，但长期来看并不适合公益性特征明显、盈利性非常弱的公共交通领域。为了保障公交优先和持续健康发展，政府与市场的合作需要探索新的模式。形式多样的"政府市场合作伙伴关系"模式（即PPP模式）就成为关注的焦点。

11.3.2 政府市场合作伙伴关系（PPP）模式

当前，"政府市场合作伙伴关系"模式（即Public-Private Partnership，简称PPP模式）正成为城市公共基础设施建设发展中备受关注的项目融资与运作模式。与成立公私合营企业不同，在PPP模式下，政府和企业均保持相对的独立性，针对项目建设运营的不同阶段，发挥各自的优势，开展不同方式的合作。

作为公共基础设施的项目运作模式，PPP模式鼓励私营企业、社会资本与政府进行合作，参与地方公共基础设施的建设。政府采取竞争性方式选择具有投资、运营管理能力的社会资本，双方按照平等协商原则订立合同，由社会资本进行基础设施建设，或提供公共服务，政府依据公共服务绩效评价结果向社会资本支付对价。政府公共部门与私营部门合作过程中，导入非公共部门掌握的市场资源，改善公共产品和准公共产品的供给，实现合作各方达到比单独行动预期更为有利的结果。政府可以减轻财政压力，企业可以降低投资风险。通过PPP合作模式，市场企业得以更多了解项目前期的规划、决策信息，政府也能够更多掌握项目中后期的管理运营的需求，政府和企业合作时间长，合作关系稳定，信息也更对称。因此，PPP不仅是一种融资手段,还是一次体制机制变革,涉及行政体制改革、财政体制改革、投融资体制改革。

在城市公共交通领域,PPP模式有着比较广泛的应用。不仅涉及城市公共交通建设阶段,通常还会将合作关系延伸到后期的运营维护阶段。PPP模式的主要目的在于吸引社会资本,减轻公共交通建设中公共投资压力,但为了降低政府偿付市场投资建设资金的负担,政府往往通过特许经营的方式,授权市场企业参与后期运营,并通过一段时间的运营收益来回收前期的投资成本。

PPP模式是政府市场合作伙伴关系的统称,并非只有单一的统一模式,而是具有丰富多样的变化形式,以适应不同城市的实际情况和需求。比较常见的有BOT模式、BOO模式、TOT模式等。国际上还存在另一种以政府转移给社会资本的职能多少为基础的命名方法,如DBFOT(设计—建造—融资—运营—转让)和DBFO(设计—建造—融资—运营)等,这两种模式实质可以与BOT和BOO模式对应,只是在命名方式上存在差异。

(1)建设—运营—移交(BOT)模式

"建设—经营—移交"模式(即Build-Operate-Transfer,简称BOT)是指政府在保留所有权的前提下,将一定期限的特许经营权授予私营企业,许可其融资建设和经营某公用基础设施,在规定的特许期限内,私人企业可以向基础设施使用者收取费用,由此来获取投资回报。待特许期满,私人企业将该设施无偿或有偿移交给政府。

在我国的城市公交建设中,BOT已经是一种较为成熟的模式。政府保留项目的所有权,但通过特许经营的方式,将线路的建设权和经营权交给社会资本或项目公司,由后者筹资建设。在特许经营期内,该项目的经营收益均归项目公司所有,期满后项目经营权归还给政府。例如,2013年汶川县交通运输局就汶川县城内及周边公交站台10个、站牌29个的10年经营权进行BOT模式承包,涉及建设投资约60万元;2014年,安徽省阜阳市就阜阳市公交公司683标台新购置公交车的设备安装及软件开发,以及685个数字站牌的建设,与北大千方公司达成了5300万的智能公交BOT项目。BOT模式的好处是可以为公共交通的新建项目带来充足的社会资金。但是,公共交通前期建设往往投资大,后期运营利润低,回报周期长,私营企业在特许期内难以取得利润回报。而在项目归还后,政府如果不善于经营,公共交通运营仍会出现亏损,给公共财政带来压力。

与BOT模式类似的还有一些变化模式:

"建造—拥有—经营—移交"模式(即Build-Own-Operate-Transfer,简称BOOT):BOOT与基本的BOT主要不同之处在于,项目公司既有经营权又有所有权,政府允许项目公司在一定范围和一定时期内将项目资产以融资为目的抵押给银行,以获取更优惠的贷款条件，从而使项目所提供的公共产品价格降低。通常 BOOT 的特许期要比 BOT 模式更长。

"建设—移交—运营"模式（即 Build-Transfer-Operate，简称 BTO）：是指社会资本或项目公司为设施融资并负责其建设，完工后先将设施移交给政府，随后政府再授予其经营该设施的长期合同。

"建设—租赁—移交"模式（即 Build-Lease-Transfer，简称 BLT）：是指政府出让项目建设权，由社会资本或项目公司负责项目的融资和建设，在项目建成后租赁给政府，由政府负责项目运行和日常维护，社会资本或项目公司通过政府支付的租金收入回收项目投资，获取合理回报。租赁期结束后，社会资本或项目公司退出，项目移交给政府。

"建设—租赁—维护—移交"模式（即 Build-Lease-Maintenance-Transfer，简称 BLMT）：是指项目投资人在项目建成后并不自己运营，而是以特许经营的方式租赁给第三方公司，项目投资人以租金方式收回投资并负责一定年限的维护，期满后再移交给政府。例如，江苏徐州市城市轨道交通 2 号线一期工程项目便采取了这一种模式。这种模式主要适用于政府建设资金不足的情况，但对公交服务运营成本控制方面没有提升。

（2）建设—持有—运营（BOO）模式

"建设—持有—运营"模式（即 Build-Own-Operate，简称 BOO）与 BOT 模式一样，均是针对新建项目的合作模式，两者之间最大的区别在于：在 BOT 模式中政府保留了项目的所有权，而在 BOO 模式中，政府通过所有权受让，把前期建设和后期运营整体委托给了项目公司。BOO 模式可以看作是一种无限期的 BOOT 模式。

在城市公共交通建设中若采用 BOO 模式，项目公司（可以是私营企业、国营企业或混合所有制企业）对项目拥有完全的所有权和经营权，并且一般不涉及项目期满移交问题，因此是一种市场化程度很高的建设模式，必须特别注意需要在合同中注明保证公益性的约束条款。在一定程度上，BOO 模式也把公共交通相关的物业租赁收益权和广告收益权交给了企业，是对企业的一种"变相补贴"，公交物业的关联开发与经营是这一模式的重要吸引点。BOO 模式多适用于经营收入不足以补偿投资成本、需政府补贴部分资金或资源的准经营类项目，较 BOT 模式更适用于解决城市中一些冷僻公交线路的建设问题。

通过 BOO 模式，公交服务被政府以近乎整体打包的方式交给企业，会使政府与公交服务行业之间出现信息隔离的情况，导致政府的监管能力下降。这会出现两个后果：一是公交企业阶段性垄断市场，并在追求利益最大化的驱动下，忽视公交服务的公益性；另一种情况则是政府在信息不对称和市场被垄断的情况下，难以了解企业的实际经营情况，受企业要挟而提高财政补贴。

（3）转让—运营—移交（TOT）模式

与BOT模式、BOO模式适用于新建项目不同，"转让—运营—移交"模式（即Transfer-Operate-Transfer，简称TOT），是政府将存量资产（如已经建设完成的公共设施）的所有权有偿转让给社会资本或项目公司，并由其负责运营、维护和提供用户服务，项目公司获得项目收益，以收回投资并获得回报，合同期满后，资产及其所有权等再移交回政府。通常情况下，TOT的合同期限较长，一般为20~30年。

公共交通领域的TOT模式常用于已建成公共交通系统的服务升级，即利用市场专业化企业的运营技术优势，将已建成的公共交通基础设施（线路等）在一定期限内转让给实力强的市场化企业，由后者通过运营获取投资回报，在合同期满后再将所有权归还政府的模式。在初期，公交企业有偿获得政府某条公交线路的所有权和经营权，省去了投资建设成本以及大部分银行贷款利息。由于前期投入少，因而公交企业的相应经营压力也会减少，有助于企业对公交的运营、维护加大投入，从而更好地提升公交服务质量。

TOT模式的一个难点在于对已建成项目进行合理的估价。估价过高会损害投资方的利益，反之会造成国有资产的流失。其次，在项目运营期间，所有权归TOT项目公司所有，难以打破在基础设施阶段的垄断，不利于在运营阶段引入竞争机制，政府难以对项目的运营及维护实施有效的监管。由于在TOT经营期间项目企业拥有所有权，常常会出现分包经营的情况，不利于维护公共交通行业的秩序。

在TOT模式的基础上，如果增加对存量基础设施的改扩建内容，就转化为"改建—运营—移交"模式（即Rehabilitate-Operate-Transfer，简称ROT）。ROT模式也可以看作是BOT和TOT的组合模式，主要适用于带有改建或扩建的存量项目。在城市公共交通领域，主要适用于公交线路基础设施改造升级的情况。由于公交基础设施的改造升级往往不亚于一次新的投资建设，政府也担心企业在改扩建中存在质量问题，因而在ROT模式的实际应用过程中，实施双方的态度都非常谨慎。

（4）运营—维护（O&M）模式

"运营—维护"模式（即Operations and Maintenance，简称O&M）是管理外包类的公私合作模式。虽然不涉及建设投资，但为了与其他PPP模式进行横向比较，也在此一并进行说明。在O&M模式中，政府保留存量公共资产的所有权，把运营维护职责委托给社会资本或项目公司，但不包括用户服务部分，并仅为设施运营维护支付委托运营费。"运营—维护"合同期限相对较短，一般不超过8年。

在城市公共交通领域的O&M模式主要涉及后期的运营维护。拥有城市公共交通设施所有权的政府部门通过签订委托运营合同，将公共交通设施的运营和维护工作交给市场上的专业化企业（运营商）完成，但不改变设施的所有权属；专业化企业负责公共交通的日常运营，但不承担资本性投资和经营风险，企业的盈利与公交收入完全脱离，政府部门根据专业化企业履约完成情况，支付服务成本和委托管理报酬。在这种模式下，企业代替政府运营公共交通设施，提供优质的司机、高效的调度组织、严谨的运营维护成本等，并严格按照合同约定提供技术服务，如控制公交系统运营成本、保障公交服务量等。但是企业运营只为服务条款负责，而不关心实际的运营收入。

O&M 模式适合于经济较为发达地区，地方政府并不急于收回设施投资成本的情况，或者在没有足够专业化队伍应对复杂问题时采用，有利于提高公共交通运营管理水平和服务质量。但需要注意的是，O&M 模式下，企业关注的是公共交通设施的运营和维护职责，而不包含面向公共交通乘客的服务。因此，被委托企业的技术实力就很重要，这是切实可以通过合作给城市公共交通带来增值的部分。此外，委托运维合同是考核企业的重要依据，要尽可能详尽，并明确技术服务的监督评估机制。

与 O&M 模式非常接近的还有"管理合同"模式（即 Management Contract，简称 MC）。后者是指政府将存量公共资产的运营、维护及用户服务职责授权给社会资本或项目公司。政府保留资产所有权，只向社会资本或项目公司支付管理费。管理合同通常作为 TOT 的过渡方式，期限比 O&M 更短，一般不超过 3 年。由此可见，O&M 模式与 MC 模式的主要区别有两方面，一是合同期限差异，二是 O&M 模式项目公司不负责用户服务，而 MC 模式则包含了用户服务。

（5）各种 PPP 模式的比较

近年来，PPP 模式得到全球各个地区的重视。通过多种多样的 PPP 方式，私营部门在城市基础设施领域的投资持续快速增加。PPP 模式体现出多方面的综合优势：更高的经济效率、更高的时间效率、增加基础设施项目的投资、提高公共部门和私营机构的财务稳健性、基础设施及公共服务的品质得到改善，在推动公共部门和私营机构实现长远规划的基础上，公共部门的形象得到更新，私营机构也得到稳定发展。

PPP 模式具有三个方面的基本特征。第一个特征是伙伴关系。PPP 模式中私营部门与政府公共部门的伙伴关系的核心是项目目标的一致性，即以最少的资源，实现最多最好的产品或服务的供给。私营部门以此目标实现自身利益的追求，而公共部门则是以此目标实现公共福利和利益的保障。第二个特征是利益共享。由于 PPP 项目都是带有公益性的项目，不以利润最大化为目的。因此，公共部门还需要控制私营部门可能的高额利润。利益共享除了指共享 PPP 的社会成果，还包括保证私人部门取得相对平和、长期稳定的投资回报。第三个特征是风险共担。公共部门与私营部门合理分担风险的这一特征，是 PPP 模式区别于其他交易形式的显著标志。政府采购之所以不能称为公私合作伙伴关系，是因为双方在此过程中均是让自己尽可能小地承担风险。而在公共交通的 PPP 模式中，如果因客流量不够而导致私营部门达不到基本的预期收益，公共部门可以对其提供补贴；而相应地，私营部门也会据其相对优势，承担较多的甚至全部的管理职责。如果每种风险都能由最善于应对该风险的合作方承担，整个基础设施建设项目的成本就能最小化。

纵观上述我国常见的各种 PPP 模式，提供了多种可能的政府市场合作伙伴关系，适合了差异化的需求。既有针对新建项目的 BOT、BLT 和 BOO 等，也有针对已建设施升级改造的 TOT、ROT 等，或是对已建设施仅在运维管理和服务提升上的 O&M、MC 等。可以看出，PPP 模式为包括城市公共交通在内的公用基础设施建设的融资打开了广阔的渠道，各类 PPP 模式中，除 O&M、MC 外，均具有导入社会资本的作用。

在各 PPP 模式中，与融资关系密切的是相关权利的转移。具体包括三种权利：所有权、建设权和经营权。根据这些权利转让的程度，可以看出 PPP 模式中政府和市场承担责任的变化（图 11-6）。在服务外包型的 O&M、MC 模式中，政府不需要融资，仅转让了经营权；而在 BTO、BLT、BOT 模式中，政府为了融资，在保留项目所有权的基础上，向项目公司转让了建设权和经营权；而在 BOOT、TOT、ROT 模式中，政府进一步转让了一定期限内的项目所有权。为了社会资本回收投资并获取一定的投资回报，这些 PPP 模式都设定了一定期限的特许经营。作为市场化最彻底的 BOO 模式，政府实际上完全转让（无期限限制）了项目的所有权。根据亚开行等国际机构的观点，BOO 模式是完全的私有化，是一种极端的特殊的 PPP 模式。

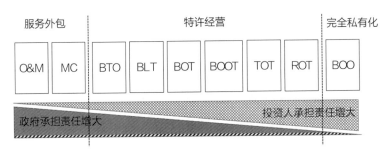

图 11-6　我国常见的 PPP 模式中政府和市场的责任分担
资料来源：作者自绘．

11.3.3　公共交通建设模式的适用性

（1）政府主导城市公共交通投资建设

城市公共交通的所有制形式是决定公共交通投资建设模式的基本条件。在私人小汽车交通普及之前，早期的城市公共交通几乎都是由私营企业投资建设的，公共交通系统为私人所有，公共交通作为城市中最快捷的机动化交通方式，是大部分城市居民出行的主要选择，私人投资者通过市场化的运营，就可以获取稳定而充足的投资回报，政府只需要承担市场监管的职责。然而，小汽车普及后个人机动化交通的迅速增长彻底改变了这一局面，公共交通在与小汽车交通的竞争中处于劣势，公交客流锐减、运营成本上升、服务水平下降，城市公共交通不再是一个盈利性的行业，社会资本对投资公共交通失去兴趣。为了治理小汽车交通带来的诸多城市问题，保证城市居民基本的交通出行权利，促进城市绿色交通的可持续发展，城市公共交通被定位为公益性事业，地方政府需要承担起供给保障的职责和任务。在此背景下，国内外大多数城市的公共交通都被收归公有，为了推进城市公交优先发展战略，地方政府也随之成为公共交通投资建设的主体。

城市公共交通的所有权归地方政府所有，这一基本权属关系决定了地方政府是城市公交的投资主体，有责任承担起公交基础设施规划建设的任务。这与其他城市交通基础设施（如城市道路）和公用设施（如给水排水、供电、供暖等）的规划建设相似。地方基础设施和公共服务设施的建设发展，可以推动地方经济繁荣，促进社会进步，因此，划入地方政府事权，也体现了责权利相统一的原则。

然而，城市公共交通优先发展所产生的积极效果，并不局限于一座城市的空间范围，如大气环境改善、交通能耗降低等，与区域乃至国家利益相关。而某些公共交通基础设施建设，与国家产业发展导向也有紧密关联。因此，从国内外的经验看，中央政府通常也会对某一类型的公共交通基础设施建设（如轨道交通建设）提供专项资金支持，一方面是对地方投资的补充，更重要的是作为一种财政调节手段，指导地方公共交通建设发展方向。如法国中央政府曾经对地方建设有轨电车系统提供高额的财政激励，德国联邦政府对地方公交建设的一般补贴占到投资总额的50%~75%，特殊项目甚至可以达到90%以上。

随着我国城镇化进程的深化推进，伴随同城化现象，城市公交突破行政区划走向区域化发展的态势也已逐渐显现。城市公共交通的投资建设也从一城一市的投融资模式，逐步走向结合项目的政府间合作投资建设模式。例如，2015年完成全线通车的上海11号线地铁线全长82.4km，是世界上最长的贯通运营的地铁线路（不包括日本等发达国家的"通勤铁路"），也是我国第一条跨省地铁线路，向西延伸段约有5km位于江苏省昆山市境内，为此昆山市政府投资了约18.5亿元。

（2）PPP为政府投融资提供了多种选择

地方政府对保障包括城市公共交通在内的市政公用设施的建设发展及服务供给负有责任，但如果各类投资建设仅依靠地方政府财政收入，市政公用设施的建设发展势必受到很大制约，尤其是地方财政收入偏低的城市。为了加快推进城市公共交通建设和优先发展，政府投融资就成为地方政府筹集建设资金的重要方法。

政府投融资指依据政府信用为基础筹集资金并加以运用的金融活动，是政府财政的重要组成部分。政府投融资的主体是地方政府或代表政府从事投融资活动的、具备法人资格的国有独资企业，融资量的大小取决于政府的财政能力和所能提供的信用程度。政府投融资具有以下三个方面的积极作用：

1）有效地配置资源，促进经济增长。一方面，政府利用其信用平台，通过投融资可以提高政府资源的整合和利用效率；另一方面，在竞争日趋激烈和贷款风险增大的情况下，银行也愿意贷款给具有政府背景的投融资平台公司，以降低金融风险。

2）加快城镇化进程，促进了民生改善。政府投融资所筹集的资金，大部分用于城镇公共基础设施建设。城镇化的大发展，为地方经济发展提供了长期坚实的基础，为工业化创造了需求源泉，也为农村人口向城镇转移拓展了空间。资金的相当部分投入了廉租房、公租房、棚户区改造等保障性住房项目。还有一部分资金投入了公立医院设施、教育基础设施、文化体育基础设施和水利基础设施建设等。这些项目的建设和投入使用，有效地改善了民生，受到了人民群众的欢迎。

3）利于拉动民间投资。地方政府利用其投融资平台，可以通过发行信托资金计划和公司债券、联合投资等方式吸引民间资本进入。充分吸纳民间资本支持基础设施建设和民生工程建设，实现短期政策调控与利用民间资本长期机制的较好结合。

总的来看，政府投融资主要有直接融资、间接融资、项目融资和非项目融资四种方式：

1）直接融资：主要以地方政府为融资主体，获得用于城市基础设施建设的资金。具体包括：财政资本金投入而获得的股权收益；由财政投入一些城市基础设施项目而带动外资和民营资本的投入；获得中央转贷的由中央政府发行的国内外政府债券；向世界银行、亚洲开发银行等国际和地区金融机构贷款；获得中央转贷的由中央政府向外国政府的贷款；外国政府援助赠款等形式。

2）间接融资：通过银行、保险公司和投资公司等中介机构而获得的用于城市基础设施建设和改造的资金，是目前地方政府进行大规模融资的主要方式。具体包括：政府授权一些从事城市基础设施建设的国有投资公司，向银行贷款，财政实施担保并进行贴息；政府授权企业发行企业债券，用于地方基础设施建设，财政实施担保并承担债券利息。

3）项目融资：利用政府各种特定资源，为达到政府特定目的，采用各种市场手段而获得的用于城市基础设施建设和改造的资金。具体包括：利用土地级差效应，获得土地出让金；政府把具有商机的营利项目和公益性非营利性项目"捆绑"在一起，企业通过比较利益，进行自行开发和还款的项目；由政府授权一些大型国有公司，对特别项目实施融资租赁；各类采用PPP模式运作的项目。

4）非项目融资：运用资产动作手段吸引社会各类资金的融资方式。具体包括：通过有关投资信托公司，采用集合信托方式向社会投资者筹资，获得的资金用于城市基础设施建设；对一些公用事业企业进行包装上市，由这些企业从资本市场筹资的方式；政府出让部分公用事业股权而获得的用于该项目或其他项目的建设和改造资金。

在城市公共交通建设领域，我国政府投融资的主要方式是间接融资和项目融资。

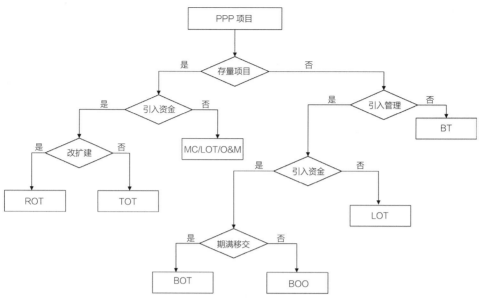

图 11-7 根据项目类型和要求选择 PPP 模式的流程图
资料来源：作者根据资料整理改绘．

尤其是项目融资中的 PPP 模式，不仅拓宽了政府融资渠道，有效吸引了民间资本参与公交建设，而且形成了"市场换技术"的机制，有助于引进专业化程度高、实力强的公交企业，有利于提升城市公交的建设和运营管理水平。

PPP 模式包含多种合作形式，可以根据实际项目的类型和建设要求，灵活选择具体形式（图 11-7）。首先，PPP 模式既适用于新建项目的融资，也适用于已建项目的升级改造和技术提升。在新建项目合作中，对具有融资需求的项目可采用 BOT 方式和 BOO 方式，对没有引入资金需求却有引入管理技术需求的项目，则可以采用 LOT 方式；在已建项目合作中，对具有融资需求的项目可选择 ROT（有改扩建）或 TOT（无改扩建）方式，而对于不需要融资的项目则可以采用 MC 或 O&M 方式提高运营管理水平。

需要注意的是，政府信用和地方财政是政府投融资的重要基础条件，政府投融资需要量力而行，避免过度融资导致地方债务负担过重。政府投融资的缺点主要有两方面：一是投资风险集中于政府单方面，投融资对地方财政产生压力；二是不利于形成市场化的竞争机制，可能导致投资经营低效。在城市公共交通领域，以地铁为代表的轨道交通往往被视为是大城市现代化发展的标志，导致我国前段时期出现地铁建设过热的现象。部分城市对城市轨道交通发展的客观规律认识不足，对实际需求和自身实力把握不到位，存在规划过度超前、建设规模过于集中、资金落实不到位等问题，一定程度上加重了地方债务负担。为了促进城市轨道交通规范有序发展，2018 年 6 月《国务院办公厅关于进一步加强城市轨道交通规划建设管理的意见》（国办发〔2018〕52号）发布，明确要求"城市政府应建立透明规范的资本金及运营维护资金投入长效机制，确保城市轨道交通项目建设资金及时足额到位。除城市轨道交通建设规划中明确采用特许经营模式的项目外，项目总投资中财政资金投入不得低于40%，严禁以各类债务资金作为项目资本金"。

（3）多元化投资结构与交通方式

作为城市公交发展的责任主体，地方政府应为公交建设承担主要的投融资任务，但这不等于说社会资金就完全被排除在外。我国住建部2002年12月颁发的《关于加快市政公用行业市场化进程的意见》就明确提出："鼓励社会资金、外国资本采取独资、合资、合作等多种形式，参与市政公用设施的建设，形成多元化的投资结构。"在城市公共交通建设领域，社会资金和外国资本除了可以采取前述的各种PPP模式参与投资外，还可以采用公私合营，甚至是独资专营的方式参与城市公交建设，但是，这一多元化投资机构应以政府投资为主体，并且考虑到不同公共交通方式及其服务区域的差异。

从公共交通方式来看，轨道交通建设通常以政府投资建设为主，而常规地面公交以及出租车等辅助性公交，则可以有条件地向社会资本开放。城市轨道交通、BRT等大运量快速公交系统，对城市用地空间具有结构性的影响，线路规划建设牵涉土地征用、产权变更，甚至居民搬迁和补偿等复杂的利益关系，基础设施建设需要大量持续的资金投入，因此，这类公交系统建设应采用政府主导的建设模式。在建设有轨道交通的城市，部分常规地面公交线路主要起辅助和补充的作用，为了引入竞争机制，提高公交投资的多元化，这些辅助性线路可以采用市场主导的建设模式。此外，出租车、共享单车、网约车、定制公交等辅助性公交服务，兼具公益性和竞争性，也可以采用市场主导的建设模式，以便政府集中精力，做好市场监管工作。

从服务区域来看，首先，重点城市和一般城市的公交建设模式有所差异。首都地区、省会城市、主要经济中心城市等在政治、经济和国防上的地位特殊，城市公共交通建设宜采用政府主导模式。例如，法国全国的城市公共交通建设市场化程度很高，但在巴黎地区却保留了政府直营为主体的建设运营模式。其次，在同一个城市地区，中心城区由于社会经济活动密集，城市公共交通的作用突出，通常应采用政府主导的建设模式；相对而言，城市外围边缘、近郊区的公交线路，对城市整体的功能运行影响相对较弱，可以有条件地采用市场主导的建设模式，充分利用社会资本来提高公共交通服务的供给。例如，日本东京的地铁网络在建设发展过程中，中心区的地铁线路主要由两家政府背景的企业——隶属日本政府的"帝都高速度交通营团"（TRTA）和隶属东京都政府交通局的"都营地下铁"负责建设运营，而连接市中心和郊区的市郊线则基本交由私营企业建设运营。

总的来看，当前世界各地城市的轨道交通系统几乎都是政府所有，轨道交通建设的资金来源也主要依靠地方政府的公共财政及投融资资金，建成后由政府机构直接运营或委托给公有制企业。但是，一些亚洲国家仍保留了私建私营的这一特殊的轨道交通发展模式，即地铁、轻轨等轨道交通线路由私营企业投资兴建，产权私有，建成后仍由私营企业经营。典型的例子如泰国曼谷的轻轨。曼谷轻轨的建设和运营均由一家私人企业控股的公司负责，即曼谷大众交通系统公共有限公司（Bankok Mass Transit System Public limited，简称 BTCS）。泰国政府通过合同形式，仅对轻轨建设和运营，以及 BTCS 的股本结构进行约束，并规定票价范围在 10~40 泰铢之间。

　　也有一些国家或城市对原本为国有的轨道交通企业实行私有化改革。典型的例子如日本的东京地铁。服务于日本东京都和东京首都圈的城市轨道交通系统共由 27 家企业建设运营，其中大部分企业为私营企业（如东急电铁、京成电铁、京急电铁等）。20 世纪 60 年代，日本铁路与民航、汽车的竞争激化，日本国铁组织结构臃肿、经营模式单一，经营状况不断恶化。即使政府每年对国营线路投入巨额补贴，可还是私营线路效益更好。1987 年，日本政府对日本国家铁路公司（Japanese National Railways，简称 JNR）实行私有化改革，迅速扭转了亏损局面。随后，2004 年又对东京最大的地铁运营企业"帝都高速度交通营团"（TRTA）进行了私有化改革。

　　私有私营模式和私有化改革能最大限度地激发社会资本的投资兴趣，有利于扩大公共交通建设发展的资金渠道。但是，由于政府的干预空间非常有限，在票价、线路走向等敏感问题上与私人投资者不可避免存在分歧和冲突，政府难以保证公共交通作为公益性服务的性质。而公共交通（尤其是轨道交通）的投资回收期长，私营企业要做好长期投资以及应对前几年亏损的准备。私有私营模式和私有化改革有利于激励私营企业严格控制建设和运营成本，努力提高服务水平以吸引更多的客流。在公交票价受管制的条件下，客流增长就成为私营企业提高利润、加快获得投资回报的主要渠道。因此，私有私营模式和私有化改革适用于公交出行需求旺盛的地区。有研究表明，当客流密度达到 2.5 万人公里/日以上时，可以实行私有私营模式，对于建设成本较低的市郊线，这一客流密度阈值可降至 1.7 万人公里/日。对于客流密度较低的线路，政府在推行私有化改革时，可以采用独自承担建设费用的做法，即固定资产折旧、建设融资回收成本等不从运营收入中抵扣。

11.4　城市公共交通的运营模式

　　城市公共交通建设完成后，即转入后期的日常运营与维护阶段。公交运营的具体工作包括调度指挥管理、公交场站等相关设施管理、票务管理、运营设备与车辆维护管理等。这些工作具有长期性和日常性，需要大量的稳定的专业化队伍（如司机、调度员、维修人员等），通常均交由专门的运营企业或团队进行管理。城市公共交通的运营实际上就是公交服务供给，直接关系着公共交通系统的吸引力和竞争力，影响居民日常交通出行的方式选择，因此，公交运营企业的表现和运营模式的选择，对落实公交优先战略具有关键性作用。

与前期的建设阶段相比，公交运营阶段所需的日常资金投入较少，而且企业可以从服务的使用者获取票务收入，政府和市场的合作模式更加灵活和多样化。政府既可以延续其在公交建设阶段的主导地位，继续在后期运营中扮演主要角色，如委托国营公交企业进行服务运营；也可以将建设和运营阶段分开，在保留所有权不变的前提下，将运营权分离出来委托给非公有企业运营。还可以采用多种方式并存的政策，建立运营企业间的竞争机制，从而达到激励运营企业不断改进服务，提升公共交通吸引力的目的。

需要注意的是，由非公有制企业运营城市公共交通，与公共交通的私有化是完全不同的。在前一种情况下，公共交通的所有权仍为公有，运营企业只是获得了运营权（通常还有一定的期限限制），而且企业的经营行为将受到政府的严格监管。而另一方面，由国有企业承担公共交通运营，并非就不能采用市场化的运作模式。国有企业的市场化是指国有企业的资源配置主要由政府的行政控制转变为主要由市场决定，因此，市场化程度的高低取决于政府确定的运营机制，与政府希望达到的目的有关。

经济学将城市公共交通确定为准公共产品。根据公共经济学理论，社会产品分为公共产品和私人产品，介于二者之间的产品属于准公共产品。萨缪尔森（P. A. Samuelson）在《公共支出的纯理论》中，将纯粹的公共产品定义为：每个人消费这种物品不会导致他人对该种产品消费的减少，公共产品具有效用的不可分割性、消费的非竞争性和受益的非排他性三种基本特征。而相对应的私人产品是可以由个别消费者所占有和享用的，具有敌对性、排他性和可分性。公共产品的非排他性往往导致"搭便车"的现象，而非竞争性则无法满足帕累托最优所要求的边际成本定价原则，以致市场机制失灵，不能有效提供公共产品。因此，通过提供公共产品来提高经济效率便成为政府的重要职能之一。严格上讲，只有同时具备非竞争性和非排他性两个特征的产品才是真正的公共产品，但现实中这样的纯公共产品是非常稀少的，政府提供的产品更多的是具有公共产品特征的准公共产品。任何人对公共产品的消费不会影响其他人同时享用该公共产品的数量和质量，边际拥挤成本是否为零，是区分纯公共产品和准公共产品的重要标准。对城市公共交通来讲，这一边际拥挤成本是显然存在的。

公共交通作为准公共产品的另一个重要特征是外部正效应。公共交通除了满足乘客交通出行需求外，还具有促进城市发展、减少交通拥堵、节能减排等外溢性收益。

这些外溢性收益在市场供给不足的情况下，会出现收益不足导致的效率损失。通过政府以较低价格甚至免费供给，达到有效率的消费量，则可以增大社会效益，进而改善产品供给的整体效率。因此，从准公共产品供给效率来看，政府供给具有相对的优势，而利用公共财政这一特殊资源实行适度的市场干预是关键。在城市公共交通运营中，票价制定和补贴机制是衡量政府与市场的关系的关键问题，对政府与市场的合作模式具有根本性影响。

11.4.1 城市公共交通的定价原则

准公共产品这一经济学属性决定了公交优先导向的公交运营，绝非单纯的技术问题或经济学问题，而是一个涉及公共政策的复杂的管理问题。其供需关系不是企业与使用者个人之间的博弈，而是政府主导下的企业与市民之间的利益平衡，其中，城市公交票价的定价机制是核心问题。

从政府的角度看，公共交通作为公共服务的一部分，其运营应更多地体现社会公益性，而非市场盈利能力。政府一方面希望通过低票价政策，促进公共交通的使用，实现社会效益的最大化；另一方面又希望运营企业提高服务水平，增强公共交通的吸引力和竞争力，实现自负盈亏，减少对公共财政补贴的依赖。

从市民的角度看，公交的使用者希望公交票价越低越好。对他们来说，公交出行成本是日常性的必要支出。相对低廉的公交票价则可以引导市民牺牲一部分舒适性，优先选择公共交通出行。而不使用公交的市民则对公交票价不敏感，他们往往对公共交通外溢性带来的社会效益缺乏认识，因此反对公共财政补贴公交运营亏损。

从企业的角度看，企业的首要目标是生存，因此必须有合理的利润保障，以维持企业的生产和再生产。票务收入是公交运营最主要的收入来源，与公交票价和客流量等直接相关。公交运营维护所需支出的成本，除企业支付的人员工资、经营场地租赁、设备维修更新等直接成本外，通常还包括固定资产折旧、建设融资回收成本等间接成本。两者之差就是企业利润。准公共产品属性决定了公交行业是非完全竞争性行业，公交企业的利润水平实际上受政府控制。尽管公交企业只能是微利型企业，但经营风险也相对较低。公交企业要将自身的经营目标与整体的社会经济效益相联系，而非单纯追求市场利润。

地方政府具有公交票价的确定权，公交票价也是地方政府调节三者利益关系的重要杠杆。在定价机制上存在着两种不同的原则，分别有不同的经济学理论支持：宏观经济学定价理论倾向于政府定价，而微观经济学定价理论则偏重市场定价。

（1）政府定价

政府定价机制遵循的是宏观经济的定价理论。该理论认为：公共交通的整体运输效率相对其他交通方式更高，因此，对公共交通设施投资的国民经济综合效益要高于对其他交通设施的投入。城市公共交通的价格应围绕宏观效益这一目标为主进行制定，充分体现公益性，因此，公交票价应保持低水平，并由地方政府补贴运营企业的亏损，以此来满足社会的福利效益。这种宏观效益较之政府财政补贴的"实际价值更大"。

政府定价有两个相互关联的基本特征：一是低票价，二是公共财政补贴。政府通过低票价机制，鼓励公共交通的大规模使用，从而加大公共交通的正外部效益，通过宏观效益的增加来提高公共交通供给的绩效。由于低廉的公交票价不能体现公交运营的真实成本，政府的财政补贴成为企业收入必不可少的组成部分，而公共财政补贴也可以视为是公共交通公益性和社会效益的成本支出。

目前，主要采用政府定价模式的国家除我国外还有德国、法国、美国等，强有力的公共财政补贴使得这些国家的城市公交票价普遍维持在一个低票价水平，城市公共交通也更接近于公共产品。以法国巴黎大区为例，2001年该地区公共交通的维护与运营成本为59.8亿欧元，其中由乘客支付的票务收入仅占总成本的32.1%，剩余的约2/3需要依靠政府补贴或其他政策性资金来填补。

（2）市场定价

微观经济学定价理论指导下的市场定价则认为：政府价格管控下的低票价政策会使公交运营企业失去追求经济效益的动力，进而导致企业经营管理效率降低，服务品质下降，甚至造成投资过量与资源配置扭曲的结果。为此，城市公共交通的运营维护也需要引入市场竞争机制，公交企业应提供有竞争力的服务来获取尽可能高的票务收入，抵消企业全部的运营成本后获得盈利，实现企业经营的自负盈亏。并通过这一机制淘汰缺乏竞争力的运营企业，让有能力的专业化公司来负责公交运营。而政府的主要职责是行业市场的监管，包括对公交运营质量的监督和评估，不需要为企业的经营不善买单。

需要说明的是，市场定价指的是公交票价的一种定价原则，而不是说公交票价完全由市场决定。采用市场定价原则的城市，公交票价仍然处于政府的严格监管之下。在这种模式下，城市公共交通运营市场本身带有一定的竞争性，政府除了对设施建设给予一定的资金支持外，对企业的日常运营维护几乎不提供任何补贴（或仅针对特殊情况给予极为有限的补贴）。公交票价基本反映运营成本，通常处于比较高的水平。为了吸引客源、避免因高票价会造成公交客流流失，公交运营企业往往会尽可能地改进、提升服务水平。同时，由于政府几乎不提供财政补贴，企业需要独自承担经营风险，在不能提高公交票价的情况下，转而从降低运营成本的角度，努力提升运营利润。

目前采用这一公交定价机制的国家有英国、新加坡、日本等，相对而言，这些国家的公交票价明显高于前一种模式。例如，新加坡的公交票价约在0.8~2.3新币之间，相当于人民币4~11元左右，较我国上海同类型公交的票价要高出50%左右。

政府定价和市场定价两种定价机制并不存在优劣之分，在国内外城市公交运营中均有采用，而且都有成功的案例。表面上看，两种定价机制的差异表现在政府公共补贴的有无或多少，而从更深层次上看，反映出了不同国家或城市对公共交通内涵的不同理解，以及对公交优先发展目标的定位差异。不同国家甚至同一国家中的不同城市，应当结合自身的政策导向、实际问题和具体情况，选取合适的做法。两种机制的区分也是相对的，在很多情况下，针对不同的公共交通系统，地方政府也可能选择不同的定价机制，从而在总体上形成一种混合的定价机制。

11.4.2 公共交通的票价票制结构

决定公共交通吸引力的影响因素有很多，包括快捷度、可靠性、舒适度以及票价等，其中，票价因素可以在短期内对客流产生显著影响。根据上海市 2005 年前后的一项居民调查，在不经常使用公交的人群中，大约 30% 的人是因为票价原因而放弃使用公共交通。相对于其他因素，票价的调节和变化较易于实现，制定合理的公交票价票制对落实公交优先战略意义重大。

（1）票价制定需要考虑的问题

落实公交优先需要建立对广大市民有足够吸引力，同时兼顾公交企业发展和政府公共财政支出的磁性票价票制体系，应综合考虑以下三方面问题：

1）居民收入水平：公交优先的一个重要目标是为全社会不同收入阶层提供可支付的公交服务，尤其是为那些缺乏选择的低收入阶层提供基本出行权利保障。居民收入水平决定了支付能力，并直接影响到对公交票价的接受程度。合理的"票价—收入水平关系"既能大幅度提升公共交通的吸引力和竞争力，还可以产生积极的收入再分配效应，促进社会公平。与国外公交发达城市相比，我国城市公交的平均票价水平相对收入水平明显偏高，这对吸引中低收入人群选择公交出行较为不利。以伦敦为例，其公共汽车的平均票价约为 0.5 镑（1999 年），远高于上海平均 1.8 元的水平（2003 年），但伦敦的人均工资收入水平也远高于上海。考虑收入因素后，上海公共汽（电）车的平均票价与平均工资比约为万分之九，而伦敦仅为万分之二，上海的票价水平约为伦敦的 4 倍。当前，我国正处于快速机动化的过程中，由于中低收入人群对公交票价最为敏感，在缺乏相对优势的票价水平面前，许多中低收入者的机动化过程选择向电助动车转移，从而失去了快速提升城市公交出行比例的机会。

2）与其他交通方式的比价关系：公交优先的主要竞争来自小汽车交通，因此与小汽车方式的比价关系是最重要的。具体做法是从城市交通系统的整体"投入产出比"出发，分析公共交通与小汽车交通分别产生的总投入、总成本和总收益，以及相应的"成本—收益"如何合理分配，确保公共交通使用者的"成本—收益"关系优于小汽车使用者。这是一个复杂的交通经济学理论课题,研究发现:无论西方发达国家还是包括我国在内的发展中国家,小汽车出行者实际支付的出行成本占其实际产生的包括社会边际成本在内的总成本的30%,远低于公交出行者的80%。为了提高城市公交的相对竞争力,不仅需要在公交价格上施力,还需要提高小汽车使用者的成本支付占比。

3)政府公共财政的可承受度:政府对公共交通的政策性运营补贴是公共财政支出的重要组成部分之一,补贴数额的大小直接关系着公交票价高低,还会对政府的财政收支平衡产生重要影响。因此,公交定价应充分考虑政府公共财政的可承受能力,避免造成公共财政过度透支、公交补贴无以为继,影响公交优先发展的稳定性和可持续性。一方面政府要建立有效的激励机制,鼓励公交企业努力降低运营成本;另一方面,政府还应当扩宽对公交运营的扶持手段,在直接财政补贴外,寻找其他政策措施和资金渠道。

(2)基本票制

票价,是指公交企业向公交乘客提供出行服务所收取的费用或标示的价格。所谓票制,是指公交系统内乘客支付公交出行费用的方式和结构模式。票价票制结构具有多种可行的选择方案,不同的结构方案会影响系统整体的赢利能力、乘客的方便性以及票价的社会公平性。公交票价票制结构可以分为固定票价、按距离计算票价、按时间计算票价、分区票价四种典型模式,但各种模式之间并不是完全独立的,一个城市的公共交通票价票制结构可能是多种模式的组合。

1)固定票价:即按次计算的单一票价,每次在系统内无论乘坐多少距离都是单一价格。固定票价通常应用于常规地面公交系统。它具有简单易行的优点,适合无人售票。但是,单一票制无法反映乘客的票价敏感性,对乘车距离短的乘客有失公平,易造成乘客不愿意换乘,影响线网整体运营效率。公交免费可以视为一种特殊的固定票价。免费公交主要发生变化的是运营企业的收入来源,将从票务收入转为其他渠道或政府补贴。需要注意的是,大规模的公交免票应该谨慎实施。如果没有庞大和可持续的公共财政为支撑,公交免票反而会影响公共系统的持续健康发展,造成公交服务质量下降,吸引力和竞争力降低。许多城市在实行公交免费运营后,乘客数量成倍增长,但车辆等设备投入却无法相应增加,公交服务水平难以维持正常水平。

2)按距离计算票价:按距离计算的票价结构最接近实际的运营成本。但按距离计算票价需要增加收费和检票的成本。如果在普通公交上按距离计算票价会出现找零情况,必须配备公交售票员,增加了公共交通企业的运营成本,且增加了乘客的上车时间。因此,按距离计算票价通常应用于站点设有先进售检票机的轨道交通系统。

3）按时间计算票价：较为常见的按时间计价是分高峰期票价和非高峰期票价。高峰时段道路较为拥挤，且多为通勤出行，乘客时间安排的灵活性较小，乘客对票价敏感度较低，高峰期多收费可以增加票价收入。而且高峰期公共交通服务的运营成本较高，公共交通企业需要投入更多的车辆和人力，高峰期多收费存在一定的合理性。而非高峰期降低票价则有助于平衡一天的客运需求，使得运营效率更高。如美国圣地亚哥在非高峰时段实行 20% 的优惠票价，降低了高峰时段的乘客出行，缓解了公交系统的拥挤。此外，按时间计价方式有利于公交换乘组织，如韩国首尔采用按时间计算和按距离计算相结合的票价制度。在一定的时间内，乘客可以在地铁和公交系统之间自由地免费换乘，但每次换乘必须在 30min 内完成。

4）分区票价：即乘客按乘坐的区域付费，是一种简化的按距离计算票价。分区票价的优点是简单明了，能减少乘客对票价的混淆，售检票技术也相对简单；但其缺点在于跨区间短途的乘车费用会高于在同一区内的长途乘车费用，影响票价政策的公平性。

（3）优惠票制

总的来讲，建立公交优先的磁性票价票制体系有两方面任务：一方面是要实行低票价政策，在总体上吸引更多的人选择使用公交出行，提高公交出行比例；另一方面是要利用票价杠杆调控公共交通客流的时空分布，提高公交资源的整体利用效率。除了上述四种基本的票制模式外，为进一步完善票价结构体系，许多城市还针对特殊人群和使用情况，推出了附加的优惠票制。具体有三种形式：

1）特定优惠：从社会公平角度，向特殊人群提供折扣票价是各国城市公交的普遍做法。例如，一些国家的法律规定，公共交通必须向儿童、学生、老人、残疾人、失业者、低收入家庭等特定社会群体提供相应的折扣票价甚至免票。

2）换乘优惠：对于需要使用多种公共交通方式完成的出行，如果出行过程中需要多次购买车票，一方面会造成使用者时间上的浪费，另一方面也会在主观上造成票价昂贵的印象，削弱公交系统吸引力。因此，整个公共交通系统的计费方式应考虑不同公共交通方式之间换乘时的票价优惠，尽量降低换乘给乘客带来的额外成本。许多公交先进城市实际经验也表明，换乘优惠可以优化不同公交系统之间的协调配合，并从整体上提升公共交通的使用效率。现代化的电子票务系统为推行换乘优惠提供了技术支持。例如，在上海，使用公交一卡通的乘客，在 2h 内地铁换公交车、公交车换地铁、公交车换公交车，都可以享受 1 元的优惠折扣。

3）多乘优惠：是公交领域的一种市场营销手段，类似于商业经营中的批量优惠和薄利多销，特别适合于非高峰期的出行。小汽车出行对比公交出行的主要成本优势体现在，一旦市民投资购买了小汽车，使用车辆的边际成本会随着车辆使用次数的增加而减少，从而促使人们倾向于多开车。为此，应通过设置日票、周票、月票、年票等多样化的套餐制票种来推行多乘优惠，或对同行人数高于一定数量（如 3~5 人）的提供带有优惠折扣的团体票，以鼓励乘客更多地使用公交系统。

11.4.3 公共交通的补贴机制

在政府定价管控的情况下，为了保持公交运营的可持续和企业再生产的需要，政府必须通过财政补贴或其他方式弥补公交运营亏损。但是，政府给予的补贴并不是越多越好，不能简单地以政府补贴的力度大小来评价是否公交优先。国外城市不乏在没有政府补贴的情况下实现公交优先的成功案例。过度的公交补贴不仅有损于公共财政资金的合理使用，影响政府对其他公共产品的供给保障，造成不必要的财政负担，而且容易造成公交运营企业对公共财政补贴的依赖，逐步丧失提高服务品质、降低运营成本的动力，最终影响到城市公共交通的吸引力和公交优先的持续发展。因此，城市公共交通的补贴机制首先要遵循适度原则，根据公交优先所针对的发展目标，合理控制补贴额度并有目地进行补贴。此外，公共财政补贴要和激励机制相结合，推动公交企业主动创新，不断改进提升运营水平和质量，形成推动公交优先发展的长效机制。

（1）政策性亏损和经营性亏损的区分

在政府定价的情况下，低票价政策的确会造成企业运营亏损。但是，反过来说，企业运营产生的所有亏损，并不都是由于政府价格管控造成的，其中也有可能是因为运营企业自身的经营管理不善造成的。如果政府对后一种原因造成的亏损也进行全额补贴，就无形中纵容了运营企业不当的经营行为，对改善公交运营状况极为不利。因此，合理的城市公交补贴机制首先要界定和区分出政策性亏损和经营性亏损。

简单地讲，政策性亏损是指企业为实现政府规定的社会公益目标或者生产社会性计划产品，由于定价不能反映实际成本支出而造成的亏损。相对应的，由于企业自身原因（如经营管理不善）造成的亏损，则称为经营性亏损。理论上讲，合理的补贴制度应当主要针对政策性亏损部分，而经营性亏损应当由企业自负。

城市公交的补贴对象应该是政策性亏损的部分，主要包括三个部分：

1）票价偏低造成的亏损。在对企业经营成本完成严格审核的基础上，确定统一的成本核算标准，根据成本效益分析，核定低票价造成的政策性亏损。

2）公益性折扣票价造成的亏损。公交运营企业应政府要求为学生、老年人、残疾人等特殊社会群体提供了票价折扣，但服务质量和相应的服务成本并没有变化，这些公益性服务造成的亏损应当纳入补贴范畴。

3）指令性任务带来的亏损。例如，应政府指令性要求开辟的客流量偏小的线路，这些线路的客流量偏低不是公交企业造成的，经营这些线路的票务收入明显低于实际成本，但政府从注重社会效益的角度出发，确保公共交通服务覆盖面，指令性要求运营企业开通或维持这些冷僻线路的运营,这些线路运营的亏损有权获得相应补贴。

当前,我国公交运营企业获得的政府补贴都是针对政策性亏损的,主要由三部分组成。第一部分是油价补贴,它主要由中央财政转移支付给交通运输等特定企业,其中包括城市公交运营企业,用于弥补因国际油价变动造成的经营成本上升;第二部分是购车补贴,主要由省级或市级地方政府提供,用于补贴公交运营企业因更新公交运营车辆而带来的运营成本上升,政府往往也通过购车补贴发放,鼓励运营企业购置更加节能环保的车辆,此类车辆的价格往往较普通车辆要高;第三部分是由市级财政支付的专项补贴,主要针对公交企业由于承担社会公益性服务和完成政府指令性任务所增加的支出。

(2)公交补贴的测算方式

政府对公交运营中发生的政策性亏损实行财政补贴,具体的测算方式有以下五种:

1)全额补贴:该方式在计划经济体制下曾长期使用。政府根据城市公共交通企业申报的年度财务决算报告和经营计划确定补贴数额,企业亏损多少就补贴多少。在此补贴方式的长期影响下,国营公交企业没有降低成本、提高效益的动力,政府也无法确定补贴是否用于政策性亏损。城市公共交通运营品质不断下滑造成客流流失,在造成政府沉重财政负担的同时,公共交通的公益性也得不到保障。

2)定额补贴:又称为"补贴包干",是当前我国城市普遍采用的补贴方式。政府主要依据历史数据,确定并给予城市公共交通企业每年固定的补贴额度,多亏不补,少亏不退缴,并保持几年不变,以使得运营企业获得更多的时间来平衡收支。这种方式能够在一定程度上调动企业的积极性、增收减支,同时政府易于控制财政负担。但是,这一方式确定的补贴额度缺乏可靠的科学依据,每年的补贴额度可能会与企业当年的盈亏相差甚远,企业承担较大的经营风险,缺乏公平和合理性。

3)按客运量补贴:又称"人公里补贴",是按照企业运营里程和客运量的综合水平确定补贴额度。运用这种补贴方式可以促使城市公共交通企业为获得更多补贴,努力提高客运量而注重设备更新与服务质量。这一方式是对前两种补贴方式的改进,一定程度上发挥了补贴的激励作用。但是,企业可能由于偏远线路客运量很小而不愿意或者消极运营,损害了公益性。

4)按运输工作量补贴:又称"车公里补贴",是按照企业实际运营里程和车次的综合水平确定补贴额度,也是国外公交发达城市普遍采取的补贴测算方式。这种补贴方式最接近公交企业支出的实际成本。完成的运输工作量与客运量没有直接关系,可以避免公交企业对偏远、客流量很小的线路采取消极运营的态度,同时也能消除不同公交企业之间的争抢客流、争夺热门线路的不良现象，有利于公交优先发展的公平性。

5）奖励性补贴：结合公交优先发展目标，对公交运营企业在服务、形象、宣传等相关方面做出的突出贡献（如完成重大活动的交通保障任务）或取得的重大成绩（如公交客流明显提升），给予特殊的经济奖励。奖励性补贴可以形成灵活高效的激励机制，促使公交企业不断改革创新，提升自身的经营水平和服务意识，加快公交优先发展的步伐。

（3）公交补贴的形式拓展

通常认为，城市公共交通是地方事务，因此公交补贴应由城市地方政府承担。但是，随着公交优先理念的传播，在许多国家公共交通的发展建设已经上升到国家层面，被认为是关系到生态环境改善、社会和谐稳定、能源安全等国家整体利益的大事。公共交通补贴的发放主体也从单一层级的政府拓展到了多层级的政府共同承担补贴。以美国为例，城市公交补贴由三级政府发放，其中联邦政府补贴总运营成本支出的5%、州政府补贴21%、市级政府补贴34%。在法国巴黎，对城市公交的公共补贴有70%来自中央政府，巴黎地方财政负担占比仅为30%。多级政府的共同参与不仅有效提高了政府支持公交运营的补贴力度，也提升了公交优先的战略共识，并使之成为各级政府协作推进的重要任务。

与公交设施建设一样，公交日常运营维护也需要强有力的资金投入作为保障，需要政府拓展融资渠道和方式，确保公交优先的持续发展。其中有三种做法值得学习借鉴。

第一种做法是通过特定税收的设立，形成社会办公交机制，既减轻政府财政压力，又能够确保稳定的资金来源。典型例子是法国。法国早在1973年就立法确定，当地方的人口总数超过一定规模时，政府就有权决定在该地区征收"城市公交税"（Versement Transport，简称VT），用于支持当地的公交发展。城市公交税的征收对象是位于该区域内雇员数超过11人的大中型企业，征收基数是各企业的工资总额。如果企业为雇员提供上下班的通勤班车，则可以申请免征此税。法国是目前工业化国家中唯一征收城市公交税的国家，其最高征收税率由国家议会统一规定，但征收与否、实际征收税率则由各地方政府决定。这一税收政策使各地方政府有了稳定的财政资金来源用于公交发展，同时也鼓励了中小市镇组合成联合体，以达到法律规定的征税人口门槛。在大巴黎地区，城市公交税承担了约34%公交运营总成本，高于各级政府提供的直接财政补贴。

第二种做法是设立专门的发展基金，并公开向社会募集，作为补贴公交运营亏损的补充。例如，美国的城市公交运营成本支出中约有3%是由财团或个人的捐赠补贴的。

第三种做法则更为巧妙，政府对公交运营企业的支持不再是直接的财政补贴，而是通过政策杠杆，把一些优势资源配置给公交运营企业，让运营企业获得额外的业务增长点，最后通过这种转移支付的方式完成对公交运营亏损的补贴。其中的代表性案例是我国的香港特别行政区。香港通过将轨道交通站点上盖物业的开发权注入轨道交通运营企业港铁公司，创造了"轨道 + 物业"（Rail+Properties，简称 R+P）的创新模式，使得香港成为世界上为数不多的、城市公交实现自负盈亏、无需政府补贴的城市。从某种角度来看，港铁公司是轨道建设管理运营与地产开发的联合体。该公司 2016 年数据显示，港铁公司拥有、开发和管理的物业单位有 45 个（不含内地），物业板块收入 47.41 亿港元，占港铁公司总收入的 10%，单从盈利来看占 23.2%，是主营业务以外最重要的一个盈利来源。

最后，政府通过为公交运营企业减负，降低公交运营成本，从而减少企业亏损，也是政府实现对公交运营间接扶持的重要手段。包括在税收上，公交公司除交纳购买燃油等必须支付的税费外，其税赋政府给予减免。在设施提供上，政府加大投资力度，为公交企业配置先进的调度系统和城市交通智能信息系统，并将库房、场站、各种车辆设备低价或免费提供给企业使用等。

11.4.4　公共交通运营的组织模式

所有权和运营权的适当分离，为政府和市场开展公共交通运营合作创造了空间。政府在保留公共交通公有、保证公共交通公益性服务属性不变的前提下，可以把公共交通的运营和维护委托给有实力的专业化企业来承担，通过政企职能分离，一方面调动企业积极性，不断提升运营水平并加强公共交通吸引力，另一方面政府也转变职能，加强对公共交通运营的监管。在委托过程中，政府重点考虑的是企业的运营管理水平，并根据受委托公交运营企业的属性，制定相应的合作模式。大致可以分为国有企业运营、私营企业运营和公私合作运营三种类型。这三种模式并非相互排斥的，在许多城市都存在多种运营模式同时并存的状况。

（1）委托国有企业运营模式

委托国有企业运营模式是指全部或绝大部分的城市公共交通运营维护都由国有公交企业负责。通常，一些重要城市（如首都），或城市的关键地区，或重要公交系统，都会采用这一运营模式。具体又可分为无竞争条件和有竞争条件下的国有企业运营。无竞争条件是指一家国有企业独家运营或两家以上企业分区经营的情况，运营企业之间不存在竞争。欧美国家的轨道交通系统客流密度较低，少有盈利的可能，主要靠财政补贴维持日常运营，运营企业由地方政府指定并给予相应的补贴。纽约、柏林等城市为代表案例。而有竞争条件是指带有计划性质的市场竞争，在同一个城市内有两家以上的国有企业共同运营，企业间存在一定竞争，从而促进运营企业提高服务水平和运营效率。典型案例如韩国首尔。首尔的轨道交通网络分别由首尔地下铁公司（SMSC）、首尔快速轨道交通公司（SMRT）和韩国国家铁路公司（KNR）三家国有企业运营。

我国大多数城市在经过多次公交改革后，最后不约而同地回归到国有企业运营模式。我国国有企业分为功能性国有企业和竞争性国有企业，国有公交企业属于前者，具有承担公共服务保障的主要职能，符合我国对城市公共交通"公益性"的内涵界定。由国有企业运营的公共交通服务具有更多公共产品的特征属性，如冷门路线的经营和社会性福利票价的提供等。国有企业和政府保持有长期良好的关系，为实现政府指令和既定发展目标创造了积极条件。尤其是在我国公交运营成本核算不够清晰的情况下，向国有公交企业发放公共补贴问题相对较小。但是，国有企业主导运营也容易造成企业创新动力不足，运营成本控制不力，导致补贴需求上涨等弊病。因此，对这一运营模式，地方政府尤其要加强企业服务质量和运营成本的监督控制，引入激励机制，鼓励国有企业不断提高运营水平和服务绩效。

（2）委托私营企业运营模式

通常选择市场定价方式的国家会采用这种模式。具体做法上，小城市会将城市内的公交线路运营业务整体打包给私营企业，以提高公交运营的规模效益，而大城市则会引入多个私营企业，通过相互竞争来促进服务质量的改善。保证这一模式良性运转需要有强有力的政府监管，保证市场竞争的秩序和公平，并且要避免因政府调控造成运营企业和主管部门的冲突，影响公交服务的平稳运行。

我国湖北十堰市的公交改革就是一个典型的失败案例。2003年，十堰市政府与温州某私营企业签订了为期18年的合同，将城区内总计22条公共交通线路转让给后者经营。签订合约之前，国内尚无可借鉴经验和参照，双方对可能带来的问题准备不足，合同约定过于简单并导致后期在许多问题上发生争执，五年里十堰市发生了四次公交大罢工，全市70万人的出行受到严重影响。最后，政府不得不终止改革，并通过行政手段收回全部公交线路的运营权。

在多家私营企业参与经营的情况下，要避免过度竞争。如果缺少政府的统一规划和有效监管，就容易出现多家企业为争抢优质线路客流，导致局部地段公交线路重复、站点重合，造成资源浪费，路面车流拥堵等问题，最终影响了线网的整体效率和稳定。为了避免恶性竞争带来的线路、站点重复问题，不少城市采用了线路专营模式。即政府保留公交线路的规划权，经过政府统一规划后，再将某一特定线路或部分公交线路特别授予固定企业专门经营。通常，政府会将盈利性好的线路交由私营企业专营，而将亏损的冷门线路保留由国有企业运营，在争取市场效率的同时又能较好地兼顾公平性。采取这种运营模式需要加强对服务质量的监管与评估，避免线路专营造成专营垄断，设定好竞争准入机制和淘汰退出机制。

（3）公私合营模式

公私合营以国有资本和社会资本等多种经济成分组合构成的"联合体"企业承担公交运营，通常按照股份制公司模式来组建公私合营企业。其中又分为国有资本占主体的股份制企业和私有资本占主体的股份制企业。前者的典型案例是香港地铁公司，作为一家上市企业，香港特区政府为其第一大股东。虽然是市场化运作，但是香港特区政府委托相关人员组成公司董事局，为地铁公司提供担保，并从多个方面干预公司运营，2000年，香港地铁公司通过股份制改造，让高层主管和员工持股，公司10%的股份通过上市私有化。后者的典型案例是法国交通发展集团（Transdev Group）。公司成立之初是由法国国家信托局（Caisse des Depots et Consignations）控股的合资企业，于2011年3月和另一家法国私营运输巨头威立雅运输集团（Veolia Transport）合并后，成为欧洲最大的私营公共交通运输集团，主要承担城市公共交通的运营维护业务。目前集团已在全球19个国家和地区开展业务，每年运送乘客约40亿人次，年营收稳定在70亿欧元左右。

股份制公私合营模式在我国前阶段的市场化改革阶段也曾得到普遍采用，如前所述，上海在第二轮公交改革中，就曾依托三家大型的国有控股上市公司大众、强生、巴士进行市场整合，三大集团的公交企业占有市场份额合计达到84%。但是，公共交通运营作为微利行业，与股份制上市企业追求市场表现的经营目标存在一定的矛盾。因此，在上海的第三轮公交改革中，统一将公交运营业务从上市企业中剥离，转向委托国有企业运营模式，以突出公共交通的公益性特征。无独有偶，新加坡地铁公司（SMRT）原本也是一家由新加坡政府投资公司淡马锡控股54%的股份制企业，公司于2000年在新加坡上市，随后于2016年由淡马锡回购上市股权后，从股票市场上摘牌退市。转型国有企业的新加坡地铁公司（SMRT）将固定资产剥离，成为专注于公共交通运营的轻资产企业。

（4）政府购买服务

在城市公共交通运营回归政府主导的趋势下，实现政企分离是推动城市公共交通运营维护走向专业化和治理现代化的有效途径。政府在保留公共交通所有权和公益性导向的前提下，从公共交通服务的直接提供者，转变为公交运营行业的监管人，通过"购买服务"的方式，与专业化的企业开展合作，推动公交优先发展。

政府购买服务是指通过发挥市场机制作用，把政府直接提供的一部分公共服务事项以及政府履职所需服务事项，按照一定的方式和程序，交由具备条件的社会力量和事业单位承担，并由政府根据合同约定向其支付费用。可见，政府购买服务的企业不受所有制性质限制，可以是国有企业、私营企业或公私合营企业。政府和企业作为合同契约双方，分别承担合同约定的责任并享有相应的权益。

服务购买合同是理顺政企关系、实施政府监管的重要依据。在城市公共交通运营维护领域，政府通常是该合同的发起方，从保障城市公共交通公益性和公交优先发展的目标出发，尤其要注重对市场准入、风险分担、质量考核等关键环节的把控。

1）市场准入机制。企业是城市公共交通服务的直接提供者，企业规模和管理水平直接关系到公交服务的长期稳定性，企业的运营经验和专业化水平关系着运营效率和收益，企业文化、服务质量和社会形象直接影响到城市公交的吸引力。因此，政府在购买服务之前，必须对行业准入设置一定的条件，并对有资格供给公共交通服务的企业主体进行严格的资格审查，杜绝不合格企业进入公交行业。同时通过设置竞争性机制，遴选优质运营企业竞争上岗。

2）风险分担机制。政企分离不等于政企对立，城市公共交通的优先发展需要政府和企业的合作共赢。在城市公共交通运营维护中，政府和企业在合作时的风险分配是否合理，关系到服务运营能否稳定长久。在区分政策性亏损和经营性亏损的基础上，还需要认识到经营风险的分担问题。总的来说，城市公交运营是经营风险较低的行业，盈利在政府管控下保持合理的低水平，但经营风险仍然存在。例如，一条公交线路的客流下降，有可能是企业经营不善的结果，也可能受到政府规划用地布局调整、路网建设、交通管制等非经营性因素的影响。因此，清晰的风险共担机制有利于稳定政府和企业的关系。例如，巴黎大区交通管理委员会与经营企业签订的运营合同中，规定了根据交通发展情况逐年递增的公交收益增长目标，并且允许增长值存在2%以内的偏差。若每年实际营收达不到目标偏差的2%以内，为了更好地激发公交企业的积极性和分担风险，合同规定60%的亏损部分由代表政府的委员会承担，而公交企业只承担40%；若超出2%以上，相应的亏损，90%由委员会承担，企业只承担10%。我国深圳市也为公交运营企业设置了投资回报调节制度，并把公交行业标准成本利润设为6%，当公交企业成本利润低于6%时，政府通过增加财政补贴的方式，使企业成本利润率上升至6%的水平。当公交企业成本利润高于6%时，超额利润部分的30%留给企业发展，另外70%进入投资回报专项资金，专门用于保障未来的公交运营利润率水平。

3）质量考核机制。为了提高政府补贴对公交企业的激励作用，可以在补贴测算中增加"服务质量调节"变量，从而将公共交通财政补贴多少与服务质量好坏进行关联，实现以财政补贴杠杆约束服务质量。以巴黎为例。巴黎大区交通管理委员会同公交企业签订的合同就服务质量的考核设置了22项指标，每一项都明确了年度目标。若达到合同目标的要求，则既不奖励也不惩罚；若超过目标要求，则有奖励，并且达到服务质量设定的上限目标值时，获得奖励的额度最大。我国深圳则制定了服务质量调节制度。6%的标准成本利润中，有30%与服务质量挂钩。服务质量考核的重点是企业服务水平与成本控制水平，可选取乘客满意率、行车安全率、线路覆盖率、车型配置、人车比率等作为指标。当公交企业服务质量达到规定标准时，考核得分等于或高于标准分，企业可全额获得各项补贴，服务质量调节为正；当公交服务质量达不到规定标准时，考核得分低于标准分，相应扣减补贴金额，服务质量为负。

11.4.5 公交运营模式的适用性

公交建设与运营维护都关系着公交优先战略的落实。从技术层面上讲，公共交通的投资建设和公共交通的运营维护，需要的是完全不同的专业人员队伍，是公交优先发展相对独立的两个阶段。前期的公共交通投资建设对确定后期公共交通的运营模式具有重要影响。通常，由私营企业投资建设的公交线路，从投资回收的角度，后期的运营也将由私营企业继续承担，即公交建设运营的私有私营模式。而由政府投资建设的公交系统，其运营模式则灵活多样。由于不同类型或不同区域的公交系统，对公交运营模式的适用性有所不同，因此，同一城市的公共交通可以采用多种运营模式并存的方式。而对于不同规模的城市，公共交通系统构成的复杂程度很不一样，公交运营模式也因此有所差异。而在城市公交不同的发展阶段，也应当采用差异化的运营模式。从我国公交改革的历程可以看出，历次公交改革主要也是针对公共交通运营机制的优化调整。运营机制的创新和改革，是公交优先发展的重要推手。

（1）不同公交系统的适用性

不同类型的公共交通系统因其投资建设模式不同，建设资金回收要求有所差异，加之各自在城市公共交通体系中所扮演的角色也不一样，即便处于同一城市，它们的运营模式也应当有所差异。

通常，城市轨道交通更适合由国有企业负责运营。在各类城市公共交通中，轨道交通的建设成本最大。以地铁为例，我国平均每公里的建设成本约在7亿~8亿元，后期建设的线路由于埋深更深，成本更高。高额的前期建设成本难以短时间内通过运营回收资金，委托国有企业运营便于公共资金的长期投资管理。而且，轨道交通在城市中承担着公共交通主干网的作用，客流非常集中，对运营的稳定性、安全性、公益性要求更高，运营过程需要多个政府职能部门协同联动，要求运营企业非常了解当地情况，具备更强的专业化水平、综合协调与应急反应能力，从这方面看，国有企业相比私营企业可靠性更高。

相对而言，私营企业则在参与常规地面公交运营上可以有更多的机会。在建设有轨道交通的大城市，常规地面公交起到辅助作用，客流相对分散。为避免轨道交通造成常规公交线路萎缩，政府可以通过多元化的运营，引入市场竞争机制，把部分线路委托私营企业经营，以提高服务质量和吸引力。在政府财力有限、公共交通不发达的小城市，政府可以通过部分开放市场的方式，引入社会资本和私营企业，在短时间内补足城市公共交通短板。政府可以在常规地面公交运营上采用私营企业与国有企业并存的方式，两者既是竞争也是互补的关系。政府将一些社会公益性的低客流线路保留由国有企业运营，而优质的线路则通过市场竞争机制选择确定受委托的私营企业。

传统的出租车以及网约车、定制公交、共享单车等新型交通服务，是城市公共交通的有益补充，适合发挥私营企业的创新潜力。像优步（Uber）、滴滴出行、哈啰单车等私营的网络交通公司（Transportation Network Company，简称TNC）是互联网信息技术与传统交通行业结合的产物，对改善城市个人出行具有积极的作用。此类创新型企业提供的交通服务还是新事物，政府一方面要对交通创新保持一定的宽容度，另一方面也需要及时调整政策管控，加强对新生事物的有效监管，以保证它们的健康持续发展。

（2）不同城乡地区的适用性

在城市公交建设模式适用性中谈到，同一个城市的不同地区，如中心城区和外围郊区，由于公共交通系统的重要度不同，投资建设模式因此可以有所差异。即重要度高的地区（如中心城区）的公交建设由公共投资主导，而重要度低的地区（如郊区之间，或郊区与中心城区之间的线路），公共交通建设可以向社会资本和私营企业开放。受此影响，非重点地区如有私人投资建设的线路，通常仍由私营企业负责运营。

尽管重点地区由政府投资建设的线路，私营企业也有通过各种PPP模式，获得一定期限内特许经营的可能，但总体上仍将保持以国有企业主导运营的局面。在我国当前强调城乡统筹发展、推进城乡公交一体化的背景下，乡村公交和短途客运或可以成为私营公交企业的发展空间。

在我国，公路客运是开放的市场化行业，私营企业和国有企业共同竞争。近年来，由于铁路客运的迅速发展，公路客运业务严重萎缩，多个城市和省份尝试公路客运和公交客运的合并重组问题。然而，介于长途客运和公交客运之间的短途客运和城乡公交，大部分没有与铁路客运竞争的问题，在时间、价格上相差不大的情况下，短途客运和城乡公交更加灵活，在市内途经的地方可以设站停车，可以提供差异化服务以满足一部分人的通勤要求。而由于这些线路上客流比较分散，政府投资建设能力有限，公共线路只能满足最基本的出行需求，因此，短途客运和乡村公交可以作为私营公交企业扩大经营的重要空间，通过线路加密和织补，补充提高这些城乡区域的公交服务水平。

（3）不同规模城市公交运营模式的差异

不同规模的城市中，居民公交出行的需求状况存在差异，城市公交系统的规模和构成也明显不同，这些差异会对公共交通运营产生重要影响。

大城市和特大城市作为地区社会经济文化中心，人口集中，城市公共交通已经成为居民日常出行的重要方式之一。公共交通系统通常由轨道交通和常规地面公交，或快速公交和常规地面公交组成，公共交通工具种类较丰富，加上空间规模大，中心区和郊区情况差异明显，因此，大城市和特大城市的公交运营模式可以采用国有企业为主、私营企业为辅的组合模式。既发挥国有企业稳定性、保障性强的优势，又可以充分吸收社会资本参与公交运营，扩大公共交通供给，并通过私营企业的效率优势，建立一定的竞争机制，激励公共交通运营水平和服务水平不断提升。

大城市和特大城市在采用多种运营模式并存的组合方式时，尤其需要加强公交服务的整合衔接。为了充分利用公交线路资源，大城市和特大城市的公交出行要避免设置过多的重复线路，公交换乘成为关键问题。在不同运营企业线路间换乘，站点的衔接和票务的整合，对乘客的换乘体验具有重大影响。以日本东京为例，早期东京地区的轨道交通由两家国有企业和20多家私营企业分别运营，线路彼此不连通，地铁站点出入口也各自为政，加上票务系统不兼容，轨道交通换乘很不方便。为了改善乘客体验，近年来东京各运营商加大了合作力度，在保持线路独立运营的基础上，通过线路改造，实现了多条国营和私营轨道交通的互联互通，同时，通过推广智能IC交通卡PASMO，实现了各轨道交通和地面公交的一卡通用，显著提升了乘客的出行体验。

相对而言，我国中小城市的公交系统规模不大，以常规地面公交为主，构成比较简单，若采用多家企业运营，难以形成规模效应。因此适宜采用一家企业集中运营模式，既可以委托国有企业运营，也可以通过特许专营委托私营企业运营。在城镇密集地区，城镇间经济活动联系较频繁，单个城市的公交运营模式还要兼顾与相邻城镇公交运营的兼容性。同时，应当注意发展与自行车、电助动车等交通方式的整合衔接。在我国某些中小城市，地面公交运营企业同时还提供公益性的公共自行车服务，既方便了居民出行，也有助于公交优先发展。

（4）不同发展阶段公交运营模式的差异

处在不同发展阶段下的城市公共交通，由于所面临问题和目标取向不同，公共交通的运营机制也因此有阶段性的变化。

在公共交通建设的起步阶段，公交网络体系发展尚不健全，服务需求与供给之间的差距较大，快速提高公共交通供给成为紧迫任务，为了突破政府公共投资能力的局限，需要发动社会资本和私营企业共同参与投资建设。因此，这一阶段政府往往会采用"以市场换投资"的策略，通过以BOT模式为代表的政府市场合作方式，加快公交建设速度，并允许私营企业在一段时期内承担公交运营以回收投资资金。

当公共交通规模总量达到一定程度后，对提升公共交通服务质量的诉求开始显现。公共交通发展由"量的积累"过渡到"质的保障"。在这一阶段，公共交通的公益性特征得到强化，而市场的作用将会被限制，政府在公共交通领域的干预和监管力度加大，政府的主导作用将会超过市场，地方政府逐步收回公交运营权，形成国有企业主导的格局。

随着政府监管机制不断完善，公交运营行业发展进入成熟阶段。控制运营维护成本，创新运营机制，通过新的技术革新与应用，实现公共交通的可持续良性发展成为首要目标。这一阶段的技术创新和制度创新尤为重要，为避免政府或市场单方主导的局限，一些城市开始探索新型运营机制，其中包括国营公交企业的民营化改制、从运营企业剥离国有固定资产等。可以预见，随着新科技成果的应用和新管理理念的普及，未来的城市公共交通运营将涌现出更加丰富多彩的创新模式。

附录1 公交优先发展相关的重要政策性文件

1985年:《国务院批转城乡建设环境保护部关于改革城市公共交通工作的报告的通知》(国发〔1985〕59号)

1989年:《国务院关于当前产业政策要点的决定》(国发〔1989〕29号)

1993年:建设部《全民所有制城市公共交通企业转换经营机制实施办法》(建城字第671号)

1994年:《建设部关于对城市公共汽车、电车实行专营权管理的意见》(建城〔1994〕329号)

2003年:《国务院办公厅关于加强城市快速轨道交通建设管理的通知》(国办发〔2003〕81号)

2004年:建设部《关于优先发展城市公共交通的意见》(建城〔2004〕38号)

2005年:《国务院办公厅转发建设部等部门关于优先发展城市公共交通意见的通知》(国办发〔2005〕46号)

2012年:《国务院关于城市优先发展公共交通的指导意见》(国发〔2012〕64号)

2013年:交通运输部《关于贯彻落实〈国务院关于城市优先发展公共交通的指导意见〉的实施意见》(交运发〔2013〕368号)

2013年:交通运输部《关于印发〈公交都市考核评价指标体系〉的通知》(交运发〔2013〕387号)

2016年:《中共中央国务院关于进一步加强城市规划建设管理工作的若干意见》(中发〔2016〕6号)

2018年:《国务院办公厅关于进一步加强城市轨道交通规划建设管理的意见》(国办发〔2018〕52号)

2019年:中共中央 国务院印发《交通强国建设纲要》

相关文件请扫码阅读。

二维码附1-1

附录 2　图表名录

插图名录

图 1-1　2018 年直辖市与省会城市的出行半径和建成区规模比较

图 2-1　公共交通空间集约优势的展示
图 2-2　巴黎的"5 苏公共马车"是最早的城市公共交通网
图 2-3　巴黎于 1662 年开通的"5 苏公共马车"
图 2-4　莫里斯·德隆德的油画《在公共马车上》（1885 年绘制）
图 2-5　卡米耶·毕沙罗的名画《蒙马特大街》（1897 年绘制）
图 2-6　引入伦敦的公共马车（Omnibus）
图 2-7　美国水牛城 Pearl and Swan 大街上的有轨马车（1877 年）
图 2-8　经典的福特 T 型车
图 2-9　停靠在火车站台上的有轨电车（左）和德国高速列车 ICE（右）

图 3-1　19 世纪晚期巴黎街头的双层公共马车
图 3-2　美国当代邮票：纽约第一辆美国有轨马车
图 3-3　马车数量激增造成城市道路拥堵
图 3-4　20 世纪初纽约曼哈顿的有轨马车逐渐被有轨电车取代
图 3-5　1863 年伦敦开通第一条地下铁路
图 3-6　无人驾驶的巴黎地铁 14 号线
图 3-7　1881 年建于德国 Lichterfelde 的世界首条有轨电车
图 3-8　法国里昂市的现代有轨电车
图 3-9　早期用于城际交通的蒸汽公共汽车

图 3-10　法国汽车制造商 Amédée Bollée 研制的蒸汽机公共汽车"顺从号"
图 3-11　奔驰朗德型汽车改装而成的公共汽车（1895 年）
图 3-12　澳大利亚阿德莱德导向巴士系统 O-Bahn
图 3-13　法国鲁昂市建成运营的 TEOR 光学导向巴士
图 3-14　法国里昂市以新型无轨电车作为地面公交干线
图 3-15　上海于 2017 年开通运营的 71 路中运量公交线路
图 3-16　我国常州市的 BRT 系统
图 3-17　通过物理隔离和地面标识区隔出来的公交专用道
图 3-18　北京市开通运营的新型无轨电车
图 3-19　上海投入运营的超级电容车
图 3-20　当代城市公共交通系统的总体构成

图 4-1　2009—2017 年全国交通运输业新增固定资产比较
图 4-2　2008—2018 年全国城市交通设施建设固定资产投资
图 4-3　三种城市交通工具对道路空间需求的比较
图 4-4　不同交通方式的性能指数
图 4-5　小汽车交通的低效性
图 4-6　不同城市交通方式的适用范围
图 4-7　由艺术家欧海拉设计的巴黎新公交站亭

图 5-1　"凸"型示意图
图 5-2　"平"型示意图
图 5-3　"斜"型示意图
图 5-4　"凹"型示意图
图 5-5　双向型客流示意图
图 5-6　单向型客流示意图
图 5-7　双峰型线路客流量动态
图 5-8　三峰型线路客流量动态
图 5-9　四峰型线路客流量动态
图 5-10　平峰型线路客流量动态
图 5-11　直线趋势法图示之一
图 5-12　直线趋势法图示之二
图 5-13　2019 年 1—7 月我国部分中心城市地铁与地面公交的客运量

图 6-1　线网调整技术路线图
图 6-2　乘客出行时间与站距的关系
图 6-3　外侧式公交专用车道
图 6-4　次外侧式公交专用车道
图 6-5　路中式公交专用车道
图 6-6　逆向式公交专用车道
图 6-7　公交专用进口道示意图
图 6-8　外侧式公交专用进口道设置图示
图 6-9　次外侧式公交专用进口道设置图示
图 6-10　路中式公交专用进口道设置图示
图 6-11　锯齿型公交专用进口道
图 6-12　设置在路侧的公交专用出口道
图 6-13　复合式 BRT 线路
图 6-14　干支线结合式 BRT 线路
图 6-15　英国朗科恩快速公交高架车道
图 6-16　日本 Saichi 车站附近的地面 BRT 专用路
图 6-17　西雅图市中心公交地铁隧道（Metro Bus Tunnel）
图 6-18　马尼拉大都会使用硬质设施隔离的快速公交专用道（EDSA Busway）
图 6-19　成都二环高架快速路通过路面标识区分 BRT 专用道
图 6-20　库里提巴的快速公交车站
图 6-21　哥伦比亚波哥大快速公交 TransMilenio 线路的车站

图 7-1　方格网式线网图示
图 7-2　无环放射式路网图示
图 7-3　有环放射式线网图示
图 7-4　不同类型的列车交路
图 7-5　站前折返方式
图 7-6　站后折返方式
图 7-7　非站站停的停站方式
图 7-8　不同站台布局类型的车站示意图
图 7-9　岛式车站（左图）和侧式车站（右图）线路连接及喇叭口设置
图 7-10　越行站站台与线路布置示意图
图 7-11　区域站（折返站）示意图
图 7-12　叉式枢纽站示意图

图 8-1　优化调整后轨道走廊公交线布设示意图
图 8-2　不同交通方式服务距离和服务频率对比
图 8-3　上海市域多模式一体化公共交通网络
图 8-4　高铁、城际、地铁和 BRT 构成厦门市多层级主干公共交通体系
图 8-5　城市客运枢纽选址布局的三个层次
图 8-6　《广州市交通发展战略规划》中的枢纽布局方案
图 8-7　苏州火车站枢纽平面布局
图 8-8　上海浦东机场枢纽平面布局
图 8-9　上海浦东机场 T1 航站楼前出发旅客车道边剖面
图 8-10　上海南浦大桥浦西公交枢纽站布局
图 8-11　以主干公交为核心的接驳换乘系统
图 8-12　深圳公交微循环巴士（微巴）
图 8-13　2004—2009 年以轨道交通为核心的组合出行方式增长情况比较
图 8-14　"B+R" 系统的构成

图 9-1　交通与城市形态变化
图 9-2　美国威斯康星（左图）与瑞士卢塞恩（右图）
图 9-3　"步行城市"的城市形态
图 9-4　早期公共交通城市的空间形态
图 9-5　"小汽车城市"的空间形态
图 9-6　"交通—土地利用"相互作用模式
图 9-7　交通对土地利用三类作用形式
图 9-8　城市交通模式的三种主要发展路径
图 9-9　汤姆逊（Thomson）的城市交通和土地利用战略
图 9-10　巴黎古典主义的路网和城市形态
图 9-11　巴塞罗那的方格网道路结构和城市形态
图 9-12　勒·柯布西耶的"光辉城市"（La Ville Radieuse, General Plan）
图 9-13　勒·柯布西耶为巴黎中心改造提出的方案（Le Plan Voisin）
图 9-14　巴西利亚总体规划方案
图 9-15　堪培拉遵循古典主义美学的道路系统和城市形态
图 9-16　堪培拉市中心大面积的停车场
图 9-17　哈罗新城以"邻里"单元为基本结构的组团式发展
图 9-18　加拿大卡尔加里（Calgary）的低密度郊区
图 9-19　城市蔓延典型的破碎路网形态

图 9-20　小汽车交通导向引发的两个恶性循环

图 9-21　《展望犹他》规划情景对比

图 9-22　轨道交通引导的区域增长结构

图 9-23　依托公交网络的菲律宾马尼拉的"绿色之城"（Green City）

图 9-24　邻里单位结构在不同时期的演化

图 9-25　TAD 与 TOD 的车站区域空间特征比较

图 9-26　Peter Calthorpe 提出的 TOD 城市结构

图 9-27　城市型 TOD 节点的空间结构

图 9-28　ITDP 提出的公交导向发展评价标准

图 9-29　墨尔本 TOD 发展准则中对 TAD 地区的改造指引

图 10-1　基于开放地图 API 获取信息示意图

图 10-2　研究范围划分图

图 10-3　平均可达性模型构建示意图

图 10-4　公交平均可达性分布直方图

图 10-5　小汽车平均可达性分布直方图

图 10-6　公交平均可达性空间分布图

图 10-7　小汽车平均可达性空间分布图

图 10-8　基尼系数与洛伦兹曲线示意图

图 11-1　1996—2009 年北京用于城市地面公交的财政补贴增长情况

图 11-2　1978—2008 年我国城市公交运营车辆总数增长情况

图 11-3　巴黎大区公共交通管理委员会（STIF）的组织架构

图 11-4　德国城市公交的总体管理架构

图 11-5　首尔市地面公交的区域划分

图 11-6　我国常见的 PPP 模式中政府和市场的责任分担

图 11-7　根据项目类型和要求选择 PPP 模式的流程图

表格名录

表 1-1　全国历年城市数量及城区、城市建设用地面积情况

表 2-1　城市客运交通的方式划分

表 3-1　城市公共交通发展的主要里程碑事件

表 3-2　城市公共交通分类中的大类和中类
表 3-3　不同等级城市轨道交通系统的技术特征

表 4-1　2008—2018 年全国城市交通设施建设固定资产投资
表 4-2　小汽车交通与公共交通的外部成本对比
表 4-3　交通运输部命名的"国家公交都市建设示范城市"（截至 2020 年 12 月）
表 4-4　中国城市公交优先发展目标体系结构
表 4-5　我国城市规模划分标准
表 4-6　不同公共交通方式的理想和可容忍的出行范围
表 4-7　不同的交通结构度量指标及其优缺点
表 4-8　采用集约型城市公交的通勤出行单程出行时间控制要求

表 5-1　OD 矩阵及发生量与吸引量
表 5-2　公共交通舒适度和空气流通量的关系
表 5-3　公共交通舒适度与噪声水平的关系

表 6-1　配建公交起讫站的人口与就业岗位要求
表 6-2　保养场用地面积指标
表 6-3　路中式和路侧式公交专用车道的优缺点比较
表 6-4　公交专用车道最小宽度取值（m）

表 7-1　不同速度等级的技术特征指标
表 7-2　部分城市或地区线网负荷强度
表 7-3　中心城区线网密度规划指标
表 7-4　轨道交通工程总投资估算项目表
表 7-5　轨道交通工程运营成本及收入计算
表 7-6　社会效益分析

表 8-1　全线并行的常规地面公交线路的优化调整策略
表 8-2　轨道交通网络功能层次一览表
表 8-3　市内主要客运枢纽功能层次一览表
表 8-4　不同城市功能区公交路网密度和城市路网密度要求一览表
表 8-5　综合客运枢纽分级的建议标准

表 8-6　国内外代表性城市或地区客运枢纽设计客流集散量一览表
表 8-7　各种接驳交通方式的主要参数特点

表 10-1　三大国际大都市战略规划中的发展导向
表 10-2　可达性分析方法比较
表 10-3　国际基尼系数划分区段

表 11-1　法国巴黎大区以外各省的公共交通运营企业情况
表 11-2　德国主要的公共交通联盟及概况

参考文献

论文与专著

[1] Anderson G. Why smart growth: A primer[J]. 1998.

[2] Arlington County Department of Community Planning, Housing and Development. 40 Years of Smart Growth: Arlington County's Experience with Transit Oriented Development in the Rosslyn-Ballston Metro Corridor, 2012.

[3] Bernick M, Cervero R. Transit villages in the 21st century[M]. McGraw-Hill, 1997.

[4] Calthorpe P. The next American metropolis: Ecology, community, and the American dream[M]. Princeton architectural press, 1993.

[5] Calthorpe P., Fulton W. The Regional City[M]. Island Press, 2001.

[6] Cherry G E. Britain and the metropolis: urban change and planning in perspective[J]. The Town Planning Review, 1984: 5-33.

[7] Claval P.. La géographie urbaine. In Revue géographique de Montréal, 1970.

[8] Danish Ministry of the Environment, Denmark. The Finger Plan: A Strategy for the Development of the Greater Copenhagen Area, 2015.

[9] Department of Infrastructure, Victoria. Melbourne 2030-Planning for sustainable growth, 2002.

[10] Dittmar H, Ohland G. The New Transit Town: Best Practices in Transit-Oriented Development [M]. Island Press, 2004.

[11] Dixon S, Irshad H, Pankratz D M, 等. 德勤城市移动出行指数 [R/OL]. https://www2.deloitte.com/cn/zh/pages/consumer-business/articles/city-mobility-index-2018.html.

[12] Fertal M J, Weiner E, Balek A J, et al. Modal Split. Documentation of nine methods for estimating transit usage[J]. Estimating, 1970.

[13] Frascá M, Neves R, Castro N. The White Marbles of Brasília, a World Heritage site and capital of Brazil. Geological Society London Special Publications, 2019.

[14] Galster G C, Quercia R G, Cortes A. Identifying neighborhood thresholds: An empirical exploration[J]. Housing Policy Debate, 2000, 11(3): 701-732.

[15] Garreau J. Edge city: Life on the new frontier[M]. Anchor, 1992.

[16] Garrison W L. Connectivity of the interstate highway system[J]. Papers in Regional Science, 1960, 6(1): 121-137.

[17] Hall S. Thatcherism and the Crisis of the Left: the Hard Road to Renewal[J]. London and New York: Verso, 1988: 46-48.

[18] Hansen, W. G. How accessibility shapes land use[J]. Journal of the American Institute of Planners, 1959(25): 73-76.

[19] Harlow Council. Harlow: Master Plan Heritage[Z]. 2019.

[20] Keeble D, Owens PL, Thompson C. Regional accessibility and economic potential in the European community[J]. Regional Studies, 1981, 16(6): 419~432.

[21] Miller D. Political Philosophy: A Very Short Introduction[M]. Oxford University Press, 2003.

[22] Muller P O. Transportation and urban form[J]. The geography of urban transportation, 1995, 1(1): 59-85.

[23] Mumford L. The city in history: Its origins, its transformations, and its prospects[M]. Houghton Mifflin Harcourt, 1961.

[24] Newman O. Defensible space: A new physical planning tool for urban revitalization[J]. Journal of the American planning association, 1995, 61(2): 149-155.

[25] Oliva F, Facchinetti M, Fedeli V. Politics and Policies for Urban Sprawl and Transportation Planning[J]. Urban Planning Overseas, 2002, 6.

[26] Park Y, George O. Rogers. Neighborhood Planning Theory, Guidelines, and Research: Can Area, Population, and Boundary Guide Conceptual Framing? [J].Journal of Planning Literature, 2015, 30(1).

[27] Pendall R. Problems and prospects in local environmental assessment: lessons from the United States[J]. Journal of environmental planning and management, 1998, 41(1): 5-24.

[28] Renne J L. From transit-adjacent to transit-oriented development[J]. Local Environment, 2009, 14(1): 1-15.

[29] Robert Cervero. 公交都市[M]. 北京: 中国建筑工业出版社, 2007.

[30] Rodrigue J P, Comtois C, Slack B. The Geography of Transport Systems[M]. London: Routledge, 2006: 1-284.

[31] Small K A, Verhoef E T. The Economics of Urban Transportation[M]. London and New York: Routledge, 2007.

[32] Thomson J M. Great cities and their traffic[M]. London: Victor Gollancz, Ltd., 1977.

[33] Todd L. Full cost accounting of urban transportation: implications and tools[J]. Cities, 1997, 14(3).

[34] Tolley R, Turton B. Transport Systems, Policy and Planning[M]. New York: Longman, 1995.

[35] United States Federal Transit Administration. Transit Cooperative Research Program (TCRP) Report 55. Guidelines for Enhancing Suburban Mobility Using Public Transportation[M]. Transportation Research Board, 1999.

[36] Vuchic V. R. 城市公共交通运营、规划与经济 [M]. 宋瑞，何世伟，译. 北京：中国铁道出版社，2012.

[37] White S M, McDaniel J B. The zoning and real estate implications of transit-oriented development[M]. National Research Council, Transportation Research Board, 1999.

[38] 百度地图. 2019 年度中国城市交通报告 [R/OL]. http://huiyan.baidu.com/cms/report/2019annual-trafficreport/index.html.

[39] 彼得·卡尔索普，杨保军，张泉. TOD 在中国：面向低碳城市的土地使用与交通规划设计指南 [M]，北京：中国建筑工业出版社，2014.

[40] 边经卫, 高悦尔. 轨道城市——可持续的城市空间与用地发展[M]. 北京：中国建筑工业出版社，2019.

[41] 财新网. 你的城市有多大 [N/OL]. 2018. http://datanews.caixin.com/interactive/2018/from-city-to-city/index1.html.

[42] 蔡君时. 世界公共交通 [M]. 上海：同济大学出版社，2001.

[43] 曹清峰，王家庭. 中国城市蔓延的驱动因素分析及其贡献分解 [J]. 兰州学刊，2019（02）：78-95.

[44] 陈小鸿. 城市客运交通系统 [M]. 上海：同济大学出版社，2008.

[45] 陈雪明. 美国城市化和郊区化历史回顾及对中国城市的展望 [J]. 国外城市规划，2003，18（1）：51-56.

[46] 陈懿，戴维思. 公交优先战略研究 [C]// 第一届中国智能交通年会组委会. 第一届中国智能交通年会论文集. 上海：同济大学出版社，2005：736-742.

[47] 陈泽. 西安市公共交通服务供给中的政府责任研究 [D]. 西安：西北大学，2015.

[48] 陈宗明，李美英，陈巧玲. 温岭市公交城乡一体化运营机制探索 [J]. 城乡建设，2013，（01）：33-35.

[49] 崔海鹏. 中外城市公共交通运营模式对比 [D]. 济南：山东大学，2014.

[50] 戴平. 成都市轨道交通运营期间社会效益研究 [D]. 成都：西南交通大学，2016.

[51] 樊一江，任虹，杨杰. 德国城市公共交通发展的经验与启示 [J]. 综合运输，2011（8）：51-60.

[52] 冯健. 我国城市郊区化研究的进展与展望 [J]. 人文地理，2001（6）：30-35.

[53] 冯立光，曹伟，李潇娜，等. 新加坡公共交通发展经验及启示 [J]. 城市交通，2008，6（6）：81-87.

[54] 冯琳. 城市轨道交通票制选择及票价模型研究 [D]. 大连：大连交通大学，2018.

[55] 冯树民，白仕砚，慈玉生. 城市公共交通 [M]. 北京：知识产权出版社，2012.

[56] 高健智. 大城市城市规模与城市公交的关系研究 [D]. 武汉：武汉理工大学，2001.

[57] 顾朝林，甄峰，张京祥. 集聚与扩散：城市空间结构新论 [M]. 南京：东南大学出版社，2000.

[58] 观察者网. 北京地铁涨价背后的多重考量 [N/OL]. 2014. https://www.guancha.cn/society/2014_07_11_245765.shtml.

[59] 过秀成，窦雪萍. 城市多模式公共交通运行协调优化方法 [M]. 南京：东南大学出版社. 2018.

[60] 过秀成，姜晓红. 城乡公共客运规划与组织 [M]. 北京：清华大学出版社，2011.

[61] 韩玲，姚红云. 城市交通与土地利用互动关系研究综述 [J]. 重庆交通大学学报（自然科学版），2012（S1）：589-593，664.

[62] 郝记秀. 城市公共交通与土地利用一体化发展（IPTLU）研究 [D]. 西安：长安大学，2009.

[63] 何红，朱宛平. 城市轨道交通票制票价的分析与建议 [J]. 科技与创新，2019（14）：140-141，143.

[64] 洪世键，张京祥. 城市蔓延的界定及其测度问题探讨——以长江三角洲为例 [J]. 城市规划，2013，37（7）：42-45，80.

[65] 黄亚平. 城市空间理论与空间分析 [M]. 南京：东南大学出版社，2002.

[66] 黄正东. 大城市公共交通空间网络规划 [M]. 北京：科学出版社，2014.

[67] 贾丹丹. 1888年至1914年伦敦有轨电车的发展 [D]. 上海：上海师范大学，2014：22-23.

[68] 靳秔. 环保产业领域引入PPP投资模式探讨 [J]. 中国环保产业，2017（4）：21-24. DOI：10.3969/j.issn.1006-5377.2017.04.004.

[69] 康浩，黄伟，张洋，等. 我国快速公交系统发展阶段回顾与思考 [J]. 规划师，2013，29（11）：5-10.

[70] 孔令斌，戴彦欣，陈小鸿，等. 城市综合交通体系规划标准 BG/T51328—2018 实施指南 [M]. 北京：中国建筑工业出版社，2020.

[71] 李明敏，方良平. 城市公共交通财政补贴方法的改进 [J]. 城市公用事业，2008（04）：20-23，67.

[72] 李平原，刘海潮. 探析奥斯特罗姆的多中心治理理论——从政府、市场、社会多元共治的视角 [J]. 甘肃理论学刊，2014（3）：127-130.

[73] 李茜. 城市公共交通"十二五"投融资政策建议 [J]. 综合运输，2011（11）：24-28.

[74] 李瑞敏，杨新苗，史其信. 国外城市公共交通财政补贴政策研究 [J]. 城市发展研究，2002（3）：62-65，70.

[75] 李珽，史懿亭，符文颖. TOD概念的发展及其中国化 [J]. 国际城市规划，2015（3）：72-77.

[76] 林文俏. 广州公交行业市场化与公益性矛盾分析与化解措施探讨 [J]. 珠江经济，2005，(10)：71-75.

[77] 刘海岩. 电车、公共交通与近代天津城市发展 [J]. 史林，2006（03）：20-25，125.

[78] 刘健. 马恩拉瓦莱：从新城到欧洲中心——巴黎地区新城建设回顾 [J]. 国际城市规划，2002（1）：27-31.

[79] 刘文慧. 政府购买城市公共交通服务运行机制研究 [D]. 西安：长安大学，2015.

[80] 陆锡明，陈小雁. 客运规划与城市发展 [M]. 上海：华东理工大学出版社，1996.

[81] 陆锡明，顾啸涛. 上海市第五次居民出行调查与交通特征研究 [J]. 城市交通，2011，9（5）：1-7.

[82] 陆锡明，王祥. 国际大都市交通发展战略 [J]. 国外城市规划，2001（5）：17-19，0.

[83] 吕东旭. 国外"公交优先"发展研究 [A]// 中国城市规划学会. 转型与重构——2011中国城市规划年会论文集. 南京：东南大学出版社，东南大学电子音像出版社，2011：11.

[84] 吕同舟. 论城市公共交通服务供给的公益性与差异性 [D]. 长沙：中南大学，2012.

[85] 马翠华. 我国公交行业的制度变迁：基于制度理论的分析 [D]. 天津：天津大学，2009.

[86] 马强. 走向"精明增长"：从小汽车城市到公共交通城市 [M]. 北京：中国建筑工业出版社，2007.

[87] 马荣国. 城市公共交通系统发展问题研究 [D]. 西安：长安大学，2003.

[88] 毛保华，杨肇夏，陈海波. 道路交通仿真技术与系统研究 [J]. 北方交通大学学报，2002（5）：37-46.

[89] 毛保华，尹相勇，关伟. 我国城市出租车交通发展与管理的对策与建议 [J]. 综合运输，2013（9）：35-38.

[90] 毛保华. 城市轨道交通规划与设计 [M]. 3版. 北京：人民交通出版社，2020.

[91] 潘昭宇. 北京步行、自行车交通问题分析及改善对策研究 [A]// 中国科学技术协会学会，福建省人民政府. 经济发展方式转变与自主创新——第十二届中国科学技术协会年会（第四卷）福州：中国科学技术协会学会，福建省人民政府，2010：9.

[92] 祁毅，徐建刚. 基于空间可达性栅格建模的公共设施布局规划分析方法 [C]// 中国地理信息系统协会. 创新与发展 2006 高校 GIS 论坛论文集，2006：365-370.

[93] 钱璞. 建立我国城市公共交通的补贴机制 [J]. 城市公用事业，2008（02）：4-7，53.

[94] 秦艺帆，石飞. 地图时空大数据爬取与规划分析教程 [M]. 南京：东南大学出版社，2019.

[95] 裘石. 邮话公共汽车 [J]. 集邮博览，2019（9）：28-30.

[96] 上海市交通委员会，上海市城市建设设计研究总院. 公交专用道系统设计规范 [S]. 上海：同济大学出版社，2015.

[97] 石楠. "人居三"、《新城市议程》及其对我国的启示 [J]. 城市规划，2017，41（1）：9-21.

[98] 石楠. 从十九世纪中期到二十世纪初伦敦地铁建设看影响技术选择和使用的社会因素 [D]. 北京：北京师范大学，2006.

[99] 宋晨. 试论20世纪60年代以前美国城市公共交通的兴衰 [J]. 湖南工业大学学报（社会科学版），2013，18（1）：130-13.

[100] 宋瑞. 城市公共交通 [M]. 北京：北京交通大学，2014.

[101] 孙金龙. 美国有轨电车的兴衰及其影响（1890s—1960s）[D]. 金华：浙江师范大学，2014：11.

[102] 孙婧玉. 浅析巴黎地区轨道交通与城市发展（1900—1970）[D]. 上海：华东师范大学，2014.

[103] 美国交通运输研究委员会. 公共交通通行能力和服务质量手册 [R]. 3版. 滕靖，杨晓光，等译.

北京：人民交通出版社股份有限公司，2019.

[104] 佟媛. 多中心治理角度下的城市公共交通研究 [D]. 沈阳：辽宁大学，2013.

[105] 汪光焘，陈小鸿. 中国城市公共交通优先发展战略——内涵、目标与路径 [M]. 北京：科学出版社，2015.

[106] 王栋. 城市轨道交通运营模式及运营方案评价研究 [D]. 成都：西南交通大学，2010.

[107] 王家庭，蔡思远，李艳旭，等. 城乡收入不平等对我国城市蔓延的影响：基于35个大中城市面板数据的实证检验 [J]. 城市观察，2018（4）：82-92，100.

[108] 王健. 公共马车：为了大家 [J]. 人民交通，2020（5）：50-53.

[109] 王雪，焦利民，董婷. 高密度和低密度城市的蔓延特征对比——中美大城市对比分析 [J]. 经济地理，2020，40（2）：70-78，88.

[110] 吴红. 城市公共交通服务供给制度分析 [D]. 武汉：武汉大学，2005.

[111] 吴娇蓉，汪煜，刘莹. 城市轨道交通各发展阶段的运行特征及在公交系统中的作用 [J]. 城市轨道交通研究，2007（6）：9-11，59.

[112] 吴小莉. 城市公共交通补贴机制探讨 [J]. 交通科技与经济，2007（6）：100-102.

[113] 吴晓枫. 广州公交运营模式优化探讨 [D]. 成都：西南交通大学，2009.

[114] 肖金成，刘保奎. 改革开放40年中国城镇化回顾与展望 [J]. 宏观经济研究，2018（12）：18-29，132.

[115] 徐枫. 民营化经营、政府购买服务——温岭公交改革的实践与探索 [J]. 城市，2016（5）：75-79.

[116] 杨东援. 公交优先：不能动摇的方向与不断改进的服务 [J]. 交通与港航，2017，4（2）：13-16.

[117] 杨申琳. 我国大城市公共交通系统可持续发展指标体系研究 [D]. 西安：长安大学，2004.

[118] 姚弘之. 浅析公交营运企业的成本规制 [J]. 城市公用事业，2012，26（4）：12-15，72.

[119] 姚璇宇. 城市公共交通发展水平综合评价研究 [D]. 无锡：江南大学，2015.

[120] 叶霞飞，顾保南. 城市轨道交通规划与设计 [M]. 北京：中国铁道出版社，1999.

[121] 易思蓉. 城市轨道交通线路规划与设计 [M]. 北京：科学出版社，2013.

[122] 易思蓉. 铁路选线设计 [M]. 武汉：武汉大学出版社，2014.

[123] 于晓丽. 城市公交行业市场化路径选择问题 [D]. 天津：天津商业大学，2011.

[124] 于晓萍. 首尔市城市公共交通系统管理模式的经验借鉴与启示 [J]. 综合运输，2015（8）：47.

[125] 虞同文. 上海公共交通的由来 [J]. 交通与运输，2012（4）.

[126] 张洪满. 城市公共交通运营管理 [M]. 北京：北京大学出版社，2014.

[127] 张琳. 公私伙伴关系（PPP）在我国城市公交服务中的应用研究 [D]. 大连：东北财经大学，2016.

[128] 张庆贺，朱合华，庄荣. 地铁与轻轨 [M]. 北京：人民交通出版社，2002.

[129] 张泉，黄富民，杨涛. 公交优先 [M]. 北京：中国建筑工业出版社，2010.

[130] 张生瑞，严海. 城市公共交通规划的理论与实践[M]. 北京：中国铁道出版社，2007.

[131] 张欣，张秀媛，邹迎. 综合公共交通系统优化组织与协调运营[M]. 北京：中国建筑工业出版社，2011.

[132] 张燕. 城乡公共交通服务供给机制研究[D]. 武汉：华中师范大学，2016.

[133] 郑长江，张小丽，王迪等. 城市公共交通[M]. 北京：国防工业出版社，2013.

[134] 朱健，樊丽燕. 南通公共自行车运营现状及策略研究[J]. 人民公交，2017（3）：68-70.

[135] 朱彦东，李旭宏. 国外大城市郊区化模式下的城郊客运模式及思考[J]. 城市规划学刊，2007（3）：81-85.

[136] 卓健. 法国城市公共交通的发展建设与组织管理[J]. 国外城市规划，2004（5）：28-33，37.

[137] 卓健. 公交优先发展战略的几个认识误区[J]. 国际城市规划，2013，28（4）：51-52.

[138] 卓健. 中央政府对城市公交建设发展的财政扶持政策——法国的相关政策演变综述及对我国的启示[J]. 国际城市规划，2014，29（6）：104-109.

技术规范与统计报告

[1] 《城市综合交通体系规划标准》GB/T 51328—2018.

[2] 《城市轨道交通线网规划标准（附条文说明）》GB/T 50546—2018.

[3] 《城市公共汽电车客运服务规范》GB/T 22484—2016.

[4] 《城市客运术语 第2部分：公共汽电车》GB/T 32852.2—2018.

[5] 《公共汽电车线网设置和调整规则》GB/T 37114—2018.

[6] 《城市道路公共交通站、场、厂工程设计规范》CJJ/T 15—2011.

[7] 《公交专用道系统设计规范》（上海市工程建设规范）DG/TJ 08—2172—2015.

[8] 交通运输部历年《（公路水路）交通运输行业发展统计公报》.

[9] 住房和城乡建设部历年《城市建设统计年鉴》.

后记

很早就有计划写本关于公交优先的书。在"公交之都"法国巴黎访学和工作的 7 年多,我是公共交通的重度使用者,没有私家车。尽管有些时候也会觉着不便(如需要搬运大件物品的时候),但换来的其他好处却是显而易见的。师从法国"交通出行规划"(PDU)的权威专家 Jean-Marc OFFNER 教授做博士研究,一个深刻的体会就是,城市空间结合城市交通系统的动态运行变化才是城市真实的状态。其中,城市交通不只是一个被动连接各空间区域的辅助支持系统,而是一个可以灵活主动地影响调节城市机能、与城市用地空间布局同等重要的核心系统。城市交通系统的特征属性对城市可持续发展能力具有根本的决定性影响。

我在法国公交企业威立雅交通(Veolia Transport)工作过一段时间。回国后,继续为威立雅和巴黎公交公司在华合资企业担任过一段时间规划顾问。这段经历让我有机会比较深入地了解到西方城市公交运营的理念和制度,以及中国城市公交优先战略实施中遭遇的一些瓶颈问题。2013 年有幸作为子课题负责人,参与了首席专家徐丽群教授牵头的国家社会基金重大项目《我国大中城市公共交通可持续优先发展的制度设计与运营机制研究》,对相关问题进行了较为系统的学习、梳理和研究。

但是,要把平时零散的思考汇集整理成一本体系化的教材,推进的难度比预想的大得多。好在既有的相关研究成果非常丰富,又有许多专业同仁的加入和支持,加上周围家人和朋友们的关心,终于使得这个长期计划得以完成。本书借鉴学习了许多学者的成果,并尽可能都标注了成果来源,在此一并致谢!